新东方德语教学丛书

标准德语教程 ②

euro lingua
Deutsch

江苏教育出版社
Cornelsen

图书在版编目(CIP)数据

标准德语教程.2/(德)芬克(Funk,H.),(德)凯尼格(Koenig, M.)著;阎振江译.—南京:江苏教育出版社,2004.11(2008.1重印)
 ISBN 978 – 7 – 5343 – 6027 – 5

Ⅰ.标... Ⅱ.①芬...②凯...③阎... Ⅲ.德语—教材 Ⅳ.H33

中国版本图书馆 CIP 数据核字(2004)第 117651 号

eurolingua **Deutsch 2**

标准德语教程 第二册

原书编著： Hermann Funk、Michael Koenig
德语版编辑： Lutz Rohrmann
中文版翻译： 阎振江

科学顾问：
Dr. Hansjörg Frommer (VHS Karlsruhe), Wolfgang Halm (München),
Dr. Alfred Knapp (Paris), Bernward Mindé (VHS Düsseldorf),
Helga Nagel (VHS Frankfurt/Main), Dr. Ewald Presker (Graz),
Sabine Rosenfeld (KVHS Saarlouis), Dr. Bernhard Schmidt (VHS Moers),
Jacqueline Sword (Leine-VHS, Hemmingen), Ursula Varchmin
(VHS München), Dr. Erich Zehnder (Mainz)

版次：2004年9月第1版　　2004年9月第1次印刷

© Cornelsen Verlag GmbH & Co. OHG, Berlin 1998
© 中文版版权：2004 江苏教育出版社（南京）、德国康乃馨出版社（柏林）
未经出版者书面许可，不得以任何方式抄袭、复制或节录本书中的任何部分。
版权所有，侵权必究。

版式及封面设计： Regelindis Westphal
中文版排版： 上海新东方学校多语种部

符号图例：

⚏ 配有录音。

▶◀ 双人练习。

▶⚊◀ 三人练习。

✲ 小组练习。

⚷ 答案见书后答案总汇

📖 如需要进一步了解，请查阅《学习手册》中的相应部分。

封面图片：
Kaiser-Wilhelm-Gedächtniskirche,
Berlin 柏林威廉皇帝纪念教堂

出版及使用说明

本书是一套三册的《标准德语教程》中的第二册。这套教材是德国康乃馨出版社投入大量人力物力、汇集德语教学及美工等各方面专家专门设计的德语教材，为非母语者学习德语提供了贴近生活的德语学习素材，编排系统，题材多样，内容丰富，同时穿插了大量的图片，增强了学习材料的直观性。全套教材包含所有的德语语法现象和大约六千德语词汇。学完这套教材可以达到德语考试证书（Zertifikat Deutsch）或泛欧语言参照标准中的B1水平，也就是达到了基本上掌握德语的水平，可以从容应对在德语国家日常生活和日常工作中碰到的绝大部分语言问题。根据上海新东方学校的德语教学经验，全套教材的教学以投入800学时为宜，我们建议第一册的教学设计为300学时，第二册300学时，第三册200学时。

为了避免初学者在第一册中学习太多的被动词汇，我们将第一册中的练习要求、小资料和学习窍门等内容翻译成中文，而书中的内容分类标题以及部分学习窍门等内容则处理成德中双语对照，而在第二册和第三册中中文被逐步淡出，但词汇表一律采用双语对照的方式。

第二册包含22个单元、3个备选单元和1个附录。

22个单元中的学习材料都全部划分成章节，结构清楚，为学员循序渐进地学习德语创造了良好的条件。学完第二册您将能够用德语应对日常生活情景，听懂较长篇幅的口语片断，解读有一定难度的书面内容，同时能够自己写出简单的短文。书中还设计了很多语法方面的练习，通过这些练习学生可以自己找出德语语法规则，并因此加深对德语语言结构的认识。在学习语言的同时，学生也可以初步认识德语国家的日常生活，以此来对比自己的生活阅历会使语言学习变得更真切。教材编写过程中，作者还特别注重让学生有机会去思考自己在学习方面的强项和弱项，并逐步形成适合自己的学习风格。

而3个备选单元则往往以游戏的方式引出附加学习材料，借助这些材料，学生可以复习并深化前面学过的内容。

书后附录收集了词汇、听力、语法和练习答案等内容。此外，附录中还可以找到不规则动词表和支配介词地动词表。

《标准德语教程》不是孤立的德语课本，而是一个完整的体系，与课本配套的有《袖珍词汇手册》、听力录音、《配套练习册》和《学习手册》等几种材料供学生使用。

《袖珍词汇手册》和《配套练习册》每册课本各配一册，前者按出现先后顺序收录相应课本中的生词，德中对照，另外还配上相应的例句，极大地方便了单词学习。而《配套练习册》为课本中的每一单元提供了附加强化练习，强化学生对词汇和语法的掌握。每册书中的听力录音收集在一盒三盘光碟上，只有多听，才可以掌握发音，提高听力和会话能力。

《学习手册》只有一册，配合整个《标准德语教程》，帮助每个学生来掌握自己的学习进程。手册针对外语学习的三个重要方面作了详细说明，第一部分为学习技巧，这一部分提供了大量的学习技巧和练习技巧。每个学员应该尽早通读这一部分，并且在以后的学习过程中要一再查阅。第二部分为交流，这一部分列举了所有通过《标准德语教程》可以学会应对的、最重要的交流情景，并对每个情景分类给出了常用语。最后的语法部分对所有德语证书考试需要的语法结构进行了总结。交流和语法两个部分可以帮助您系统地复习课上学的东西，学习《标准德语教程》时，您可以随时查阅。

在《标准德语教程》的出版过程中，上海新东方学校的阎振江博士以严谨的态度完成了极为细致的翻译编辑校对等各项工作。南京大学著名德语教学法专家倪仁福教授为翻译提供了诸多宝贵意见，并对第一册译稿进行了审阅。康乃馨出版社的 Holger Behm 先生、Kristin Kupsch 女士、江苏教育出版社的戎文敏先生、新东方教育科技集团的周成刚先生、汪海涛先生和李国富先生在各项工作的开展过程中给予了有力的支持。另有陈兆、孟翰、吴冬妮、吴方琪、华亮等为第二册的中文版作出了各自的贡献。

愿《标准德语教程》伴你学会德语、学好德语！

INHALTSVERZEICHNIS 目录

Seite 页次		Inhalt 内容要点	Kommunikation 交流
10	**EINHEIT 1:** **EIN LEBEN LANG LERNEN** 第1单元：终身学习	..... Erwachsenenbildung in Deutschland	..... etwas begründen ..... etwas beurteilen
18	**EINHEIT 2:** **LERNEN UND VERGESSEN** 第2单元：学习和遗忘	..... Lernpsychologie	..... etwas berichten ..... eine Umfrage machen ..... Geschichten schreiben und erzählen
28	**EINHEIT 3:** **KÖRPER – GESUNDHEIT – KRANKHEIT** 第3单元：身体—健康—疾病	..... Körperteile ..... Gesundheit	..... Körperteile benennen ..... nach dem Befinden fragen / sagen, dass man krank ist ..... Ratschläge geben
37	**EINHEIT 4:** **REISEN** 第4单元：旅行	..... Urlaubsplanung ..... Reiseziele ..... Eisenbahn fahren ..... Reiseandenken	..... Gefallen/Missfallen ausdrücken ..... über Vor- und Nachteile von etwas sprechen ..... Informationen erfragen ..... Fahrkarten kaufen
48	**EINHEIT 5:** **MEINE VIER WÄNDE** 第5单元：我的家	..... Wohnungen ..... Wohnformen ..... Wohnungssuche	..... über Wohnformen sprechen ..... über Einrichtungsgegenstände sprechen
60	**EINHEIT 6:** **ES WAR EINMAL** 第6单元：从前	..... Märchen	..... über Märchen sprechen ..... Märchen erzählen
69	**EINHEIT 7:** **WANDERN IN DEN ALPEN** 第7单元：在阿尔卑斯山中漫游	..... Informationen über eine europäische Region ..... Zermatt und das Matterhorn	..... Meinungen äußern und vergleichen
78	**EINHEIT 8:** **MORGENS WIE EIN KÖNIG** 第8单元：早上像国王	..... Frühstück ..... ein Quiz zur Landeskunde	..... sagen, was man zum Frühstück isst ..... über ein Gedicht sprechen ..... eine Geschichte schreiben, erzählen und spielen

Grammatik 语法	Texte 课文	Lernen zu lernen 学习技巧
..... *Nebensätze mit* weil ..... *Infinitiv mit* zu	..... *VHS-Programm* ..... *Aussagen einer VHS-Leiterin* ..... *Interviews*	..... *einem Text schnell Informationen entnehmen*
..... *Nebensätze mit* dass ..... *das Verb* wissen ..... *Präteritum: regelmäßige Verben und Modalverben*	..... *Sachtexte* ..... *Gemälde:* Familienbildnis von O. Dix	..... *das Lernen strukturieren* ..... *ein Grammatikkapitel selbständig erarbeiten* ..... *Gedächtnistraining*
..... *das Modalverb* sollen ..... *Nebensätze mit* ob ..... *indirekte Rede – indirekte Fragen*	..... *Gemälde:* Bildnis der Eltern des Künstlers *von O. Dix* ..... *Gedicht:* taufe *von M. Hausin* ..... *Zeitschriftenartikel:* Gesundheitstipps	..... *einen Dialogbaukasten selbst machen* ..... *mit einem Wörternetz arbeiten*
..... *Dativ: Personalpronomen, Possessivbegleiter, Artikel,* kein *und* dieser ..... *Dativergänzungen im Satz* ..... *Verben mit Dativ- und Akkusativergänzung*	..... *Durchsagen auf dem Bahnhof* ..... *Fahrpläne* ..... *Gedichte:* Klatsch am Sonntagmorgen *von H. Bienek,* Lass uns reisen *von G. Kunert*	..... *eine Grammatiktabelle selbst machen*
..... *vom Satz zum Text* ..... *Präpositionen mit Dativ* ..... *Präpositionen mit Dativ und Akkusativ (Wiederholung)*	..... *Lied:* 4 Wände *von Rio Reiser* ..... *Texte zum Thema „Wohnen"* ..... *Wohnungsanzeigen*	..... *ein Wortfeld selbständig erarbeiten*
..... *Präteritum: unregelmäßige Verben*	..... *Märchen:* Rotkäppchen ..... *Kurzgeschichte:* Kreuzworträtsel *von H. Stempel und M. Ripkens*	..... *literarische Texte erarbeiten* ..... *Lerntechniken für die Stammformen der unregelmäßigen Verben* ..... *Fehler selbst korrigieren*
..... *Konjunktionen:* weil, dass, und, wenn, (zwar ...,) aber, ob	..... *Texte aus der „Schweizer Illustrierten"* ..... *Lied:* Aus grauer Städte Mauern *von R. Götz und H. Riedel*	..... *einen längeren Hörtext verstehen* ..... *einem Text gezielt Informationen entnehmen*
..... *Indefinitbegleiter und -pronomen* ..... *Nebensätze mit* wenn ..... *Hauptsätze – Nebensätze (Wiederholung)*	..... *E-Mail-Brief* ..... *Interview zum Thema „Frühstück"* ..... *Cartoon:* Die Ochsenschwanzsuppe *von Loriot*	..... *einen längeren Hörtext verstehen* ..... *einen persönlichen Brief planen und schreiben* ..... *Fehler selbst korrigieren: auf bestimmte Arten von Fehlern achten*

Seite 页次		Inhalt 内容要点	Kommunikation 交流
86	**Option 1:** SPIELEN, SPRECHEN, WIEDERHOLEN 备选单元1: 游戏、说话、复习	..... Spiele: Drei in einer Reihe, Tischtennis; Rollenspiele: Im Möbelgeschäft; Zick-Zack; Das Ei – ein Sketch von Loriot; ein Wahrnehmungstest	
92	**EINHEIT 9:** EIGENSCHAFTEN 第9单元：特征	..... Eigenschaften von Personen und Sachen ..... im Fundbüro	..... jemand/etwas beschreiben ..... Eigenschaften benennen ..... ein Bild beschreiben
100	**EINHEIT 10:** ZEITUNGSLESER WISSEN MEHR 第10单元: 报纸读者知道得更多	..... deutschsprachige Zeitungen ..... Lesegewohnheiten ..... Kurszeitung	..... über Lesegewohnheiten sprechen ..... sagen, wer zu wem passen könnte ..... Meinungen äußern und begründen
108	**EINHEIT 11:** WAS BRINGT DIE ZUKUNFT? 第11单元: 未来会带来什么？	..... Silvester ..... Zukunftsprognosen ..... das Wetter	..... über gute Vorsätze sprechen ..... über die Zukunft sprechen ..... etwas versprechen ..... etwas voraussagen
116	**EINHEIT 12:** KLEIDER MACHEN LEUTE 第12单元: 人靠衣裳	..... Mode und Schönheit ..... Kleidung ..... die Geschichte der Jeans	..... Personen beschreiben ..... Kleidung einkaufen ..... sagen, was man mag / nicht mag
125	**EINHEIT 13:** ANDERE LÄNDER, ANDERE SITTEN 第13单元: 不同的国家，不同的风俗	..... interkulturelle Erfahrungen: Gesten und Verhaltensweisen ..... Symbole für Glück oder Unglück in verschiedenen Ländern	..... über eigene Erfahrungen berichten ..... über persönliche Glücksbringer sprechen
132	**EINHEIT 14:** MEDIEN 第14单元：媒体	..... Fernsehen ..... Medien	..... sagen, was man mag / nicht mag ..... Vermutungen äußern und kommentieren ..... sagen, wozu man etwas tut
140	**EINHEIT 15:** WÜNSCHE UND HOFFNUNGEN 第15单元：愿望和希望	..... Ratschläge ..... Bitten ..... Zukunftsträume	..... höfliche Ratschläge geben ..... Bitten äußern ..... etwas ausdrücken, was noch nicht Realität ist
147	**EINHEIT 16:** ARBEIT IST DAS HALBE LEBEN 第16单元: 生命的一半是工作	..... Was ist Arbeit? ..... Männerberufe – Frauenberufe ..... Berufsbild „Verkäufer/in" ..... Arbeitnehmereigenschaften	..... über Arbeit und Berufe sprechen ..... sagen, was man normal/ ungewöhnlich findet ..... Gründe für etwas nennen ..... eine Geschichte nacherzählen/ erzählen

Grammatik 语法	Texte 课文	Lernen zu lernen 学习技巧
..... *Adjektivdeklination nach bestimmtem und unbestimmtem Artikel und* kein	..... *Gemälde:* Der Wasserturm in Bremen *(1932) von Franz Radziwill*	..... *Grammatikstrukturen sammeln und systematisieren* ..... *Wortschatz in Kategorien ordnen*
..... *Genitiv (bestimmter Artikel und Nomen)* ..... *Adjektivdeklination bei Nomen ohne Artikel* ..... *Adjektive mit und ohne Artikel*	..... *Zeitungstexte aus verschiedenen Rubriken*	..... *selektives Lesen üben* ..... *eine Regel ergänzen* ..... *eine Grammatiktabelle selbständig ergänzen*
..... *Futur* ..... *Präsens mit futurischer Bedeutung*	..... *Text zur Landeskunde* ..... *Wetterkarte* ..... *Reisewetterbericht* ..... *Texte mit „Wetterwörtern"*	..... *selbständig ein Wortfeld erarbeiten*
..... *Fragen mit* Was für (ein/e) … ..... *Reflexivpronomen im Dativ* ..... darin, daraus, davon … ..... *Adjektivdeklination (Wiederholung)*	..... *Text zur Geschichte der Jeans*	..... *einen Dialogbaukasten selber machen* ..... *mit Dialoggrafiken arbeiten* ..... *Aufgaben selbst entwickeln*
..... *Intonation: Satzakzent (Wiederholung)*	..... *Sprichwörter und Redensarten* ..... *ein Witz* ..... *Interviews* ..... *ein Monolog*	
..... Wozu …? / um … zu / damit	..... *Lied:* TV-Glotzer *von Nina Hagen* ..... *Fernsehprogramm* ..... *Kurzgeschichte:* Fern *von André Grab*	..... *einen längeren Hörtext erarbeiten* ..... *einen literarischen Text weiterschreiben*
..... *Konjunktiv II: Modalverben und* haben, sein, werden; würde-*Form*	..... *Cartoon:* Ansprüche *von Jutta Bauer* ..... *Bildgeschichte* ..... *Zeitungsnotiz*	..... *Konjunktiv-II-Formen selbst erschließen*
..... *Wortbildung: Adjektive und Nomen* ..... *Adjektivdeklination (Wiederholung)*	..... *Zitate aus Broschüren des Arbeitsamtes* ..... *Stellenanzeigen* ..... *Kurzgeschichte:* Der Verkäufer und der Elch *von Franz Hohler*	..... *einen literarischen Text erarbeiten* ..... *vorgegebene Definitionen anhand des Wörterbuchs überprüfen* ..... *eine Tabelle ergänzen*

Seite 页次		Inhalt 内容要点	Kommunikation 交流
156	**Option 2:** WIEDERHOLUNG UND LANDESKUNDE 备选单元2：复习和常识	..... Spiel zur Adjektivdeklination, Märchen, Theaterszenen, Dialoge; Texte, Lieder und Bilder zum Thema „Weihnachten"	
164	**EINHEIT 17:** ZEITZEICHEN 第17单元：报时信号	..... die Zeit ..... das Älterwerden	..... über das Thema „Zeit" nachdenken und sprechen
173	**EINHEIT 18:** GELD VERDIENEN – GELD AUSGEBEN 第18单元：挣钱—花钱	..... Geld ..... Berufe ..... Arbeitslosigkeit ..... Bankgeschäfte	..... über das Thema „Geld" sprechen ..... über Arbeitsplätze sprechen ..... über Konsumwünsche sprechen ..... etwas definieren
182	**EINHEIT 19:** FRAUEN UND MÄNNER 第19单元：女人和男人	..... Rollenbilder ..... Männer und Frauen ..... Heiraten ..... Wohngemeinschaft	..... über Männer- und Frauenrollen sprechen ..... über verschiedene Lebensformen sprechen
192	**EINHEIT 20:** GUTEN APPETIT! 第20单元：慢慢吃！	..... Käse, Wurst und Brot in den deutschsprachigen Ländern ..... Gebrauchsanweisungen ..... ein Kochrezept	..... Herstellungsprozesse beschreiben ..... sagen, wie etwas funktioniert
199	**EINHEIT 21:** AUF DEUTSCH SCHREIBEN MIT SYSTEM 第21单元：德语写作有章法	..... Texte und Textsorten ..... Bewerbung	..... über das Thema „Schreiben" sprechen
207	**EINHEIT 22:** HAUSARBEIT 第22单元：家务活	..... Haushaltsgeräte und Werkzeuge ..... Sicherheit im Haushalt ..... Frauen – Männer – Technik	..... über die Nützlichkeit von Haushaltsgeräten sprechen ..... etwas genauer sagen ..... über die Rollenverteilung bei der Hausarbeit sprechen
216	**Option 3:** WIEDERHOLUNG 备选单元3：复习	..... Spiele, ein Gedicht, einen Test vorbereiten, Lebensgeschichten, Aktivitäten für die Kursparty	
224 240 259 272	**ANHANG** 附录	..... Alphabetische Liste ..... Hörtexte ..... Lösungsschlüssel ..... Grammatiküberblick	

Grammatik 语法	Texte 课文	Lernen zu lernen 学习技巧
..... *Plusquamperfekt* ..... *nachdem, während* ..... *grammatische Zeitformen (Wiederholung)* ..... *Wörter zur Beschreibung von Zeitabläufen (Wiederholung)*	..... *Kurzgeschichte:* Das Wiedersehen *von Bertolt Brecht* ..... *Zeitungsnotizen* ..... *Lied:* Ein graues Haar *von Pur*	..... *selbständig Wiederholen* ..... *eine neue Zeitform selbständig erkennen* ..... *eine Regel selbst ergänzen*
..... *Relativsätze (Nominativ)*	..... *Zitate zum Thema „Geld"* ..... *literarischer Bericht:* Der Zahlteller *von João Ubaldo Ribeiro*	..... *ein Wortfeld selbständig zusammenstellen* ..... *einen literarischen Text erarbeiten*
..... *Grund/Folge: weil, deswegen* ..... *Abwägen: obwohl, trotzdem*	..... *Zeitungsartikel: „Frauen und Karriere"*	..... *wichtige Wörter in einem Text herausfinden* ..... *einen längeren Sachtext erarbeiten*
..... *das Passiv* ..... man *oder Passiv* ..... werden *(Wiederholung)* ..... *Partizip II (Wiederholung)*	..... *Betriebsanleitung/ Gebrauchsanweisungen* ..... *ein Kochrezept*	..... *eine Regel ergänzen*
..... *Wortfelder „Arbeitswelt" und „Berufe" (Wiederholung)*	..... *Stellenanzeigen* ..... *Bewerbungsschreiben* ..... *Lebenslauf*	..... *Textsorten unterscheiden* ..... *schriftliche Texte systematisch aufbauen* ..... *Fünf-Satz-Texte als Lernhilfe*
..... *Relativsätze im Akkusativ, Dativ und Genitiv* ..... *Passiv mit Modalverben* ..... *(an)statt ... zu + Infinitiv* ..... *Präpositionen und Kasus (Wiederholung)*	..... *Zeitungsnotiz/Zeitungsartikel/Interviews zum Thema „Hausarbeit"* ..... *Gedicht:* ordnung *von Timm Ulrichs*	..... *Wörterbucharbeit* ..... *Regeln selbständig ergänzen*

EINHEIT 1: EIN LEBEN LANG LERNEN
第1单元：终身学习

.... *Erwachsenenbildung in Deutschland* 德国的成人教育
.... *einem Text schnell Informationen entnehmen* 从文章中迅速提取信息
.... *etwas beurteilen* 对什么进行评价
.... *etwas begründen* 说明什么的理由
.... *Nebensätze mit weil* 用weil的从句
.... *Infinitiv mit zu* 带zu的动词不定式

1 Lernen nach der Schule 中学毕业后的学习

1.1 Sehen Sie sich die Collage an. Was kann man lernen? Wie kann man lernen?

1.2 Wie, wo und was lernen Erwachsene in Ihrem Land?

1.3 Lesen Sie bitte den Text über Volkshochschulen und ordnen Sie den Sätzen das passende letzte Wort zu.

Die Volkshochschulen (VHS) sind in Deutschland die wichtigste Institution für die Erwachsenenbildung. Fast jede Stadt in Deutschland hat eine eigene VHS und auch in den kleinen Dörfern gibt es oft Zweigstellen. Die Volkshochschulen in Deutschland organisieren zahlreiche Veranstaltungen: Kurse, Seminare, Vorträge, Filmveranstaltungen, Studienreisen usw. Früher waren die Teilnehmer/innen meistens Erwachsene. Heute gibt es aber auch viele Jugendliche unter 18 Jahren, die sich in den Volkshochschulen weiterbilden. Die Volkshochschulen bieten auch viele Kurse an, die es sonst in den Schulen nicht gibt, wie z. B. *Yoga, Jazztanz, Bügeln für Männer, Mode selbst gemacht* oder Kochkurse aller Art. Die meisten Kursteilnehmer/innen (70 %) sind Frauen.

Es gibt in Deutschland sehr viele ☐1   a Frauen.
In den Dörfern gibt es oft ☐2   b Jugendliche.
Kursteilnehmer/innen sind heute Erwachsene und ☐3   c Kurse.
Die VHS bietet Sprachkurse an, aber auch viele andere ☐4   d Schule.
An der VHS kann man andere Dinge lernen als in der ☐5   e Volkshochschulen.
Die Mehrheit der Kursteilnehmer/innen sind ☐6   f Zweigstellen.

2 Man lernt nie aus 永远学不完

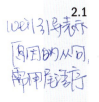

2.1 Warum kommen die Leute in die Volkshochschule? – Lesen Sie die Aussagen. Was glauben Sie, ist richtig?

Viele Leute besuchen einen Kurs in der Volkshochschule, …

☐1 … weil sie sich langweilen.
☐2 … weil sie sich weiterbilden möchten.
☐3 … weil sie andere Leute kennen lernen wollen.
☐4 … weil sie in ihrer Freizeit etwas Interessantes tun möchten.
☐5 … weil sie sich verlieben möchten.
☐6 … weil sie in ihrem Beruf bessere Chancen haben möchten.
☐7 … weil sie mehr verdienen möchten.
☐8 … weil sie Spaß am Lernen haben.
☐9 … weil …

2.2 Warum nehmen Sie an einem Kurs teil? Schreiben Sie Ihre Gründe auf Karten. Mischen Sie die Karten und lesen Sie vor. Versuchen Sie zu erraten, wer welche Karte geschrieben hat.

Ich interessiere mich für Sprachen.

Ich möchte andere Leute kennen lernen.

2.3 Wer besucht welchen Kurs? Lesen Sie die Aussagen und finden Sie für jede Person den richtigen Kurs im VHS-Programm.

Jakob Weber:
Meine Frau muss oft bis spät abends arbeiten und ich möchte für uns kochen.

Christine Keller:
Ich bin Sekretärin und habe eine neue Stelle. Jetzt muss ich mit dem Computer arbeiten.

Oliver Kull:
Ich gehe nächstes Jahr für einen Monat nach Brasilien.

Sonja Fehr:
Ich habe einen neuen Fotoapparat und möchte endlich richtig fotografieren lernen.

Erika Gall:
Ich sitze den ganzen Tag am Schreibtisch und am Abend brauche ich einfach ein bisschen Bewegung.

Fernando Henrique:
Ich kann schon Deutsch sprechen, aber ich muss jetzt auch Geschäftsbriefe auf Deutsch lesen und schreiben.

Konditionstraining
Gymnastik für Damen und Herren. Konditionstraining. Im Herbst und während des Winters gibt es spezielle Übungen zur Skigymnastik.

Frau Gall besucht das Konditionstraining.

fünf Abende und zwei Wochenenden nach Vereinbarung
Erstes Treffen 14. März, 20.00, R3, 13

Fotografieren für Anfänger — Frau Fehr
Einführung in die Fotografie. Theorie, Kamerafunktionen und Handhabung und praktische Übungen auf Exkursionen am Wochenende. Lernziel: Selbständig fotografieren können.

Ort
Hauptschule Seckenheim
Zeit
montags und donnerstags 20.30–22.00
Kursleiterin Isabelle Ferreira
Lehrwerk Avenida Brasil 1

Portugiesisch — Herr Kull
Portugiesisch spricht man nicht nur in Portugal. Es ist auch die Sprache des größten Landes Lateinamerikas: Brasiliens. Im Kurs lernen Sie brasilianisches Portugiesisch. In den ersten 30 Kursabenden lernen Sie das Notwendigste, um bei einer Reise nach Brasilien zurechtzukommen.

Erstes Treffen
06.02. ab 18.00 in der Integrierten Gesamtschule Herzogenried
Kursleiterin Katharina Sturm

Lesen und Schreiben für Erwachsene — Herr Henrique
Auch bei uns gibt es Jugendliche und Erwachsene, die nicht oder nur sehr schlecht lesen und schreiben können. Deshalb bietet die Volkshochschule seit einigen Jahren Kurse an, in denen man das Lesen und Schreiben lernen kann. Kennen Sie jemanden, der dieses Problem hat? Machen Sie ihm oder ihr Mut, diese Chance zu nutzen. Jeder kann lesen und schreiben lernen! Vor Beginn des Kurses führen wir mit allen Teilnehmern und Teilnehmerinnen ein persönliches Gespräch.

Ort **Textverarbeitung** (Grundkurs)
Karl-Friedrich-Gymnasium Im Grundkurs WORD lernen Sie, wie man einen
Zeit Text erfasst, korrigiert, gestaltet und überarbeitet, wie man
freitags 17.30–20.00 mit Hilfe von Textbausteinen und Druckformatvorlagen
(6 Veranstaltungen) Arbeitsgänge automatisiert, wie man Tabellen erstellt und
Kursleiterin *Petra Scholl* wie Sie Ihre Texte abspeichern und ausdrucken können.

Ort **Bürgerliche Küche**
Berufsschule Feudenheim Die Kursbesucher kochen nach Großmutters
Zeit Art vollständige Menüs (u.a. Rheinische
samstags 14.00–17.00 Uhr Bratkartoffeln, Braten, Kartoffelsuppe).
(6 Nachmittage) Auch geeignet für Personen mit wenig Koch-
Kursleiterin *Hannelore Kohls* erfahrung.

Ort **Deutsch als Fremdsprache für den Beruf**
Industrie- und Handelskammer, Dieser Kurs wendet sich an Teilnehmer/
Schwetzingerstraße 32 innen, die schon Grundkenntnisse im
Zeit Deutschen haben und Deutsch für ihren
samstags 9.00–13.00 Beruf brauchen. Sie lernen, Geschäftsbriefe auf Deutsch zu
(10 Vormittage) schreiben, geschäftliche Telefonate zu führen, und üben
Kursleiterin in Rollenspielen Geschäftsgespräche.
Inge Sikora-Weissling

2.4 Was haben Sie nach der Schulzeit alles gelernt? Was möchten Sie gerne noch lernen? Kreuzen Sie an, ergänzen Sie die Liste und machen Sie dann Interviews im Kurs.

☐ Auto fahren
☐ Auto reparieren
☐ Bilder malen
☐ fotografieren
☐ schwimmen
☐ kochen
☐ verschiedene Fähigkeiten für den Beruf
☐ Schreibmaschine schreiben
☐ Ski fahren
☐ eine Fremdsprache
☐ mit dem Computer arbeiten
☐ Informationen aus dem Internet holen
☐ Yoga
☐ …

Ich habe erst nach der Schulzeit eine Fremdsprache gelernt.

Ich möchte gerne Ski fahren lernen.

Ich möchte gern lernen, wie man sich richtig entspannt.

3 Warum? Weil ... 为什么？因为…

3.1 Lesen Sie noch einmal die Aussagen in 2.1 und dann das Beispiel. Was ändert sich im Satz mit weil?

Begründung ....

Herr Kull macht einen Portugiesischkurs. Er (will) nach Brasilien fahren.

Herr Kull macht einen Portugiesischkurs, weil er nach Brasilien fahren (will).

EINHEIT 1 13

3.2 Welche Begründung passt? Hören Sie die Tonaufnahme zweimal und ergänzen Sie die Sätze.

1. Ich mache sehr oft Urlaub in Österreich, weil ich das Land und Leute mag. *[nicht die]*
2. Heute kann ich nicht mit dir ins Kino gehen, weil ich noch Hausaufgaben machen muss.
3. Du kannst mich nicht anrufen, weil kein Telefon habe.
4. Ich schreibe den Test nicht mit, weil ich zwei Wochen krank war.

3.3 Wer tut was warum? Finden Sie passende Begründungen und schreiben Sie sie ins Heft. Die Elemente im Kasten helfen Ihnen.

> zu dick   andere Kursteilnehmerin lieben
> andere Leute kennen lernen wollen
> gerne reisen   in London wohnen wollen
> Grammatik zu schwer finden   …

1. Herr Kull lernt Fremdsprachen …
2. Theo treibt Sport …
3. Petra lernt Englisch …
4. Martin kommt sehr gern in den Kurs …
5. Fabio lernt nicht mehr Deutsch …
6. Herr Weber besucht …
7. Frau Fehr ist in …
8. Christine Keller lernt …
9. Erika Gall …
10. Mein(e) … lernt …
11. Ich …

Herr Kull lernt Fremdsprachen, weil er gerne reist.

3.4 Warum …? Erfinden Sie die passenden Fragen. Es gibt viele Möglichkeiten.

Warum hast du schon wieder meinen Computer?

Warum kannst du heute nicht mit uns essen gehen?

1. Weil ich Geschäftsbriefe schreiben muss.
2. Weil ich Fleisch nicht mag.
3. Weil ich morgen in Urlaub fahre.
4. Weil ich schon über 35 bin.
5. Weil ich keine Lust habe.
6. Weil das für mich zu teuer ist.

3.5 Fragen mit *warum* – Schreiben Sie die Wörter in der richtigen Reihenfolge in die Satzgrafiken 1 und 2.

C 101.3

lernen   muss   ich   Grammatik   lernen   Ich   Warum   Grammatik   muss

1. ☐ ○ ___ ○
2. ___ ○ ___ ○

3.6 Verben in W-Fragen – Kreuzen Sie das richtige Wort in der Regel an.

Das konjugierte Verb steht in W-Fragen (Wer, Was, Warum, Wo …) an der ☐ ersten / ☐ zweiten Stelle.

3.7 Ein Spiel: Fragen raten.

Ziehen Sie eine Karte. Auf der Karte steht eine Frage mit Warum. Flüstern Sie die Frage Ihrem Nachbarn / Ihrer Nachbarin ins Ohr. Er/Sie gibt laut eine Antwort auf die Frage. Die anderen versuchen die Frage zu erraten.

4   Frau Wilde (39), Kursleiterin für Deutsch als Fremdsprache

4.1 Lesen Sie die Aussagen von Frau Wilde. Sie haben drei Minuten Zeit. Welche Wörter fassen den Inhalt am besten zusammen? Markieren Sie in jeder Zeile maximal zwei Wörter.

Wir haben gefragt:

– Was macht Ihnen in der Kursarbeit Freude?
– Welche Probleme gibt es?

Also, ich muss zuerst sagen, dass mir die Arbeit viel Spaß macht. Ich arbeite gern mit Erwachsenen und der Kontakt mit den Teilnehmern ist sehr wichtig für mich. Na ja, natürlich gibt es auch Probleme. Es ist zum Beispiel furchtbar anstrengend für mich, die ganze Zeit zu sprechen, und viele Teilnehmer sitzen still da und machen einfach den Mund nicht auf. Das kann mich wirklich krank machen. Manchmal bringe ich auch Bilder mit oder ich habe Folien für den Tageslichtprojektor vorbereitet und schöne Arbeitsblätter entworfen und trotzdem arbeiten die Teilnehmer nicht richtig mit. Da weiß ich manchmal nicht: Finden die Teilnehmer meinen Unterricht schlecht oder … Da muss ich dann oft noch lange nach dem Unterricht darüber nachdenken.

4.2 Schließen Sie das Buch und schreiben Sie aus Ihren Stichwörtern kurze Sätze. Tauschen Sie Ihre Sätze mit Ihrem Nachbarn / Ihrer Nachbarin und vergleichen Sie mit dem Text im Buch.

4.3 Überlegen Sie: Was war leicht, was war schwierig?

4.4 Arbeiten Sie nun genauso mit dem zweiten Teil des Textes.

Oft machen nur wenige Teilnehmer die Hausaufgaben. Dann muss ich alles noch mal erklären und die ganze Stunde wieder anders planen. Und dann das Problem mit dem Alter. Es ist gar nicht so leicht, ein Thema zu finden, das für alle Teilnehmer interessant ist. Ein 18-jähriger Mann interessiert sich eben für andere Dinge als eine 60-jährige Frau, verstehen Sie? Und alle möchten etwas anderes lernen! Die einen finden die Grammatik wichtig, die anderen wollen möglichst viele Wörter lernen. Die einen möchten nur sprechen und die anderen möchten schnell schreiben lernen. Es ist wirklich nicht leicht! Ich wünsche mir, dass die Teilnehmer mehr zusammenarbeiten, dass sie einander mehr helfen und nicht immer nur auf mich schauen. Ja, und dass sie einfach mehr Mut haben.

4.5 Aufgaben selbst machen: Schreiben Sie eine richtige und eine falsche Aussage über Frau Wilde auf je eine Karte. Sammeln Sie die Karten ein, mischen Sie sie und lesen Sie sie im Kurs vor.

4.6 Hören Sie nun einen Ausschnitt aus dem Interview mit Frau Wilde. Vergleichen Sie: Was ist anders als bei dem geschriebenen Text?

4.7 Können Sie Frau Wilde helfen? Formulieren Sie Ratschläge.

5 Es ist nicht leicht, ... zu ... 不容易做到…

5.1 Aussagen über den Deutschunterricht: Welche Satzteile passen zusammen?
Welche Aussagen treffen auch auf Sie zu?

Ich habe (keine) Schwierigkeiten,	1	a die Hausaufgaben zu machen.
Es ist notwendig,	2	b im Unterricht etwas zu sagen.
Ich habe oft (keine) Zeit,	3	c im Kurs aufzupassen.
Es ist (nicht immer) leicht,	4	d die Grammatik anzusehen.
Ich versuche,	5	e mehr in Gruppen zu arbeiten.
Es ist (nicht) schwierig,	6	f laut zu sprechen.
Ich habe manchmal (keine) Lust,	7	g die Tonaufnahmen zu verstehen.
Ich bemühe mich,	8	h immer pünktlich zu sein.
Es ist wichtig,	9	i einen (keinen) Fehler zu machen.

> Ich habe keine Schwierigkeiten, im Unterricht etwas zu sagen.

5.2 Infinitiv mit zu: Lesen Sie die rechte Spalte in 5.1 noch einmal und ergänzen Sie das fehlende Wort in der Regel.

Regel:
Zu steht meistens _____ dem Verb im Infinitiv.

C 22.2
C 22.3

5.3 In 5.1 finden Sie zwei trennbare Verben. Wo steht hier zu? Schreiben Sie die Verben in die Grafiken.

5.4 Füllen Sie nun diese Grafiken aus.

einladen
| ein | zu | laden |

durchlesen

aufschlagen

nachdenken

5.5 Dreisatz

Spielen Sie im Kurs: A wiederholt dreimal den gleichen Satzanfang. B ergänzt auf drei verschiedene Arten. Dann spielt B mit C usw.

- Ich habe keine Zeit — die Hausaufgaben zu machen.
- Ich habe keine Zeit — essen zu gehen.
- Ich habe keine Zeit — Wörter zu lernen.

6 Lange Sätze – kurze Sätze 长句 — 短句

6.1 Dieser Satz ist sehr lang. Welche Wörter kann man weglassen, ohne den Satz grammatisch falsch zu machen?

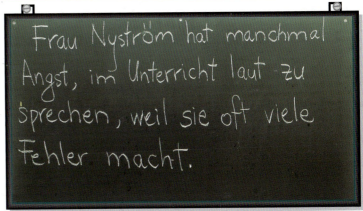

6.2 Können Sie nun auch diese Sätze kürzer machen?

1. Ich habe oft keine Möglichkeit, zu Hause wirklich in Ruhe zu arbeiten, weil meine Kinder noch sehr klein sind.
2. Es ist nicht immer ganz leicht, die Übungen im Kurs in der Sprachschule schnell und richtig zu machen.

6.3 Sätze länger machen. Wählen Sie einen Satz aus und fügen Sie weitere Wörter ein. Wer kann den längsten Satz bilden?

1. Ich habe Lust zu schwimmen.
2. Ich versuche, dich anzurufen.
3. Ich freue mich, dich zu sehen.
4. Hast du Zeit zu reden?

Ich habe keine große Lust, mit dir am Sonntag im See zu schwimmen.

2. am Montag un drei Uhr   4. Morgen an Mittwoche
3. nächste Woche dich Peter und

6.4 Aus Wörtern Sätze machen.

1. wir / keine Lust / Test / schreiben / haben
2. haben / du / Lust / Italien / fahren ?
3. wir / versuchen / Hausaufgaben / machen / gestern / haben
4. ich / gestern / versuchen / dich / anrufen / haben
5. Herr Meier / keine Lust / das Fernsehen / einschalten / haben
6. leicht / Text / abschreiben / es / sein

Wir haben keine Lust, den Test zu schreiben.

7 Interviews mit Deutschlehrern und Deutschlernenden aus drei Ländern
和来自三个不同国家的德语教师和德语学员进行的访谈

7.1 Vor dem Hören: Was kann man fragen? Sammeln Sie an der Tafel.

7.2 Beim ersten Hören: Hören Sie die ganze Tonaufnahme und achten Sie nur darauf: Woher kommen die Leute? Welche von Ihren Fragen beantworten sie?

Tschechen; Singapour; Griechenland 希腊

7.3 Beim zweiten Hören: Hören Sie die Interviews einzeln. Notieren Sie Stichworte: Was ist gut, was macht Probleme?

7.4 Interviews im Kurs: Zwei Aufgaben zur Auswahl.

– Formulieren Sie fünf Fragen an Ihre Kursleiterin / Ihren Kursleiter und machen Sie ein Interview.
– Formulieren Sie fünf Fragen an eine andere Gruppe und interviewen Sie sich gegenseitig.

EINHEIT 1 17

EINHEIT 2: LERNEN UND VERGESSEN
第2单元: 学习和遗忘

.... ein Experiment aus der Lernpsychologie kennen lernen 认识一个心理学方面的实验
.... das eigene Lernen strukturieren 给自己的学习建立一个结构
.... Geschichten schreiben und erzählen 写故事并讲述故事
.... ein Grammatikkapitel selbständig erarbeiten 独立弄懂一章语法
.... Nebensätze mit dass 用dass的从句
.... Verb wissen 动词wissen
.... Präteritum der regelmäßigen Verben und der Modalverben 规则动词和情态动词的过去式

1 Unser Gedächtnis 我们的记忆

1.1 Wer sind die beiden Männer auf dem Bild? Was machen Gruppe A und Gruppe B?

1.2 Ein Experiment – Lesen Sie bitte den Text.

So arbeitet unser Gedächtnis

Im Jahre 1924 machten zwei amerikanische Wissenschaftler, J.G. Jenkins und K.M. Dallenbach, ein interessantes Experiment. Sie wollten wissen, wie unser Gedächtnis funktioniert. Deshalb holten sie verschiedene Personen in ihr Labor. Zuerst lernten die Leute viele Silben ohne Bedeutung auswendig (z.B. „ber", „zar", „pif", „klag" usw.). Dann bildeten die Wissenschaftler zwei Gruppen. Gruppe A legte sich ins Bett zum Schlafen. Gruppe B arbeitete, hörte Musik, spielte Karten usw. Nach 1, 2, 4 und 8 Stunden fragten die beiden Wissenschaftler die Versuchspersonen nach den Silben (natürlich weckten sie die Personen der Gruppe A vorher). Jenkins und Dallenbach wollten wissen, welche Gruppe mehr Silben im Gedächtnis behalten hatte.

1.3 Notieren Sie wichtige Stichwörter aus dem Text 1.2.
Berichten Sie mit Hilfe der Stichwörter über das Experiment.

1.4 Berichten Sie mit Hilfe der Tabelle über das Ergebnis des Experiments.

> Die Personen von Gruppe A haben nach einer Stunde 30 % der Silben vergessen.

Gruppe	Vergessene Silben nach ...			
	1 Stunde	2 Stunden	4 Stunden	8 Stunden
A (Schlaf)	30 %	46 %	45 %	44 %
B (Arbeit)	54 %	69 %	78 %	91 %

1.5 Ergebnisse des Experiments: Kreuzen Sie die richtigen Aussagen an.

1. ☒ Die Wissenschaftler haben festgestellt, dass die Personen der Gruppe A (Schlaf) nach einer Stunde noch mehr als zwei Drittel der Silben wussten.
2. ☒ Jenkins und Dallenbach haben herausgefunden, dass die wachen Versuchspersonen (Gruppe B) nach einer Stunde weniger als die Hälfte der Silben wussten.
3. ☐ Gruppe A hatte nach zwei Stunden doppelt so viele Silben vergessen wie nach einer Stunde, weil sie geschlafen hat.
4. ☒ Gruppe B hat die Silben schlechter im Gedächtnis behalten, weil sie gearbeitet hat.

1.6 Vergleichen Sie in 1.5 die Nebensätze mit weil und dass. Ergänzen Sie dann die Satzgrafiken.

C 101.2

1. lernen / überrascht / bin / ~~Ich~~ / viele nur einmal pro Woche

   | Ich | ⬭ _____ , dass _____ ⬭ .

2. ~~Viele~~ / nur einmal pro Woche / lernen / sie keine Zeit / haben

   | Viele | ⬭ _____ , weil _____ ⬭ .

1.7 Wie finden Sie das Experiment? Sammeln Sie Argumente dafür und dagegen.

Ich finde das Experiment interessant, weil …
Ich finde interessant, dass …
Ich halte nichts davon, dass …
Ich halte das Experiment für Unsinn, weil …
Das Experiment zeigt nur, dass …

Qui dort, dîne.

Wer schläft, sündigt nicht.

Let sleeping dogs lie.

نام عصام ساعة الرحيل

✦ 1.8 Wann, wie oft und wo lernen Sie für den Deutschunterricht? Machen Sie eine Umfrage im Kurs.

Wann?	Wie oft?	Wo?
_____ morgens	_____ jeden Tag	_____ im Bett
_____ mittags	_____ dreimal pro Woche	_____ am Schreibtisch
_____ abends	_____ zweimal pro Woche	_____ im Auto / im Bus
_____ nachts	_____ einmal pro Woche	_____ im Büro
_____ kurz vor dem Unterricht	_____ sehr selten	_____ vor dem Kursraum

1.9 Diskutieren Sie die Ergebnisse Ihrer Umfrage.
– Ich bin (nicht) überrascht, dass …
– Ich bin mir sicher, dass ich …
– Ich glaube, dass viele … lernen, weil …
– Ich finde es besser, morgens zu lernen, weil …
– Abends bin ich immer müde, weil …
– Für mich ist es unmöglich, zu Hause zu lernen, weil …

▶◀ 1.10 Das Lernen strukturieren – Sehen Sie sich die folgenden Vorschläge an.
Diskutieren Sie: Welche Vorschläge finden Sie gut? Wie kann man die Vorschläge variieren?

1. Fahrzeit ist Lernzeit: Eine S-Bahn-Fahrt in Berlin von Charlottenburg bis Alexanderplatz.

EINHEIT 2 20

2. Wartezeit – Lernzeit

3. Spaziergänge sind Lernwege. Wie viele Wörter finden Sie in diesem Foto?

2 Das Verb *wissen* 动词 *wissen*

2.1 Der Nein-Typ. Hören Sie zu und lesen Sie mit.

> Ich weiß, dass ich nichts weiß.
> Was ich gestern gelernt habe, weiß ich heute nicht mehr.
> Was ich heute noch weiß, vergesse ich morgen.
> Was? Ich muss anders lernen?
> Was weißt du schon!
> Ich weiß, dass du alles besser weißt!

2.2 Lesen Sie den Text mit verschiedener Intonation vor: lustig, traurig, ärgerlich, wütend.

2.3 Sehen Sie zwei Minuten ins Lernerhandbuch und schreiben Sie dann die Konjugationstabelle von *wissen* ins Heft.

2.4 Variieren Sie den Text von 2.1. Sie können z. B. so anfangen:

1. Ich weiß, dass ich alles weiß ...
2. Wir wissen, dass wir nichts wissen ...
3. Er glaubt, dass er alles weiß ...

3 Ein Grammatikkapitel selbständig erarbeiten: das Präteritum
独立弄懂一章语法：过去时

In den Abschnitten 3 und 4 können Sie das Präteritum ohne Kursleiter/in erarbeiten. Sie/Er kann jetzt einen Kaffee trinken gehen. Arbeiten Sie alle Aufgaben zu zweit durch. Fragen können Sie am Schluss stellen.

In Einheit 15 (Lebensläufe) und 24 (Erzählen Sie doch!) in Band 1 haben Sie das Perfekt kennen gelernt. Mit dem Perfekt und dem Präteritum kann man Aussagen zur Vergangenheit machen.

3.1 Wiederholung: Schreiben Sie zwei Sätze im Perfekt auf. Einen mit *haben* und einen mit *sein*.

_____

_____

3.2 Perfekt und Präteritum. Vergleichen Sie die Texte. Wann verwendet man Präteritum und wann Perfekt?

> Interviewer: Herr Dallenbach, wie hat das Experiment funktioniert?
> Dallenbach: Also, wir haben verschiedene Leute in unser Labor geholt. Zuerst haben die Leute viele Silben auswendig gelernt. Dann haben wir zwei Gruppen gebildet.

> Im Jahre 1924 machten zwei amerikanische Wissenschaftler, J.G. Jenkins und K.M. Dallenbach, ein interessantes Experiment. Sie wollten wissen, wie unser Gedächtnis funktioniert. Deshalb holten sie verschiedene Personen in ihr Labor. Zuerst lernten die Leute viele Silben ohne Bedeutung auswendig (z.B. „ber", „zar", „pif", „klag" usw.). Dann bildeten die Wissenschaftler zwei Gruppen.

3.3 Zwei Verben kennen Sie bereits im Präteritum: sein und haben (Band 1, S. 102/103). Schreiben Sie die Formen noch einmal im Heft auf.

> ich war   hatte
> du warst

Anhang 3

Die Verben sein und haben sind unregelmäßig. In diesem Abschnitt lernen Sie das Präteritum von regelmäßigen Verben kennen. Das ist viel einfacher!

3.4 Im Text 1.2 finden Sie zehn regelmäßige Verben im Präteritum. Machen Sie eine Liste im Heft.

3.5 Vergleichen Sie die Ergebnisse mit einer anderen Gruppe und ordnen Sie die Verbformen nach Singular und Plural.

> Singular   Plural
> arbeitete   machten

3.6 Präteritum: regelmäßige Verben. Ergänzen Sie die Tabelle und die Regel.

.... *Infinitiv:* fragen ....

	Singular	*Plural*
1. Person	ich _fragte_	wir _fragten_
3. Person	er/es/sie _____	sie _____
formelle Anrede		Sie _____

Regel: Regelmäßige Verben haben im Präteritum die folgenden Endungen:

Singular (1. und 3. Person): _____

Plural (1. und 3. Person): _____

> **LERNTIPP** Die Formen der 2. Person braucht man im Präteritum sehr selten. Im Lernerhandbuch finden Sie alle Formen.

C 19.3

▶ ◀ 3.7 Machen Sie im Heft eine Tabelle wie in 3.5 für das Verb lernen.

3.8 Können Sie das Präteritum der regelmäßigen Verben jetzt schon? In 3.9 können Sie das überprüfen.

Der Text beschreibt die Ereignisse in Berlin am Wochenende vom 11./12. November 1989. Am 9. November 1989 öffnete die DDR die Grenze zwischen Ostberlin und Westberlin. Vom 13.8.1961 bis zum 11.11.1989 war Berlin geteilt.

Sprechen Sie zuerst über die Fotos. Was zeigen sie? Kennen Sie die Geschichte? Wissen Sie, was damals passiert ist?

3.9 Klären Sie unbekannte Wörter und ergänzen Sie den Text mit den Verben in Klammern im Präteritum.

Millionen DDR-Bürger in Westberlin

Am Freitag hatte es angefangen. Hunderte von Menschen __tanzten__ (tanzen) auf der Mauer und __forderten__ (fordern): Weg mit der Mauer! Das Zentrum von Westberlin __war__ (sein) am Samstag und Sonntag voll von Besuchern aus der DDR. Viele Menschen __weinten__ (weinen) vor Freude. Ein Mann __sagte__ (sagen): „Auf diesen Moment habe ich seit 20 Jahren gewartet!" Die meisten DDR-Besucher __warteten__ (warten) in langen Schlangen vor den Banken auf ihr Begrüßungsgeld und __kauften__ (kaufen) anschließend auf dem Kurfürstendamm die Regale leer. Sie __wunderten__ (wundern) sich über die freundlichen Westberliner. Zum ersten Mal seit dem Bau der Mauer __besuchte__ (besuchen) auch wieder DDR-Fans des Fußballvereins Hertha BSC das Olympiastadion.

4 Die Modalverben und das Verb *wissen* im Präteritum
情态动词和动词 *wissen* 的过去式

4.1 Sie kennen fünf Modalverben. Schreiben Sie die Infinitive über die Tabelle.

	dürfen	können	mögen	müssen	wollen
ich	durfte	konnte	mochte	musste	wollte
du	durftest	konntest			
er/es/sie	durfte				
wir	durften				
ihr	durftet				
sie/Sie	durften				

LERNTIPP Bei den Modalverben verwendet man auch die 2. Person Singular und Plural oft im Präteritum (wie bei *sein* und *haben*).

sein
ich war du warst er/sie/es war wir waren ihr wart Sie/sie waren

4.2 Vergleichen Sie *dürfen* in 4.1 mit den regelmäßigen Verben. Markieren Sie die Unterschiede. Ergänzen Sie die Tabelle und kontrollieren Sie mit dem Lernerhandbuch.

haben
ich hatte du hattest er/sie/es hatte wir hatten ihr hattet Sie/sie hatten

4.3 Das Verb *wissen* im Präteritum. Der Verbstamm im Präteritum heißt *wuss-*. Die Konjugation funktioniert wie bei den Modalverben. Machen Sie eine Tabelle im Heft.

wissen
ich wusste

4.4 Mit 5, 10, 15, ... Jahren: Schreiben Sie auf und berichten Sie, was Sie (nicht) wollten, durften, konnten oder mussten.

Mit 5 wollte ich groß sein.

Mit 10 musste ich brav sein.

Mit 15 konnte ich alles!

Mit 20 wollte ich die Welt kennen lernen.

Mit 25 musste ich das Baby füttern.

Mit 30 ...

5 Geschichten schreiben und erzählen 写故事并讲述故事

5.1 Der mysteriöse Brief. Schreiben oder erzählen Sie eine Geschichte zu der Zeichnung. Die Wörter und Ausdrücke helfen Ihnen.

Angelikas Tag im Büro war anstrengend. Sieben Stunden am Computer. Ihre Augen schmerzten. Sie war müde. Um 17 Uhr 30 schaltete sie den Computer ab ...

– schnell einkaufen müssen / weil / um sieben Uhr zu Hause sein müssen
– Auto in der Garage parken
– der Aufzug sie in den achten Stock bringen
– Tür öffnen
– niemand da sein
– Brief auf dem Boden entdecken
– schnell den Brief öffnen

– lachen / weinen
– keine Zeit verlieren dürfen
– Aufzug weg sein
– die Treppe runterlaufen müssen
– Garage: Auto auch weg sein
– Telefonzelle
– mit ... telefonieren
– ...

5.2 Können Sie eine Geschichte zu diesem Foto schreiben und/oder erzählen? Sammeln Sie zuerst im Kurs gemeinsam Wörter und Ausdrücke, die Ihnen zu dem Foto einfallen.

6 Selbstversuch zum Gedächtnistraining 亲自试验记忆力训练

6.1 In Einheit 3 geht es um das Thema „Körper und Gesundheit". Dabei lernen Sie viele neue Wörter. Sie können sich mit dieser Übung schon etwas vorbereiten und eine neue Lerntechnik ausprobieren.

- Sie hören jetzt eine Minute lang nur Musik. Betrachten Sie das Bild. Schließen Sie danach die Augen. Entspannen Sie sich.
- Sie hören dann die Namen der Körperteile.
- Öffnen Sie danach die Augen und betrachten Sie noch zwei Minuten das Bild.
- Schließen Sie dann das Buch und versuchen Sie, die Namen der Körperteile zu notieren.
- Sammeln Sie die Wörter an der Tafel.

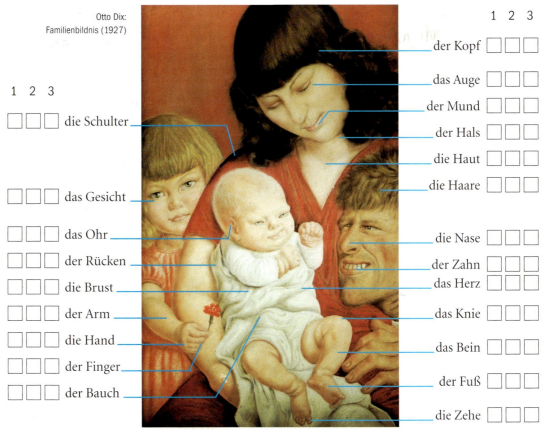

Otto Dix: Familienbildnis (1927)

1 2 3
- die Schulter
- das Gesicht
- das Ohr
- der Rücken
- die Brust
- der Arm
- die Hand
- der Finger
- der Bauch

1 2 3
- der Kopf
- das Auge
- der Mund
- der Hals
- die Haut
- die Haare
- die Nase
- der Zahn
- das Herz
- das Knie
- das Bein
- der Fuß
- die Zehe

6.2 Welche Wörter haben Sie schnell (1), langsam (2) oder noch nicht gelernt (3)? Markieren Sie in der Liste in 6.1 von 1 bis 3.

6.3 Können Sie mit Musik besser oder schlechter lernen? Wie und wann lernen Sie am besten Wörter?

6.4 Wiederholen Sie den Versuch zu Hause vor dem Schlafen. Funktioniert es? Berichten Sie in der nächsten Stunde.

EINHEIT 3: KÖRPER – GESUNDHEIT – KRANKHEIT

第3单元： 身体—健康—疾病

.... *Körperteile benennen* 说出身体部位的名称
.... *nach dem Befinden fragen / sagen, dass man krank ist* 询问别人身体如何 / 告诉别人自己生病了
.... *sagen, was man hat* 告诉别人自己怎么了
.... *Ratschläge geben* 给出建议
.... *einen Dialogbaukasten selbst machen* 自己制作对话模块
.... *indirekte Rede, indirekte Fragen* 间接引语、间接问句
.... *Nebensätze mit* ob 用ob的从句
.... *Modalverb* sollen 情态动词sollen

1 Körperteile benennen 说出身体部位的名称

1.1 In Einheit 2 haben Sie bereits die deutschen Wörter für viele Körperteile kennen gelernt. Sehen Sie sich Seite 27 noch einmal an.

1.2 Entspannungsübung: Sie hören Musik und eine Stimme sagt die Namen von Körperteilen. Zeigen Sie auf diese Körperteile.

Otto Dix:
Bildnis der Eltern des Künstlers
(1924)

1.3 Suchrätsel: Sie finden hier 14 Körperteile im Plural. Welche? Schreiben Sie die Formen heraus und machen Sie eine Liste im Heft.

K	Ö	P	F	E	Z	E	H	E	N	X
N	A	S	E	N	H	A	B	T	I	U
I	R	B	C	D	E	Z	Ä	H	N	E
E	M	O	N	E	R	R	U	U	H	H
B	E	I	N	E	Z	Y	C	N	Ä	Ä
O	H	R	E	N	E	S	H	D	L	N
Z	G	Q	F	I	N	G	E	R	S	D
G	E	S	I	C	H	T	E	R	E	E

der Arm – die Arme

1.4 Welche Körperteile braucht man wozu? Hier sind zehn Verben. Schreiben Sie die passenden Körperteile dazu. Kontrollieren Sie mit dem Wörterbuch.

1. essen
2. küssen
3. Rad fahren
4. riechen
5. schreiben
6. schwimmen
7. spazieren gehen
8. diskutieren
9. applaudieren
10. antworten

*antworten
der Mund*

EINHEIT 3 | 28

2 Körperteile in Redewendungen und Vergleichen 习语和比喻中的身体部位

2.1 Herz: Ordnen Sie die Redewendungen den Illustrationen zu.

1. An diesem Haus hängt mein ganzes Herz. Hier will ich nicht weg.
2. Wir haben den Computer auf Herz und Nieren geprüft. Er funktioniert.
3. Sie hat das Herz am rechten Fleck.
4. Vor Angst ist mir das Herz fast in die Hose gerutscht.
5. Fabiane und ihr Giovanni sind ein Herz und eine Seele.

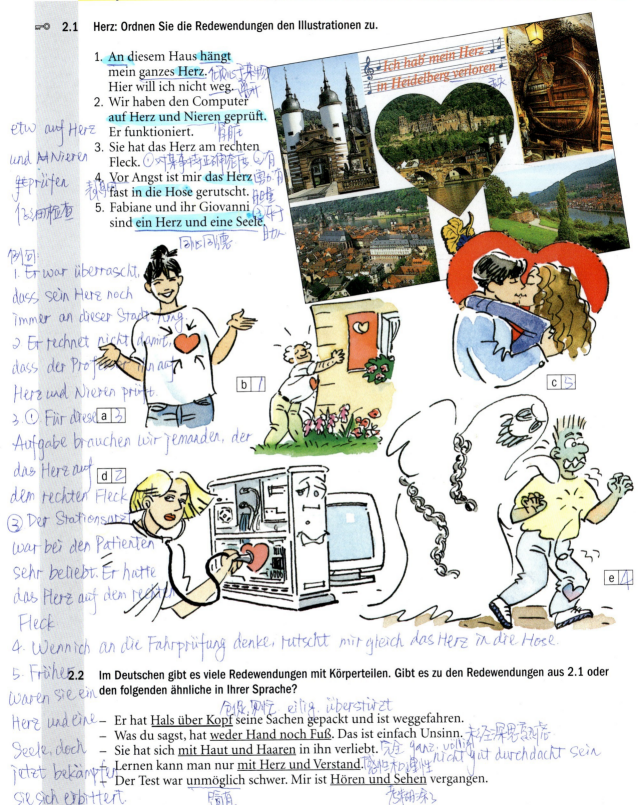

2.2 Im Deutschen gibt es viele Redewendungen mit Körperteilen. Gibt es zu den Redewendungen aus 2.1 oder den folgenden ähnliche in Ihrer Sprache?

– Er hat Hals über Kopf seine Sachen gepackt und ist weggefahren.
– Was du sagst, hat weder Hand noch Fuß. Das ist einfach Unsinn.
– Sie hat sich mit Haut und Haaren in ihn verliebt.
– Lernen kann man nur mit Herz und Verstand.
– Der Test war unmöglich schwer. Mir ist Hören und Sehen vergangen.

2.3 Suchen Sie Redewendungen zu Hand, Ohr, Finger, Fuß und Auge im einsprachigen Wörterbuch und sammeln Sie im Kurs.

2.4 Ähnlichkeiten – Sehen Sie sich die Zeichnung an und hören Sie das Gedicht.

Taufe

Die Stirn wie der Vater
Die Nase wie die Mutter
Das Kinn wie die Oma
Die Ohren wie Tante Tine
Die Augen wie Onkel Willi
Die Hände wie das Brüderchen
Der Popo wie das Schwesterchen –
Es ist zum Aus-der-Haut-Fahren

Manfred Hausin

2.5 Haben Sie Lust, ein Gedicht wie das in 2.4 über sich zu schreiben?

3 Haben Sie Schmerzen? 疼吗?

3.1 Schreiben Sie die Sätze 1 bis 6 in die passenden Sprechblasen.

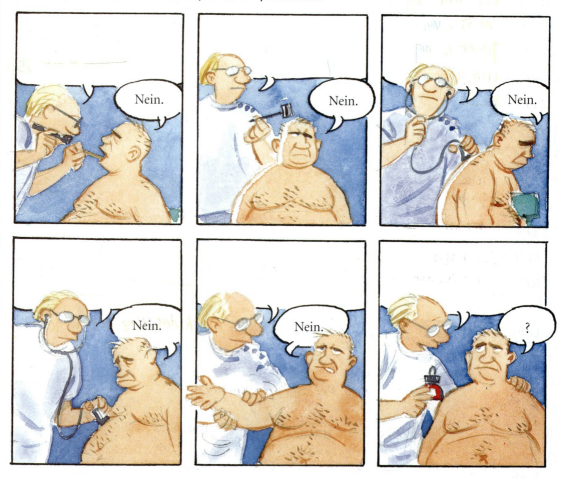

1. Tut der Arm weh?
2. Gut, dann nehmen Sie diese Tropfen dreimal täglich.
3. Haben Sie Kopfschmerzen?
4. Sagen Sie mal A. Haben Sie Halsschmerzen?
5. Haben Sie Bauchschmerzen?
6. Haben Sie Rückenschmerzen?

▶ ◀ **3.2** Was tun Sie? Fragen Sie sich gegenseitig.

> Sie haben Bauchschmerzen. Was tun Sie?

> Ich gehe ins Bett.

Sie haben …

… Bauchschmerzen.
… Rückenschmerzen.
… Halsschmerzen.
… Zahnschmerzen.
… Erkältung.
… Husten.
… Schnupfen.
… Fieber.
… schlechte Laune.
… kein Geld.
…

Ich denke einfach nicht daran.
Ich nehme Tropfen / Tabletten / einen Whisky / …
Ich warte einfach ab.
Ich gehe sofort zum Arzt.
Ich gehe ins Bett.
Ich gehe spazieren.
Ich trinke einen Tee.
Ich leide still.
Ich jammere laut.
…

3.3 Bei der Hausärztin.
Lesen Sie zuerst die Aussagen 1 bis 12. Hören Sie dann die Tonaufnahme. Was ist richtig? Kreuzen Sie die richtigen Aussagen an und lesen Sie vor.

1. ☐ Die Frau hat kein Fieber.
2. ☒ Ihre Nase läuft.
3. ☒ Der Hals ist rot.
4. ☐ Die Patientin soll B sagen.
5. ☐ Die Frau hat Bauchschmerzen.
6. ☐ Sie ist schon eine Woche krank.
7. ☒ Die Ärztin sagt, sie soll im Bett bleiben.
8. ☒ Die Ärztin verschreibt Tabletten gegen Kopfschmerzen.
9. ☐ Die Ärztin sagt, dass sie in einer Woche wieder kommen soll.
10. ☐ Sie soll Tropfen gegen die Halsentzündung nehmen.
11. ☒ Die Patientin soll sich ausruhen.
12. ☐ Sie soll weniger Zigaretten rauchen und wenig Alkohol trinken.

3.4 Schauen Sie im Lernerhandbuch nach, wie man das Modalverb **sollen** konjugiert und was man damit sagen kann.

3.5 Hören Sie den Dialog noch einmal. Lesen Sie jetzt mit.

+ Was fehlt Ihnen, Frau Brahms?
− Ich habe schreckliche Halsschmerzen und meine Nase läuft.
+ Sagen Sie mal A!
− Aaaaahhh …
+ Ihr Hals ist ganz rot. Wie lange haben Sie das schon?
− Noch nicht lange. Vielleicht drei Tage.
+ Haben Sie auch Fieber?
− Ja, heute morgen hatte ich 39 Grad!
+ Na gut, hier ist ein Rezept für Tabletten gegen die Halsentzündung und für Nasentropfen. Von den Tabletten nehmen Sie drei am Tag. Immer nach dem Essen, mit viel Flüssigkeit.
− Vielen Dank.
+ Kommen Sie bitte in einer Woche wieder. Ich möchte mir das noch einmal ansehen. Und bleiben Sie heute und morgen im Bett. Sie müssen sich ausruhen. Brauchen Sie eine Krankmeldung für den Arbeitgeber?
− Ja, bitte.
+ Gut, dann schreibe ich Sie für vier Tage krank, d.h. bis Freitag. Und noch etwas: Bitte keine Zigaretten und keinen Alkohol, bis Sie die letzte Tablette genommen haben.
− Danke, Frau Doktor, auf Wiedersehen.
+ Gute Besserung, Frau Brahms, und – vergessen Sie nicht, was ich gesagt habe …

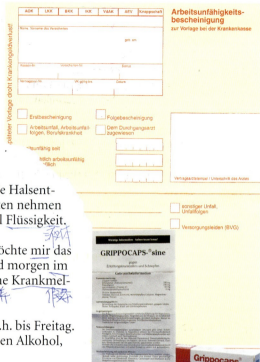

3.6 Üben Sie den Dialog. Achten Sie auf die Intonation.

3.7 Welche Redemittel und Wörter brauchen Sie in folgenden Situationen? Wählen Sie eine Situation aus.

Sie haben Bauchschmerzen und der Arzt fragt Sie nach den Gründen.

Sie haben Zahnschmerzen und suchen einen Zahnarzt.

Ihre Brille ist kaputt. Sie sind beim Optiker.

Sie sind im Büro. Sie fühlen sich schlecht und wollen nach Hause. Sie brauchen Hilfe.

3.8 Variieren Sie den Dialog 3.5 mit anderen Krankheiten.

EINHEIT 3 : 32

INFO Seit über hundert Jahren gibt es in Deutschland die allgemeine Krankenversicherung. Für Arbeiter und Angestellte ist sie Pflicht. Wer sehr viel verdient, kann sich auch in einer privaten Versicherung freiwillig versichern. Die Pflichtversicherung bezahlt fast alle Arztkosten. Die Preise für die Ärzte sind festgelegt. Bei Medikamenten muss man einen bestimmten Betrag pro Rezept selbst bezahlen. Viele Medikamente bekommt man nur auf Rezept in der Apotheke. Seit 1995 gibt es zusätzlich zur Krankenversicherung eine Pflegeversicherung. Sie ist für alle Pflicht. Diese Versicherung bezahlt vor allem die Kosten für die Pflege von alten Menschen.
Die Beiträge für die Krankenversicherung tragen die Arbeitgeber und Arbeitnehmer jeweils zur Hälfte. Bei der Pflegeversicherung müssen die Arbeitnehmer mehr bezahlen als die Arbeitgeber. Bei Krankheit wird der Lohn von Arbeitnehmern für sechs Wochen weiterbezahlt. Seit 1996 aber häufig nicht mehr 100 %, sondern nur noch 80 %.

4 Ratschläge 建议

4.1 Ein Telefonat: Betrachten Sie die Zeichnung und hören Sie den Dialog. Notieren Sie Stichwörter.

4.2 Ordnen Sie nun den Dialog und schreiben Sie ihn auf. Kontrollieren Sie mit der Tonaufnahme.

[1] Brahms.
[9] Danke, das ist lieb! Bis gleich.
[6] Du musst ins Bett! Soll ich in der Apotheke etwas holen?
[2] Hallo, Erika. Was hast du denn? Bist du krank?
[3] Hallo, Fabian. Mir geht es leider gar nicht gut. Ich habe Fieber …
[4] Hast du auch Halsschmerzen?
[8] Ich hole es gleich und kaufe die Sachen.
[7] Ja, danke. Ich war heute Morgen schon beim Arzt. Die Apotheke war noch zu. Ich habe das Rezept hier.
[5] Ja, und Kopfschmerzen auch. Ich bin total fertig.

4.3 Schreiben Sie einen Dialogbaukasten. Die Dialoge 3.5 und 4.2 helfen.

nach dem Befinden fragen	sagen, dass man krank ist / was man hat
Wie geht es dir?	Leider nicht so gut.
Was …	…
	Ich habe …
	Ich bin …
	Ich fühle mich …

4.4 Spielen Sie den Dialog 4.2 und variieren Sie ihn.

4.5 Frau Brahms geht ein paar Tage später wieder zur Ärztin. Hören Sie den Dialog. Welche Ratschläge gibt die Ärztin? Kreuzen Sie bitte an.

1. ☒ nicht mehr rauchen
2. ☒ weniger Alkohol trinken
3. ☒ weniger Fleisch essen
4. ☒ mehr Gemüse essen
5. ☐ in Urlaub gehen
6. ☒ nicht so viel mit dem Auto fahren
7. ☒ mehr Fahrrad fahren
8. ☒ nicht so viel fernsehen
9. ☐ mehr schlafen
10. ☒ mehr Sport treiben
11. ☐ weniger arbeiten
12. ☒ mehr an die frische Luft gehen

4.6 Erika und Fabian unterhalten sich über den Arztbesuch. Ordnen Sie die Äußerungen von Erika und Fabian einander zu.

1. ☐ Ich frage mich, ob du nicht mehr Sport treiben musst?
2. ☐ Hat die Ärztin gesagt, ob du wenigstens Jogging machen darfst?
3. ☐ Hast du gefragt, was du essen sollst?
4. ☐ Die Ärztin hat doch sicher gesagt, dass du nicht rauchen darfst.
5. ☐ Weißt du, ob du schon wieder Alkohol verträgst?

a. Nein! Sie hat gesagt, dass ein Päckchen pro Tag o.k. ist.
b. Die Ärztin meint, Sport ist gar nichts für mich.
c. Die Ärztin denkt, dass die Luft auf der Straße zu schlecht ist.
d. Die Ärztin hat gesagt, dass ich viel Fleisch essen soll.
e. Die Ärztin findet, dass ein, zwei Gläschen Wein nicht schaden können.

4.7 Vergleichen Sie die Nebensätze mit weil, dass und ob. Was stellen Sie fest?

C 101.2
C 103.3

5 Indirekte Rede – indirekte Fragen 间接引语 — 间接问句

C 103

5.1 Markieren Sie in den folgenden Sätzen die Nominativergänzungen und die konjugierten Verben. Können Sie sehen, wie man die indirekte Rede bildet?

1.		„Sie	dürfen	nicht mehr	rauchen."
Die Ärztin sagt,	dass	die Frau		nicht mehr rauchen	darf.
2.		„Du	darfst	doch schwimmen	gehen?"
Fabian fragt,	ob	Erika		schwimmen gehen	darf.
3.		„Ich	esse	gern Fleisch."	
Sie sagt,	dass	sie		gern Fleisch	isst.
4.		„Ich	schlafe	zu wenig."	
Ich weiß,	dass	ich		zu wenig	schlafe.

EINHEIT 3

5.2 Was sagen diese Leute? Bilden Sie Sätze in der indirekten Rede.

Beispiele:

Elke: Ich habe Husten und Schnupfen.   Elke sagt, dass sie Husten und Schnupfen hat. *habe*
Frau Brahms: Darf ich Wein trinken?   Frau Brahms fragt, ob sie Wein trinken darf. *dürfe*

1. Alste: Ich habe Kopfschmerzen.
2. Fabiane: Soll ich den Arzt anrufen?
3. Hans/Irene: Wir suchen das Krankenhaus.
4. Claudine/Bernard: Wir haben keinen Krankenschein dabei.
5. Herr Meier: Haben Sie sich über die Ärztin geärgert, Frau Brahms?
6. Dr. Mahlzahn: Sie müssen den Krankenschein mitbringen, Frau Chaptal.
7. Claudia: Ich rufe am Montag beim Arzt an.
8. Giovanni: Meine Ohren sind zu.
9. Uli: Gehst du morgen wieder arbeiten, Karin?
10. Daniel: Meine Schwester muss jeden Tag Tabletten nehmen.
11. Karl/Rita: Habt ihr auch die Grippeimpfung gemacht? (Klaus und Hannelore)
12. Karin: Ich muss morgen zum Zahnarzt gehen.

5.3 Gesund leben, was ist das? Machen Sie im Kurs gemeinsam ein Wörternetz.

(trinken — gesund leben — essen — Obst)

5.4 Ratschläge und Fragen. Hören Sie die Tonaufnahme. Wer sagt was? Notieren Sie die Ratschläge in Stichworten.

1. mehr Obst essen
2. weniger Fleisch mehr Gemüse
3. _____
4. eine Tag ohne fernsehen
5. trinken Mineral Wasser
6. essen ohne fit

5.5 Hören Sie jetzt die Tonaufnahme noch einmal. Ergänzen Sie die Aussagen wie im Beispiel.

1. meint, dass man mehr Obst essen soll.
2. weiß nicht, ob wir zu viel Fleisch essen
3. findet, dass Rauchen extrem ungesund ist
4. fragt sich, ob eine Tag ohne Fernsehen eine gute Idee ist.
5. sagt, dass _____
6. meint, dass die Deutschen und Österreichen viel zu fett essen.

5.6 Und was meinen Sie zu den Ratschlägen?

EINHEIT 3 35

6 Schlaflosigkeit – was tun? 失眠 — 怎么办？

6.1 Kennen Sie das Problem? Sammeln Sie die Ratschläge zum Thema „Schlaflosigkeit" an der Tafel.

6.2 Lesen Sie den Text schnell durch und markieren Sie drei unbekannte Wörter, die Sie für wichtig halten. Schlagen Sie danach diese Wörter im Wörterbuch nach.

Gesundheitstipps zum Wochenende

Dr. med. Knilch antwortet auf Leserfragen

Liebe Leser,
oft bekomme ich von Ihnen Briefe, in denen alte und junge Menschen über Schlaflosigkeit klagen. Frau B. (75) aus Konstanz schreibt mir zum Beispiel: „Manchmal liege ich die ganze Nacht im Bett und bin wach. Ich kann nicht einschlafen, fühle mich aber auch zu schwach zum Aufstehen. Morgens bin ich dann müde und kaputt. Was können Sie mir raten?"

Der Fall von Frau B. ist kein Einzelfall. Generell kann man nämlich sagen, dass alte Menschen meistens weniger Schlaf brauchen. Oft sind fünf bis sechs Stunden genug. Seien Sie tagsüber möglichst aktiv und machen Sie keinen Mittagsschlaf. Gehen Sie abends noch mal eine Viertelstunde an die frische Luft. Viele Menschen haben mir auch geschrieben, dass ihnen ein Glas warme Milch oder auch ein Glas Rotwein oder Bier vor dem Schlafengehen geholfen hat. Kaffee oder starken Tee dürfen Sie nachmittags natürlich nicht mehr trinken. Wenn das nicht hilft, müssen Sie Ihren Arzt konsultieren, da dann eventuell eine organische Ursache vorliegt. Nehmen Sie möglichst keine Schlaftabletten. Die helfen nur für kurze Zeit. Dann haben Sie wieder das gleiche Problem.

Bei jungen Leuten hat die Schlaflosigkeit oft ganz andere Ursachen. Der tägliche Stress im Beruf lässt ihnen kaum Raum für einen Tagesablauf, in dem Schlaf, Freizeit und Arbeit zu gleichen Teilen, nämlich mit je acht Stunden, verteilt sind. Nach der Arbeit im Büro sind sie oft müde. Viele Menschen schlafen dann auch nach dem Abendessen erst mal eine Stunde. Solche Tage sollten die Ausnahme sein. Versuchen Sie, Ihren Tagesablauf bewusst zu planen. Wenn Sie den ganzen Tag im Büro, vielleicht sogar am Computer sitzen, sollten Sie den Abend auf keinen Fall vor dem Fernsehgerät verbringen. Auch hier empfehle ich mehr Bewegung. Gehen Sie abends noch einmal spazieren! Denken Sie nicht an die Arbeit! Regeln Sie Ihren Tagesrhythmus und die Probleme werden bald verschwinden.

6.3 Lesen Sie den Text noch einmal und notieren Sie Informationen zu folgenden Punkten.

Gründe für Schlaflosigkeit	Ratschläge für junge Menschen	Ratschläge für alte Menschen

6.4 Vergleichen Sie Ihre Ratschläge mit dem Artikel. Was war neu?

EINHEIT 4: REISEN
第4单元：旅行

.... *Gefallen und Missfallen ausdrücken* 表达喜欢和不喜欢
.... *über Vorteile und Nachteile von Reisezielen sprechen* 谈论旅游目的地的优点和缺点
.... *Informationen auf dem Bahnhof erfragen* 在火车站询问信息
.... *Fahrkarten kaufen* 买车票
.... *Gedichte verstehen, vorlesen und vortragen* 理解、朗读并朗诵诗歌
.... *Personalpronomen im Dativ* 第三格人称代词
.... *Possessivbegleiter, Artikel und welcher/dieser im Dativ* 第三格物主代词、冠词和welcher/dieser
.... *Dativergänzungen im Satz* 句子中的第三格补足语
.... *Verben mit Dativ- und Akkusativergänzung* 支配第三格和第四格补足语的动词

1 Urlaubsplanung 作度假计划

1.1 Betrachten Sie die Collage und sammeln Sie auf einem großen Blatt Papier Wörter zu diesem Thema.

Italien. Estrreich. ~~Indien~~

1.2 Reisebüro Vogel
Betrachten Sie das Foto und lesen Sie den Dialoganfang. Wie kann das Gespräch weitergehen?

- Guten Tag. Kann ich Ihnen helfen?
+ Ja, mein Mann und ich, wir möchten gern 14 Tage Ferien machen. Können Sie uns etwas empfehlen?
- Ja, Moment bitte. Kennen Sie die Türkei? Da ist es sehr schön und auch gar nicht teuer.
+ Das ist uns zu weit. ...

EINHEIT 4 37

1.3 Hören Sie nun den Dialog und notieren Sie die Ländernamen und geographischen Bezeichnungen.

1.4 Hören Sie den Dialog noch einmal. Was ist das Problem? Machen Sie Notizen.

1.5 Ergänzen Sie nun die folgenden Aussagen. Lesen Sie den Dialog, falls notwendig.

1. Herr und Frau Müller möchten …
2. Die Angestellte im Reisebüro empfiehlt zuerst …
3. Frau Müller findet, dass …
4. Frau Müller findet Italien schön. Aber …
5. Marokko …
6. Herr Müller will nicht nach Österreich, weil man dort nie weiß, ob …
7. Kenia ist nicht gut für Frau Müller, weil …
8. Frau Müller fragt die Reiseberaterin, wo sie …

– Und Italien? Wie finden Sie Italien?
+ Ja, schön … Aber ich weiß nicht, da war ich schon dreimal.
– Dann etwas ganz anderes, wie wäre es mit Österreich? Da habe ich ein paar super Angebote. Aktivurlaub: Man kann wandern, Golf spielen, schwimmen …
+ Ich mag Österreich ja sehr, aber mein Mann findet, dass das Wetter dort zu unsicher ist.
– Vielleicht gefällt ihm Tunesien oder Marokko besser? Oder eine Fernreise. Es gibt jetzt ganz preiswerte Pauschalreisen, z.B. nach Kenia, Baden, Safari …
+ Ja, das gefällt meinem Mann. Aber mir nicht. Da ist es mir viel zu heiß und es ist zu weit. Ich habe eine Sonnenallergie. Wo machen Sie eigentlich Ferien?
– Ich war im August an der Ostsee auf der Insel Hiddensee westlich von Rügen. Das Wetter war gut. Keine Autos. Himmlische Ruhe. Es war wunderbar!
+ Ostsee? …
– …

1.6 Schreiben Sie den Dialog oben zu Ende und lesen Sie ihn zu zweit. Schreiben Sie den Dialog für Ihre Region um.

1.7 Über Vorteile und Nachteile von Reisezielen sprechen. Was kann man sagen?

Vorteile .... Nachteile ....

Das Wetter ist immer gut.   Das Wetter ist zu unsicher.
Die Kultur ist …
Das … ist …

1.8 Wo fahren Sie gerne hin bzw. möchten Sie gerne hinfahren? Machen Sie eine Hitliste im Kurs. Sprechen Sie über Vorteile und Nachteile von Reisezielen.

- Wo machst du gerne Urlaub?
- Ich fahre meistens nach …
- Weil …
- Warum gefällt euch … so gut?
- Nein, … gefällt mir nicht. Da ist es mir zu …
- Ich finde … toll!
- Gefällt dir …?
- Wo möchten Sie gerne mal hinfahren?
- Ich mag …, aber …
- Ich bin mir nicht sicher, ob …

EINHEIT 4

1.9 Die Reiseziele der Deutschen. Sprechen Sie über die Statistik.

- Die Mehrheit der Deutschen fährt nach …
- Den Deutschen gefällt …
- Viele Deutsche machen am liebsten in … Urlaub.
- Relativ wenige fahren nach …
- Nach Italien fahren fast so viele … wie nach …

1.10 Sprechen Sie über Ihr Land.

Wer reist wohin?
Wie lange sind die Reisen?
Womit reist man am liebsten: Auto, Omnibus, Eisenbahn, Flugzeug?
Geben die Leute viel Geld für Reisen aus?
…

- Die … reisen gern und viel.
- Die Eisenbahn ist bei uns …
- Die reichen Leute fliegen viel, z.B. nach …
- Die meisten Leute bei uns haben wenig Geld. Sie fahren nicht in Urlaub.
- Bei uns besucht man im Urlaub die Verwandten.

2 Personalpronomen im Dativ 第三格人称代词

2.1 In Abschnitt 1 haben Sie die Personalpronomen im Dativ verwendet. Sie kennen die Personalpronomen im Nominativ und Akkusativ. Lesen Sie 1.2 und 1.5 noch einmal und markieren Sie die Personalpronomen im Dativ.

2.2 Eine Grammatiktabelle selbst machen. Ergänzen Sie die Personalpronomen.

Personalpronomen		Nominativ	Akkusativ	Dativ
Singular	1. Person	ich	mich	
	2. Person			
	3. Person			ihr
Plural	1. Person			
	2. Person			
	3. Person			ihnen
	formelle Anrede			

EINHEIT 4 39

2.3 Ergänzen Sie bitte die Personalpronomen im Dativ.

1. Am besten gefällt _____ Campingurlaub am Meer.
2. Du, ich kenne einen Campingplatz auf der Insel Rügen. Der gefällt _____ bestimmt.
3. Mein Mann bleibt am liebsten zu Haus. Das Essen im Hotel schmeckt _____ nicht.
4. Unsere Tochter ist vier. In einer Ferienwohnung gefällt es _____ besser als im Hotel.
5. – Sagt mal, schmeckt _____ das Essen in Spanien?
   + Na klar, _____ schmeckt es super!
6. Aktivurlaub auf dem Bauernhof. Frau Becker, das kann ich _____ nur empfehlen!

2.4 Ergänzen Sie bitte die Dialoge und spielen Sie sie vor.

– Hallo, Klaus, wie war dein Urlaub? Wie hat __dir__ Tunesien gefallen?

+ Prima, __mir__ hat es gut gefallen. Aber Ulla war nicht zufrieden. ~~Ihr~~ hat das Essen nicht geschmeckt und das Klima war __Ihr__ zu heiß.

– Und Jens, wie hat es ~~dir~~ dir gefallen?

+ Gut! In dem Ferienclub waren viele Kinder.

– Wie gefällt __Ihnen__ Graz, Frau Cafiero?

+ Ja, ich muss sagen, Graz gefällt __mir__ wirklich gut. Die Menschen sind hier sehr freundlich.

– Und wie gefällt ~~dir~~ __Ihnen__ die Arbeit bei der Firma Wall?

+ Ganz gut. Aber im Moment arbeite ich 42 Stunden. Das ist __mir__ zu viel.

– Na, ihr beiden, wie gefallen __euch__ unsere Fotos?

+ Ganz toll! Wirklich! Wie viele habt ihr gemacht?

– Fast 900. Es hat __uns__ wirklich gut gefallen in Griechenland.

+ Habt ihr __euch__ auch etwas wirklich angesehen?

– Wie meint ihr das?

EINHEIT 4 40

2.5 Klatsch am Sonntagmorgen: Hören Sie das Gedicht. Lesen Sie es dann vor. Imitieren Sie die Intonation der Tonaufnahme.

Wer mit wem?
Die mit dem!
Der mit der?
(Ohne Gewähr)
Sie und er?
Der und er?
Wer ist wer?

Wir mit ihr?
Sie mit dir!
(Am Klavier)
Du mit ihm!
Sie mit *him*!
Ich und du?
Who is who?

Horst Bienek

2.6 Ändern Sie jetzt die Intonation. Lesen Sie das Gedicht traurig, lustig, wütend.

3 Eisenbahn fahren

3.1 Wörter lernen mit Musik. Hören Sie die Tonaufnahme und betrachten Sie die Fotos.

die Fahrkarte   der Schalter   der Fahrplan   das Gleis / der Bahnsteig

   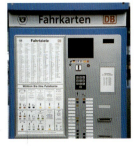

das Gepäck   der IC-Zuschlag   1./2. Klasse   der Fahrkartenautomat

3.2 Am Schalter im Bahnhof eine Fahrkarte kaufen. Hören Sie den Dialog und sammeln Sie die Informationen.

Reiseziel _____

Klasse _____

einfach / hin und zurück _____

Preis (BahnCard) _____

EINHEIT 4 41

3.3 Kaufen Sie die Fahrkarten aus 3.2 am Schalter. Schreiben Sie verschiedene Varianten auf. Suchen Sie die Redemittel dazu in den Dialogen unten.

DIALOG 1

- Guten Tag. Einmal zweite Klasse nach München, bitte.
+ Hin und zurück?
- Ja, bitte.
+ Haben Sie eine BahnCard?
- Ja. Brauche ich einen InterCity-Zuschlag?
+ Ja. … So, das macht 52 Euro für die Fahrkarte und 7,20 Euro für die Zuschläge. Das sind zusammen 59,20 Euro. Zahlen Sie bar oder mit Kreditkarte?
- Bar.
+ So, das sind 100 Euro und 40,80 Euro zurück. Danke schön.
- Danke, auf Wiedersehen.

DIALOG 2

- Noch jemand in Mannheim zugestiegen? Die Fahrausweise, bitte.
+ Hier, bitte.
- Und die Fahrkarte für den Hund?
+ Den Hund? Der muss doch wohl nichts bezahlen, oder?
- Doch, doch, Sie haben 97 Euro bezahlt, der Hund kostet die Hälfte, 48,50 Euro. Zahlen Sie mit Kreditkarte oder bar?
+ Das ist ja die Höhe! Hören Sie – (Hasso, sitz und aus) –, ich will den Zug doch nicht kaufen.
- Tut mir leid, aber das sind nun mal die Vorschriften.
+ Na ja, dann …

3.4 Informationen erfragen.
Lesen Sie zuerst den Fahrplan und klären Sie unbekannte Wörter. Sie können dann Aufgabe A und B machen oder sich eine von beiden aussuchen. A ist einfacher.

A Ordnen Sie den Dialog.

3 - Brauche ich einen Zuschlag?
2 - Muss ich umsteigen?
4 - Wann bin ich dann in Heilbronn?
5 - Was kostet das zweite Klasse?
1 - Wie komme ich heute am besten von Heidelberg nach Heilbronn?

1 + Es gibt einen StadtExpress um 11 Uhr 00.
2 + Nein, der Zug fährt direkt.
3 + Nein, für diesen Zug nicht.
4 + Um 12 Uhr 21.
5 + 10,80 Euro.

Heidelberg Hbf → Heilbronn Hbf
80 km

ab	Zug		Umsteigen	an	ab	Zug		an	Verkehrstage	
4.55	RE	3201	Neckarelz	5.44	5.51	RB	7967	6.23	Mo – Fr	01
5.47	RB	7905	2.Kl					7.22	Mo – Fr	01
6.00	RB	7305	Neckarelz	6.52	6.55	RB	7971	7.28	Mo – Sa	02
6.17	RB	7907	2.Kl					7.56	Sa	03
6.50	SE	3305						8.16	täglich	
7.10	RB	7909						8.41	Mo – Fr	01
7.29	RB	7307						8.47	Mo – Sa	02
7.57	RE	3051						8.53	Mo – Fr	01
8.10	RE	3037	Bietigheim-Biss.	9.15	9.24	RE	4008	9.48	täglich	
8.15	RB	7913	2.Kl					9.43	Mo – Sa	02
9.00	SE	3309						10.14	täglich	
9.20	RB	7915						10.43	Mo – Fr	04
9.20	RB	7965						10.43	Sa, So	05
9.57	RE	3053						10.53	täglich	
10.00	SE	3311						11.22	täglich	
10.14	RB	7919						11.43	Sa	03
10.14	RB	7949	2.Kl					11.43	Mo – Fr	01
11.00	SE	3313						12.21	täglich	
11.20	RB	7921						12.43	täglich	
11.57	RE	3055						12.53	täglich	
12.00	SE	3315						13.26	täglich	
12.12	RB	7923						13.43	Mo – Sa	02
13.00	SE	3317						14.19	täglich	
13.20	RB	7925	2.Kl					14.43	täglich	
13.57	RE	3057						14.53	täglich	
14.00	SE	3319						15.22	täglich	
14.12	RB	7927	2.Kl					15.43	Mo – Sa	02

ICE InterCityExpress
EC EuroCity
IC InterCity
EN EuroNight
ICN InterCityNight
IR InterRegio
D Schnellzug
S S-Bahn
SE StadtExpress
RB RegionalBahn
RE RegionalExpress

B Hier sind die Antworten der Reiseberaterin. Ergänzen Sie die Fragen und schreiben Sie einen Dialog.

– Der nächste Zug fährt um 14 Uhr 56. *Wann fährt ein Zug nach Heilbronn?*
– Sie sind um 16 Uhr 21 in Heilbronn. *Wann komme ich in H. an?*
– Sie müssen in Neckarelz umsteigen. *Muss ich umsteigen?*
– Dieser Zug fährt jeden Tag.
– In der zweiten Klasse 6,25 Euro mit BahnCard. *Was kostet das*
– Nein, für diesen Zug nicht. Nur für den InterCity. *Brauch ich einen Zuschlag?*

einsteigen 上车   umsteigen 换车
aussteigen 下车   zusteigen 中间上车

3.5 Lautsprecherdurchsagen im Bahnhof Heidelberg. Sie wollen mit dem InterCity nach Obersdorf fahren. Welche Durchsagen sind für Sie wichtig?

3.6 Hören Sie die Durchsagen noch zweimal. Notieren Sie die Informationen zu Ihrem Zug nach Obersdorf und möglichst viele Informationen zu den anderen Durchsagen.

4 Reiseandenken 旅游纪念品

4.1 Die Bilder zeigen beliebte Reiseandenken aus Deutschland, Österreich und der Schweiz. Was gefällt Ihnen, was gefällt Ihnen nicht? Welcher Gegenstand passt nicht?

4.2 Was sind bei Ihnen beliebte Reiseandenken? Was kaufen Sie gern? Sammeln Sie im Kurs.

Bei uns in Kalifornien kaufen die Leute gern Indianerschmuck.

4.3 Wem bringen Sie etwas aus dem Urlaub mit?

Ich bringe meinen Eltern immer Schokolade mit.

Meinem Mann und meinem Freund bringe ich immer etwas mit.

Ich bringe meistens meiner Schwester etwas mit.

Ich schicke meinem Freund eine Postkarte, aber ich bringe ihm nie etwas mit.

5 Possessivbegleiter im Dativ 第三格物主代词

5.1 Die Possessivbegleiter haben Sie schon in Band 1 kennen gelernt.
Machen Sie gemeinsam im Kurs eine Tabelle an der Tafel oder auf einem Lernplakat.

Personal-pronomen	Possessivbegleiter								
Nominativ	Nominativ				Akkusativ				Dativ
	m	n	f	Plural	m	n	f	Plural	
ich	mein	mein	meine	meine	meinen	mein	meine	meine	
du	dein								
er	sein								
es									

5.2 Lesen Sie nun die folgenden Sätze. Erkennen Sie das System?

Maskulinum	der Freund	Ich bringe	mein**em**	Freund	eine — mit.
Neutrum	das Kind		mein**em**	Kind	
Femininum	die Freundin		mein**er**	Freundin	
Plural	die Freunde		mein**en**	Freunde**n**	

5.3 Ergänzen Sie nun die Tabelle aus 5.1 mit den Dativ-Formen.
Kontrollieren Sie mit der Tabelle im Lernerhandbuch.

Possessivbegleiter								
Akkusativ				Dativ				
m	n	f	Plural	m	n	f	Plural	
meinen	mein	meine	meine	meinem	meinem	meiner	meinen	
deinen	dein	deine	deine	deinem	deinem	deiner	deinen	

5.4 Lesen Sie bitte die letzte Zeile in 5.2 und ergänzen Sie die Regel: Nomen haben im Plural die Dativendung _____ .

5.5 Was die Leute im Urlaub tun. Schreiben Sie möglichst viele Sätze mit den folgenden Elementen.

Luise	zeigen	(seine Frau)	die Stadt.
Jean	schreiben	(ihr Freund)	ein Paket.
Herr und Frau Daus	kaufen	(seine Kollegen)	eine Postkarte.
	schenken	(sein Freund)	einen Brief.
	schicken	(ihr Mann)	einen Ring.
	mitbringen	(ihre Freundinnen)	eine Pizza.
		(ihr Bruder)	das Meer.
		(ihre Freunde)	das Museum.
		(seine Brüder)	Blumen.

> Luise zeigt ihrem Freund das Museum.

5.6 Ergänzen Sie bitte die Dativformen.

− Wem schreibst du die Postkarten?

+ Mein_em_ Vater, mein_er_ Mutter, mein_em_ Onkel, mein_er_ Großmutter, allen mein_en_ Freunde_n_, mein_em_ Chef und sein_er_ Frau, mein_er_ Frau und ihr_er_ Mutter, mein_er_ Kollegin Marianne, mein_en_ Söhne_n_ und mein_en_ Töchter_n_.

5.7 Die Artikel (der, das, die) und die Wörter kein und dieser haben im Dativ die gleichen Endungen wie die Possessivbegleiter. Sehen Sie sich noch einmal Ihre Tabelle aus 5.3 an und versuchen Sie dann die folgende Tabelle zu ergänzen.

Maskulinum	Neutrum	Femininum	Plural
-em	-em	-er	-en
dem Mann	dem Kind	der Frau	den Kollegen
einem Mann	einem Kind	einer Frau	✗ Kollegen
keinem Mann	keinem Kind	keiner Frau	keinen Kollegen
diesem Mann	diesem Kind	dieser Frau	diesen Kollegen

6 Dativergänzungen im Satz 句子中的第三格补足语

6.1 Schauen Sie sich die Satzgrafiken an. Wo stehen die Dativergänzungen?

[Ich] (schicke) [meinem Freund] [eine Postkarte.]
N   D   A

[Meinem Freund] (schicke) [ich] [eine Postkarte.]
D   N   A

6.2 Rätsel: Zwei Satzgrafiken sind falsch. Welche?

1. N ○ D A .   4. ○ D A !
2. D ○ N A .   5. N D ○ A !
3. N D A ○ ?   6. ○ N D A ?

Er ihr eine Karte schenkt

6.3 Sie hören vier Sätze. Zu welchen Satzgrafiken in 6.2 passen sie?

6.4 Ein Spiel: Wem bringen Sie was aus dem Urlaub mit? Ziehen Sie Kärtchen. Fragen und antworten Sie.

7 Man reist, um unterwegs zu sein 旅行是为了在路上

7.1 Was denken die Leute auf den Fotos? Wählen Sie ein Bild aus und schreiben Sie dazu einen kurzen Text.

7.2 Hören Sie das Gedicht. Können Sie einen passenden Titel dafür finden?

7.3 Hören Sie das Gedicht noch einmal. Können Sie es ergänzen?

In Hamburg lebten _zwei_ Ameisen,
Die _wollten_ nach Australien reisen.
Bei Altona auf der Chaussee,
Da taten _ihnen die Beine_ weh,
Und da verzichteten _sie_ weise
Dann auf den letzten Teil der _Reise_.

Joachim Ringelnatz

7.4 Hier finden Sie ein Gedicht ohne Reime. Lesen Sie es für sich. Hören Sie die Tonaufnahme. Klären Sie dann gemeinsam unbekannte Wörter.

Lass uns reisen

Die Lokomotiven tönen. Die Züge
Warten. Lass uns reisen.

Berge und Seen. Vergangenheit
Und Gegenwart. Wald und Sumpf.
Träume und Leben. Unaufhaltsam
Ziehen vorbei sie.

Lass uns reisen in
Gewissheit: Wo wir auch anlangen,
Liegt das Ziel
Schon hinter uns.

Günter Kunert

7.5 In dem Gedicht von Kunert sind fünf Wortpaare für die Stimmung, den Ton des Gedichts wichtig. Notieren Sie sie bitte.

Lokomotiven – Züge

7.6 Lesen Sie die Wortpaare. Fallen Ihnen noch mehr Wörter zu diesen Paaren ein? Sammeln Sie die Assoziationen im Kurs.

7.7 Schließen Sie die Augen und hören Sie das Gedicht noch einmal.

7.8 Lesen Sie das Gedicht laut. Jede/r liest eine Strophe.

7.9 Lernen Sie das Gedicht von Kunert oder das von Ringelnatz auswendig. Berichten Sie im Kurs: Wie haben Sie gelernt? Wann und wo haben Sie gelernt? Wie oft haben Sie wiederholt?

EINHEIT 5: MEINE VIER WÄNDE

第5单元：我的家

.... über Wohnformen sprechen 谈论居住形式
.... über Einrichtungsgegenstände sprechen 谈论室内陈设物品
.... eine Wohnung suchen 找房子
.... ein Wortfeld selbstständig erarbeiten 独立完成一个词义场
.... Textgrammatik: Wörter zur Verbindung von Sätzen 篇章语法：连接句子的词
.... Präpositionen mit Dativ und Akkusativ (Wiederholung) 支配第三格和第四格的介词（复习）
.... Präpositionen mit Dativ 支配第三格的介词

1 Vier Wände 四壁（即：家）

1.1 Sie kennen schon einige Wörter für Möbelstücke. Schreiben Sie die Ziffern aus den Bildern zu den Wörtern.

- [1] die Wand
- [3] das Bett
- [7] der Fußboden
- [8] der Flügel / das Klavier
- [9] der Wohnzimmerschrank
- [10] die Hi-Fi-Anlage
- [12] der Vorhang
- [13] die Tapete
- [15] die Lampe
- [16] das Sofa
- [18] die Blumenvase
- [19] der Teppich
- [20] der Sessel
- [24] das Regal
- [2] das Bild
- [21] die Computeranlage
- [14] der Esstisch
- [22] das Fenster
- [21] der Schreibtisch
- [23] der Schreibtischstuhl
- [11] die Stehlampe
- [5] der Stuhl
- [6] der Tisch
- [18] der Wohnzimmertisch

EINHEIT 5 | 48

1.2 Man sagt auf Deutsch oft Meine vier Wände, wenn man von seiner Wohnung spricht. Woran denken Sie persönlich bei den vier Wänden? Machen Sie ein Wörternetz auf einem Blatt.

1.3 Hören Sie das Lied. Welches Bild aus 1.1 passt dazu?

Rio Reiser: 4 Wände A

Vier Wände
Meine vier Wände
Ich brauch meine vier Wände für mich

Die mich schützen vor Regen und Wind
Wo ich nur sein muss wie ich wirklich bin

Vier Wände
Meine vier Wände
Ich brauch meine vier Wände für mich

Eine Wand für ein Bett nicht zu klein
Eine Wand für den Tisch mit dem Wein
Eine Wand für den Sonnenschein
Denn bei mir soll's nicht dunkel sein

Vier Wände
Meine vier Wände
Ich brauch meine vier Wände für mich

Eine Wand für mein Klavier
Eine Wand für ein Bild von dir
Eine Wand für eine Tür
Sonst kommst du ja nicht zu mir

Vier Wände
Meine vier Wände
Ich brauch meine vier Wände für mich

1.4 Wortschatz systematisch lernen: Hier sind zwei Vorschläge, wie man sich das Wortfeld „Wohnen" am besten merken kann. Welcher gefällt Ihnen besser? Sammeln Sie weitere Ideen.

Vorschlag A

Vorschlag B

EINHEIT 5 49

1.5 Geräusche in der Wohnung. In welchem Zimmer sind die Leute?
Welche Wörter fallen Ihnen zu diesen Geräuschen ein?

einfallen 突然想到   gähnen 打哈欠   die Vögel 鸟 (pl.)

1.6 Betrachten Sie die anderen Bilder in 1.1. Wer wohnt hier? Schreiben Sie einen „Steckbrief" zu den Personen.

Name: Beruf:
Alter: Einkommen in DM:
Familienstand: Hobbys:
Kinder:

1.7 Vergleichen Sie mit Ihrer Wohnung. Was ist anders, was ist gleich?

- Ich habe keinen Schrank im …
- Bei mir steht der Fernseher im Schlafzimmer.
- Mein Wohnzimmer ist …
- Bei mir sind auch das Wohnzimmer und das Esszimmer zusammen.
- In meinem Wohnzimmer gibt es …
- Ich habe keine Blumen, weil …

1.8 Was braucht man unbedingt zum Wohnen, was ist „Luxus"?

2 Menschen und ihre Wohnungen 人物及其住房

▶◀ **2.1** Lesen Sie die Texte. Unterstreichen Sie Wörter zum Thema „Wohnen".

[1] Ashley Wood lebt mit ihrem Sohn Bernhard zusammen in einem Reihenhaus in Edingen. Im Erdgeschoss sind das Wohn- und Esszimmer, die Küche und eine Gästetoilette. Ihr Schlafzimmer, das Bad und das Zimmer von Bernhard sind im ersten Stock. Das Haus hat einen kleinen Garten. Im Keller ist ein Hobbyraum. Ashley arbeitet in Ludwigshafen bei der BASF im Labor. Sie fährt jeden Tag ungefähr 20 Kilometer zur Arbeit. Das ist ein Nachteil, aber dafür ist es auf dem Dorf viel ruhiger als in der Stadt.

[2] Gerhard Hein ist 66 Jahre. Er ist Rentner und lebt mit seiner Frau Luise in Berlin. Sie wohnen zur Miete in einer Altbauwohnung im Stadtteil Kreuzberg. In dem Haus wohnen 12 Familien. Sie haben viel Kontakt mit den Nachbarn. Frau Hein sagt, dass es ihr und ihrem Mann wirklich gut in dem Haus gefällt. Die Wohnung hat aber zwei Probleme. Sie ist im vierten Stock. Weil das Haus keinen Aufzug hat, muss man auch die Einkäufe die Treppen rauftragen. Im Winter ist die Wohnung schwer zu heizen, weil die Zimmer sehr hoch sind.

[3] Thomas Wienert hat zwei Wohnungen. Er arbeitet bei einer Werbeagentur in Frankfurt und hat dort ein kleines Ein-Zimmer-Appartement. Die Wohnung ist ziemlich laut. Thomas ist von Montag bis Freitag in Frankfurt. Am Wochenende fährt er immer nach Kassel. Hier hat er studiert und seine Freunde leben hier. Er hat in Kassel eine Drei-Zimmer-Wohnung. Seine Wohnung in Kassel kostet weniger als die Wohnung in Frankfurt und sie ist viel ruhiger. Tommy findet es unmöglich, dass eine Drei-Zimmer-Wohnung im Zentrum von Frankfurt doppelt so viel kostet wie in Kassel.

[4] Familie Geschwil wohnt mit ihren Kindern Ilona (10) und Armin (6) in einer Sozialwohnung in einem Hochhaus in Mannheim-Vogelstang. Die Wohnung hat drei Zimmer. Ein Wohnzimmer, ein Schlafzimmer und ein Zimmer für die Kinder. Die Wohnung ist 80 qm groß. Das ist sehr eng, aber die Geschwils können sich keine größere Wohnung leisten. Herr Geschwil ist Maurer und seine Frau arbeitet halbtags als Verkäuferin. Ein Vorteil ist, dass die Schule für die Kinder ganz in der Nähe ist. Leider gibt es aber keine schönen Spielplätze für die Kinder. Es gibt ein großes Einkaufszentrum in der Nähe, aber zum nächsten Kino sind es z.B. 35 Minuten mit der Straßenbahn.

▶◀ **2.2** Welche der Abbildungen A–E passen zu den Texten? Warum? Eine passt nicht.

Text	Abbildung	Grund
1		
2		
3		
4		

EINHEIT 5 : 51

2.3 Was passt zusammen? Ordnen Sie zu, ergänzen Sie die Verben und lesen Sie die Sätze vor.

haben   wohnen   arbeiten   müssen   mögen   können

Thomas Wienert   Familie Geschwil   Ashley Wood   Herr und Frau Hein

1. Ashley Wood hat — ein Schlafzimmer im ersten Stock.
2. Ashley Wood wohnt — in einem Reihenhaus.
3. Thomas Wienert wohnt — in zwei Städten.
4. Ashley Wood hat — einen Garten.
5. Ashley Wood hat — einen Sohn.
6. Familie Geschwil wohnt — in einem Hochhaus.
7. Herr und Frau Hein müssen — viel Treppen steigen.
8. Herr und Frau Hein wohnen — im vierten Stock.
9. Thomas Wienert hat — eine andere Wohnung.
10. Ashley Wood wohnt — sehr ruhig.
11. Thomas Wienert arbeitet — bei einer Werbeagentur.
12. Familie Geschwil kann — in der Nähe einkaufen.
13. Herr und Frau Hein haben — viel Kontakt mit den Nachbarn.
14. Herr und Frau Hein haben — in ihrer Wohnung sehr hohe Zimmer.
15. Ashley Wood hat — einen Hobbyraum im Keller.

2.4 Sätze und Texte – Lesen Sie die linke und die rechte Spalte. Was ist in der rechten Spalte anders? Markieren Sie die Unterschiede.

Thomas Wienert hat zwei Wohnungen. Thomas Wienert arbeitet bei einer Werbeagentur in Frankfurt. Thomas Wienert hat in Frankfurt ein Ein-Zimmer-Appartement. Das Ein-Zimmer-Appartement ist ziemlich laut. Thomas Wienert ist von Montag bis Freitag in Frankfurt. Am Wochenende fährt Thomas Wienert immer nach Kassel.

Thomas Wienert hat zwei Wohnungen. Er arbeitet bei einer Werbeagentur in Frankfurt und hat dort ein Ein-Zimmer-Appartement. Es ist ziemlich laut. Thomas ist von Montag bis Freitag in Frankfurt. Am Wochenende fährt er immer nach Kassel.

2.5 In 2.4 sehen Sie, wie aus einzelnen Sätzen ein Text wird.
Schreiben Sie nun mit den folgenden Sätzen einen Text im Heft.

1. Thomas Wienert hat in Kassel studiert.
2. Die Freunde von Thomas Wienert leben in Kassel.
3. Thomas Wienert hat in Kassel eine Drei-Zimmer-Wohnung.
4. Die Wohnung von Thomas Wienert in Kassel kostet weniger als die Wohnung in Frankfurt.
5. Die Wohnung von Thomas Wienert in Kassel ist viel ruhiger.
6. Thomas Wienert findet es unmöglich, dass eine Drei-Zimmer-Wohnung im Zentrum von Frankfurt mindestens doppelt so viel kostet wie in Kassel.

2.6 Hören Sie die Tonaufnahme. Thomas Wienert erzählt noch mehr über seine Wohnsituation.
Notieren Sie die neuen Informationen.
Machen Sie danach dasselbe mit dem Interview von Herrn und Frau Geschwil.

3 Wohnungssuche 找房子

3.1 15 Punkte für die Wohnungssuche. Welche davon sind wichtig / nicht so wichtig? Nummerieren Sie sie nach der Bedeutung für Sie persönlich. Sie können weitere Punkte ergänzen. Machen Sie danach eine gemeinsame Liste im Kurs.

- ☐ Kinos/Theater
- ☒ Lärm/Ruhe
- ☒ Licht
- ☒ Luft
- ☐ Nachbarn
- ☐ Parkplätze
- ☒ Miete
- ☐ Restaurants
- ☒ Schulen
- ☒ Einkaufsmöglichkeiten
- ☐ Größe der Wohnung
- ☐ Kindergarten/Spielplätze
- ☒ Nähe zum Arbeitsplatz
- ☒ Sportmöglichkeiten (z. B. Schwimmbad)
- ☒ Straßenbahn/Bus/Bahn

3.2 In Wohnungsanzeigen gibt es viele Abkürzungen. Wir haben hier einige aus den Anzeigen in 3.3 zusammengestellt. Ordnen Sie bitte zu.

1-Zi-App	1	a Zimmer-Küche-Bad
Balk.	2	b Heidelberg (= Auto-Nummernschild)
Bf	3	c Balkon
Gar.	4	d Mannheim (= Auto-Nummernschild)
HBF	5	e Stellplatz (Parkplatz für das Auto)
HD	6	f Hauptbahnhof
HZ	7	g öffentlicher Personennahverkehr (Straßenbahn/Bus/S-Bahn …)
Komf.-Whg.	8	h Garage
MA	9	i Bahnhof
NK	10	j Nebenkosten (Wasser, Straßenreinigung, …)
ÖPNV	11	k Ein-Zimmer-Appartement
Stellpl.	12	l Komfort-Wohnung
ZKB	13	m Heizung

3.3 Lesen Sie die Wohnungsanzeigen und vergleichen Sie sie mit Ihren Wünschen aus Aufgabe 3.1. Ist etwas für Sie dabei? Begründen Sie Ihre Entscheidung.

1. **1-Zi.-App** Kochni., Bad, Balk., MA-City, Nähe HBF, ab 1.8. € 255,– + NK, Tel.: 06202/56874

2. **ZKB/WC**, DU, 83 m², Stellpl., MA-Seckenh., ÖPNV 10 Min MA-City, € 475,– + NK

3. **MA-Oststadt**, 3 ZKB, 95 m², an ält. Ehepaar (keine Tiere!), € 575,– + NK   altes 7/80J

4. **Ilvesheim** 4 ZKB, 110 m², ruhige Lage, Nähe Hallenbad

5. **Unterer Luisenpark:** 2½ ZKB Komf.-Whg. Blick ü.d. Park, € 600,– + NK 100,– + HZ 60,–   über den   Heizung

6. **Günstig: 5 ZKB**, 130 m², MA-Neckarstadt, Altb., 5. OG, Ofenhz., € 550,– + NK   Altbau   Obergeschoss

7. **ZKB** Wieblingen (Nähe Bf), (HD 10 Min. / MA 20 Min. ÖPNV)

3.4 Wohnungen in Deutschland und in Ihrem Land: Größe, Komfort, Miete – was ist gleich, was ist anders?

3.5 Suchspiel: Schreiben Sie Sätze wie im Beispiel auf einen Zettel. Notieren Sie sich Lösungen. Tauschen Sie die Zettel im Kurs und lösen Sie die Aufgaben.

Beispiel:

1. Diese Wohnung liegt in der Nähe von einem ...
2. Diese Vermieter wollen ...
3. Diese Wohnung ist ...
4. Bei diesen Wohnungen gibt es ...
5. Hier steht, dass die Wohnung ...
6. ...

Aussagen

1. Bei dieser Wohnung muss man sportlich sein.
2. Diese Wohnung liegt in der Nähe

Lösungen:

1. Wohnung 6 – 5. Stock / Altbau

3.6 Rollenspiel

1. Suchen Sie sich einen Partner / eine Partnerin.
2. Wählen Sie zu zweit eine Anzeige aus.
3. Verteilen Sie die Rollen: Vermieter/in (V), Interessent/in (I). I schreibt für sich fünf Fragen zur Wohnung auf. V schreibt für sich fünf Fragen an I auf.
4. Spielen Sie das Telefongespräch.

4 Die gemütliche Wohnung von Herrn von Protz   von Protz先生的舒适住房

4.1 Schauen Sie das Bild an und hören Sie den Dialog.

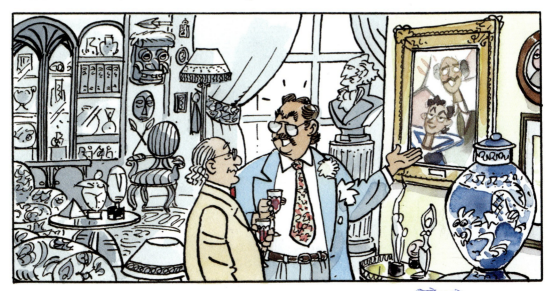

− Sie wohnen wirklich sehr schön hier, Herr von Protz. Woher haben Sie denn die Sachen?
+ Ja, wissen Sie, ich reise viel mit meiner Frau und meine Familie hat immer Kunst gesammelt. Dieses Bild von meinem Vater und mir ist von Kokoschka. Sie wissen, der Expressionist. Er hat es gleich nach meiner Geburt gemalt. Es ist ziemlich wertvoll. Der Stuhl hier ist von meiner Großmutter, eine geborene von Kitsch. Sie hat ihn von ihrer Urgroßmutter. Die hat zwei Jahre am Hof von Ludwig XIX. gelebt. Ah, Vorsicht! Bitte nicht hinsetzen!
− So, so, Ludwig XIX. Dieser Teppich, der ist auch toll. Von wem ist der?
+ Den haben wir erst seit einem Jahr. Er ist von einem Freund aus dem Iran. Wir waren bei ihm im Dorf.
− Und woher ist die Vase hier?
+ Die ist von meiner Chinareise 1995. 3. Ming-Dynastie.
− Aha, und was ist das?
+ …

4.2 Schreiben Sie Aussagen zum Text.

Herr von Protz erzählt, dass er und seine Frau viel reisen.

| Herr von Protz erzählt, dass | er
die Vase
seine Familie
der Teppich
sein Stuhl
er und seine Frau
das Bild | aus dem Iran ist.
von Ludwig XIX. ist.
von seiner Urgroßmutter ist.
1995 in China war.
ein Erbstück ist.
den Teppich von einem Freund hat.
viel reisen.
schon immer Kunst gesammelt hat.
in einem Dorf im Iran war.
sehr teuer ist.
alt ist. |

4.3 Erfinden Sie eine Fortsetzung für den Dialog 4.1. Sie können folgende Stichworte verwenden.

− Bild / Picasso / im Keller von einem Freund gefunden / für 100 Euro gekauft
− Schreibtisch / Barock / von meinem italienischen Onkel geerbt

4.4 Präpositionen mit Dativ – Ergänzen Sie bitte die Lücken, ohne in den Dialog 4.1 zu sehen. Kontrollieren Sie danach mit dem Dialog.

1. Ich reise viel mit _meiner Frau_ (meine Frau).

2. Dieses Bild hier, von _____ (mein Vater).

3. Der Stuhl hier, von _____ (wer) ist der?

4. Sie hat ihn von _____ (meine Großmutter).

5. Dieser Teppich, der ist toll. Ist er von _____ (ihre Urgroßmutter)?

6. Den haben wir erst seit _____ (ein Jahr).

7. Er ist von _____ (ein Freund) aus _____ (der Iran).

8. Wir waren bei _____ (er) und haben ihn in _____ (sein Dorf) besucht.

9. Die Vase ist von _____ (meine Chinareise) 1995.

4.5 Ergänzen Sie bitte die Regel.

Die Präpositionen

a _____ , b _____ ,

m _____ , n _____ , v _____ ,

s _____ , z _____

stehen **immer** mit Dativ.

> Von AUSBEIMIT NACH VONSEITZU fährst **immer** mit dem Dativ du.

4.6 Streichen Sie jeweils die falsche Präposition durch. Ergänzen Sie dann die fehlenden Buchstaben.

1. Frau Walter ist (aus/mit) der Schweiz.

2. Sie fährt (von/mit) ihr_em_ Mann oft (nach/zu)Konstanz.

3. Sie fahren (seit/mit) d____ Auto und kaufen dort ein.

4. Ihr Sohn Andreas kommt meistens nicht mit. Er bleibt dann (zu/bei) sein____ Freunden.

5. (Von/Mit) ihn____ macht er Musik.

6. (Seit/Aus) ein____ Woche ist er erkältet und muss im Bett bleiben.

7. Seine Freunde haben (von/nach) i____ gefragt.

8. Am Samstag fährt Frau Walter oft (bei/zu) ihr____ Eltern.

9. Sie wohnen nicht weit weg, nur 20 km (seit/von) ihr____ Dorf.

5 Wörter wiederholen 复习单词

5.1 Haben Sie sich die Wörter zum Thema „Wohnen" gemerkt? Im Kasten finden Sie mindestens 25 Wörter.

W	O	H	N	Z	I	M	M	E	R	S	T	U	H	L	U	B
A	N	A	M	R	O	R	Y	S	T	E	H	L	A	M	P	E
N	R	W	A	S	C	H	M	A	S	C	H	I	N	E	X	T
D	E	C	K	E	B	O	R	I	A	K	M	Y	B	I	L	T
U	G	H	U	L	A	B	L	U	M	E	N	T	O	P	F	T
S	A	M	A	Z	D	R	I	M	S	L	K	Ü	C	H	E	E
C	L	A	T	A	P	E	T	E	O	L	O	R	U	S	N	P
H	T	B	I	L	D	A	T	R	F	E	L	I	R	A	S	P
E	I	Z	S	E	S	S	E	L	A	R	E	T	H	W	T	I
L	N	S	C	H	R	A	N	K	L	A	V	I	E	R	E	C
V	O	R	H	A	N	G	Z	T	U	L	G	J	R	K	R	H
K	Ü	H	L	S	C	H	R	A	N	K	U	D	D	E	A	T

das Wohnzimmer
der Stuhl
der Wohnzimmerstuhl

5.2 Sie haben drei Minuten Zeit. Wie heißen die Artikel zu diesen Wörtern?

5.3 Erinnern Sie sich an die Artikel-Gymnastik aus Band 1? Spielen Sie sie mit dem Wohnungswortschatz.

6 Präpositionen mit Dativ oder Akkusativ 支配第三格和第四格的介词

6.1 Wiederholung: Diese Sätze kennen Sie aus Band 1, Einheit 22. Verbinden Sie die Fragen und die Antworten.

Wohin fahren Sie in diesem Jahr?   1   a In den Niederlanden.
                                        b In die USA.
Wo waren Sie   2   c Am Bodensee. Es war herrlich.
in den letzten Ferien?   d An die Nordsee zum Baden.

6.2 Wo ist die Fliege? Schreiben Sie unter jedes Bild die passende Präposition.

auf

_____

_____

an
~~auf~~
hinter
in
neben
über
unter
vor
zwischen

_____

_____

_____

_____

_____

_____

6.3 Sprechen Sie über die Bilder auf Seite 57 nacheinander.

+ Zuerst ist die Fliege auf dem Tisch, dann fliegt sie unter den Tisch.
− Jetzt ist die Fliege unter dem Tisch, dann fliegt sie …
△ Jetzt ist die Fliege neben …

6.4 Machen Sie selbst kleine Zeichnungen und tauschen Sie sie mit Ihrer Nachbarin / Ihrem Nachbarn aus. Arbeiten Sie dann wie in 6.2 und 6.3.

6.5 Akkusativ – Dativ: Machen Sie gemeinsam ein Tafelbild.

Präposition	Ort: Dativ	Richtung: Akkusativ
in	dem/einem/	den/einen/
auf	der/einer/	
neben		

6.6 In Thomas Wienerts Wohnung in Frankfurt waren Einbrecher. Alles ist durcheinander. Beschreiben Sie das Bild.

Der Esstisch steht vor dem Sofa.

Die Bücher liegen auf dem Boden.

Der Fernseher steht in der Ecke.

6.7 Räumen Sie die Wohnung auf. Wo möchten Sie die Sachen hinstellen? Was möchten Sie ändern? Zeichnen Sie und beschreiben Sie die Zeichnung.

Wir haben das Bett links an die Wand gestellt. Wir haben ein Regal gekauft. Das Regal haben wir … An die Wand …

7 Redensarten zum Thema „Wohnen" "居住"话题方面的成语

7.1 Ordnen Sie die Redensarten den Umschreibungen zu.

+ Hast du gehört, Markus will sich einen Mercedes 450 kaufen.
− Der hat wohl nicht mehr alle Tassen im Schrank! 1 疯,不正常
So viel verdient er ja auch nicht. Er sollte auf dem Teppich bleiben. 2 清醒一点,实事求是

+ Hast du noch mal was von dem Korruptionsskandal im Wirtschaftsministerium gehört?
− Ach was! Das hat man doch wieder alles unter den Teppich gekehrt! 3 掩盖,隐瞒

+ Hast du das gehört: Gabi und Rolf haben geheiratet.
− Ehrlich? Das haut mich ja vom Stuhl! 4 非常吃惊

+ Herr Lemberger, können wir uns heute Mittag treffen und über die Kalkulationen sprechen?
− Ja, gerne, wir müssen das Problem diese Woche noch vom Tisch bringen. 5 解决

+ Vor zwei Jahren war „XPress" noch in jeder Hitparade und jetzt sind sie total weg vom Fenster. 6 过时,out
− Eigentlich schade, ich mag ihre Musik immer noch.

+ Regen, Schnee, Regen, keinen Tag Sonne seit Wochen, mir fällt bald die Decke auf den Kopf. 7 在家很烦
− Du brauchst Tapetenwechsel. Es gibt zur Zeit super Angebote in die Karibik. 8 换环境

a [5] eine Lösung finden
b [3] nicht mehr darüber reden / vergessen / totschweigen
c [4] sehr überrascht sein
d [6] nicht mehr aktuell / beachtet
e [7] sich zu Hause langweilen
f [8] Veränderung/Abwechslung brauchen
g [2] vernünftig bleiben
h [1] verrückt sein

7.2 Gibt es in Ihrer Sprache ähnliche Redensarten aus dem Bereich „Wohnen"? Können Sie sie ins Deutsche übersetzen?

7.3 Schreiben und spielen Sie andere Dialoge zu den Redewendungen in 7.1.

EINHEIT 5 | 59

EINHEIT 6: ES WAR EINMAL ...

第6单元: 从前…

.... literarische Texte erarbeiten 弄懂文学性的短文
.... über Märchen sprechen 谈论童话
.... ein Märchen erzählen 讲述一个童话
.... Präteritum von unregelmäßigen Verben 不规则动词的过去式
.... Lerntechniken für die Stammformen von unregelmäßigen Verben 不规则动词词干形式的学习技巧
.... Fehler selbst korrigieren 自己纠错

1 Rotkäppchen 小红帽

1.1 Welche Märchen kennen Sie?

1.2 Erinnern Sie sich an den Inhalt von diesem Märchen?

Le Petit Chaperon rouge   Little Red Riding Hood   Cappuccetto rosso   Caperucita roja

1.3 Hier sind die Hauptpersonen des Märchens. Schauen Sie sich die Bilder an und lesen Sie die Texte. Klären Sie unbekannte Wörter.

Der Wolf ist groß und schwarz und böse und lebt im Wald. Er frisst gerne Menschen. Am liebsten Großmütter.

Die Großmutter wohnt auch im Wald, wie der Wolf. Sie wohnt ganz allein. Sie ist krank. Die Großmutter ist auch sehr lieb und naiv.

Die Mutter von Rotkäppchen ist die Tochter der Großmutter. Sie wohnt nicht im Wald. Ihre Kuchen schmecken am besten.

Der Jäger ist jung und dynamisch. Er hat ein Gewehr und ein Messer. Er geht gerne im Wald spazieren. Er ist nicht naiv. Viele sagen, dass er sehr klug ist. Ach ja, er liebt Wein.

Rotkäppchen ist ein Mädchen. Es ist sehr lieb. Vielleicht sogar naiv.

1.4 Schauen Sie sich die Bilder an und hören Sie das Märchen. Bringen Sie die Bilder in die richtige Reihenfolge. Jeweils drei stehen schon richtig zusammen.

Reihenfolge: 2 4 3 1

1.5 Lesen Sie nun das Märchen. Stellen Sie sich beim Lesen vor, dass Sie laut lesen.

Es war einmal ein kleines, liebes Mädchen. Die Großmutter hatte das Kind sehr lieb und eines Tages schenkte sie ihm ein rotes Käppchen aus Samt. Das gefiel dem Mädchen sehr und es trug das Käppchen jeden Tag. Deshalb nannte jeder es Rotkäppchen.
Da sagte einmal die Mutter zu dem Kind: „Deine Großmutter ist krank. Bring ihr den Kuchen und den Wein, aber geh nicht vom Weg ab."
Rotkäppchen ging los. Es musste durch einen Wald gehen. Dort traf es einen Wolf.
Der Wolf fragte: „Wohin gehst du?" „Zur Großmutter", antwortete Rotkäppchen. „Hm", sagte der Wolf, „willst du deiner Großmutter nicht Blumen mitbringen?"
„Eine gute Idee" dachte Rotkäppchen. Es suchte Blumen, aber es verirrte sich im Wald.
Der Wolf lief zum Haus der Großmutter, öffnete die Tür und fraß die Großmutter. Ihre Kleider gefielen ihm. Er zog sie an und legte sich in ihr Bett.
Dann kam Rotkäppchen. Es wunderte sich über Großmutters lange Ohren und ihren großen Mund.
Da sprang der Wolf aus dem Bett und fraß auch das Rotkäppchen. Er legte sich ins Bett, schlief sofort ein und schnarchte laut.
Ein Jäger kam am Haus vorbei und hörte das Schnarchen. Er wunderte sich und schaute durch das Fenster. Da sah er den Wolf.
Zuerst wollte er ihn totschießen. Aber dann dachte er: „Vielleicht hat er die Großmutter gefressen." Er nahm sein Messer und schnitt dem Wolf den Bauch auf. Großmutter und Rotkäppchen sprangen heraus. Alle drei freuten sich sehr. Sie aßen den Kuchen und tranken den Wein.
Rotkäppchen aber fuhr brav mit dem Fahrrad nach Hause und dachte an die Warnung seiner Mutter, immer auf der Straße zu bleiben. Alle lebten glücklich. Und wenn sie nicht gestorben sind, dann leben sie noch heute.

1.6 Etwas stimmt nicht bei dieser Version des Märchens. Haben Sie es bemerkt?

1.7 Was ist typisch für dieses Märchen? Was ist anders als in der Realität?

Der Wolf kann sprechen.

1.8 Was können oder sollen wir aus dem Märchen lernen? Sprechen Sie darüber im Kurs. Die Wörter und Ausdrücke helfen Ihnen.

Wald	Kinder	Eltern	alte Frauen	Fremde
	jemandem vertrauen		allein in den Wald gehen	
	tun, was jemand sagt		allein im Wald wohnen	
	Wölfe	dürfen		sollen

1.9 Diskutieren Sie zu zweit und danach im Kurs: Ist das Märchen für Kinder geeignet?

Angst machen	lustig sein	schrecklich	vor Gefahren warnen
Phantasie entwickeln	gerne hören	wichtig	

EINHEIT 6

▶ ◀ 1.10 Schreiben Sie die passenden Präteritumsformen aus dem Text zu den folgenden Infinitiven. Was fällt Ihnen auf?

_____ denken	_____ kommen
_____ fahren	_____ springen
_____ gehen	_____ einschlafen
_____ laufen	_____ sehen
_____ anziehen	_____ aufschneiden

2 Das Präteritum der unregelmäßigen Verben 不规则动词的过去式

▶ ◀ 2.1 Wiederholung: Das Präteritum der regelmäßigen Verben kennen Sie bereits. Können Sie die Regel ergänzen?

Regelmäßige Verben haben im Präteritum folgende Endungen:

Singular 1. und 3. Person _____

Plural 1. und 3. Person _____

2.2 Grammatikformen mit Namen verbinden: Schreiben Sie die Präteritumsformen aus 1.5 in diese Tabelle.

Anna	Inge	Otto	Uli
dachte, nannte	ging	zog … an	fuhr (fahren)

▶▼◀ 2.3 Was ist wichtig bei den unregelmäßigen Verben? Formulieren Sie Aussagen zu folgenden Punkten:

1. Wortstamm (ich *denk*e – *dach*te)
2. Endungen (ich denk*e* – dach*te*)

▶▼◀ 2.4 Suchen Sie im Lernerhandbuch je drei weitere Verben für jede Kategorie. Schreiben Sie dann mit den Verben einer Kategorie eine Geschichte mit maximal fünf Sätzen.

Alfred traf den Wolf im Wald. Zuerst erschrak er. Dann nahm er sein Handy und sprach mit der Polizei. Die brachte den Wolf in den Zoo. Der Wolf war froh, weil er nicht gern Großmütter fraß.

EINHEIT 6 63

3 Märchen erzählen 讲述童话

3.1 Notieren Sie zuerst bitte die Präteritumsformen der Verben. Es sind regelmäßige und unregelmäßige.

1. war — sein / liebes Mädchen
2. schenkte — Großmutter / schenken / rotes Käppchen
3. nannten — Leute / nennen / Rotkäppchen
4. sagte — Mutter / sagen: Die Großmutter ist krank. Bring ihr Kuchen und Wein und geh nicht vom Weg ab.
5. ging los — Rotkäppchen / losgehen
6. musste — Es / müssen / durch einen Wald gehen
7. traf — Es / treffen / Wolf
8. fragte — Wolf / fragen / wohin?
9. antwortete — Rotkäppchen antworten / zur Großmutter.
10. sagte — Wolf / sagen / Blumen mitbringen
11. dachte — Rotkäppchen / denken / gute Idee
12. suchte — suchen / Blumen
13. verirrte — sich verirren / im Wald
14. lief — Wolf / laufen / zum Haus
15. öffnete — öffnen / Tür
16. fraß — fressen / Großmutter
17. zog an — anziehen / ihre Kleider
18. legte (legen-lag) — sich legen / ins Bett
19. kam — Rotkäppchen / kommen
20. wunderte — sich wundern / Ohren, Mund
21. sprang — Wolf / springen / aus dem Bett
22. fraß — Wolf / fressen / Rotkäppchen
23. legte — Wolf / sich legen / ins Bett
24. schlief ein / schnarchte — einschlafen / schnarchen
25. kam vorbei — Jäger / vorbeikommen
26. hörte — hören / Schnarchen
27. wunderte — sich wundern
28. schaute — schauen / durch das Fenster
29. sah — sehen / Wolf
30. wollte — wollen / Wolf totschießen
31. dachte — denken / Großmutter gefressen
32. nahm — nehmen / Messer
33. schnitt auf — aufschneiden / dem Wolf den Bauch
34. sprang heraus — Großmutter, Rotkäppchen / herausspringen

EINHEIT 6

35. freuten — alle / sich freuen
36. aßen / tranken — essen / Kuchen, trinken / Wein
37. ging — Rotkäppchen / gehen / nach Hause
38. dachte — denken / Warnung seiner Mutter

3.2 Versuchen Sie jetzt, die Geschichte mit Hilfe von 3.1 zu erzählen. Sie müssen nicht alle Stichwörter verwenden.

3.3 Ergänzen Sie bitte die Präteritumsformen bei den unregelmäßigen Verben in ihrer Wortschatzkartei.

gehen
ging
gegangen sein

3.4 Sie hören die Stammformen von acht unregelmäßigen Verben. Versuchen Sie, die Formen im gleichen Rhythmus zu lernen.

LERNTIPP Unregelmäßige Verben immer mit Präteritum und Partizip II lernen.

3.5 Können Sie jetzt diese Tabelle ergänzen?

Infinitiv	Präteritum	Partizip II
fahren	fuhr	gefahren
sprechen	sprach	gesprochen
rufen	rief	gerufen
schreiben	schrieb	geschrieben
geben	gab	gegeben
lesen	las	gelesen
finden	fand	gefunden
ziehen	zog	gezogen

3.6 Suchen Sie im Lernerhandbuch die Liste der unregelmäßigen Verben. Wählen Sie gemeinsam 15 Verben aus, die Sie wichtig finden, und markieren Sie sie.

Anhang 3

3.7 Schreiben Sie die Stammformen der 15 Verben zu Hause auf Kärtchen. Üben Sie dann gemeinsam im Kurs.

Vorderseite

trinken

Rückseite

trank – getrunken

3.8 Rotkäppchen, der Jäger, der Wolf und die Großmutter erzählen die Geschichte. Alle vier erzählen die Geschichte anders. Machen Sie sich Notizen und erzählen Sie dann im Kurs.

1. Rotkäppchen erzählt ihrer Freundin in der Schule, was es erlebt hat.

2. Der Wolf liegt im Krankenhaus und erzählt den Krankenschwestern, was passiert ist.

3. Der Jäger erzählt in der Kneipe von seinen Abenteuern.

4. Die Großmutter erzählt ihren Freundinnen die Geschichte.

EINHEIT 6 : 66

4 Eine Geschichte 一个故事

4.1 Das Lesen vorbereiten: Lösen Sie das Kreuzworträtsel.
Die Silben unten helfen Ihnen.

1. Bauwerk in Ägypten
2. amerikanischer Präsident, 1963 ermordet
3. Tier mit langem Hals
4. Maler aus Holland
5. berühmter Turm in Paris
6. alte Universitätsstadt in Deutschland

| BERG | BRANDT | DE | DEL | DY | EIF | FE | FEL | GI |
| HEI | KEN | MI | NE | PY | RA | RAF | REM | TURM |

4.2 Sie haben jetzt das Kreuzworträtsel gelöst. Aber können Sie auch die folgenden Fragen beantworten?
Hier haben Sie sicher mehr Probleme.

zu 1. Warum baute man diese Bauwerke?
zu 2. Kennen Sie ein politisches Ereignis aus seiner Amtszeit?
zu 3. In welchen Ländern leben diese Tiere?
zu 4. Haben Sie ein Bild von ihm in Erinnerung?
zu 5. Wie hoch ist der Turm?
zu 6. Wie alt ist die Stadt?

4.3 Einen literarischen Text erarbeiten: Lesen Sie jetzt die Kurzgeschichte für sich.

Worterklärungen
Klo = Toilette, WC; im Laufe der Zeit = nach und nach, mit der Zeit; ungeheures Wissen = sehr großes Wissen; wie aus der Pistole geschossen = sehr schnell

Kreuzworträtsel

Es war einmal ein Mann, der tat nichts lieber als Kreuzworträtsel lösen. Er tat es am Strand und in der Straßenbahn. Er tat es in der Kneipe und auf dem Klo.
Natürlich hatte sich der Mann im Laufe der Zeit ein ungeheures Wissen angeeignet. Er kannte die Namen aller berühmten Schriftsteller, Philosophen, Staatsmänner und Naturwissenschaftler. Er kannte die Namen aller Flüsse und Seen und Berge und Städte der Welt.
Fragte man den Mann nach einem Fluss in Deutschland mit fünf Buchstaben, so kam wie aus der Pistole geschossen die Antwort: „Rhein". Fragte man den Mann nach einem Land in Asien mit sechs Buchstaben, so kam wie aus der Pistole geschossen die Antwort: „Indien". Fragte man den Mann nach einem Schriftsteller mit sieben Buchstaben, so kam wie aus der Pistole geschossen die Antwort: „Fallada".
Als aber ein Kind kam und fragte, ob im Rhein noch Fische leben können, ob in Indien die Menschen hungern müssen und was der Schriftsteller Fallada den Menschen erzählt habe, da wusste der Mann überhaupt nicht Bescheid und sagte hochmütig: „Ich sehe schon: Von Kreuzworträtseln verstehst du nichts!"

(H. Stempel, M. Ripkens)

4.4 Was hat die Kurzgeschichte mit den Aufgaben 4.1 und 4.2 zu tun?

4.5 Unser Zeichner hat den Text auf seine Art interpretiert. Was meinen Sie dazu?

5 Besser lernen: Fehler selbst korrigieren 更好地学习：自己纠错

5.1 In einem Test sollen die folgenden Grammatikkapitel geprüft werden:

1. Verbendungen (Singular/Plural)
2. Präteritumsformen (regelmäßig und unregelmäßig)
3. Wortstellung (weil-Sätze, dass-Sätze)
4. Infinitiv mit zu

Welche Grammatikfehler kann man bei dem Test machen? Hier sind ein paar Möglichkeiten. Kreuzen Sie an, was Ihnen schon passiert ist.

☐ Rotkäppchen gingen durch den Wald.
☐ Der Wolf fresste das Rotkäppchen.
☐ Ich mag keine Märchen, weil die Märchen machen mir Angst.
☐ Peter sagt, dass er will mehr Wölfe fangen.
☐ Es ist nicht einfach, zu finden die Fehler.

5.2 Lesen Sie die folgenden Sätze. Sie enthalten einige Fehler. Korrigieren Sie die Fehler und schreiben Sie die passenden Grammatikkapitel von 5.1 (1.–4.) vor die Sätze. In manchen Sätzen gibt es mehrere Fehler.

1. ☐ Rotkäppchen gingt in den Wald, weil die Großmutter war krank.
2. ☐ Die Kinder hat heute Morgen den Zug verpasst, weil sie zu spät aufgestanden sind.
3. ☐ Viele Kursteilnehmer haben keine Lust, die Hausaufgaben machen, weil sie so müde sind.
4. ☐ Der Jäger nahmte den Kuchen und aß alles auf, weil er Hunger hatte.
5. ☐ Der Schaffner hat gesagt, dass der Zug kommt drei Minuten später.
6. ☐ Man können abends besser lernen, weil man danach schlafen geht.

5.3 Schreiben Sie alle Sätze in 5.2 richtig.

Rotkäppchen ging in den Wald, weil

EINHEIT 7: WANDERN IN DEN ALPEN

第7单元：在阿尔卑斯山中漫游

.... *Meinungen äußern und Meinungen vergleichen* 发表意见，并对意见进行比较
.... *ein Landeskundeprojekt: Die Alpen* 一个常识项目：阿尔卑斯山
.... *einen berühmten Touristenort kennen lernen* 认识一个著名的旅游胜地
.... *einen längeren Hörtext verstehen* 理解一篇较长的听力课文
.... *einem Text gezielt Informationen entnehmen* 有的放矢地从文章中提取信息
.... *Konjunktionen* weil, dass, ob, (zwar) ... aber, denn 连词weil、dass、ob、(zwar) ... aber、denn

1　Projekt: Die Alpen 项目：阿尔卑斯山

1.1　Schauen Sie sich die Karte und die Fotos an und beschreiben Sie sie. Was sind die Alpen? Wo liegen sie?

EINHEIT 7 : 69

1.2 Überlegen Sie und notieren Sie Stichworte:
Was wissen Sie über diese Region?
Worüber möchten Sie mehr erfahren?

Thema ....

Länder	Klima	Musik und Kunst
Städte	Wirtschaft	Pflanzen/Tiere
Berge	Sprachen	Umweltprobleme
Seen	Menschen	…

....

1.3 Informationen über eine Region sammeln. Wie und wo können Sie Informationen finden? Jede Gruppe sucht sich eine oder zwei Quellen aus und versucht, von dort Informationen zu beschaffen.

Materialien .... Quellen ....

Fotos	Reisebüros
Prospekte	Fremdenverkehrszentralen
Zeitschriften	Internet
Gegenstände	Freunde/Bekannte
CDs	Bibliothek
Bücher	…
…	

Gruppe 1:
Reisebüros:
Prospekte und Informationsmaterial
– Adressen suchen
– anrufen / hingehen
– Brief schreiben

1.4 Wählen Sie gemeinsam aus den Informationen und Materialien, die Sie gesammelt haben, die interessantesten aus und machen Sie eine Wandzeitung.

Die Alpen

Geographie
Berühmte Berge:
1. der Mont Blanc, Frankreich
2. das Matterhorn, Schweiz / Italien

2 Bergwandern und bergsteigen: Ratschläge für Wandervögel
山中漫游和登山：给"候鸟们"的建议

2.1 Was kennen Sie? Was tun Sie gern? Welche Verben kann man in Ihre Muttersprache übersetzen?

(berg)wandern   laufen   rennen   spazieren gehen   klettern

EINHEIT 7 70

2.2 Ergänzen Sie das passende Verb aus 2.1.

1. <u>Bergwandern</u> ist schön. Aber man muss viel über die Berge wissen und braucht eine gute Kondition.
2. Meine Tochter __klettert__ auf jeden Baum. Ich habe immer Angst, dass ihr etwas passiert.
3. Nach seinem Unfall hat er sechs Wochen gebraucht, bis er wieder __laufen__ konnte.
4. Meine Eltern wollen am Sonntag nach dem Mittagessen immer mit mir __spazieren gehen__. Ich finde das langweilig.
5. Vier Stunden durch den Wald __bergwandern__, dann eine Mittagspause in einem gemütlichen Restaurant und anschließend noch einmal zwei Stunden __rennen__, es gibt nichts Gesünderes.

2.3 Wie gefährlich sind die Alpen? Lesen Sie die Texte und ergänzen Sie die Sätze unten.

Das Matterhorn (4478 m) ist der berühmteste Berg in der Schweiz. Die „Schweizer Illustrierte" hat Bergführer nach ihrer Meinung gefragt: Wie gefährlich sind die Alpen?

Franz Schwery, 36, Bergführer und Hüttenwart auf der Hörnlihütte (3260 m)
„An Spitzentagen stürmen 100 Menschen zum Gipfel. Viele von ihnen kommen aus Japan, Korea und Osteuropa. Viele kennen die Berge nicht und für die ist das Matterhorn gefährlich. Ich warne die Leute oft – leider hören manche nicht auf mich."

– Franz Schwery warnt die Leute vor gefährlichen Bergtouren, aber …

Bernhard Julen, 28, Bergführer-Präsident, Skilehrer, Hotelier
„Wir sind in einem „Do-it-yourself-Zeitalter", leider auch beim Bergsteigen. Es ist oft fragwürdig, mit welchen Voraussetzungen die Leute auf das Matterhorn gehen. Früher hätten die Leute Respekt vor der Natur, weil sie von und mit ihr leben mussten. Heute ist dieser Respekt weg. Und das ist beim Bergsteigen gefährlich.
Wandern in den Alpen ist nicht so einfach wie spazieren gehen im Stadtpark. Die Alpen sind wunderschön, sie können aber auch gefährlich sein."

– Bernhard Julen sagt, dass die Leute früher …, aber heute …

2.4 Wanderausrüstung – Schauen Sie sich die Zeichnung an. Schreiben Sie die passenden Ziffern zu den Wörtern.

Kleidung ....

☐ der Anorak
☐ das Baumwollhemd
☐ die Handschuhe
☐ die Mütze
☐ der Pullover aus Wolle
☐ die Socken
☐ die Wanderhose
☐ die Wanderschuhe

andere Gegenstände ....

☐ das Heftpflaster
☐ die Lebensmittel
☐ der Rucksack
☐ die Sonnenbrille
☐ die Sonnencreme
☐ das Toilettenpapier

2.5 Einen Hörtext vorbereiten. In dem Interview mit dem deutschen Bergführer Anton Kobel, kommen viele von den folgenden Wörtern vor. Klären Sie zunächst die unbekannten Begriffe.

1. ☐ Abfall 垃圾
2. ☐ Fahrpläne 时间表
3. ☒ Getränke 饮料
4. ☐ Kinder
5. ☒ Kleidung 衣服
6. ☐ Lawinen 雪崩
7. ☐ Parkplätze
8. ☐ Preise
9. ☐ Reiseapotheke 药箱
10. ☐ Restaurants
11. ☒ Schuhe
12. ☐ Schwimmbäder
13. ☒ Sonnenschutz 防晒
14. ☒ Verkehrsmittel 交通工具
15. ☒ Verpflegung 膳食
16. ☒ Wanderkarte 地图
17. ☒ Wetter

2.6 Über welche Themen spricht Herr Kobel? Hören Sie die Tonaufnahme und kreuzen Sie in 2.5 an.

2.7 Können Sie die Sätze ergänzen?

1. Eine W<u>anderung</u> ist kein S<u>paziergang</u>. Deshalb brauchen Sie gute S<u>chuhe</u>.

2. In den Bergen scheint die S<u>onnenschein</u> oft sehr intensiv. Nehmen Sie deshalb eine S<u>onnenbrille</u> für die Augen und S<u>onnencreme</u> für die Haut mit.

3. Es ist wichtig, sich vor einer Wanderung die Strecke auf der W<u>anderkarte</u> genau anzuschauen.

4. Das W<u>etter</u> kann sich in den Bergen sehr schnell ändern. Wenn Sie eine W<u>anderung</u> planen, dann hören Sie vorher den Wetterbericht im R<u>adio</u>.

3 Zermatt – Ein berühmter Touristenort am Matterhorn
Zermatt — Matterhorn山脚下著名的旅游胜地

3.1 Aus einer Reportage der „Schweizer Illustrierten" über Zermatt: Was sagen die Einwohner/innen über ihr Dorf? Lesen Sie die Texte und machen Sie dann Aufgabe 3.2 auf Seite 74.

Stefan Imboden, 42, Kutscher, Elektrofahrzeugbauer und Taxiunternehmer

Zermatt platzt heute aus den Nähten. Fahrzeuge und Menschen kommen sich ständig in die Quere. Es gibt zu wenig Straßen. Was heißt da autofrei? Ich fahre lieber mit der Kutsche durch Zermatt als mit dem Elektromobil. Aber das Elektromobil hat in Zermatt das Pferd fast verdrängt. Ich frage mich, ob diese Entwicklung für Zermatt gut ist.

Hans Ulrich Inderbinen, 90, ältester Bergführer Europas, der noch Viertausender besteigt

Inderbinen war in seinem Leben rund 370-mal „oben". Das letzte Mal mit 82. „Früher war Zermatt ein kleines Bergdorf. Nach der Erstbesteigung änderte sich das. Heute ist das Matterhorn fast überlaufen. Viele wollen alleine zum Gipfel. Das macht's auch gefährlich."

Monique Sieber, 12, Schülerin

Z Horu* ist für mich ein Zeichen von Frieden und Natur. Ich mache mir Sorgen um die Natur. Der Schwalbenschwanz stirbt hier auch bald aus, weil es immer weniger Blumen gibt. Mir gefällt das alte Zermatt viel besser als das heutige. Es gibt mir zu viele Touristen. Wir haben fast keine Wiesen mehr zum Spielen.

*So nennt man in Zermatt das Matterhorn

▶ ◀ **3.2** Wer meint was? Können Sie Namen und Meinungen zuordnen, ohne die Texte in 3.1 nochmal zu lesen?

	es in Zermatt nicht mehr so viele Blumen gibt.
	die Natur in Gefahr ist.
	es im Dorf zu viele Touristen gibt.
Herr Inderbinen sagt, dass	auf dem Matterhorn oft zu viele Menschen sind.
Herr Imboden findet, dass	es in Zermatt zu wenig Platz zum Spielen gibt.
Monique meint, dass	es gefährlich ist, allein auf das Matterhorn zu gehen.
	Kutschen schöner als Elektromobile sind.
	Zermatt früher schöner war.
	es in Zermatt zu viel Verkehr gibt.
	es in Zermatt zu wenig Straßen gibt.

4 Das Matterhorn – Zahlen und Fakten Matterhorn山 — 数字与事实

4.1 Im folgenden Text finden Sie viele Zahlen. Markieren Sie die Zahlen und machen Sie Notizen dazu.

4478 m (Höhe Matterhorn)

Seine Silhouette findet sich auf Spazierstöcken und Schokoladenverpackungen. Kein Zweifel, das Matterhorn ist mit seinen 4478 m zwar nicht der höchste, aber der schönste und berühmteste Berg der Schweiz, der König der Berge. Aber nur Zermatt profitiert von seiner schönen Form. Von der italienischen Seite aus sieht der Berg aus wie ein Steinhaufen. Die Zermatter nennen ihren Berg „z Horu". Am 14. Juli 1865 erreichte der Engländer Edward Whymper (1840–1911) als Erster den Gipfel. Seit dieser Zeit haben über 350 Menschen am Matterhorn ihr Leben verloren. Ein trauriger Rekord.
Für die Tourismusindustrie ist das Matterhorn allerdings ein Glücksfall. Pro Jahr kommen 2,7 Millionen Besucher aus aller Welt nach Zermatt, um einen Blick auf den berühmt-berüchtigten Berg zu werfen. Zermatt selbst hat etwa 4500 Einwohner, in der Hochsaison wohnen aber etwa 24000 Menschen im Dorf. Den Gästen stehen etwa 6500 Hotelbetten und 13000 private Übernachtungsmöglichkeiten zur Verfügung. Man geht davon aus, dass mit diesen Zahlen auch eine Grenze erreicht ist, denn Zermatt ist ein kleiner Ort und Platz ist hier kostbar. Übrigens: Touristen dürfen ihre Autos nicht mitbringen, weil das Dorf autofrei ist. Sie müssen weiter unten parken, wenn Sie Zermatt besuchen wollen.

4.2 Nehmen Sie nun Ihre Notizen und berichten Sie.

> Das Matterhorn ist 4478 Meter hoch.

4.3 Was wissen Sie jetzt über Zermatt und das Matterhorn?
Schreiben Sie mit Hilfe der Satzanfänge eine Zusammenfassung.

Das Matterhorn ist …
Seine Form findet man auf …
Der Ort direkt am Berg heißt …
Jedes Jahr kommen viele …
Im Winter hat der Ort nur …, aber in der Hochsaison …
Für die Touristen gibt es …
Die vielen Touristen sind aber nicht nur …
Manche Zermatter fragen sich, ob es früher …
Denn Tourismus ist schlecht für …
Zermatt ist klein. Autos dürfen hier …, weil der Ort …
Sie müssen …

Zermatt

5 Sätze mit Konjunktionen 带连词的句子

5.1 In den Texten von 3.1 und 4.1 finden Sie Sätze mit den folgenden Konjunktionen.
Markieren Sie für jede Konjunktion einen Beispielsatz.

weil, dass, und, wenn, denn, zwar … aber, ob

5.2 Sehen Sie sich die Ihre Beispielsätze an. Welche passen zu Satzgrafik 1 und welche zu 2?
Was ist der Unterschied?

1. ▭ ⬭ …, … ▭ ⬭ … .

2. ▭ ⬭ …, … ▭ … ⬭ .

5.3 Verbinden Sie die Sätze mit Konjunktionen. Es gibt viele Möglichkeiten.
Ändern Sie die Wortstellung, falls notwendig.

1. Ich schenke meinem Freund rote Rosen.		Es gibt viele Touristen.
2. Zermatt gefällt mir.		Ich liebe ihn.
3. Sie brauchen keinen IC-Zuschlag.	denn	Sie fahren nicht mit einem IC.
4. Die Touristen bringen Geld.	(zwar) aber	Die Touristen sind gut für die Alpen.
5. Abends lernen ist gut.	und	Bahnfahren ist besser als Autofahren.
6. Ich kann mir keine teure Wohnung leisten.		Die Wohnung kostet über € 800.
7. Ich weiß (nicht) …	weil	Man kann sich gut konzentrieren.
8. Ich glaube (nicht) …	ob	Ich liebe ihn nicht mehr.
9. Es ist unmöglich …	dass	Bergsteigen macht Spaß.
10. Ich bin mir sicher …		Ich fahre jedes Jahr hin.
11. Bergsteigen ist gefährlich.		Sie machen die Natur kaputt.

5.4 Das Vier-Satz-Spiel mit und, denn, weil, aber.
Sammeln Sie zuerst zehn Satzanfänge.
Sprecher/in 1 sagt dann einen Satzanfang viermal, aber jedes Mal mit einer anderen Konjunktion.
Sprecher/in 2 muss den Satzanfang wiederholen und den Satz ergänzen. Tauschen Sie dann die Rollen.

Sprecher/in 1 .... Sprecher/in 2 ....

Ich schenke meinem Freund rote Rosen, denn …   … er ist toll.
Ich schenke meinem Freund rote Rosen, aber …   … er mag keine Rosen.
Ich schenke meinem Freund rote Rosen und …   … gebe ihm einen Kuss.

6 Ein Wanderlied 一首漫游歌

6.1 Betrachten Sie die Zeichnung. Hören Sie das Lied und sammeln Sie danach, was Sie verstanden haben.

Aus grauer Städte Mauern

Melodie: Robert Götz; Text: Hans Riedel (?)

2. Der Wald ist unsre Liebe,
   der Himmel unser Zelt,
   ob heiter oder trübe,
   wir fahren in die Welt.

3. Die Sommervögel ziehen
   schon über Wald und Feld.
   Da heißt es Abschied nehmen:
   Wir fahren in die Welt.

6.2 In dem Lied fliehen die Menschen aus der Stadt in die Natur.
Stadt und Land – wo möchten Sie lieber leben? Was sind die Vorteile und Nachteile? Bilden Sie zwei Gruppen, die Stadt-Gruppe und die Land-Gruppe. Sammeln Sie Argumente. Tauschen Sie Ihre Argumente aus.

– Es ist besser in der Stadt / auf dem Land zu leben, weil …
– Ich glaube (nicht), dass …
– Ich bin mir nicht sicher, ob …
– Mir gefällt es zwar in der Stadt / auf dem Land, aber …

Kultur	Luft	Arbeitsplätze	Einkaufen	Ärzte	Sicherheit	Kinder
Natur	Kontakte	Menschen	Autos	Umwelt	Verkehrsmittel	
Kino	Fernsehen	Theater	Essen	Ruhe	Lärm	

EINHEIT 8: MORGENS WIE EIN KÖNIG

第8单元: 早上像国王

.... *sagen, was man zum Frühstück isst* 告诉别人自己早餐吃什么
.... *eine Geschichte erzählen* 讲述一个故事
.... *einen längeren Hörtext verstehen* 理解一篇较长的课文
.... *ein Quiz zur Landeskunde* 常识问题抢答
.... *Schreiben lernen: persönlicher Brief* 学习写作：个人书信
.... *Indefinitbegleiter und -pronomen* 不定伴随词和不定代词
.... *Nebensätze mit* wenn 用wenn的从句

1 Der Frühstückstisch 早餐桌

1.1 Thema „Essen": Sammeln Sie Wortschatz und Redemittel an der Tafel oder machen Sie Plakate. Sie können auch arbeitsteilig vorgehen.

Entscheiden Sie im Kurs, wie Sie arbeiten möchten.

REDEMITTEL
einkaufen
Ich hätte gerne …

WORTSCHATZ
Lebensmittel
Gemüse

REDEMITTEL
im Restaurant
Herr Ober, die Speisekarte bitte.
Bringen Sie mir bitte …

WORTSCHATZ
Speisen und Getränke
Schnitzel mit Pommes

1.2 Betrachten Sie das Foto. Was davon gehört für Sie zum Frühstück?

1.3 Was ist was? Schreiben Sie die Nummern aus dem Foto zu den Wörtern und ergänzen Sie die Artikel über den Spalten.

___	___	___	___
☐ Apfel	☐ Brot	☐ Bohne
☐ Fernseher	☐ Brötchen	☐ Butter
☐ Fisch	☐ Croissant	☐ Banane
☐ Honig	☐ Fleisch	☐ Kartoffel
☐ Joghurt	☐ Müsli	☐ Margarine
☐ Kaffee	☐ Radio	☐ Marmelade
☐ Käse	☐ Rührei	☐ Spaghetti
☐ Orangensaft		☐ Suppe
☐ Reis		☐ Wurst
☐ Tee		☐ Zeitung
☐ Toast		☐ Kiwi

2 Brief an eine Brieffreundin 给笔友的信

2.1 Frühstück in Deutschland. Was möchten Sie wissen? Schreiben Sie W-Fragen auf.

2.2 Lesen Sie den Brief. Welche Fragen von Ihnen beantwortet er? Welche weiteren Informationen finden Sie?

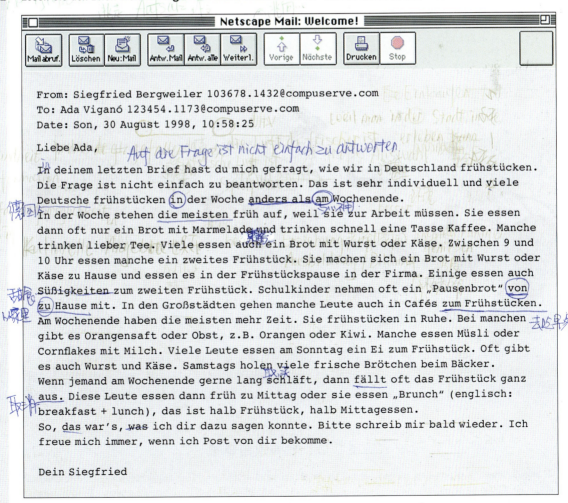

From: Siegfried Bergweiler 103678.1432@compuserve.com
To: Ada Viganó 123454.1173@compuserve.com
Date: Son, 30 August 1998, 10:58:25

Liebe Ada,
In deinem letzten Brief hast du mich gefragt, wie wir in Deutschland frühstücken. Die Frage ist nicht einfach zu beantworten. Das ist sehr individuell und viele Deutsche frühstücken in der Woche anders als am Wochenende.
In der Woche stehen die meisten früh auf, weil sie zur Arbeit müssen. Sie essen dann oft nur ein Brot mit Marmelade und trinken schnell eine Tasse Kaffee. Manche trinken lieber Tee. Viele essen auch ein Brot mit Wurst oder Käse. Zwischen 9 und 10 Uhr essen manche ein zweites Frühstück. Sie machen sich ein Brot mit Wurst oder Käse zu Hause und essen es in der Frühstückspause in der Firma. Einige essen auch Süßigkeiten zum zweiten Frühstück. Schulkinder nehmen oft ein „Pausenbrot" von zu Hause mit. In den Großstädten gehen manche Leute auch in Cafés zum Frühstücken.
Am Wochenende haben die meisten mehr Zeit. Sie frühstücken in Ruhe. Bei manchen gibt es Orangensaft oder Obst, z.B. Orangen oder Kiwi. Manche essen Müsli oder Cornflakes mit Milch. Viele Leute essen am Sonntag ein Ei zum Frühstück. Oft gibt es auch Wurst und Käse. Samstags holen viele frische Brötchen beim Bäcker.
Wenn jemand am Wochenende gerne lang schläft, dann fällt oft das Frühstück ganz aus. Diese Leute essen dann früh zu Mittag oder sie essen „Brunch" (englisch: breakfast + lunch), das ist halb Frühstück, halb Mittagessen.
So, das war's, was ich dir dazu sagen konnte. Bitte schreib mir bald wieder. Ich freue mich immer, wenn ich Post von dir bekomme.

Dein Siegfried

EINHEIT 8

2.3 Einen persönlichen Brief planen und schreiben.
Schreiben Sie nun einen Brief über das Frühstück in Ihrem Land nach dem Modell in 2.2. Gehen Sie so vor:

1. Was soll drinstehen? Sammeln Sie Stichwörter.
2. In welcher Reihenfolge? Ordnen Sie Ihre Stichwörter.
3. Schreiben Sie zuerst kurze, einfache Sätze.
4. Überlegen Sie dann: Wo kann man Sätze mit Konjunktionen und anderen Verbindungswörtern verbinden? (Vgl. auch Einheit 5, 2.4.)
5. Korrigieren Sie Ihren Brief. Achten Sie nur auf zwei Arten von Fehlern:

   1. Wortstellung: Hauptsatz: [ ] ( ) ...; Nebensatz: ... , ... [ ] ... ( ).

   2. Verbendungen: Ich hoffe, du schreibst, sie essen usw.

3 Frühstück international – ein Interview 各国早餐 —— 一个访谈

3.1 Wir haben Studenten und Studentinnen aus China, England, Frankreich, Griechenland und dem Iran gefragt: „Was esst und trinkt ihr morgens in eurem Land?"
Was meinen Sie, wer sagt was? Notieren Sie die Ländernamen zu den Listen 1–5.
(Übrigens sind bei jedem Land zwei Speisen falsch. Was meinen Sie, welche?)

China
England
Frankreich
Griechenland
Iran

3.2 Klären Sie unbekannte Wörter in 3.1 und hören Sie dann das Gespräch. Waren Ihre Vermutungen richtig?

3.3 Haben Sie auch die falschen Speisen herausgefunden? Wenn nicht, dann hören Sie das Interview noch einmal.

1
– Schinken und Speck
– Eis mit Früchten
– Schokolade
– 1 Ei (am Sonntag)
– eine Tasse Kaffee oder Tee
– Käse (nicht sehr üblich)
– Zwieback mit Marmelade

2
– Nudeln
– Reissuppe
– Spaghetti
– Eier
– Milch
– Müsli
– Reisbrei mit Sauerkraut
– kalter Gurkensalat

3
– Eier und Schinken
– Kartoffelsalat
– Toast mit Marmelade
– Cereals (z.B. Cornflakes)
– Schnitzel

4
– warmer Kaffee (Winter)
– kalter Kaffee (Sommer)
– Speck und Bohnen
– Joghurt
– 1 bis 5 Zigaretten
für Kinder:
– Brot mit Marmelade und Butter
– Milch
– Eier

5
– Butter und Käse
– Marmelade oder Honig
– Fisch
– Tee oder Kaffee
– weich gekochte Eier
– Linsengericht
– Reissuppe
– Gericht aus Weizen und Gänsefleisch (im Winter)

4 Ein Quiz und sieben Sprichwörter 一个抢答游戏和七个俗语

4.1 Was wissen Sie über das Thema „Essen und Trinken in Deutschland"? Ein Quiz.

1 Die beliebtesten Restaurants sind
- [a] Restaurants mit italienischer Küche.
- [b] Restaurants mit französischer Küche.
- [c] Restaurants mit deutscher Küche.

2 „Kommen Sie doch am Sonntag zu Kaffee und Kuchen." heißt:
- [a] Sie sind am Sonntag um 10 Uhr zum Frühstück eingeladen.
- [b] Sie sind in ein Café eingeladen.
- [c] Sie sind am Sonntagnachmittag um 16 Uhr zum Kaffeetrinken eingeladen.

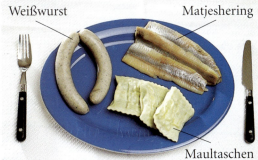

Weißwurst Matjeshering Maultaschen

3 Wie viele Bierbrauereien gibt es in Deutschland ungefähr?
- [a] 500
- [b] zwischen 1000 und 2000
- [c] über 2000

4 Was gehört zu welcher Region in Deutschland?

Matjeshering [a] [1] Bayern (München)
Maultaschen [b] [2] Schwaben (Stuttgart)
Weißwurst [c] [3] Norddeutschland (Hamburg/Kiel)

5 Die meisten Schnellimbisse in Deutschland sind
- [a] türkische (Döner Kebab).
- [b] deutsche (Würstchen und Frikadellen).
- [c] amerikanische (Hamburger).

6 Deutsche Speisezettel vor 30 Jahren und heute. Welcher ist von 1964 und welcher von 1994?

EINHEIT 8

4.2 Essen in Redewendungen. Ordnen Sie die Redewendungen a–g den Sätzen 1–7 zu.

Das Problem löse ich lieber allein!	1	a	Und ich soll jetzt die Suppe auslöffeln.
Dir gefällt meine Bluse nicht, na und?	2	b	Das ist mir völlig Wurst.
Das eigentliche Problem kam gar nicht zur Sprache.	3	c	Da muss man eben kleinere Brötchen backen.
Er hat einen Fehler gemacht.	4	d	Viele Köche verderben den Brei.
Sie wollte mich reinlegen.	5	e	Alle haben nur um den heißen Brei herumgeredet.
Was sagst du? Du hast Marsmenschen in deinem Garten gesehen?	6	f	Das ist doch alles Käse, was du da erzählst.
Der Staat hat kein Geld mehr.	7	g	Aber ich habe den Braten gerochen.

5 Indefinitbegleiter und -pronomen 不定伴随词和不定代词

5.1 In dieser Einheit finden Sie z.B. in 2.2 die Indefinitpronomen *manche, einige, viele, man, etwas*. Lesen Sie den Brief noch einmal und markieren Sie die Beispiele.

Indefinitpronomen verwendet man, wenn man nicht genau sagen kann oder will, wer, was oder wie viel.

5.2 Einkaufen – Ergänzen Sie den Dialog mit den folgenden Wörtern:

etwas   etwas   nichts   jemand   niemand   alles   einige

– _Jemand_ muss heute noch einkaufen gehen, weil gestern _niemand_ einkaufen war. Wir haben _nichts_ mehr im Kühlschrank.

+ O.k., ich gehe. Was soll ich holen?

– _Etwas_ Wurst, aber nicht viel, nur etwa 200 g. _Einige_ Scheiben Gouda-Käse, Camembert, Brot, Milch, Butter und _etwas_ Obst.

+ Ist das _alles_ ?

– Ja.

5.3 Kurzdialoge. In welchen Situationen kann man diese Sätze sagen? Wählen Sie je zwei aus und schreiben Sie die passenden Dialoge. Üben Sie die Dialoge ein und spielen Sie sie vor.

1. Hat jemand mal einen Bleistift für mich?
2. Man kann nicht alles haben!
3. Von nichts kommt nichts!
4. Etwas ist besser als nichts!
5. Niemand hat dir etwas getan.
6. Heute kommt keiner mehr.

LERNTIPP Indefinitpronomen in Paaren lernen:
jemand – niemand,
etwas – nichts,
alle – keiner, …

5.4 Lesen Sie das Gedicht und sprechen Sie darüber. Haben Sie schon ähnliche Erfahrungen gemacht?

Immer wieder
Niemand hat es gewollt,
alle haben gewusst, dass man etwas tun muss.
Einige wollten auch etwas tun und
viele haben gesagt: „Jemand muss etwas tun."
Aber fast keiner hat wirklich etwas getan.
Sie haben nichts getan und geschwiegen.
Ganz wenige haben widersprochen, zugehört hat ihnen niemand.

5.5 Wie kann ein Optimist das Gedicht anders schreiben?

5.6 Nicht und nichts. Lesen Sie die folgenden Sätze. Was ist der Unterschied? Vergleichen Sie mit Ihrer Muttersprache.

Ich habe mein Buch nicht dabei.
Ich habe nichts dabei.

5.7 Ergänzen Sie nicht oder nichts in den folgenden Sätzen.

1. Er hat Fieber und kann deshalb morgen ___nicht___ arbeiten.

2. Das macht ___nichts___. Er soll zum Arzt gehen und sich etwas gegen Grippe verschreiben lassen.

3. Ich kann ___nicht___ mit wandern gehen, weil ich arbeiten muss.

4. Aber ich gehe wandern, ich habe ja ___nichts___ zu tun.

5. Ich konnte die Hausaufgaben ___nicht___ machen, weil ich in der letzten Stunde ___nichts___ verstanden habe.

6 Die Diät – Eine Tragödie in zwei Akten. Hauptrolle: Nebensätze mit *wenn*.
节食 — 一场两幕悲剧。主角：用*wenn*的从句。

6.1 Lesen und hören Sie den ersten Teil des Textes.

1. Akt

1. Wenn ich zu dick bin, mache ich immer eine Diät.
2. Wenn ich eine Diät mache, habe ich dauernd Hunger.
3. Wenn ich dauernd Hunger habe, fühle ich mich schlecht.
4. Ich bin schlecht gelaunt, wenn ich mich schlecht fühle.
5. Ich bin unfreundlich zu den Leuten, wenn ich schlecht gelaunt bin.
6. Wenn ich unfreundlich zu ihnen bin, sind die Leute unfreundlich zu mir.
7. Wenn die Leute unfreundlich zu mir sind, fühle ich mich einsam.
8. Ich muss essen, wenn ich mich einsam fühle.

6.2 Nebensätze vor dem Hauptsatz. Was ist im Hauptsatz anders?

Position 1 .... Position 2 ....

1. Ich   mache   immer eine Diät,   wenn ich zu dick bin.

2. Wenn ich zu dick bin,   mache   ich   immer eine Diät.

6.3 Schreiben Sie die drei Sätze wie Satz 2 in 6.2.

1. Ich trinke morgens meistens nur schnell eine Tasse Kaffee, weil ich wenig Zeit habe. → Weil …
2. Ich finde es gut, dass immer mehr Leute Obst zum Frühstück essen. → Dass …
3. Ich frühstücke gern mit Ei und Brötchen und Wurst und Käse, wenn ich Zeit habe. → Wenn …

6.4 Können Sie den zweiten Akt der Tragödie selbst schreiben?

2. Akt

1. wenn / gegessen haben / gut gelaunt sein
2. wenn / gut gelaunt sein / freundlich sein
3. wenn / ich freundlich sein / Leute freundlich sein
4. ich glücklich sein / wenn / Leute freundlich sein
5. ich gerne essen und trinken / wenn / glücklich sein
6. wenn / zu viel essen und trinken / ich dick werden
7. wenn / zu dick sein / ich immer Diät machen
8. …

Wenn ich gegessen …

6.5 Wiederholung: Hauptsätze – Nebensätze
Schreiben Sie mit den Elementen in der rechten und linken Spalte und den Konjunktionen Sätze.
Es gibt viele Möglichkeiten. Ergänzen Sie Pronomen oder Namen, wie Sie möchten.

Müsli essen	weil	gesund leben wollen
(nicht) rauchen	wenn	(nicht) zu Hause sein
gesund leben wollen	aber	gerne Wein trinken
viel Sport machen	dass	(keine) Zeit haben
(nicht) wollen	ob	Bergsteigen gesund sein
(nicht) wissen		Entspannung beim Lernen helfen

Ich weiß nicht, ob er zu Hause ist.
Sie will gesund leben, aber sie trinkt gerne Wein.

7 Die Ochsenschwanzsuppe – Ein Cartoon von Loriot 牛尾汤 — Loriot 的连环画

7.1 Ordnen Sie die Zeichnungen und Sie erhalten eine Geschichte.

a 3   b 4   c 5   d 1   e 2

7.2 Schreiben Sie die Geschichte auf und erzählen Sie, was passiert ist.

Sie können so anfangen:

A (leichter) Ein Mann geht ins Restaurant. Er bestellt eine Ochsenschwanzsuppe. Der Kellner …

oder so:

B (schwerer) Eines Tages ging ein Mann in ein Restaurant. Er bestellte eine Ochsenschwanzsuppe. Der Kellner …

oder so:

Du, Sandra, Peter hat mir eine Geschichte erzählt. Die ist zu komisch! Also letzte Woche ist er …

7.3 Spielen Sie die Szene.

> **Loriot** alias Victor von Bülow (*1923) kommt aus einer preußischen Adelsfamilie und ist einer der bekanntesten deutschen Humoristen und Satiriker. Er zeichnet, textet und schreibt oft Sketche für das Fernsehen. Er spielt auch selbst kleine Szenen, besonders Parodien über Politiker und Menschen im Alltag. Bekannt sind vor allem seine Zeichnungen. Fast jeder in Deutschland kennt seine Figuren mit den Kartoffelnasen.

Option 1: SPIELEN, SPRECHEN, WIEDERHOLEN

备选单元1: 游戏、说话、复习

Wiederholungsspiele, Rollenspiele, ein Sketch, ein Wahrnehmungstest
复习游戏、角色游戏、滑稽短剧、感觉试验

1 Drei in einer Reihe 三子棋

Spielregeln:

1. Immer zwei oder vier Kursteilnehmer/innen spielen zusammen in zwei Gruppen.
2. Sie brauchen neun Spielsteine, z.B. Münzen.
3. Lösen Sie eine Aufgabe und legen Sie den Spielstein auf das Feld.
4. Wer zuerst drei Spielsteine in einer Reihe legen kann, hat gewonnen.

Stellen Sie sich vor: Name Alter Wohnort Beruf Warum lernen Sie Deutsch?	Was haben Sie nach Ihrer Schulzeit gelernt? Nennen Sie drei Dinge.	Was möchten Sie gern noch lernen? Nennen Sie zwei Dinge.	Konjugieren Sie das Verb wissen. ich weiß … du …
Ergänzen Sie die Sätze: Ich habe Lust, … Es ist wichtig, … Ich versuche, …	Der Mann ist krank. Geben Sie ihm drei Ratschläge.	Was sehen Sie? Nennen Sie fünf Gegenstände.	Lesen Sie den Text mit den Verben im Präteritum vor. Am Freitag (haben) es angefangen. Die Menschen (tanzen) auf den Straßen und (fordern): „Weg mit der Mauer."
Konjugieren Sie können und müssen im Präteritum.	Nennen Sie fünf Körperteile.	Was wollten/ mussten/konnten Sie mit 15 Jahren? Nennen Sie vier Dinge.	Was haben Sie gestern gemacht? Vier Sätze. Ich bin … Dann habe ich …
Ergänzen Sie die Sätze: Ich muss früh aufstehen, weil … Ich muss arbeiten, weil … Ich weiß, dass …	Welche Körperteile braucht man – zum Schreiben, – zum Fernsehen, – zum Essen?	Wie heißt der Körperteil und wie die Stadt? Ich hab mein … in … verloren. In einer lauen Sommernacht.	Welche Probleme hat sie?

Wie heißen die drei liebsten Urlaubsziele der Deutschen?	Sie sind im Reisebüro und möchten Informationen. Wie beginnen Sie das Gespräch? Guten Tag, …	Ergänzen Sie die Personalpronomen im Dativ. Das Essen schmeckt (ich) nicht. Wie gefällt (du) mein Kleid?	Sie sind auf dem Bahnhof in Heidelberg und wollen nach Hamburg fahren. Stellen Sie drei Fragen.
Wem bringen Sie was aus dem Urlaub mit? Drei Sätze. Meinem … bringe ich … mit. Meiner … …	Ergänzen Sie das Gedicht: In Hamburg lebten zwei Ameisen / Die wollten nach Australien … / Bei Altona auf der Elbchaussee / Da taten ihnen die Beine … / Und so verzichteten sie weise / Auf den letzten Teil der …	Was sehen Sie? Nennen Sie drei Gegenstände. 	Sie suchen eine Wohnung. Was ist für Sie wichtig? Nennen Sie vier Punkte. 
Wie heißt der Lerntipp?	Wo ist die Fliege? 	Erzählen Sie den Anfang dieses Märchens. Drei Sätze. Es war einmal …	Wie heißen die Stammformen dieser Verben? gehen, ging, … fahren … / trinken … / sprechen … / schreiben …
Was wissen Sie über die Alpen? Geben Sie drei Informationen (Länder, Natur, Wirtschaft). 	Ergänzen Sie die Sätze: Ich schenke …, weil … aber … denn …	Was essen/trinken die Leute in Deutschland zum Frühstück? Vier Dinge. 	Wohin fliegt die Fliege? Zuerst … dann …
Was machen Sie, wenn – Sie Hunger haben und nichts im Haus? – Sie schlecht gelaunt sind? – Sie fernsehen wollen, aber der Fernseher ist kaputt?	Sie wollen diese Dinge einkaufen: 	Was haben Sie heute an? 	Stellen Sie die passenden Fragen zu diesen Antworten. – …? + Nein! – …? + Zwei Stunden. – …? + Die 2. links.

2 Tischtennis 乒乓球

Spielregeln:

1. Arbeiten Sie in zwei Gruppen.
2. Sie haben 15 Minuten Zeit. Schreiben Sie zehn Aufgaben zu den Einheiten 1 bis 8.
3. Gruppe 1 stellt die erste Frage.
– Wenn Gruppe 2 **richtig** antwortet, fliegt der Ball ins Feld von Gruppe 1. Gruppe 2 stellt die nächste Frage.
– Wenn Gruppe 2 **falsch** antwortet, bekommt Gruppe 1 einen Punkt und fragt weiter, bis Gruppe 2 einen Fehler macht.
4. Wer zuerst 10 Punkte hat, hat gewonnen.

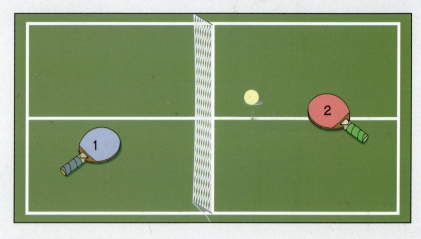

3 Geschichten erzählen 讲故事

Betrachten Sie die vierzehn Bilder auf dieser Seite genau.

1. A sucht sich ein Bild aus und beginnt eine Geschichte.
2. Dann sucht sich B ein Bild aus und erzählt die Geschichte weiter, usw., bis mindestens acht Bilder in der Geschichte vorgekommen sind.

Um fünf Uhr klingelte mein Wecker. Ich musste aufstehen.

Aber ich war sehr müde und schlief wieder ein.

4 Rollenspiele 角色游戏

4.1 Im Möbelgeschäft. Mit diesem Spiel üben Sie Alternativfragen und wiederholen Wörter und Ausdrücke zum Thema „Wohnen".

So funktioniert das Spiel:
- Zwei Kursteilnehmer/innen stellen sich vor den Kurs.
  A arbeitet im Möbelgeschäft, B ist Kunde/Kundin und möchte die neue Wohnung einrichten.
- A muss Fragen stellen. B muss Entscheidungen treffen.
  Wenn A Probleme hat, neue Fragen zu stellen, dann hilft der Kurs weiter.
- Der Dialog beginnt, wie im Bild vorgegeben.

4.2 In der gleichen Art können Sie z.B. auch die Themen „Restaurant", „Essen einkaufen" und „Im Reisebüro" spielen.

4.3 Zick – Zack

1. Sammeln Sie zuerst Sätze, mit denen man Argumente beginnen kann, und Sätze, mit denen man widersprechen kann.

   Ich finde, dass …
   Meiner Meinung nach …
   Aber …
   Ganz im Gegenteil …

2. Wählen Sie ein Diskussionsthema. Wir machen Ihnen dazu einige Vorschläge.

   Mögliche Themen:
   Urlaubsziele
   Essen im Restaurant oder zu Hause
   Wohnung oder eigenes Haus
   Auto fahren
   …

3. Sammeln Sie dann in Gruppen Argumente zu diesem Thema.

4. Teilen Sie den Kurs in zwei Gruppen.
   Die beiden Gruppen stehen sich gegenüber.
   Gruppe A beginnt das Spiel, wie im Foto vorgegeben.

5 Das Ei – Ein Sketch von Loriot 鸡蛋 — Loriot 的一个滑稽短剧

5.1 Sehen Sie sich die Zeichnung an. Beschreiben Sie die Szene: Wo ist das? Wer sind die Personen? Worüber sprechen sie? Was sagt wohl der Mann?

5.2 Hören Sie jetzt den Anfang des Sketchs.

Das Ei

Das Ehepaar sitzt am Frühstückstisch. Der Ehemann hat sein Ei geöffnet und beginnt nach einer längeren Denkpause das Gespräch.

ER: Berta.
SIE: Ja …
ER: Das Ei ist hart.
SIE: (schweigt)
ER: Das Ei ist hart!
SIE: Ich habe es gehört …
ER: Wie lange hat das Ei denn gekocht?
SIE: Zu viel Eier sind gar nicht gesund …
ER: Ich meine, wie lange dieses Ei gekocht hat …
SIE: Du willst es doch immer viereinhalb Minuten haben …
ER: Das weiß ich …
SIE: Was fragst du denn dann?
ER: Weil dieses Ei nicht viereinhalb Minuten gekocht haben *kann*!
SIE: Ich koche es aber jeden Morgen viereinhalb Minuten!
ER: Wieso ist es dann mal zu hart und mal zu weich?
SIE: Ich weiß es nicht … Ich bin kein Huhn!
ER: Ach! … Und woher weißt du, wann das Ei gut ist?
SIE: Ich nehme es nach viereinhalb Minuten heraus, mein Gott!
ER: Nach der Uhr oder wie?
SIE: Nach Gefühl … eine Hausfrau hat das im Gefühl …
ER: Im Gefühl? … Was hast du im Gefühl?
SIE: Ich habe es im Gefühl, wann das Ei weich ist …
ER: Aber es ist hart … vielleicht stimmt da mit deinem Gefühl was nicht …
SIE: Mit meinem Gefühl stimmt was nicht? Ich stehe den ganzen Tag in der Küche, mache die Wäsche, bring deine Sachen in Ordnung, mache die Wohnung gemütlich, ärgere mich mit den Kindern rum, und du sagst, mit meinem Gefühl stimmt was nicht!?
…

Option 1 | 90

5.3 Haben Sie alles verstanden? Hier ist eine kurze Beschreibung der Szene. Ergänzen Sie die Sätze.

Ein Mann und _____ Frau sitzen _____ Frühstückstisch. Sie hat Eier

_____ . Der Mann beginnt sein Ei _____ essen. Er findet aber, _____ das

Ei zu hart ist. Er _____ nur weiche _____ . Er _____ , dass das Ei genau

viereinhalb Minuten gekocht hat. Seine Frau _____ , dass sie _____ genau

viereinhalb Minuten gekocht hat, aber er glaubt es _____ . Sie streiten.

5.4 Wie geht es weiter? Äußern Sie Vermutungen. Sie können auch versuchen, die Szene zu Ende zu schreiben.

5.5 Bereiten Sie die Szene vor. Markieren Sie vorher die Satzakzente und üben Sie die Intonation.
Spielen Sie dann die Szene.

5.6 Sie können den Rest der Szene hören oder sie zu Hause lesen. Den Text finden Sie im Anhang „Hörtexte".

6 Ein Test: Welcher Sinn ist für Sie am wichtigsten?
一项试验：哪种感觉对您最重要？

6.1 Sie hören zuerst etwas Musik und dann Wörter. Kreuzen Sie bei jedem Wort an, welche Assoziationen Sie dabei haben.

	1.	2.	3.	4.	5.	6.	7.	8.	9.	10.	11.	12.	13.	14.	15.	16.	17.	18.	19.	20.
sehen	☐	☐	☐	☐	☐	☐	☐	☐	☐	☐	☐	☐	☐	☐	☐	☐	☐	☐	☐	☐
hören	☐	☐	☐	☐	☐	☐	☐	☐	☐	☐	☐	☐	☐	☐	☐	☐	☐	☐	☐	☐
riechen	☐	☐	☐	☐	☐	☐	☐	☐	☐	☐	☐	☐	☐	☐	☐	☐	☐	☐	☐	☐
schmecken	☐	☐	☐	☐	☐	☐	☐	☐	☐	☐	☐	☐	☐	☐	☐	☐	☐	☐	☐	☐
fühlen	☐	☐	☐	☐	☐	☐	☐	☐	☐	☐	☐	☐	☐	☐	☐	☐	☐	☐	☐	☐

6.2 Was haben Sie am häufigsten angekreuzt?

6.3 Machen Sie eine Statistik für den Kurs und sprechen Sie danach über folgende Fragen:

– Was haben Sie im Kurs am häufigsten angekreuzt?
– Welche Konsequenzen kann das für das Lernen haben?
– Lernen Sie schon so, wie es den Ergebnissen Ihres Tests entspricht?
– Was sollte man ändern?

EINHEIT 9: EIGENSCHAFTEN
第9单元：特征

.... *jemand/etwas beschreiben* 描述某人/某物
.... *Eigenschaften benennen* 说出特征
.... *ein Bild beschreiben* 描述一幅画
.... *Adjektivdeklination nach bestimmten und unbestimmten Artikeln und* kein 定冠词和不定冠词以及 kein 之后的形容词变格
.... *Wortschatz in Kategorien ordnen* 对词汇进行范畴归类
.... *Grammatikstrukturen sammeln und systematisieren* 收集并系统整理语法结构

1 Berühmtheiten 名流

1.1 Was wissen Sie über diese Personen? Ordnen Sie die Namen den richtigen Bildern zu.

[2] Nelson Mandela   [5] Königin Elisabeth II   [1] Marlene Dietrich

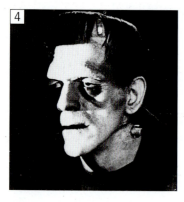

[6] Obelix   [3] Donald Duck   [4] Frankensteins Monster

1.2 Ordnen Sie jeder Person aus 1.1 mindestens zwei Eigenschaften zu. Die Adjektive helfen Ihnen.

> aktiv   alt   arrogant   attraktiv   berühmt   destruktiv   direkt   distanziert
> durchschnittlich   ehrlich   entsetzlich   feminin   fleißig   formell
> freundlich   froh   glücklich   groß   herzlich   intelligent   interessant
> klein   konstruktiv   langsam   lieb   lustig   maskulin   modern   musikalisch
> negativ   offen   passiv   phantastisch   positiv   produktiv   pünktlich
> schlau   schnell   schön   schrecklich   still   teuer   toll   traurig
> unfreundlich   unglücklich   wichtig   wütend   verrückt

2 Adjektive 形容词

2.1 Beschreiben Sie jemand im Kurs, wie im Beispiel vorgegeben. Die anderen müssen raten, wer es ist.

Sie ist nicht groß.
Ihre Augen sind braun.
Die Haare sind schwarz und lang.
Der Pullover ist grün.
Die Hose ist blau.
Die Schuhe sind schwarz.
Sie ist musikalisch.
Sie ist sehr freundlich.
Ihr Deutsch ist ausgezeichnet.
…

2.2 Wer ist das? Ordnen Sie die Beschreibungen den Personen und Comic-Figuren aus Aufgabe 1.1 zu und ergänzen Sie den Text mit den Wörtern rechts.

~~Arzt~~   Neffen 侄子
~~Donald~~   ~~Roman~~
Filme   Römer
~~Franzose~~   Wildschweine
~~Gallier~~ 高卢人   Füße

Er ist ein starker <u>Franzose</u> 强壮的 oder besser <u>Gallier</u> 地道的. Sein Leben lang hat er gegen die arroganten, dummen <u>Römer</u> gekämpft. Seine starken Muskeln verdankt er einem Zaubertrank. Er hat einen intelligenten Freund. Fette <u>Wildschweine</u> 大野猪 sind seine Lieblingsspeise. Frisches Gemüse mag er nicht. Er trägt einen großen Stein auf dem breiten Rücken, 蔬菜   后背
weil er zu viel Kraft hat.
力

Blauer Anzug, blaue Mütze, gelber Schnabel und große gelbe <u>Füße</u>, das sind seine Kennzeichen. Der reiche Onkel benutzt den naiven <u>Neffen Donald</u> als billige Arbeitskraft. Wenn seine intelligenten <u>Neffen</u> ihm nicht helfen, dann hat er große Probleme, weil er leider nicht sehr schlau ist. Er ist eine nette und freundliche Person.

Er ist eine berühmte Romanfigur aus dem 19. Jh. Mary Shelley hat den <u>Roman</u> 1818
Jahrhundert
19sten
veröffentlicht. Er ist ein hässliches Monster. Ein <u>~~Film~~ ~~Arzt~~ Arzt</u> hat ihn gemacht. Im 20. Jh. haben Regisseure viele erfolgreiche <u>Filme</u> nach dem spannenden Roman produziert.

2.3 Adjektive vor dem Nomen verstehen und verwenden:
Sie haben die Texte in 2.2 sicher verstanden, denn die Adjektivendungen machen beim Verstehen von Texten wenig Probleme.
Die Adjektivendungen richtig zu verwenden ist nicht ganz so einfach. Auf den nächsten Seiten zeigen wir Ihnen, wie das System funktioniert.

Aber vergessen Sie nicht:

LERNTIPP Die Adjektivendungen muss man immer wieder üben. Fehlermachen gehört zum Lernen.

EINHEIT 9 93

2.4 Markieren Sie in den Texten in 2.2 die Adjektivendungen. Sammeln Sie die Beispiele in einer Tabelle.

bestimmter Artikel + Adjektiv + Nomen	unbestimmter Artikel / kein(e) + Nomen	Adjektiv + Nomen
der reiche Onkel	eine/keine nette Person	blauer Anzug

Die Adjektivdeklination bei Adjektiv + Nomen ohne Artikel lernen Sie in Einheit 10 kennen.

3 Adjektivendungen nach dem bestimmten Artikel 定冠词后的形容词词尾

3.1 Sehen Sie sich die erste Spalte ihrer Tabelle an und ergänzen Sie die folgende Regel:

Adjektive vor dem Nomen und nach der/das/die haben zwei verschiedene Endungen: _____ oder _____.

3.2 Nominativ, Akkusativ, Dativ: Ergänzen Sie bitte die Adjektivendungen in der Tabelle.

Singular	Maskulinum	Neutrum	Femininum
Nominativ	der reich**e** Onkel	das klein**e** Dorf	die blau**e** Mütze
Akkusativ	den reich**en** Onkel	das klein**e** Dorf	die blau**e** Mütze
Dativ	dem reich**en** Onkel	dem klein**en** Dorf	der blau**en** Mütze

Plural	Maskulinum/Neutrum/Femininum
Nominativ	die braun**en** Augen
Akkusativ	die braun**en** Augen
Dativ	den braun**en** Augen

3.3 Sehen Sie sich die Adjektivendungen in 3.2 noch einmal an und ergänzen Sie diese Regel:

Adjektivendungen nach dem bestimmten Artikel:

Wenn der Artikel gleich bleibt, immer __**e**__, (Nom. Sg.: Maskulinum, Akk.: Neutrum, Femininum)

sonst immer __**en**__. (Akk. Sg. Maskulinum, alle Dativ und Pluralformen)

3.4 Hier sind zwanzig Nomen. Wie heißen die bestimmten Artikel?

Kleid, Hose, Anzug, Schuh, Bluse, Rock, Pullover, Hemd, Krawatte, Strumpf, Bett, Sofa, Stadt, Tapete, Natur, Haus, Vorhang, Reise, Wohnung, Teppich

Gardine

das Kleid

3.5 Grammatik mit Kärtchen üben. Schreiben Sie Kärtchen, wie vorgegeben und üben sie die Adjektivendungen.

| das schön_e_ Kleid | dem schön_en_ Mann | die schwer_en_ Übungen |
| Akkusativ Singular | Dativ Singular | Nominativ Plural |

das schöne Kleid → Das schöne Kleid

3.6 Spiel: Die Super-Party

Hier brauchen Sie nur die Adjektivendungen im Akkusativ.

den/die (Pl.) -en
das/die -e

(handschriftliche Notiz: 有权力的, 强大的 / den großen, mächtigen, Verehrten / 受爱戴的 / Vorsitzender Mao)

Ich lade den starken Odysseus ein.

Ich lade den starken Odysseus und die schöne Cleopatra ein.

Ich lade den starken Odysseus, die schöne Cleopatra und die erfolgreiche Madonna ein.

…

3.7 Nominativ, Akkusativ, Dativ – Ergänzen Sie die Sätze. Die Adjektive bestimmen Sie selbst. Schreiben Sie jeweils den Kasus (N, A, D) zu den Adjektiven.

1. Hast du schon den ___interessant___en [A] Film von Steven Spielberg gesehen?

2. Mir gefällt die ___groß___e [N] Nase von Claudia Schiffer überhaupt nicht.

3. Wir müssen der ___schön___en [D] und ___fleißig___en [D] Sekretärin etwas schenken.

4. Donald Duck mag den ___unfreundl___en [A] Dagobert nicht, aber er liebt die ___intelligent___en [A] Neffen Tic, Tric und Trac.

5. Der ___entsetzlich___e [N] Wolf frisst das ___nett___e [A] Rotkäppchen.

EINHEIT 9 | 95

3.8 Unser Deutschkurs ist „scharf"!
Spielen Sie mit der Sprache. Schreiben Sie 1–12 auf einen Zettel und dann zu jeder Zahl ein Adjektiv.

1. scharf
2. freundlich
3. ...

3.9 Setzen Sie jetzt die Adjektive mit der jeweils passenden Endung in den Text ein. Verändern Sie die Reihenfolge nicht. Lesen Sie danach den Text im Kurs vor.

Unser Deutschkurs

Unser Deutschkurs ist sehr ___interessant___ [1]. Das sah man schon am ersten Tag.

Der/die _____ [2] Kursleiter/in wollte natürlich zuerst die ___schönen___ [3]

Namen von den _____ [4], _____ [5] Damen und den

_____ [6], _____ [7] Herren wissen. Ich finde es

_____ [8], dass in unserem Kurs die Damen oft sehr _____ [9]

lachen und die _____ [10] Herren _____ [11] sprechen.

Unsere Deutschstunden sind meistens sehr ___interessant___ [12].

Sie können auf diese Art auch eigene Texte schreiben und im Kurs austauschen.

4 Im Fundbüro – Adjektivendungen nach dem unbestimmten Artikel und *kein*
在失物招领处 — 不定冠词和*kein*后的形容词词尾

4.1 Herr Knoll hat seinen Hund verloren. Er ruft im Fundbüro an.
Sehen Sie sich das Bild an und hören Sie den Dialog.

4.2 Hören Sie den Dialog noch einmal und schreiben Sie die Adjektive zum Hund.

Haare: _____
Ohren: schwarz, weiß
Pfoten: braun, grau
Schwanz: rot, weiß, kurz

4.3 Versuchen Sie nun, die Adjektivendungen in diesem Text zu ergänzen. Markieren Sie, wenn Sie unsicher sind.

Es ist ein klein**er** Hund mit einem groß**en**, schwarz**en** und einem weiß**en** Ohr.

Er hat einen ganz kurz**en**, weiß**en** Schwanz. Besonders auffällig ist die braun**e** Pfote links.

4.4 Markieren Sie bei den Adjektiven in der Tabelle die Endung -en. Vergleichen Sie mit der Tabelle auf Seite 94. Was stellen Sie fest?

Singular	Maskulinum	Neutrum	Femininum
Nominativ	(k)ein weißer Hund	(k)ein braunes Ohr	(k)eine schwarze Pfote
Akkusativ	(k)einen weißen Hund	(k)ein braunes Ohr	(k)eine schwarze Pfote
Dativ	(k)einem weißen Hund	(k)einem braunen Ohr	(k)einer schwarzen Pfote

Plural*	Maskulinum	Neutrum	Femininum
Nominativ	keine weißen Hunde	keine braunen Ohren	keine schwarzen Pfoten
Akkusativ	keine weißen Hunde	keine braunen Ohren	keine schwarzen Pfoten
Dativ	keinen weißen Hunden	keinen braunen Ohren	keinen schwarzen Pfoten

*Im Plural fällt der unbestimmte Artikel (ein/eine) weg: weiße(n) Hunde(n), braune(n) Ohren, schwarze(n) Pfoten

4.5 Schauen Sie in 4.4 die Adjektive ohne en-Endung an. Ergänzen Sie die Adjektive:

bestimmter Artikel	unbestimmter Artikel + Adjektiv + Nomen	
de**r** Hund	(k)ein weiß**er** Hund	(Nominativ)
da**s** Ohr	(k)ein weiß**es** Ohr	(Nominativ und Akkusativ)
di**e** Pfote	(k)eine weiß**e** Pfote	(Nominativ und Akkusativ)

Sonst immer -en.

LERNTIPP Der letzte Buchstabe der bestimmten Artikel hilft bei den Adjektivendungen.

4.6 Ein Spiel:
A nennt dreimal ein Kleidungsstück mit einem Adjektiv.
B formuliert drei Sätze mit den vorgegebenen Satzanfängen.

der weiße Mantel

1. Das ist   ein weißer Mantel.
2. Er/Sie trägt oft   einen weißen Mantel.
3. Ich mag ihn/sie in   einem weißen Mantel.

der Hut, die Bluse, das Hemd, der Anzug …
modisch, blau, kurz, eng …

4.7 Schauen Sie sich Bello und Asta 15 Sekunden lang genau an.

Bello   Asta

▶◀ 4.8   Erkennen Sie Bello und Asta wieder?
Schauen Sie sich die Hunde der Reihe nach an. Was ist gleich, was ist anders als bei Bello und Asta?

Hund A ist nicht Bello.
Hund A hat kein rotes Ohr,
Bello hat ein rotes Ohr.

4.9   Ratespiel

– Spielen Sie in zwei Gruppen gegeneinander.
– Gruppe A beschreibt einen Hund. Gruppe B muss raten, welcher es ist. Sie hat nur einen Versuch.
– Dann beschreibt Gruppe B einen Hund und A muss raten.
– Wer nach fünf Runden die meisten Hunde erraten hat, hat gewonnen.

4.10   Quartett – Ihr/e Kursleiter/in hat Quartettkarten mitgebracht. Er/Sie erklärt die Regeln. Aber Sie müssen dazu Fragen formulieren.

Wie viele …?   Was heißt „Quartett"?

die Mütze	die Hose	das Kind	das Fahrrad
schwarz / weiß groß / klein	lang / kurz weit / eng	lustig / traurig dick / dünn	groß / klein teuer / billig

Fragen ....   Antworten ....

– Ich möchte von Ihnen / von dir eine weiße Mütze.   + Tut mir leid, ich habe keine weiße Mütze.

– Haben Sie / hast du ein kleines Fahrrad?   + Ja, hier bitte.

5 Franz Radziwill *Der Wasserturm in Bremen* (1932)
Franz Radziwill 的"不来梅水塔"（1932）

▸▾◂ 5.1 Was sehen Sie auf dem Bild? Lesen Sie zuerst die Wörter unten.

Gebäude:	das Haus, die Fassade, das Stockwerk, der Kamin, das Dach, die Wohnung, die Stadtmauer, der Wasserturm …
	eng, alt, klein, groß …
Farben:	grünlich, gelb-rot, blau-schwarz, hell, dunkel
Menschen:	arm, reich, einsam, die Familie, das Kind, der Bauer …
Jahreszeit:	der Frühling, der Sommer …
Natur:	das Feld, der Baum, die Wolke, die Sonne, das Gewitter, der Blitz, der Donner …
	warm, kalt …
Stimmung:	freundlich, sachlich, ruhig, romantisch, unwirklich, fremd, feindlich, macht Angst …
	vorne, hinten, in der Mitte …

> Vorne sind kleine Felder.

> Man sieht zwei Männer.

▸▾◂ 5.2 Schauen Sie hinter die Fenster. Wer wohnt da? Wie sehen die Wohnungen aus? Brauchen Sie Hilfe? Dann sehen Sie noch einmal in Einheit 5 nach.

▸▾◂ 5.3 Was ist anders als in Ihrem Land?   die Gebäude, die Natur, die Farben …

5.4 Wie finden Sie das Bild? Begründen Sie Ihre Meinung.

EINHEIT 9

EINHEIT 10: ZEITUNGSLESER WISSEN MEHR

第10单元：报纸读者知道得更多

.... *deutschsprachige Zeitungen kennen lernen* 认识德语报纸
.... *einen Zeitungsbericht auswerten* 分析利用一篇报纸上的报道
.... *über Lesegewohnheiten sprechen* 谈论阅读习惯
.... *selektives Lesen üben* 练习选择性阅读
.... *Projekt: Kurszeitung* 项目：班报
.... *Genitiv (bestimmter Artikel und Nomen)* 第二格（不定冠词和名词）
.... *Adjektivdeklination: Adjektiv + Nomen* 形容词变格：形容词 + 名词
.... *Wiederholung: Adjektivdeklination mit bestimmtem und unbestimmtem Artikel* 复习：定冠词和不定冠词后的形容词变格

1 Deutschsprachige Zeitungen – Lesegewohnheiten 德语报纸 — 阅读习惯

1.1 Auf dem Foto sehen Sie Zeitungen aus deutschsprachigen Ländern. Welche können Sie einem Land / einer Stadt zuordnen?

1.2 Umfrage: Lesen Sie Zeitung? Wenn ja, wann, wo, wie lange? Fragen Sie sich gegenseitig. Sammeln Sie die Ergebnisse an der Tafel.

Wann / Wo?		Wie lange?	
im Bett	III	0–10 Minuten	II
beim Frühstück	II	10–15 Minuten	III
bei der Arbeit	IIII	15–20 Minuten	I
...		...	

1.3 Der „Tages-Anzeiger" aus Zürich hat eine Umfrage über Lesegewohnheiten gemacht. Was glauben Sie: Welche der folgenden Aussagen geben Ergebnisse der Umfrage wieder? Kreuzen Sie an und überprüfen Sie mit dem Text auf Seite 101.

1. ☒ 23 % der Leser/innen lesen fast alles in ihrer Zeitung.
2. ☒ Die jüngeren Leute lesen pro Tag weniger lang Zeitung als die älteren Leute.
3. ☐ Politisch interessierte Leute lesen pro Tag weniger lang Zeitung als andere Leute.
4. ☐ 62 % der Leser/innen blättern nur in ihrer Zeitung und lesen fast nichts.
5. ☐ 55- bis 74-jährige Leser/innen lesen durchschnittlich 29 Minuten pro Tag Zeitung.

Wie wird der „Tagi" genutzt?

Der typische Tages-Anzeiger-Leser widmet seiner Zeitung im Durchschnitt 33 Minuten pro Tag. Beim „Tagi" variiert die durchschnittliche Lesedauer nach Geschlecht (Männer 35 Minuten, Frauen 29 Minuten), nach Altersgruppen (bei den 15- bis 34-jährigen 29 Minuten, bei den 55- bis 74-jährigen 40 Minuten) und nach dem politischen Interesse: 39 Minuten, wenn das politische Interesse sehr groß ist, 26 Minuten, wenn es sehr klein ist.

Der typische Zeitungsleser blättert seine Zeitung durch und liest das für ihn Wichtigste. Beim Tagi machen das 62 Prozent der Leser so. 23 Prozent lesen von vorn bis hinten das meiste gründlich. 10 Prozent lesen beim Durchblättern nur wenig und 4 Prozent gar nichts.

2 Rubriken

2.1 Fast alle Zeitungen sind in Rubriken aufgeteilt. Der Titel der Rubrik steht meistens oben auf der Zeitungsseite als Überschrift. Vergleichen Sie mit Zeitungen, die Sie kennen. Was ist anders? Was ist gleich?

SPORT	KULTUR	AUSLAND	POLITIK
WIRTSCHAFT	LESERBRIEFE	REPORTAGE	UMWELT
REISEN	FERNSEHEN/RADIO	AUS DER REGION	

2.2 Ordnen Sie die Zeitungsausschnitte den Rubriken zu. Manchmal gibt es mehrere Lösungsmöglichkeiten.

1 Queen badet in Keller

Weil die Bäder auf Windsor erneuert werden, muss die Queen im Keller des Schlosses baden. Damit der fensterlose Raum etwas gemütlicher wird, hat die

2 Unruhen ebben nicht ab

Jerusalem. (dpa) Gewaltsame Zusammenstöße zwischen Moslems und Israelis vor der Al-Aksa-Moschee auf dem Jerusalemer Tempelberg haben gestern zu neuen Kämpfen in den Palästinensergebieten geführt. Mindestens acht Menschen kamen dabei ums Leben.

3 7. Oktober ZDF
5.30 Morgenmagazin
9.00 heute
9.03 ML Mona Lisa
9.45 ⊙ Gymnastik mit dem Stretch-Band
10.00 heute
10.03 Weltspiegel

4 Zu: Ruhestörung durch Kuhglocken

Da zieht ein Städter auf's Land, baut sich eine große Villa auf der grünen Wiese, um „die Natur zu genießen", und dann fühlt er sich durch den Lärm der Kuhglocken gestört. Das ist schon absurd genug. Aber dass so jemand auch noch vor Gericht ziehen und dort Recht bekommen kann, ist kaum mehr zu fassen. Man sollte diesen Leuten

5 Kuh hielt sich für Fisch

(sda) Um sich von der derzeitigen Hitzewelle etwas abzukühlen, hatte eine Kuh in Mittelfrankreich eine erstaunliche Idee: Sie sprang kurzerhand in einen Swimmingpool. Während die Kuh in der Mitte des Schwimmbeckens plantschte,

6 Neuer Rekord:
5 Millionen Arbeitslose

cda – Nürnberg Nach den Zahlen der Bundesanstalt für Arbeit in Nürnberg erreichte die Arbeitslosigkeit in diesem Monat eine neue Rekordhöhe. Im November waren mehr als 5 Millionen Men-

7 Exotik im Dreierpack

Kombinieren ist in Mode: Ein Blick auf die Reiseprogramme im Winter Der letzte Sommerurlaub ist noch in bester Erinnerung, da schüren die Veranstalter bereits die Lust auf sonnige Reisen im Winter. Das erste Fazit lautet: Alles schon mal da gewesen!

8 Karlsruher SC nun gegen AS Rom

Genf/Düsseldorf. (dpa) Schöne Reisen, schwere Gegner: Die vier verbliebenen Fußball-Bundesligisten Hamburger SV, Schalke 04, Borussia Mönchengladbach und der Karlsruher SC haben für die zweite Runde des UEFA-Pokals bei der Auslosung gestern in Genf zwar kompli-

9 Halberg streicht 180 Arbeitsplätze

Ludwigshafen. (ott – Eigener Bericht) Bis Mitte nächsten Jahres wird der Ludwigshafener Pumpenhersteller Halberg-Maschinenbau seine derzeit 450-köpfige Belegschaft um 180 reduzieren. Wie Geschäfts-

2.3 In welchem Artikel aus 2.2 stehen jeweils die folgenden Informationen?

1. Menschen sind tot.
2. Um 9.45 kann man etwas für die Gesundheit tun.
3. Eine Person ärgert sich über einen Mann aus der Stadt.
4. Eine Frau badet im Keller.
5. In einer Firma gibt es noch weniger Arbeitsplätze.
6. Im Winter gibt es keine neuen Reiseziele.
7. Vier Fußballmannschaften haben schwierige Aufgaben.
8. Ein Tier war in einer schwierigen Situation.

2.4 Finden Sie zu 1–8 in 2.3 noch weitere Informationen in den Artikeln.

2.5 Schreiben Sie zwei oder drei Fragen zu den Artikeln auf und sammeln Sie sie ein. Einer liest die Fragen vor. Wer kann die meisten Fragen beantworten?

> Was kommt um 10.03 im Fernsehen?
> Wer spielt im UEFA-Cup?

2.6 Was lesen Sie in der Zeitung? Schreiben Sie fünf Aussagen mit den folgenden Elementen und diskutieren Sie danach im Kurs.

der Lokalteil / Wirtschaftsteil / Kulturteil / …
der Leserbrief
das Fernsehprogramm / Kinoprogramm / …
die Stellenanzeige / Todesanzeige / …

Ich lese … sehr gern / selten / nie.
… finde ich langweilig.
… ist mir zu kompliziert.
… lese ich nur montags.
… lese ich immer als Erstes.
… interessiert mich nicht.
Am liebsten lese ich …

2.7 Schreiben Sie eine Zeitungsnotiz zu folgendem Ereignis.

Jemand musste Geld bezahlen, weil er ein Tier gebissen hat.

Unseren Vorschlag finden Sie im Schlüssel.

3 Genitiv: bestimmter Artikel und Nomen 第二格：定冠词和名词

3.1 Wiederholung: Genitiv Plural. Ergänzen Sie die Artikel und schreiben Sie die Sätze zu Ende.

Die Mehrheit _der_ Jugendlichen …

Zwei Drittel _der_ Sendungen im Fernsehen …

Die Hälfte _der_ Kursteilnehmer …

3.2 Lesen Sie jetzt bitte die folgenden Beispiele und ergänzen Sie die Regel.

der Artikel   Die Überschrift **des** Artikels heißt: „Kuh hielt sich für Fisch".
das Schwimmbecken Die Kuh stand in der Mitte **des** Schwimmbeckens.
die Kuh   Das Leben **der** Kuh war in Gefahr.

Regel: Der Genitiv verbindet Nomen. Aus der und das wird _____des_____ , aus die wird _____der_____ .

3.3 Manchmal verändert sich das Nomen. Wann?

3.4 Markieren Sie die Artikel im Genitiv in den Zeitungsüberschriften.
Achten Sie auch auf die Veränderung bei den Nomen.

Haus der Jugend wieder eröffnet

Ökologie des Waldes in Gefahr
BUND kritisiert Verkehrspolitik der Regierung

Große Fete mit Musik und Theater im großen Saal des Jugendzentrums

▶ **Gewinne der Metallindustrie steigen um 25 %** ◀
Dennoch weiterer Abbau von Arbeitsplätzen

Halbierung der Arbeitslosigkeit bis zum Jahr 2010
Rede des Bundeskanzlers vor Wirtschaftsvertretern

3.5 Es stand in Eurolingua. Ein kleines Quiz.
Ergänzen Sie zuerst die Artikel im Genitiv in den Sätzen und, wo nötig, das Genitiv-s bei den Nomen.

1. Wie heißen die Hauptstädte ~~des~~ der Bundesrepublik____ Deutschland____, Österreichs __
und ___der___ Schweiz?   BRD.†

2. Kennen Sie zwei Märchen ___der___ Brüder Grimm?

3. Der berühmteste Roman ___des___ Schriftstellers Thomas Mann heißt „Die Blechtrommel" /
„Die Wahlverwandtschaften" / „Die Buddenbrooks"?   Faust 伏地魔

4. Wann war die Machtergreifung ___der___ Nationalsozialisten in Deutschland? 1933

5. Wann war das Ende ~~der~~ des Zweiten Weltkriegs ___?

6. Wie viele Autos fahren in den Straßen ___des___ Ferienorts Zermatt?

4 Ein Zeitungsbericht 一篇报纸上的报道

4.1 Vor dem Lesen Hypothesen: Betrachten Sie das Foto.
Was kann in einem Zeitungsartikel mit diesem Foto stehen?

EINHEIT 10 103

4.2 Lesen Sie die Zeitungsüberschrift. Was wissen Sie jetzt über den Artikel?

Als der Tag zur Nacht wurde

4.3 Der Text beantwortet viele W-Fragen. Lesen Sie die Fragen und suchen Sie die passenden Informationen im Text.

Wer hat etwas getan?
Was ist passiert?
Wo ist es passiert?
Wann ist es passiert?
Wie ist es passiert?
Warum ist es passiert?
Woher kommt die Information?

Spektakulärste Sonnenfinsternis des 20. Jahrhunderts

Unzählige Sonnenfinsternis-Fans aus der ganzen Welt reisten nach Mexiko, um das herrliche Naturschauspiel zu verfolgen. Sie wurden nicht enttäuscht: Am Donnerstag, 11. Juli 1991 kurz vor der Mittagsstunde (vor 21 Uhr MESZ), trat über der Südspitze von Niederkalifornien die Sonne in den totalen Mondschatten ein.
San José del Cabo. – Der Himmel war beinahe wolkenlos und die Luft ungewöhnlich klar. Die Bevölkerung verfolgte das Himmelsdrama mit Spannung und begegnete den zahlreichen Touristen mit mexikanischer Freundlichkeit.
Millionen Menschen weinten und jubelten – und einige schlossen sogar den Bund der Ehe in dem Moment, als sich der Mond über die Sonne schob und der Tag zur Nacht wurde.
In Mexiko wurden spezielle Sonnenfinsternis-Brillen verkauft. Die Regierung befürchtete massenhaft Augenschäden und schloss mehrere Fabriken, die schlechte Sonnenfilter hergestellt hatten.

4.4 Können Sie noch andere Fragen zum Text schreiben? Tauschen Sie Ihre Fragen im Kurs aus.

4.5 Schreiben Sie eine Bildunterschrift zu dem Foto in 4.1. Die Originalbildunterschrift finden Sie im Schlüssel.

5 Traumfrauen und Traummänner 理想女人和理想男人

5.1 Lesen Sie die Anzeigen und markieren Sie die Adjektive. Worum geht es hier?

1 Sportlicher und romantischer junger Zahnarzt, 34 J./1,80, schlank, ledig u. NR, träumt von einer charakterfesten, warmherzigen und kultivierten Frau (ca. 20–30 J.) zum Verlieben u. zum Aufbau einer harmonischen Ehe. Aktuelle Bildzuschriften aus dem Raum 5 (bevorzugt Koblenz bis Düsseldorf) an ZG 2945

2 44/1,80/NR, sympathisch, charmant, attraktiv, sportlich, schlank, in Führungsposition, zärtlich, gefühl- und humorvoll, sucht eine intelligente, selbstbewusste, unabhängige, natürliche, attraktive und gefühlvolle, warmherzige Frau zwischen 34 u. 44, die keinen Kinderwunsch (mehr) hat. Ich freue mich auf Ihr Briefchen mit Foto an Chiffre 9341

3 Kanada öfters, Österreich manchmal. Welche schlanke, spontane, unternehmungslustige, zärtliche, romantische, groß gewachsene, mehrsprachige, 30–35-j. Dame (uffl.) hat den Mut, auszuwandern und mit einem 45-j., 1,79 großen, optimistischen, naturverbundenen und treuen Nichtraucher über den Ozean zu fahren? Schreib doch mal, aber nur mit deinem besten Bild, an Chiffre 9361

4 Einfühlsame Venus, groß, schlank, mit Lebenserfahrung, Mitte vierzig, sucht kultiviertes, lebensbejahendes Pendant für ein engagiertes, kreatives Zusammenleben. Zuschriften

5 Sensation: Sensible, schlaue, blonde, sehr feminine Sie (37/1,74/58) sucht sensiblen spontanen, sinnlichen, schwierigen, starken, schwachen Supermann. Sende Starportät/Steckbrief – Sympathie siegt!! (so 4/5, sonst wo …) ZI 2800 Hamburg

6 Raum Bonn. Sympathische, warmherzige, blonde Frau, 57/1,66, konservativ, sehr naturverbunden u. sportlich, kocht gerne. Wünscht einen aktiven, unternehmungslustigen Partner zwecks Freizeitgestaltung u. Unterhaltung mit Niveau. Eine Heirat ist nicht ausgeschlossen. Alter ca. 53–59 Jahre.

5.2 Wer beschreibt sich wie, wer sucht wen? Machen Sie eine Tabelle im Heft.

Kontaktanzeigen von Frauen

So sehen die Frauen sich selbst	So soll der Partner sein
sensibel	sensibel
schlau	

Kontaktanzeigen von Männern

So sehen die Männer sich selbst	So soll die Partnerin sein
sportlich	charakterfest
romantisch	

5.3 Wer passt zusammen? Begründen Sie Ihre Meinung.

5.4 Kennen Sie solche Kontaktanzeigen aus Ihrem Land? Sehen sie genauso aus oder anders?

6 Adjektivdeklination bei Nomen ohne Artikel 不带冠词的名词前的形容词变格

6.1 Lesen Sie noch einmal 5.1 und ergänzen Sie die Tabelle.

Singular	Maskulinum	Neutrum	Femininum
Nominativ (wer?)	sportlich____ Facharzt	interessant____ Hobby	stark ____ Lehrerin
Akkusativ (wen?)	sportlich____ Facharzt	interessant____ Hobby	stark ____ Lehrerin
Dativ (wem?)	sportlich____ Facharzt	interessant____ Hobby	stark ____ Lehrerin

Plural	Maskulinum/Neutrum/Femininum
Nominativ (wer?)	interessante Fachärzte / Hobbys / Lehrerinnen
Akkusativ (wen?)	interessante Fachärzte / Hobbys / Lehrerinnen
Dativ (wem?)	interessanten Fachärzten / Hobbys / Lehrerinnen

EINHEIT 10

6.2 Adjektiv-Spiel

Schreiben Sie selbst eine Kontaktanzeige. Nehmen Sie die Wörter unten zu Hilfe. Die Adjektivendungen müssen Sie selber ergänzen.

Fröhlicher Kursleiter sucht nette Teilnehmer für einen Deutschkurs.

Jung	Er	jung	Ihn	für die Freizeit.
Alt	Sie	alt	Sie	für den Urlaub.
Nett	Dame	nett	Dame	für Reisen.
Lieb	Kursleiter	lieb	Herrn	für einen Kurs.
Sportlich	Typ	sucht sportlich	Teilnehmer	für heute Abend.
Fröhlich	Egoist	fröhlich	Oma	für Samstagabend.
Egoistisch	Italiener	egoistisch	Lehrerin	für ein Essen.
Seriös	Hausfrau	seriös	Koch	für den Haushalt.
Ruhig	Lehrer	ruhig	Hausmann	für immer.
…	…	…	…	…

6.3
Hängen Sie Ihre Anzeige im Kursraum auf. Lesen Sie die Anzeigen der anderen und sprechen Sie darüber. Verwenden Sie Äußerungen wie in den Sprechblasen.

Hast du das gesehen? Hier möchte ein fröhlicher Kursleiter mit netten Kursteilnehmern einen Deutschkurs machen.

Schau mal, hier sucht eine egoistische Hausfrau einen ruhigen Hausmann für den Abend.

6.4
Gibt es Anzeigen, die zueinander passen? Hängen Sie sie nebeneinander und machen Sie Vorschläge. Wer soll sich mit wem wann und wo treffen?

Der fröhliche Kursleiter kann sich mit dem jungen Italiener und der fleißigen Griechin treffen. Sie beginnen am Montag mit dem Deutschkurs.

Die sportliche Oma passt gut zu dem liebenswerten Herrn. Sie können sich am Samstag im Schwimmbad treffen.

Der/die … passt gut zu …
Ich finde, der/die … sollte den/die … treffen.
Der/die … kann sich mit dem/der … treffen.

Ich finde, die junge Italienerin sollte den sportlichen Lehrer treffen.

6.5
Ergänzen Sie die Adjektivendungen in den Werbesprüchen.

1 Heute im Angebot: Frisch**er**, gesund**er** Frühlingssalat mit viel**en** Vitaminen.

2 Super-Angebot: Komfortabl**eres** Telefon mit digital**em** Anrufbeantworter für nur € 175,–.

3 Preiswert__er__ Ökokühlschrank mit groß__em__ Tiefkühlfach für lächerlich____ € 445,–.

4 Mit topmodisch__en__ Blusen und preiswert__en__ Röcken starten wir in den Schlussverkauf.

LERNTIPP Vergessen Sie nicht: Der Dativ, alle Pluralformen und der Akkusativ Singular Maskulinum haben immer -en.
Das heißt über 50 % -en.

5 Angebot der Woche: Warm__er__ Winterpullover mit modisch__em__ V-Ausschnitt, nur € 29,90.

6.6 Adjektive mit und ohne vorangehende Artikel: Ergänzen Sie bitte die Adjektivendungen.

1. Mit einem digital__en__ Fernseher starten Sie in die bunte Zukunft.

2. Für den gestresst__en__ Städter genau das Richtige: Ferien auf dem romantisch__en__ Ökobauernhof „Friedensgrün": frisch__e__ Luft, gesund__es__ Essen, harmonisch__e__ Atmosphäre mit viel__en__ interessant__en__ Freizeitangeboten. Keine Fernseher, kein Radio, keine Zeitungen!

3. Der groß__e__, tragisch__e__ Roman von Joseph Windisch jetzt als Film: „Loreley". Ein packend__er__ Film über eine verloren__e__ Liebe, lodernd__e__ Leidenschaft und tief__en__ Hass. Mit der faszinierend__en__ Barbara Dietl in der Hauptrolle als „Loreley".

4. Die beliebtest__en__ Reiseziele der Welt erreichen Sie jetzt mit der freundlichst__en__ Fluggesellschaft zu den günstigst__en__ Flugpreisen. Rufen Sie uns sofort an: PRETOURS 0180 336336.

5. Gegen fettig__es__ Haar helfen die neu__en__ Fettlöser von Psalmolive sofort. Jetzt im Fachhandel.

7 Projekt: Kurszeitung 项目：班报

7.1 Sammeln Sie Ideen für verschiedene Rubriken.

– Meldungen aus dem Kurs oder dem Sprachinstitut
– Kommentar
– Ankündigungen
– Anzeigen
– Karikaturen
– ein Skandal
– Personalien

Arbeiten Sie in Gruppen. Jede Gruppe übernimmt eine oder zwei Rubriken.

Der Sprachbaukasten

Unsere Deutschkurs-Zeitung

Skandal: Lehrer beißt Kursbuch – Grammatikregeln schwer verletzt
Neue Lerntechnik: Wörter riechen
Umwelt: Wie entsorge ich meinen letzten Test umweltbewusst?
Personalien: Wir über uns

So können Sie weiter vorgehen:

1. Sammeln Sie Ideen für Artikel.
2. Redaktionskonferenz: Entscheiden Sie, was in der Kurszeitung stehen soll.
3. Verteilen Sie die Aufgaben in der Gruppe. Wer schreibt? Wer besorgt Illustrationen?
4. Schreiben Sie die Texte. Korrigieren Sie Ihre Texte gegenseitig.
5. Eine Gruppe übernimmt die grafische Gestaltung und das Layout.

EINHEIT 11: WAS BRINGT DIE ZUKUNFT?

第11单元：未来会带来什么？

.... über gute Vorsätze sprechen 谈论美好决心
.... über die Zukunft sprechen 谈论未来
.... über das Wetter sprechen 谈论天气
.... etwas versprechen / etwas voraussagen 许诺什么 / 语言什么
.... Futur 将来时
.... Präsens mit futurischer Bedeutung 带将来时含义的现在时

1 Silvester – der Tag der „guten Vorsätze" 除夕 — 作出"美好打算"的一天

▸ 1.1 Betrachten Sie die Abbildungen. Sie gehören in den deutschsprachigen Ländern alle zu Silvester. Welche kennen Sie?

1.2 Lesen Sie den Text über Silvester und ordnen Sie die passenden Bilder den roten Wörtern zu.

Im Gegensatz zu Weihnachten ist Silvester in den deutschsprachigen Ländern ein fröhliches und lautes Fest. Man feiert es meistens mit Freunden [2]. Manche Leute gehen heute auch auf große Silvesterpartys in Diskotheken oder Konzertsälen. Viele Restaurants bieten Silvestermenüs. Eine wichtige Rolle spielen an Silvester die „Glücksbringer". Das sind vor allem der Schornsteinfeger [ ], das vierblättrige Kleeblatt [7], das Hufeisen [ ] und das Glücksschwein [5]. Es gibt sie aus Schokolade oder Marzipan oder einfach als Figuren auf dem Tisch. Man isst und trinkt zusammen, bis es Mitternacht ist. Punkt 12 Uhr lässt man die Sektkorken [1] knallen. Man stößt auf das neue Jahr an und wünscht sich „Alles Gute zum neuen Jahr" und „Viel Glück für die Zukunft". Die Kirchenglocken läuten, aber man hört sie kaum im Lärm des großen Silvesterfeuerwerks [3]. In Österreich kann man die große Glocke des Wiener Stephansdoms [4] im Radio läuten hören und danach den Donauwalzer von Johann Strauß. Vor dem Dom versammeln sich viele Menschen auf der Straße [8]. Jedes Jahr geben die Leute Millionen aus, um das neue Jahr mit bunten Raketen und viel Lärm zu begrüßen. Zu Silvester gehören auch die guten Vorsätze [9]. Man verspricht sich und anderen, was man im neuen Jahr alles besser machen wird.

1.3 Zu welchen Bildern in 1.1 passen die Tonaufnahmen?

1.2.3 | 9.8 | 8.4

1.4 Schauen Sie sich den Cartoon an und ergänzen Sie die Sprechblase rechts.

> Ich werde im neuen Jahr weniger rauchen, ... Weniger trinken, weniger Süsses essen und auch ...

1.5 Schreiben Sie einen guten Vorsatz für die Zukunft auf. Fangen Sie Ihren Satz so an:

Ich werde ...

1.6 Sammeln Sie die Zettel ein und mischen Sie sie. Lesen Sie vor und raten Sie: Welcher gute Vorsatz passt zu wem?

2 Futur 将来时

werden 变位 + 动词不变原型

2.1 Was kann man mit dem Futur sagen?

△ Weniger Autos werden hergestellt.
In der Zukunft werden weniger Autos hergestellt werden.

2.2 Ergänzen Sie bitte die folgenden Sätze:

△ Viele Kinder treiben wenig Sport, daher werden sie immer dicker.

1. Ich ___werde___ im neuen Jahr nicht mehr rauchen.

Wenn sie weiterhin wenig Sport treiben

2. Ich werde im neuen Jahr mehr ___arbeiten___. und viel essen, werden sie immer dicker.

Das Futur I ist leicht zu lernen: _____ (konjugiert) + Verb im ____werden____.

2.3 Ergänzen Sie bitte die Sätze in der Tabelle mit der richtigen Form von werden und Verben im Infinitiv.

Futur	werden +		Infinitiv
Singular	1. Ich _werde_	mehr Salat	essen
	2. Du _wirst_	keine Zigaretten mehr	rauchen.
	3. Er/es/sie _wird_	mehr Sport	~~spielen~~ treiben
Plural	1. Wir _werden_	öfter ins Kino	gehen
	2. Ihr _werdet_	weniger Wein	trinken
	3. Sie _werden_	immer die Wörter	lernen / auswendiglernen 背

3 Was wird in der Zukunft passieren? 将来会发生些什么?

3.1 Schreiben Sie fünf Prognosen auf fünf Zettel.

Morgen	werde	die Menschen	arm sein.
Bald	wirst	ich / du / wir / …	zerstört sein.
Nächstes Jahr	wird	meine Familie	Frieden haben.
In zwei Jahren	werden	meine Tochter	auf einer Trauminsel leben.
Im Jahr 2025	werdet	die Kursleiter/in	perfekt Deutsch sprechen.
In hundert Jahren	werden	die Natur	immer glücklich sein.
In einem Monat			20 Wochen Ferien haben.
…		…	…

Bald werde ich perfekt Deutsch sprechen.

3.2 Hängen Sie Ihre Prognosen im Kursraum auf. Ordnen Sie sie nach  .
Wo stehen die meisten Prognosen? Warum?

3.3 Betrachten Sie nun die Prognosen des Karikaturisten Seyfried. Schreiben Sie Kommentare dazu.

Ich glaube auch, dass … wird/werden.
Ich glaube nicht, dass …
Ich bin pessimistischer/optimistischer. Ich glaube, es wird/werden …
Ich bin ganz sicher, dass …

> Wenn wir nicht aufhören, die Umwelt zu verschmutzen, dann wird …

> Wenn die Menschen vernünftig werden, dann …

die Arbeitslosigkeit	der Garten	das Paradies	alles verschmutzt / sein
der Bach	das Gift	der Park	arbeitslos / sein
die Bäume und Pflanzen	die Hoffnung	der Smog	blühen
	die Hölle	die sozialen Probleme	langweilig / sein
die Erde	die Luft	die Umweltverschmutzung	nur wenig arbeiten / müssen
der Fluss	die Natur	der Verkehrslärm	schrecklich / sein
die Freizeit		das Wasser	viel freie Zeit / haben

3.4 Mit dem Präsens über die Zukunft sprechen – Lesen Sie die folgenden Sätze. Was fällt Ihnen auf?

1. Morgen werde ich nicht zur Arbeit gehen. Ich fühle mich nicht gut.
2. Morgen gehe ich nicht zur Arbeit. Ich fühle mich nicht gut.
3. Ich glaube, heute Nachmittag regnet es.
4. Ich glaube, heute Nachmittag wird es regnen.

Wenn man über die Zukunft spricht, verwendet man häufig das Präsens.
Oft steht dann eine Zeitangabe (morgen, in ein paar Jahren …) im Satz.

3.5 Ordnen Sie die Wörter und schreiben Sie Sätze im Präsens oder Futur.

1. Er …   morgen – (werden) – einen Tag – frei – nehmen
2. Die Menschen …   im Jahr 2010 – mehr – (werden) – machen – Urlaub
3. Im nächsten Jahrzehnt …   die Erde – immer wärmer – (werden)
4. Im Jahr 2050 …   Krankheiten – existieren – viele – (werden) – nicht mehr
5. Ich …   morgen – einen 6er – haben – (werden) – im Lotto
6. Wann …   wir – den Test – schreiben – (werden) – ?
7. Meine Tochter …   nächstes Jahr – auf die Universität – (werden) – gehen
8. Im Jahr 2020 …   die Menschen – fliegen – auf – (werden) – den Mars

4 Wie wird das Wetter? 会有什么天气？

4.1 Sehen Sie sich die Fotos an und lesen Sie die Sätze. Welche Fotos passen zu welchen Sätzen?

1. Was für ein schlechtes Wetter! Aber morgen soll es besser werden.
2. Ich friere schon den ganzen Tag. Ich glaube, es schneit heute noch.
3. Morgen wird das Wetter bestimmt wieder besser.
4. So ein Nebel. Man sieht ja die Hand vor den Augen nicht!
5. Ich habe immer Angst, wenn es blitzt und donnert.
6. War das ein Sturm gestern Nacht!
7. Es ist doch gar nicht so heiß!
8. Morgen haben wir tolles Wetter.
9. Wird es morgen wieder so kalt?
10. Heute wird es sicher noch regnen.
11. Ein super Wetter heute.
12. Ziemlich grau heute.
13. Ist das eine Kälte!
14. Ist das eine Hitze!

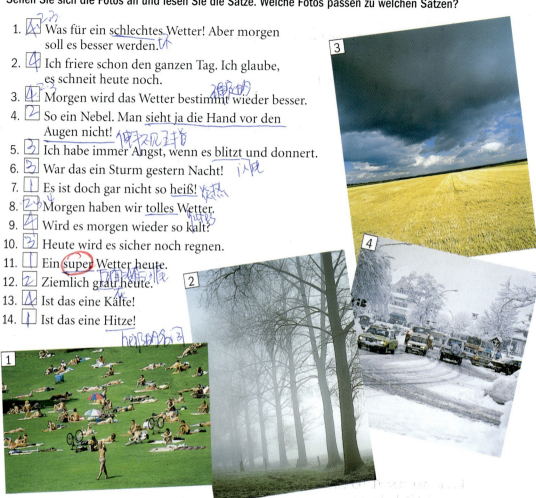

4.2 Ein Wortfeld selbst erarbeiten – Ordnen Sie die Sätze 1–10 den Nomen zu.

1. Die Sonne scheint.
2. Es ist neblig.
3. Es ist stürmisch.
4. Es ist windig.
5. Es ist regnerisch.
6. Es regnet.
7. Es ist bewölkt.
8. Es ist sonnig.
9. Es schneit.
10. Es blitzt und donnert.

1. die Sonne
2. die Wolke
3. der Regen
4. der Nebel
5. der Schnee
6. das Gewitter
7. der Wind / der Sturm

Wenn der Hahn kräht auf dem Mist, ändert sich das Wetter oder es bleibt, wie es ist.

EINHEIT 11 112

4.3 Das Wort es: Schlagen Sie im Lernerhandbuch nach.

4.4 Sie hören Geräusche und Dialoge zum Thema Wetter.
Notieren Sie jeweils Wortschatz und Äußerungen, die dazu passen.

4.5 Beschreiben Sie das Wetter in den vier Situationen in 4.4.

(handschriftlich: 1. sonnig / es regnet 2. windig 3. es blitzt und donnert 4. neblig)

4.6 Gesprächsthema „Wetter". Was können Sie darauf sagen? Schreiben und spielen Sie kurze Dialoge.

+ Und, wie war euer Urlaub? Habt ihr gutes Wetter gehabt?
+ So ein blödes Wetter heute.
+ Also so einen heißen Sommer hatten wir schon lange nicht mehr.
+ Hoffentlich hört es bald auf zu regnen. Ich halte das bald nicht mehr aus.
+ Also im Winter, wenn es so richtig kalt ist, dann geht's mir gut.
+ Weißt du, wie das Wetter am Wochenende werden soll?
+ Sagen Sie mal, regnet es hier immer so viel?
+ Wenn es am Samstag auch so schön ist, gehen wir ins Schwimmbad.
+ Die Regenzeit ist bei uns manchmal schlimm.

> Und, wie war euer Urlaub? Habt ihr gutes Wetter gehabt?

> Es ging. Es hat jeden Tag etwas geregnet, aber wir hatten auch viel Sonne.

> Ist das Wetter bei dir zu Hause auch oft so schlecht wie hier?

> Die Regenzeit ist bei uns manchmal schlimm. Aber wenn es lange nicht regnet, ist das auch schlecht.

4.7 Wetterbericht – Arbeiten Sie mit der Wetterkarte und dem Reisewetter. Klären Sie unbekannten Wortschatz. Fragen Sie in der Klasse.

+ Wie wird das Wetter in Stockholm?
− Schlecht! Es ist …

+ Wie wird …

Reisewetter
Süddeutschland: wechselnd, meist stark bewölkt und Regenschauer, Höchstwerte 14 bis 19 Grad.
Norddeutschland: Durchzug eines Regengebietes, teils auffrischender Südwestwind, 14 bis 17 Grad.
Ostdeutschland: meist stark bewölkt und schauerartiger Regen, 14 bis 16 Grad.
Österreich, Schweiz: gelegentlich Wolkenauflockerungen, örtliche Schauer, 15 bis 17 Grad.
England, Irland: starke Bewölkung mit Regen, 11 bis 13 Grad.
Italien, Malta: im Norden wolkig, aber trocken, sonst heiter, bis 26 Grad.
Spanien, Portugal: heiter bis wolkig und trocken, 25 bis 30 Grad.
Griechenland, Türkei, Zypern: im Norden wolkig, gelegentlich Regen, sonst heiter, 25 bis 30 Grad.
Benelux, Nordfrankreich: meist stark bewölkt bis bedeckt, um 16 Grad.
Südfrankreich: wolkig, teils auch heiter, 21 bis 23 Grad.

4.8 Hören Sie 20 Sekunden das „Europäische Reisewetter". Was haben Sie verstanden? Welche Probleme gab es?

4.9 Hören mit Plan heißt auf bestimmte Informationen achten: Diese Regionen kommen in der Tonaufnahme vor. Entscheiden Sie sich für eine davon.

1. Deutschland, Skandinavien
2. England, Irland
3. Österreich, Schweiz
4. Italien, Malta
5. Kroatien, Slowenien
6. Griechenland, Zypern
7. Israel, Ägypten
8. Marokko, Algerien, Tunesien,
9. Spanien, Portugal

4.10 Hören Sie nun den ganzen Text.

5 Wetter – Klima – Stimmungen 天气 — 气候 — 心情

5.1 Diskutieren Sie: Wann ist für wen gutes oder schlechtes Wetter wichtig?

Für einen Bauern …
… eine Eisverkäuferin …
… eine Schirmverkäuferin …
… eine Deutschlehrerin …
… einen Kinobesitzer
… für Sie?

– im Sommer
– im Winter
– bei der Arbeit
– in den Ferien

Es gibt kein schlechtes Wetter, es gibt nur schlechte Kleidung.

5.2 Was meinen Sie zu der Aussage im Foto in 5.1?

5.3 Wie reagieren Sie auf das Wetter?

Wenn der Himmel grau ist, …
Wenn der Himmel blau ist, … | bin ich | traurig, depressiv, schlecht gelaunt, müde, fröhlich, aktiv, kreativ, gut gelaunt …

Wenn die Sonne scheint, …
Wenn es kalt ist, …
Wenn es schneit, …
Wenn es ein Gewitter gibt, …
Im Sommer/Winter …
… | habe ich | Kopfschmerzen, Schnupfen, …
gute Laune, schlechte Laune, Angst, (keine) Lust zu arbeiten, keine Energie, viel Energie …

EINHEIT 11 : 114

6 Wetterwörter im Deutschen 德语中的天气词

6.1 Lesen Sie die Sätze und Texte. Wie sagt man das in Ihrer Sprache?

1
+ Papa, ich habe eine Eins in Englisch geschrieben.
– **Donnerwetter!** Kein Fehler. Das hast du aber gut gemacht.

2
+ Äh, Papa, du musst meine Deutscharbeit unterschreiben …
– Zum **Donnerwetter!** Schon wieder eine 5 in Deutsch. Du musst mehr lernen!

3
Kalter Krieg
Der **Kalte Krieg** begann bald nach dem 2. Weltkrieg und endete mit der Vereinigung der beiden deutschen Staaten und der Auflösung der Sowjetunion.

4
Freundschaftsvertrag zwischen Goldland und Euronesien beendet die politische Eiszeit.
Wie lange wird das **Tauwetter** anhalten?

6
Amelie hatte einen **warmen Empfang** zu Hause erwartet. Über die **kalte Begrüßung** war sie sehr enttäuscht. Als sie mit Cornelia darüber sprach, musste sie weinen. „Ach, Amelie", sagte Cornelia, „du darfst nicht traurig sein. Ich bin sicher, dass Bernhard dich noch immer liebt. Du wirst sehen: Nach **Regen kommt Sonne** …" „Nein, nein", schluchzte Amelie, „ich spüre es, **es liegt etwas in der Luft**. Ich weiß nur noch nicht genau, was es ist." Tränen liefen über ihr Gesicht. Sie war verzweifelt …

5
Mit seiner Frage, warum Eisbären keine Pinguine fressen, wollte er mich **aufs Glatteis führen**, aber ich habe ihm die richtige Antwort gegeben.

7
Bei der gestrigen Parlamentsdebatte zeigte sich wieder das zur Zeit **frostige Klima** zwischen Regierung und Opposition. Die Stimmung ist **auf dem Gefrierpunkt** angekommen. An eine konstruktive Zusammenarbeit ist derzeit nicht zu denken.

6.2 Gibt es in Ihrer Sprache andere Situationen, in denen man „Wetterwörter" verwendet?

6.3 Wenn Sie Lust haben, schreiben Sie Text 6 aus Aufgabe 6.1 weiter.

EINHEIT 12: KLEIDER MACHEN LEUTE

第12单元：人靠衣裳

.... *über Mode und Schönheit sprechen* 谈论时装和美丽
.... *Personen beschreiben* 描述人物
.... *Kleidung einkaufen* 购买服装
.... *sagen, was man mag / nicht mag* 告诉别人自己喜欢 / 不喜欢什么
.... *Fragen mit Was für ein/e …?* 用Was für ein/e …?提问的问句？
.... *Adjektivdeklination (Wiederholung)* 形容词变格
.... *Reflexivpronomen im Dativ* 第三格反身代词
.... darin, daraus, davon … darin、daraus、davon …

1 Mode – Schönheit 时装 — 美丽

1.1 Wann tragen Sie was? Notieren Sie zuerst und berichten Sie dann im Kurs.

1. bei der Arbeit   2. im Theater   3. bei einem Fest

4. in der Freizeit

> Bei einem großen Fest trage ich gern ein schickes Kleid. Und ich trage gerne Schmuck.

> Ich muss bei der Arbeit Anzug und Krawatte tragen.

1.2 Betrachten Sie die Fotos in 1.1 und 1.2. Suchen Sie sich drei Personen aus. Geben Sie zwei Personen Namen und schreiben Sie je drei Aussagen über sie. Formulieren Sie zur dritten Person drei Fragen. Sprechen Sie dann im Kurs über die Personen auf den Fotos.

> Sie ist eine aktive Frau. Sie arbeitet bei einer Bank. Sie ist 28 Jahre alt. Sie lebt in Deutschland, aber sie kommt aus Frankreich.

1.3 Wir haben vier Leuten die Fotos gezeigt und gefragt: Wer gefällt Ihnen?
Hören Sie die Tonaufnahme. Wer ist wer? Notieren Sie bitte.

1.4 Und was meinen Sie?

Die Frau mit der bunten Bluse finde ich schön. Ihr Gesicht ist auch interessant. Sie hat schöne Haare.

Mir gefällt der Mann mit dem dunklen Anzug. Ich mag elegante Männer.

Enge Jeans finde ich schön, wenn …

Rote Hemden finde ich hässlich.

1.5 Sagen Sie sich zu zweit gegenseitig vier Dinge, die Sie gerne tragen, und notieren Sie sie auf einem Zettel ohne Namen. Sammeln Sie alle Zettel im Kurs ein, mischen Sie die Zettel und verteilen Sie sie wieder. Lesen Sie sie vor. Wer ist wer?

.... Eigenschaften ....

bunt – einfarbig
eng – weit
← gefüttert
gestreift →
kariert
kurz – lang
kurzärmlig – langärmlig
leicht – dick, warm
modisch – praktisch

.... Materialien ....

Baumwolle
Wolle
Seide
Kunstfasern
Leinen
Leder
Stoff

Ich trage gern schwarze Blusen aus Baumwolle.
Ich hasse modische Kleidung.
Ich mag bunte Röcke.
Im Winter trage ich am liebsten Stiefel.

1.6 Lesen Sie die zwei Aussagen zum Thema „Mode". Welcher stimmen Sie zu? Warum?

1. „Mode gehört zur Kultur wie Musik und Kunst. Ohne Mode ist das Leben grau und traurig."

2. „Mode ist ein Geschäft. Die Modeindustrie will viel Geld verdienen. Deshalb gibt es jedes Jahr eine neue Mode. Kleidung braucht man zum Schutz gegen Sonne, Regen, Wind und Kälte, mehr nicht. Sie muss praktisch sein."

EINHEIT 12

2 Wiederholung: Adjektivdeklination 复习：形容词变格

2.1 Selbstevaluation – Im ersten Abschnitt haben Sie wieder die Adjektivdeklination gebraucht. Welche der folgenden Sätze treffen für Sie zu?

1. ☐ Mit der Adjektivdeklination habe ich keine Probleme.
2. ☐ Ich bin nicht immer sicher, ob ich es richtig mache.
3. ☐ Ich weiß fast nie, welche Endung die Adjektive haben.
4. ☐ Ich verstehe das System überhaupt nicht.
5. ☐ Ich übe regelmäßig mit Kärtchen.
6. ☐ Ich arbeite nicht gern mit Übungskarten. Das ist mir zu viel Arbeit.
7. ☐ Ich habe die Adjektivdeklination schon mehrmals wiederholt.
8. ☐ Ich wiederhole selten.
9. ☐ Die Adjektivdeklination finde ich unwichtig. Man versteht mich auch so.
10. ☐ _____

2.2 Besprechen Sie Ihre Ergebnisse im Kurs. Falls Sie noch Probleme haben: Wie können Sie die Adjektivdeklination üben? Suchen Sie gemeinsam nach Möglichkeiten.

2.3 Mit diesem Lückentext können Sie überprüfen, was Sie schon können. Ergänzen Sie die Adjektivendungen, wo es notwendig ist.

Herr Mariotta ist immer sehr elegant_/_ angezogen. Heute trägt er eine weiß_e_ Leinenhose mit einem hellgrün_en_ Streifen. Dazu ein seiden_es_, hellgrün_es_ Hemd mit einer weiß_en_ Krawatte. Selbst seine Unterhose ist grün_/_, aber man kann sie natürlich selten sehen. Wenn Herr Mariotta seine Füße auf den Tisch legt, kann man seine supermodern_en_ italienisch_en_ Schuhe und seine Socken mit den schwarz_en_ Punkten sehen. Sein Gürtel ist aus feinst_em_ Leder. Besonders stolz ist er auf seine dunkl_e_ Brille. Mit ihr sieht er aus wie ein amerikanisch_er_ Filmstar. Sein Markenzeichen ist die kariert_e_ Jacke von Giorgio Felloni aus Mailand.

2.4 Machen Sie einen Stuhlkreis. Eine/r läuft um den Kreis und fragt nach der Kleidung der Kursteilnehmer/innen. Bei richtiger Antwort wechselt die fragende Person.

Was für eine Bluse trägt Frau …?

Eine rote Bluse mit weißem Kragen.

Was für Schuhe trägt Herr …?

Was für einen Pullover trägt Frau …?

3 Kleidung einkaufen 购买服装

3.1 Schauen Sie sich das Bild an und hören Sie die Tonaufnahme.

a Wollen Sie eine Nummer größer probieren?
b 52–58 finden Sie auf dem Ständer da vorne.
c Es steht Ihnen ausgezeichnet.
d Hinten links bei den Mänteln.
e Tut mir leid, ich habe diesen Pullover nur noch in Grün.
f Ja, natürlich, probieren Sie den mal in 102.

3.2 Hören Sie noch einmal und ordnen Sie die Äußerungen der Kunden den Antworten des Verkäufers zu.

1. [a] Oh, die ist mir aber zu eng.
2. [d] Wo sind die Umkleidekabinen?
3. [e] Gibt es den auch in Blau?
4. [b] Haben Sie die Hose auch in Größe 52?
5. [c] Meinen Sie, das Kleid steht mir?
6. [f] Haben Sie den Mantel eine Nummer kleiner?

3.3 Einen Dialogbaukasten selber machen. Ordnen Sie die Redemittel im Heft, wie hier vorgegeben, und ergänzen Sie eventuell weitere.

nach einem Kleidungsstück fragen

| Ich suche | einen Pullover | mit langen Ärmeln. |
| Haben Sie | den/diesen Pullover | in Größe 44? |

fragen, ob ein Kleidungsstück passt/gefällt/...

Wie steht mir der Pullover?

sagen, dass ein Kleidungsstück (nicht) passt/gefällt/...

Sehr gut!

---

auch in Blau?   Gibt es   auch mit langen Ärmeln?   Hätten Sie
aus Seide/Wolle/Leder/   Ich hätte gern   das/dieses Kleid
Ich möchte   Der/das/die steht Ihnen prima.   in Blau.   die/diese Jacke
in Größe 44?   diese Jacke?   in meiner Größe?   dieses Kleid?   Passt mir
ein Kleid   Steht mir   eine Jacke   Ja, Sie sehen super aus darin!
eine Nummer größer/kleiner?   Na ja, vielleicht ist er/es/sie ein bisschen (zu)
lang/kurz/weit   für den Sommer.

3.4 Wählen Sie Dialoggrafik 1 oder 2 aus und üben Sie Einkaufsdialoge.

DIALOGGRAFIK 1

Die Kundin ist müde. Sie geht nach der Arbeit eine Bluse kaufen, weil sie abends eingeladen ist und nichts Passendes hat. Sie hat wenig Zeit. Die Verkäuferin ist auch müde, aber sie versucht, freundlich zu bleiben.

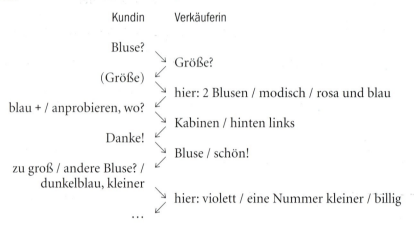

Kundin	Verkäuferin
Bluse?	
	Größe?
(Größe)	
	hier: 2 Blusen / modisch / rosa und blau
blau + / anprobieren, wo?	
	Kabinen / hinten links
Danke!	
	Bluse / schön!
zu groß / andere Bluse? / dunkelblau, kleiner	
	hier: violett / eine Nummer kleiner / billig
…	

DIALOGGRAFIK 2

Der Kunde hat viel Zeit und möchte sich in Ruhe beraten lassen.
Der Verkäufer ist im Stress.

Kunde	Verkäufer
Anzug	
	Größe?
(Größe)	
	hier: Anzug / dunkelgrün / modisch
dunkelgrün + / anprobieren, wo?	
	Kabinen / hinten links
Danke! / – zu weit / andere Größe?	
	hier: eine Nummer kleiner / dunkelblau
dunkelgrün?	
	leider nur dunkelblau / aber: Sonderangebot
…	

4 Reflexivpronomen im Dativ 第三格反身代词

4.1 Wiederholung
Erinnern Sie sich an die Reflexivpronomen im Akkusativ?

Ich liebe mich!

EINHEIT 12

4.2 Bei einigen Verben steht das Reflexivpronomen im Dativ. Können Sie die Reflexivpronomen in den Beispielsätzen ergänzen?

Infinitiv ....

sich gefallen	Sie gefällt _mir_ in diesem Mantel.
sich etwas kaufen	Kaufst du _dir_ die Handtasche?
sich etwas leisten	Ich leiste _mir_ gern ab und zu ein teures Kleidungsstück.
sich etwas wünschen	Das Kind wünscht _sich_ einen neuen Skianzug.
sich etwas merken	Merkst du _dir_ bitte die Preise der Hemden?
sich etwas ansehen	Wir sehen _uns_ das Schaufenster an.
sich etwas anschauen	Tom und Claudine schauen _sich_ die Sonderangebote an.

4.3 Was ist anders als bei den Reflexivpronomen im Akkusativ? Markieren Sie die Unterschiede in 4.2.

5 Darin, daraus, davon ... Darin、daraus、davon ...

5.1 Wer hat das wo gesagt? Erfinden Sie die Situation zu einer der Äußerungen 1–8 und schreiben Sie den passenden Dialog.

1. Ich habe mich sehr darüber geärgert.
2. Furchtbar! Mehr kann man dazu nicht sagen.
3. Ich bin ganz stolz darauf.
4. Man fühlt sich sehr wohl darin.
5. Nächste Woche können wir euch die Dias davon zeigen.
6. Darüber reden wir dann am Montag!
7. Darauf kannst du dich verlassen!
8. Hör doch endlich auf damit.   aufhören mit etw.

da + in = darin   daraus, darauf, darüber …
da + von = davon   damit, davor, dahinter, dabei …

Er hört auf zu rauchen. Er hört mit dem Rauchen auf.
Weinen

5.2 Lesen Sie Satz 1 und ergänzen Sie dann die anderen Sätze.

1. + Wie gefällt dir mein neuer Anzug?
   – Du siehst super _darin_ aus! (in dem Anzug)

2. + Schau mal, der lustige Stoff!
   – Mach dir doch ein Fastnachtskostüm dar_aus_. (aus dem Stoff)

3. + Hm, die Pullis sind wirklich billig.
   – Ich kaufe mir gleich zwei _davon_. (von den Pullis)

4. + Wie wichtig ist Mode für dich?
   – Ich interessiere mich sehr _dafür_. (für Mode)

5. + Meinst du, dass ich die Krawatte ins Büro anziehen kann?
   – Bist du verrückt! _Damit_ lasse ich dich nicht auf die Straße! (mit dieser Krawatte)

6 Die Geschichte der Jeans 牛仔服的历史

6.1 Schauen Sie sich das Foto an. Was fällt Ihnen zum Thema „Jeans" ein? Sammeln Sie Stichwörter.

6.2 Lesen Sie nun den Text und notieren Sie fünf Stichwörter, die Sie für das Textverstehen für wichtig halten.

Die Geschichte der Jeans
Ein deutsch-amerikanisches Märchen

Ein Märchen wird wahr …

Es war einmal ein 18-jähriger junger Mann. Sein Name war Levi Strauss. Er wohnte zwischen Nürnberg und Bamberg in der kleinen Stadt Buttenheim. Eines Tages beschloss er, in der „Neuen Welt" sein Glück zu machen. 1847 fuhren seine Mutter, seine Geschwister und er mit dem Schiff nach New York. Die zwei älteren Brüder lebten dort schon länger und handelten mit Stoffen. Drei Jahre vergingen. Im Jahr 1850 begann der Goldrausch. Hunderttausende wanderten in den Westen Amerikas, um nach Gold zu suchen. Auch Levi Strauss zog es nach Kalifornien. Aber er entdeckte eine andere Goldader: braunes Segeltuch. Diesen starken Stoff wollte er den Goldsuchern für Zelte und Wagenplanen verkaufen.

Doch erstens kommt es anders …

Die Goldgräber brauchten feste Kleidung, robuste Hosen, die viel aushalten konnten. Also ließ Levi Strauss aus seinem Segeltuch Hosen schneidern. Er nannte sie Halb-Overalls. Sie waren genau das Richtige für die harten Männer. Alle wollten „Levis Hosen". Das Geschäft blühte. Schon bald produzierte der clevere Businessman seine Overalls aus einem Baumwollstoff. Der hieß „Serge de Nîmes" und kam aus der französischen Stadt Nîmes. Diesen Stoff färbte er in der Naturfarbe „Indigo Blau", der traditionellen Farbe der Arbeitskleidung. Die Amerikaner machten aus „Serge de Nîmes" kurz und bündig „Denim".

Wie kam die Hose zu ihren Nieten?

Ein raubeiniger Goldgräber hatte die „Schuld". Man nannte ihn Alkali Ike. Eines Tages musste er sich wieder einmal bei Schneider Davis beschweren. Immer, wenn er sein Gold in die Hosentaschen steckte, rissen sie. Alkali Ike war sauer. Da griff Mr. Davis zum Hammer – und nietete die Ecken der Taschen mit Kupfernieten fest.
1872 kaufte Levi Strauss diese Erfindung und meldete sie 1873 zum Patent an. Darum waren Levis Hosen viele Jahre lang die einzigen mit Nieten.

Und das Ende dieser Geschichte?

1890 gründete Strauss eine Firma mit 40 Angestellten: Levi Strauss & Co. Die blaue Arbeitshose war der Renner und Levi Strauss verdiente sehr viel Geld.
Der Bayer in Amerika starb 1902, seine Hosen aber machten eine tolle Karriere …

6.3 Sammeln Sie Ihre Stichwörter an der Tafel und entscheiden Sie gemeinsam, welche die zehn wichtigsten sind.

6.4 Hier finden Sie zehn Aussagen zum Text. Drei davon sind falsch. Welche?

1. Levi Strauss kam aus einer Kleinstadt in Bayern.
2. 1847 reiste er nach Amerika, weil er Jeans produzieren wollte.
3. Er ging nach Kalifornien und verkaufte den Goldsuchern zunächst Segeltuch für Zelte.
4. Die Goldgräber brauchten robuste Hosen für die Arbeit.
5. Levi Strauss produzierte Hosen für die Arbeiter.
6. Der Schneider Davis machte Nieten an die Hosentaschen, weil sie so schöner aussahen.
7. 1872 kaufte Levi Strauss die Erfindung der Nieten.
8. Später gründete Strauss eine Firma und produzierte noch mehr Jeans.
9. 1902 starb Strauss.
10. Als Levi Strauss starb, war die Jeans-Karriere vorbei.

6.5 Und wie ging die Geschichte weiter?
Lesen Sie die Fortsetzung und machen Sie dann Aufgabe 6.6 auf Seite 124.

Jeans als Symbol ...
Die Jeans blieben lange Zeit die Hosen der Arbeiter. Das änderte sich in den 50er-Jahren. In dem Film „Denn sie wissen nicht, was sie tun" spielte James Dean einen Teenager, natürlich in Jeans. Die Jeans wurden zur Modehose für junge Leute. Sie trugen Jeans, um sich von der Welt der Erwachsenen zu distanzieren. Sie wollten nicht mehr lieb und nett, brav und schick sein wie die „Alten". In den 60er- und 70er-Jahren wurden die Jeans dann zum Symbol für eine ganze Generation von Jugendlichen.

Jeans werden Mode ...
Dann entdeckten die Mode-Designer die Jeans: Jeans als „Hot-Pants", Overalls, Jeans-Hemden, Jeans-Röcke, Jeans-Bikinis, Jeans-Schuhe. Der Jeans-Look war plötzlich „in". Jeans tragen hieß nun: jung sein, frei sein, stark sein. Die Jeans wurden eine Hose für alle: Arbeiter und Manager, Männer und Frauen, Jung und Alt. Laut Statistik kauft jeder Deutsche durchschnittlich ein Paar Jeans pro Jahr. Die Jeans sind ein Kleidungsstück mit Vergangenheit und Zukunft, kurz: die Hose des Jahrhunderts.

6.6 Ordnen Sie 1–7 und a–g einander zu. Probleme? Schauen Sie noch mal im Text nach.

Die Jeans waren lange die Hosen der Arbeiter, …	1	a	weil sie nicht mehr brav und schick sein wollten wie die ältere Generation.
In den 50er-Jahren änderte sich das, …	2	b	wurden Jeans zum Symbol des Protests gegen das „Establishment".
Weil James Dean in einem berühmten Film Jeans trug, …	3	c	Deshalb nennt man sie auch die „Hose des Jahrhunderts".
Jeans haben eine lange Geschichte …	4	d	denn alle tragen sie: Arbeiter und Manager, Männer und Frauen.
Die Jugendlichen trugen Jeans,	5	e	wollten alle jungen Leute Jeans tragen.
In den 60er- und 70er-Jahren …	6	f	die Jeans wurden plötzlich modern.
Seit dieser Zeit gehören Jeans zu unserer Welt, …	7	g	weil sie so robust waren.

6.7 Worterklärungen – Suchen Sie die passenden Wörter in den Texten. Die „Wortschlange" hilft Ihnen.

_____	kreative Menschen, die Industrieprodukte entwerfen (z.B. Kleider, Autos)
Karriere	Erfolg/Aufstieg (im Beruf)
Manager	eine wichtige Person in einer Firma
Teenager ~~Jugendlicher~~	junger Mensch unter 20
Overall	Jacke und Hose in einem Stück
Uniform	gleiche Kleidung für viele Menschen
Look	eine bestimmte Mode
Generation	Menschen im gleichen Alter
Symbol	ein Zeichen für etwas
Protest	aktiver Widerstand gegen etwas
Clever	klug, schlau

6.8 Welches Wort passt jeweils nicht zu den anderen drei? Warum?

1. Anzug – Krawatte – Badehose – weißes Hemd
2. Pullover – Mantel – gefüttert – Brille
3. zu weit – zu lang – zu teuer – zu klein
4. elegant – schön – modisch – intelligent
5. anschauen – anprobieren – anrufen – aussuchen

6.9 Schreiben Sie selbst Aufgaben wie 6.8. Tauschen Sie sie im Kurs aus. Mögliche Themen: Wetter, Körper, Wohnung.

EINHEIT 13: ANDERE LÄNDER, ANDERE SITTEN
第13单元：不同的国家，不同的风俗

.... *interkulturelle Erfahrungen: Gesten und Verhaltensweisen* 跨文化经验：手势和举止
.... *Symbole für Glück und Unglück in verschiedenen Ländern* 不同国家的幸运和不幸象征
.... *Sprichwörter und Redensarten zum Thema „Glück und Unglück"* 有关"幸运和不幸"话题的俗语和成语
.... *über persönliche „Glücksbringer" sprechen* 谈论个人的"吉祥物"
.... *Intonation: Satzakzent (Wiederholung)* 语调：句子重音（复习）

1 Gesten international 国际手势

1.1 Was bedeuten diese Gesten? Ordnen Sie zu.

1. [5] Ja, das ist o.k.!
2. [2] Nein!
3. [3] Komm mit!
4. [4] Ich weiß nicht.
5. [1] Das schmeckt super.

1.2 Gibt es die Gesten aus 1.1 auch in Ihrem Land? Bedeuten sie das Gleiche?

1.3 Gibt es bei Ihnen zu Hause Zeichen, die Fremde oft nicht verstehen? Zeigen Sie sie. Lassen Sie die anderen Kursteilnehmer/innen raten.

1.4 Sehen Sie sich die Fotos an. Welche Zahlen zeigt die Chinesin?

2 Ein Missverständnis 误会

Kang Jae-Won ist Profi beim Handballverein GC Zürich. Er fühlt sich in der Schweiz sehr wohl. Nur an das Essen musste er sich zuerst gewöhnen. Er verträgt kein Käsefondue. „Lieber nicht noch einmal!", ist sein Kommentar. Er lebt gern in Zürich und weiß, dass das Publikum ihn mag. Beim Spiel gegen den BSV Bern gab es aber ein Problem.

2.1 Betrachten Sie das Foto. Wie interpretieren Sie dieses Handzeichen?

2.2 Lesen Sie diesen Text aus der Zeitschrift „Schweizer Illustrierte". Was ist das Problem? Glauben Sie die Geschichte?

ANDERE LÄNDER, ANDERE SITTEN
Der Zeigefinger am Kopf brachte ihm die erste rote Karte

Im Spiel gegen den BSV Bern schickte der Luzerner Schiedsrichter Max Staub den GC-Star Kang Jae-Won vorzeitig vom Platz. Das Tippen mit dem Zeigefinger an den Kopf hatte er als Unsportlichkeit empfunden. In Südkorea aber kennt man das „Vogelzeigen" in dieser Form gar nicht. In der Kabine erklärte der todunglückliche Kang: „Meine erste rote Karte. Bei uns in Südkorea bedeutet dieses Zeichen, dass ich nachdenke."

2.3 Kennen Sie Menschen- oder Berufsgruppen, die eine eigene Zeichensprache haben? Zeigen Sie ein Beispiel.

Wenn ich mit dem Finger winke, bedeutet dies, dass du sofort kommst.

Und wenn ich mit dem Kopf schüttele, bedeutet dies, dass ich es nicht tun werde.

3 Erfahrungen in anderen Ländern 在其他国家的经验

3.1 Sie hören einen Ausschnitt aus einer Radiosendung. Vier Personen berichten, was sie im Ausland erlebt haben. Kreuzen Sie die Themen an.

Frühstück im Büro [1] → [a] Italien
Spaghetti essen [2]   [b] Frankreich
Begrüßungen [3]   [c] China
Pünktlichkeit bei Einladungen [4] [d] arabische Länder
Geschenke [5]   [e] Deutschland
Bezahlen im Restaurant [6]   [f] Australien
Arbeitszeiten [7]   [g] Brasilien
Organisation von Partys [8]   [h] Namibia

3.2 Hören Sie den Ausschnitt noch einmal. Wer hat wo welche Erfahrung gemacht? Ordnen Sie die Themen den passenden Ländern zu.

3.3 Suchen Sie sich nun ein Beispiel heraus und fassen Sie es in zwei oder drei Sätzen zusammen.

3.4 Haben Sie selbst schon ähnliche Erfahrungen gemacht? Berichten Sie darüber im Kurs.

3.5 Ein (nicht so ernst gemeinter) Selbsttest – Wie fit sind Sie für die deutsche Kultur?
Markieren Sie A (Ich stimme voll zu), B (Mal ja, mal nein) oder C (Ich stimme gar nicht zu).

	A	B	C
1. Pünktlichkeit ist sehr wichtig.	1	2	3
2. Zu einer Einladung darf man nie zu früh kommen.	1	2	3
3. Man muss seinen Tag planen und sich an den Plan halten.	1	2	3
4. Bei guten Bekannten gehört zur Begrüßung ein Küsschen.	3	2	1
5. Der Winter ist schön. Kälte ist gesund.	1	2	3
6. Man sollte alle Leute mit „Du" anreden. Das ist nicht so distanziert.	3	2	1
7. Händeschütteln bei der Begrüßung ist furchtbar.	3	2	1
8. Es ist einfacher, wenn man sich nur mit Vornamen anredet.	3	2	1
9. Beim Reden muss man versuchen, die Hände ruhig zu halten.	1	2	3
10. Bei geschäftlichen Gesprächen soll man sofort zum Thema kommen.	1	2	3
11. Verabredungen sind einzuhalten.	1	2	3
12. Wenn man eingeladen ist, sollte man einen Blumenstrauß mitbringen.	1	2	3
13. Bevor ich etwas Neues anfange, mache ich einen Plan.	3	2	1
14. Eisbein mit Sauerkraut schmeckt super!	1	2	3
15. Ins Theater geht man im dunklen Anzug / langen Abendkleid.	1	2	3
16. Nimm es leicht, das Leben ist schwer genug.	3	2	1

Die Auswertung finden Sie auf Seite 128 unten.

4 Mit den Händen „reden" 用手"交谈"

4.1 Hören und lesen Sie die vier Dialoge.
Welche Gesten passen dazu?

DIALOG 1

− Du, Daniel und ich möchten heiraten.
+ Was? Du und Daniel? Um Himmels willen!

DIALOG 2

− Sind Sie verrückt?! Sie parken direkt vor meiner Garage. Ich muss weg. In drei Minuten habe ich einen Termin!
+ O.k., o.k., ich fahre ja schon.

DIALOG 3

− Was hast du für die alte Kiste bezahlt? 10000? Du spinnst doch!
+ Na hör mal, du hast keine Ahnung. Das ist ein Oldtimer. Der ist doppelt so viel wert.

DIALOG 4

− Gehst du heute Abend mit ins neue Steak-Haus?
+ Tja, ich weiß noch nicht.
− Du, die haben riesengroße Steaks!

4.2 Wählen Sie einen Dialog aus und üben Sie ihn ein. Spielen Sie mit Gesten und mit der Intonation. Tragen Sie den Dialog dann im Kurs vor.

4.3 Schauen Sie sich die Zeichnungen an. Erfinden Sie passende Dialoge dazu.

5 Sprechen Sie! 您说吧！

5.1 Schließen Sie das Buch und hören Sie die Tonaufnahme.

5.2 Haben Sie alles verstanden? Hören Sie den Text noch einmal bis Zeile 5 und markieren Sie die Satzakzente.

Wichtig ist, dass Sie sprechen!
Verstehen Sie!
Eine fremde Sprache lernt man
nämlich nur durch Sprechen!
5 Verstehen Sie!
Eine fremde Sprache lernen – das heißt
diese Sprache sprechen lernen!
Verstehen Sie!
Nur durch Sprechen kann man eine fremde
10 Sprache richtig lernen!
Haben Sie das verstanden?
Dann – auf Wiedersehen! Bis zum nächsten Mal!
Und vergessen Sie nicht, was ich gesagt habe:
Sie müssen sprechen!
15 Immer wieder sprechen!

5.3 Vergleichen Sie Ihre Markierungen im Kurs. Hören Sie die Tonaufnahme noch einmal und korrigieren Sie.

5.4 Markieren Sie die Intonation nun im ganzen Text. Nehmen Sie die Tonaufnahme zu Hilfe.

5.5 Sprechen Sie die Zeilen 1 bis 5 alle zusammen im Chor.

5.6 Tragen Sie nun den Text einzeln vor. Übertreiben Sie ein bisschen mit der Intonation (wie im Theater).

5.7 Hörcollage. Verstehen Sie den Satz? Schreiben Sie die Wörter in der richtigen Reihenfolge auf.

Auswertung zum Selbsttest von Aufgabe 3.5

16–20 Punkte: Sie sind ja deutscher als die Deutschen. Oder haben Sie vielleicht gemogelt?

21–32 Punkte: Sie werden mit den Deutschen gut zurechtkommen. So stur sind sie nämlich gar nicht (alle).

Ab 33 Punkten: Kennen Sie noch jemand, der so locker ist wie Sie?

5.8 Machen Sie jetzt selbst eine Hörcollage. Drei Kursteilnehmer/innen gehen vor die Tür. Die anderen denken sich einen Satz aus und bestimmen, wer welches Wort sagt. Die drei kommen wieder herein und müssen den Satz raten.

6 Symbole 象征

6.1 Hier sehen Sie Symbole, von denen man in den deutschprachigen Ländern sagt, dass sie Glück oder Unglück bringen. Einige davon kennen Sie schon aus Einheit 11. Ordnen Sie zu.

1. ☐ eine schwarze Katze
2. ☐ ein Glückskäfer
3. ☐ ein Hufeisen
4. ☐ ein Glückspilz
5. ☐ ein Glücksschwein
6. ☐ ein Schornsteinfeger
7. ☐ die Zahl 13
8. ☐ ein vierblättriges Kleeblatt
9. ☐ ein Glückspfennig

6.2 Kennt man diese Symbole auch in Ihrer Heimat? Was bringt bei Ihnen Glück oder Unglück?

6.3 Wir haben ausländische Studenten und Studentinnen gefragt, ob sie diese Symbole kennen.

Béatrice (Frankreich):
„Ich glaube nicht an solche Sachen, aber ich mache keinen Regenschirm im Haus auf und gehe auch nicht unter einer Leiter durch."

Li und Bojie (China):
„Wenn wir einen Raben hören, dann bringt das Unglück. Der Kaiserpalast hat neun Säulen. Die Zahl 9 bedeutet langes Leben. Über Elstern freuen wir uns. Die bringen Glück."

Mostafa (Iran):
„Auch bei uns bringen schwarze Katzen Pech. Unsere Neujahrsfeier dauert 13 Tage. Am 13. Tag verlassen wir die Stadt, damit das Pech uns nicht trifft."

Nitsa (Griechenland):
„Viele Leute im Norden Griechenlands glauben, dass Eulen auch Unglück bringen. Ich persönlich glaube, dass alles Schöne Glück bringt."

Rowan (England):
„Bei uns bedeutet die Zahl 13 Unglück, die Zahl 7 Glück. Ich persönlich freue mich, wenn ich ein Hufeisen sehe."

6.4 Lesen Sie die folgenden Sätze. Zu welchem Land gehören sie: Frankreich, China, Iran, Griechenland oder England? Ordnen Sie zu.

1. _____ Im Norden hat man Angst vor Eulen.

2. _____ Raben bringen Pech.

3. _____ Hier öffnet man keinen Regenschirm im Haus.

4. _____ Wir freuen uns über Elstern.

5. _____ Hier feiern die Leute 13 Tage Neujahr.

6.5 Was bringt in den verschiedenen Ländern Glück, was bringt Unglück? Hören Sie nun die Tonaufnahme und kreuzen Sie an.

Die Studenten und Studentinnen sprechen gut Deutsch, aber mit einigen Fehlern. Konzentrieren Sie sich auf den Inhalt der Interviews.

Glück	Unglück	Béatrice (Frankreich)	Glück	Unglück	Nitsa (Griechenland)
☐	☐	vierblättriges Kleeblatt	☐	☐	schwarze Katze
☐	☐	schwarze Katze	☐	☐	Eule
☐	☐	Hufeisen	☐	☐	Zahl 13
☐	☐	Glückskäfer			
☐	☐	Zahl 13			Mostafa (Iran)
☐	☐	unter einer Leiter durchgehen	☐	☐	schwarzer Kater
☐	☐	einen Regenschirm im Haus öffnen	☐	☐	Schlange
			☐	☐	Zahl 13
		Li und Bojie (China)	☐	☐	Zahl 6
☐	☐	Rabe	☐	☐	Zahl 7
☐	☐	Schwein			
☐	☐	gerade Zahlen			Rowan (England)
☐	☐	Zahl 9	☐	☐	Zahl 13
☐	☐	Zahl 13	☐	☐	Zahl 7
☐	☐	Elster	☐	☐	Hufeisen

6.6 Kennen Sie diese Sprichwörter und Redensarten? Wann sagt man was? Kennen Sie ähnliche Ausdrücke in Ihrer Sprache?

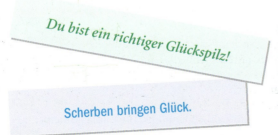

Du bist ein richtiger Glückspilz!

Scherben bringen Glück.

Ich wünsche dir Hals- und Beinbruch!

Du bist ein ewiger Pechvogel.

Pech im Spiel – Glück in der Liebe.

Da hast du aber Schwein gehabt!

Ein Unglück kommt selten allein.

7 Persönliche Glücksbringer 个人的吉祥物

7.1 Viele Menschen glauben, dass bestimmte Gegenstände ihnen Glück bringen. Lesen Sie die Aussagen der jungen Leute.

Erika (22 Jahre)
Nein, einen Glücksbringer habe ich nicht, aber wenn ich zu etwas Glück brauche oder jemandem Glück wünschen will, klopfe ich auf Holz oder sage „Toi, toi, toi".

Bruno (16 Jahre)
Wir haben einen Glücksbringer beim Fußball. Immer wenn wir spielen, steht unser blauer Elefant hinter dem Tor und hilft unserem Torwart. Manchmal funktioniert es, manchmal nicht.

Aurelia (18 Jahre)
Meine Kette mit einem chinesischen Jadestein ist mein Glücksbringer. Alle Asiaten haben einen. Man bekommt ihn zuerst von seinen Eltern und später von seinem Freund. Ich habe ihn von meinem Freund.

7.2 Was bringt Ihnen Glück oder Unglück?

INFO Auch in den deutschsprachigen Ländern glauben viele Menschen mindestens ein bisschen an Glücksbringer. Die bekanntesten Glückssymbole haben Sie schon oben kennen gelernt. Darüber hinaus gibt es viele individuelle Glücksbringer, z.B. ein Foto, einen Stein, einen Anhänger um den Hals ... Manche Sportvereine haben ein „Maskottchen". Das kann eine Puppe sein oder ein Stofftier. Oft sitzt das „Maskottchen" hinter dem eigenen Tor, um es vor Treffern des Gegners zu schützen.

EINHEIT 14: MEDIEN
第14单元：媒体

.... *über Medienkonsum sprechen* 谈论媒体消费
.... *sagen, was man mag / nicht mag* 告诉别人自己喜欢 / 不喜欢什么
.... *Vermutungen äußern und kommentieren* 表达和评论猜测
.... *sagen, wozu man etwas tut* 告诉别人自己干某件事的目的是什么
.... *Nebensätze: um … zu / damit* 从句：um … zu / damit
.... *einen längeren Hörtext erarbeiten* 弄懂一篇较长的听力课文
.... *einen literarischen Text weiterschreiben* 续写一篇文学性短文

1 TV-Glotzer 傻看电视者

1.1 Hören und lesen Sie den Liedausschnitt. Sammeln Sie danach Wörter zum Thema „Fernsehen".

Nina Hagen

Nina Hagen: TV-Glotzer

Einen recht schönen Abend, meine Damen und Herren.
Ich begrüße Sie recht herzlich zu unserem heutigen Fernsehprogramm.
Und wünsche Ihnen einen recht guten Empfang.

Allein! Die Welt hat mich vergessen.
Ich hänge rum. Hab's bei allen verschissen.
Ich sitz zu Hause. Keine Lust zu gar nichts.
Ich fühl mich alt. Im Sumpf wie meine Omi.
Ich schalt die Glotze an.
Die Daltons, Waltons, jedermann.
Ich glotz von Ost nach West 2/5/4,
Ich kann mich gar nicht entscheiden.
Ist alles so schön bunt hier.
Ich glotz TV. (Sie glotzt TV.)
Ich glotz TV. (Sie glotzt TV.)

1.2 Lesen Sie bitte die folgende Notiz aus der Zeitung „Wochenpost". Was meinen Sie dazu?

1.3 Fragen nach Fernsehgewohnheiten vorbereiten: Was sehen Sie gern? Schreiben Sie drei Fragen auf.

So lange hocken die Nationen vorm Fernseher

(durchschnittlicher TV-Konsum in Minuten)
Österreich 135, Schweden 147, Niederlande 154, Portugal 174, Deutschland 178, Frankreich 189, England 216, Türkei 217, Spanien 219, Italien 221, USA 243, Japan 247

Japaner sind die fleißigsten Fernsehgucker der Welt: Vier Stunden und sieben Minuten verbringen Erwachsene dort pro Tag vor der Kiste. Damit schlagen sie die Amerikaner um vier Minuten! Die Deutschen bringen es auf knapp drei Stunden.

1.4 Interviews – Einen Hörtext vorbereiten
Wir haben vier Personen, der griechischen Deutschlehrerin Nitsa Kioutsuki, der Rentnerin Anneliese Weiland, dem Grafiker Thomas Wienert und dem 9-jährigen Schüler Daniel Funk die gleichen Fragen zum Thema „Fernsehen" gestellt: Hören Sie die Fragen und schreiben Sie sie auf.

EINHEIT 14 | 132

1.5 Lesen Sie nun einige Stichwörter zu den vier Personen. Was werden die vier wohl antworten?

Nitsa Kioutsuki: 23, ledig, Lehrerin in Kassel (Deutsch als Fremdsprache), kommt aus Griechenland
Anneliese Weiland: 83, verheiratet, Österreicherin, lebt seit 1945 in Deutschland
Thomas Wienert: 35, Grafiker, lebt zusammen mit seiner Freundin in Frankfurt und Kassel
Daniel Funk: 9, spielt gern Fußball, hat einen Hund, wohnt in einem Dorf bei Kassel

1.6 Hören Sie jetzt die Interviews. Schreiben Sie Stichwörter mit.

1.7 Waren Ihre Vermutungen richtig?

2 Fernsehgewohnheiten 看电视的习惯

2.1 Welche Fernsehgewohnheiten haben Sie?
Zu dieser Frage gibt es zwei Aufgaben: 2.2 und 2.3. Wählen Sie eine aus.

2.2 Spiel

1. Schreiben Sie Ihren Namen auf eine Karte.

2. Legen Sie die Karte umgedreht auf den Tisch.

3. Ziehen Sie nun eine Namenskarte. Äußern Sie Vermutungen über die Fernsehgewohnheiten dieser Person.
   – Hat er/sie zu Hause einen Fernseher/Videorecorder?
   – Hat er/sie eine Satellitenantenne / einen Kabelanschluss?
   – Wie oft und wie lange sieht er/sie wohl fern?
   – Welche Sendungen sieht er/sie vielleicht am liebsten?
   – Welche Sendungen mag er/sie wahrscheinlich nicht?

4. Wählen Sie auch eine Sendung aus dem Fernsehprogramm auf Seite 135 für ihn oder sie aus.

5. Schreiben Sie Ihre Vermutungen auf die Karte, wie im Beispiel vorgegeben, und lesen Sie die Äußerungen vor. Die „richtige Person" kann die Äußerungen kommentieren.

> Tom Miller
> Ich denke, er hat zwei Fernseher.
> Ich glaube, dass er eine Satellitenantenne hat.
> Er sieht bestimmt täglich zwei Stunden fern.
> Ich nehme an, er sieht am liebsten Actionfilme.
> Seine Lieblingsserie ist wahrscheinlich „Denver Clan".

Nein! Nein! Ich habe nur einen kleinen Fernseher.

2.3 Umfrage im Kurs.
Beantworten Sie zuerst
für sich die folgenden
Fragen:
- Haben Sie zu Hause einen Fernseher / einen Videorecorder?
- Haben Sie eine Satellitenantenne / einen Kabelanschluss?
- Wie oft und wie lange sehen Sie fern?
- Welche Sendungen sehen Sie am liebsten?
- Welche Sendungen mögen Sie nicht?

Machen Sie dann eine Kursstatistik an der Tafel.

3 Fernsehsender und Fernsehsendungen 电视台和电视节目

3.1 Hier ist eine Auswahl von Sendern, die man in den deutschsprachigen Ländern über Satellit oder Kabel empfangen kann. Welche davon kennen Sie?

ARD · ZDF · RTL · TV5 LA TÉLÉVISION INTERNATIONALE · TV POLONIA · arte · DW · CNN INTERNATIONAL

tve INTERNACIONAL · RAI UNO · 3sat · mdr MITTELDEUTSCHER RUNDFUNK · n-tv Der Nachrichten-Sender · MTV MUSIC TELEVISION · SF DRS · ORF 1

3.2 Lesen Sie die Liste mit verschiedenen Arten von Fernsehsendungen. Klären Sie unbekannten Wortschatz.

Tonaufnahme Nr.
- ☐ die Comedyserie
- ☐ die Dokumentation
- ☐ der Fernsehfilm
- ☐ das Kinderprogramm
- ☐ der Krimi(nalfilm)
- ☐ der Kulturreport

- ☐ die Nachrichten
- ☐ das Politmagazin
- ☐ die Reportage
- ☐ der Spielfilm
- ☐ der Sport
- ☐ die Talkshow

- ☐ der Tierfilm
- ☐ die Show
- ☐ die Werbung
- ☐ das Wetter
- ☐ die Zeichentrickserie

3.3 Sie hören acht Ausschnitte aus Fernsehsendungen. Welcher Ausschnitt gehört zu welcher Art von Fernsehsendung in 3.2? Woran erkennen Sie das?

4 Ein Tag mit und einer ohne Fernsehen 一天有电视，一天无电视

4.1 Sie haben heute Lust und Zeit zum Fernsehen. Stellen Sie Ihr Fernsehprogramm zusammen. Beachten Sie folgende Regeln:

1. Wählen Sie für jede Stunde eine Sendung aus.
2. Jedes Programm soll einmal vorkommen.
3. Sie möchten mindestens drei verschiedene Arten von Fernsehsendungen sehen.

4.2 Fragen Sie, was die anderen ausgewählt haben. Suchen Sie Ihre idealen Fernsehpartner für diesen Tag.

4.3 Fernsehen in den deutschsprachigen Ländern und Fernsehen bei Ihnen: Was ist gleich, was ist anders?

> **INFO**
> In den deutschsprachigen Ländern gibt es sowohl öffentlich-rechtliche als auch private Fernsehsender. Die öffentlich-rechtlichen Sender (ARD, ZDF, DRS, ORF) werden aus Rundfunkgebühren und Werbung finanziert. Sie dürfen aber nur begrenzt Werbung senden. Die privaten Sender (z.B. RTL, SAT 1, Pro 7) finanzieren sich nur über Werbung. Die öffentlich-rechtlichen Sender haben den Auftrag, die „Grundversorgung" mit Information, Bildung und Unterhaltung sicherzustellen. Die privaten Sender sind einzig und allein der Einschaltquote verpflichtet und senden deshalb wesentlich mehr Unterhaltungssendungen.

7. Oktober MO

ARD

5.30 Morgenmagazin 9.00 heute 9.03 ML Mona Lisa 9.45 ⊙ Gymnastik mit dem Stretch-Band 10.00 heute 10.03 Weltspiegel 10.45 Alles, was Recht ist 11.00 heute 11.04 ⊙ Die Goldene Stimmgabel 1996 12.55 Presseschau 13.00 Mittagsmagazin 13.45 Wirtschafts-Telegramm 14.00 Tagesschau 14.03 Fest im Sattel. Anschl. Käpt'n Blaubär (VPS 14.55)

15.00 Tagesschau 73-281
15.03 Juliane & Andrea Talk
Züchterwahn 300-051-674
Geboren, um zu leiden
16.00 Tagesschau 39-823
16.03 ⊙ **Fliege** 300-059-262
Das Buch, mit dem mein neues Leben begann. Talk

17 Uhr
17.00 📺 **Tagesschau** 51-264
17.10 Brisant Magazin 29-194
17.40 Regionalprogramm 88-02-533
17.55 Verbotene Liebe
Serie 23-910

18 Uhr
18.25 ⊙ **Marienhof**
Serie 24-27-194
Wegen seiner Geldsorgen organisiert Felix ein Pokerturnier. Er spielt falsch und wird von Paula dabei erwischt.
18.54 Gegen den Wind
Serie 407-680-552
Sonja bekommt Probleme mit ihrer Aufenthaltsgenehmigung. Ihr Chef nutzt die Chance und nötigt die junge Russin, sich mit ihm zu verloben.
19.53 Wetter 309-207-705

19 Uhr

20 Uhr
20.00 📺 **Tagesschau** 76-397
20.15 📺 **Expeditionen ins Tierreich** 317-200
Paradies der Schimpansen

21 Uhr
Affenalltag im afrikanischen Gombe-Nationalpark.
21.00 Der Steuerschock
Themenabend 81-823
Wer stoppt den Griff in unsere Taschen? ▶TIP

22 Uhr
22.30 Tagesthemen 571
23.00 Tatort Krimi 53-73-465
Streifschuß (1980)
Der Tod eines Politikers löst eine Kette von Reaktionen aus.
0.35 Nachtmagazin 0.55 ★ 🎬 Badenix. Komödie, USA 1932 (70 Min.) 2.05 Nachtmagazin 2.25 ⊙ Fliege 3.25 Berliner S-Bahn 3.30 Der Steuerschock – Wer stoppt den Griff in unsere Taschen? 5.00 Brisant

ZDF

5.30 Morgenmagazin 9.00 heute 9.03 Mona Lisa 9.45 ⊙ Gymnastik 10.00 heute 10.03 Weltspiegel 10.45 Alles was Recht ist 11.00 heute 11.04 ⊙ Die Goldene Stimmgabel 1996 12.55 Presseschau 13.00 Mittagsmagazin 13.45 Gesundheit! Neue Reihe 14.10 ⊙ Bob Morrison. Neue Serie 14.32 mittendrin 14.55 logo

15.05 ⊙ **Die Bambus-Bären-Bande** 74-37-945
Zeichentrickserie
15.30 Zwei Münchner in Hamburg 32-115
Pilotfilm zur Serie (1989)
Abschied von der Isar
Mit gemischten Gefühlen sieht Julia Heininger ihrem Umzug an die Elbe entgegen.

17.00 heute 29-699
17.15 ⊙ **Abendmagazin** (VPS 17.05) 52-58-571
17.50 📺 **Der Alte** 58-48-397

Frau Bruckner weissagt dem Freund ihrer Tochter, daß er einen Mord begehen werde.

19.00 heute Wetter 14-587
19.25 Eine fast perfekte
🅣🅘🅟 **Liebe** 35-21-991
Komödie (1995)

Um seiner neuen Flamme (Inga Busch) zu imponieren, spielt Jens (Andreas Herder) den vielbeschäftigten Assistenzarzt.

21.00 auslandsjournal 26-649
Reportagen aus aller Welt
Mururoa adieu: Vom Atomtestgelände zum Freizeitpark
Moderation: Gerd Helbig
21.45 heute-journal 327-378

22.15 📺 **Sweet Machos**
★ Komödie 71-87-552
Kanada 1989 (90 Min.)
Vier Männer – ein Hobby: Frauen ▶TIP
23.45 heute nacht 22-66-228
0.00 Das literarische Quartett 0.35 Die Donau liegt in der Nähe des Himmels 1.30 Kunst auf Raten 2.25 heute nacht 2.40 Vor 30 Jahren – Libelle 66 3.25 ⊙ Straßenfeger 4.15 ⊙ Dalli Dalli

RTL

Von 5.30 bis 9.00 halbstündlich Nachrichten 5.32 Guten Morgen 5.35 Reich und schön 6.05 Sledge Hammer! 6.35 Gute Zeiten, schlechte Zeiten 7.00 Punkt 7 7.35 ⊙ Unter uns 8.05 Springfield Story 9.05 ⊙ California Clan 10.00 Reich und schön 10.30 ⊙ Nie vergaß ich Soledad 11.00 Der Preis ist heiß 11.30 ⊙ Familienduell international 12.00 Punkt 12 12.30 Golden Girls 13.00 ⊙ Rockford 14.00 ⊙ Bärbel Schäfer. Talk

15.00 ⊙ **Ilona Christen** Talk
Meine Arbeit 71-484
macht mich krank

16.00 ⊙ **Hans Meiser** Talk
Blitzkarrieren 75-200
Gestern kannte mich keiner

17.00 ⊙ **Jeopardy!** 61-13
Spielshow mit Frank Elstner
17.30 ⊙ **Unter uns** 92-00
Serie
Chris findet bei Natasha einen verdächtigen Koffer.

18.00 Guten Abend 42-59
Ländermagazin
📻 **RNF-Life**
Rhein-Neckar-Magazin
18.30 Exclusiv Magazin 56-668
18.45 Aktuell 59-15-200

19.10 Explosiv 164-736
Boulevardmagazin
Mit Barbara Eligmann
19.40 ⊙ **Gute Zeiten, schlechte Zeiten**
Serie 49-13-668

Nur Vanessa (Anne Brendler) freut sich über den Freispruch von Gerner (Wolfgang Bahro).

20.15 ⊙ **Columbo** 75-674
Kriminalfilm (1988)
Selbstbildnis eines Mörders
Mit Peter Falk
Columbo untersucht den Tod einer Frau, die ertrunken ist. Stutzig macht ihn, daß das Opfer eine ausgebildete Rettungsschwimmerin war.

22.00 Extra Magazin 22-194
Mit Birgit Schrowange
23.00 10 vor 11 Magazin 74-65
Politiker im Gegenlicht
23.30 Exclusiv – Kino 67-36
„Tin Cup"; „The Funeral"
0.00 Nachtjournal 0.30 Cheers 1.00 Sledge Hammer! 1.30 Golden Girls 2.00 Bärbel Schäfer 2.55 Journal 3.20 Ilona Christen 4.10 Hans Meiser 5.05 Explosiv

SAT 1

5.30 Deutschland heute morgen 9.00 L. A. Law 10.00 Hast du Worte!? 10.30 Bube, Dame, Hörig 11.00 Kerner 12.00 Vera am Mittag 13.00 Remington Steele 14.00 Cagney & Lacey

15.00 Raumschiff Enterprise – Das nächste Jahrhundert Serie 28-804
Nach langen Verhandlungen wurde ein Grenzabkommen mit den Kardassianern geschlossen. Nun gibt es Schwierigkeiten, weil einige Kolonien umgesiedelt werden müssen.

16.00 Jake und McCabe
Krimiserie 22-620
In mehrere Zimmer eines Hotels wurde eingebrochen. Der Verdacht fällt auf einen gerade aus der Haft entlassenen Fassadenkletterer.

17.00 Jeder gegen Jeden
Quizshow 35-33
Mit Hans-Hermann Gockel
17.30 Deutschland-Report oder 66-20
Regional-Report Rheinland-Pfalz und Hessen / Bayern
18.00 Geh aufs Ganze! 46-49
Gewinnspiel
Mit Elmar Hörig
18.30 18:30 26-68
Nachrichtenmagazin
Mit täglich **ran.** Sport
Moderation: Ulrich Meyer
19.00 Glücksrad 13-78
Gewinnshow
Moderation: Peter Bond, assistiert von Maren Gilzer

20.00 Hallo, Onkel Doc!
Manege frei! Serie 86-42

Während einer Zirkusvorstellung hat ein zehnjähriger Artistenjunge (Alfred Krämer) einen Unfall. Dr. Kampmann (Ulrich Reinthaller) leistet erste Hilfe.
21.00 Für alle Fälle Stefanie Serie 48-228

22.00 Akte 96/41 95-552
Reportagen
23.00 News & Stories 64-484
Magazin
23.50 Kanal 4 – 59-79-674
Dr. Bens Tele-Terror Show
0.20 Kanal 4 – Twist 0.50 Raumschiff Enterprise 1.40 Jake und McCabe 2.30 Cagney & Lacey 3.30 Stunde der Filmemacher 3.50 Vera am Mittag 4.40 Kerner

Die Anfangszeiten für ARD, ZDF, Sat 1, Hessen 3, Südwest 3 sind VPS-Startzeiten, wenn nicht anders angegeben.

4.4 Sie haben „die Nase voll" vom Fernsehen. Was tun Sie? Beschreiben Sie einen Tag ohne Fernsehen. Wählen Sie Situation 1 oder 2.

Situation 1:

Es ist Winter.
Es regnet.
Es ist kalt und neblig.

Situation 2:

Es ist Sommer.
Die Sonne scheint.
Es ist heiß.

4.5 TV-Buddha
Der Künstler Nam June Paik hat die Video-Installation rechts geschaffen.
Was meinen Sie dazu?

Nam June Paik, *TV-Buddha*, 1974
Hölzerne Buddhastatue, Kamera,
Monitor, 160 x 213
Stedelijk Museum, Amsterdam

5 Medienmix 媒体大全

5.1 Versuchen Sie, die Wörter im Kasten den verschiedenen Medien zuzuordnen. Sie können auch weitere Wörter ergänzen.

Fernsehen

Kino

Zeitung

Zeitschrift

Buch

Radio

Internet

> Arbeit   Bildung   Entspannung   Freizeit   Gewalt   Liebe   Politik   Ruhe   Schule ...
> erotisch   informativ   interessant   langweilig   spannend ...
> spielen   sich unterhalten   glotzen   sich konzentrieren   sich informieren ...

5.2 Welche Medien benutzen Sie am meisten? Füllen Sie die Tabelle aus. Machen Sie dann eine gemeinsame Tabelle an der Tafel.

	täglich	mehrmals pro Woche	einmal pro Woche	einmal im Monat	selten	nie
Fernsehen						
Kino						
Radio						
Zeitung						
Zeitschrift						
Internet						
Buch						

5.3 Wozu verwenden Sie welche Medien? Formulieren Sie Aussagen, wie in den Beispielen vorgegeben.

Ich lese täglich Zeitung, um mich zu informieren.

Ich surfe im Internet, um interessante Leute kennen zu lernen.

Ich höre Musik im Radio, um zu entspannen.

Ich sehe gerne Krimis im Fernsehen, um mich zu …
Ich kaufe mir jede Woche eine Frauenzeitschrift, weil …
Wenn ich mich unterhalten möchte, dann …
Abends lese ich gern ein Buch, …

6 *Wozu …? Um … zu / Damit* 为什么…？以便… / 以便

6.1 In 5.3 haben Sie *um… zu* gebraucht. Wo steht *um* und wo steht *zu*?
Was passiert bei den „trennbaren Verben"?

6.2 Wer tut was wozu? Ergänzen Sie die Sätze.

1. Viele Leute lesen den Wetterbericht, um … (wissen / wie das Wetter wird).
2. Ich lese jeden Abend im Bett, um … (besser einschlafen / können).
3. Ich kaufe mir immer die Zeitschrift „Essen und Trinken", um … (neue Rezepte / ausprobieren).
4. Auf Deutsch fernsehen ist gut, um … (Deutsch / lernen).
5. Ich lese gerne Gedichte laut, um … (die Aussprache / üben).
6. Ich schwimme jeden Tag 1000 Meter, um … (fit / bleiben).
7. Um … (abnehmen), muss man einfach nur wenig essen.
8. Meine Frau surft jede Nacht im Internet, um … (mit anderen Deutschlernern auf Deutsch / kommunizieren).

▶◀ 6.3 Auch mit damit können Sie eine Absicht formulieren oder einen Zweck angeben. Lesen Sie die Sätze. Wie unterscheiden sich Satz 1 und 2? Ergänzen Sie die Regel mit um … zu und damit.

                                Absicht/Zweck

Viele Menschen arbeiten.   Sie wollen gut leben.

1. **Viele Menschen** arbeiten,   um   gut zu leben.

2. **Viele Menschen** arbeiten,   damit   **ihre Familien** gut leben können.

Regel:

Eine Nominativergänzung (Subjekt): _____ ,

zwei Nominativergänzungen (Subjekte): _____ .

▶◀ 6.4 Wozu das alles? Lesen Sie die Fragen. Haben Sie eine Antwort? Verwenden Sie um … zu oder damit.

1. Wozu kaufen Menschen schnelle Sportwagen?
2. Wozu liegen Menschen aus Mitteleuropa im Sommer stundenlang in der Sonne?
3. Wozu brauchen Frauen Männer (oder umgekehrt)?
4. Wozu brauchen Menschen Geld?
5. Wozu braucht man Computer?
6. Wozu lernen Menschen Deutsch?
7. …

▶◀ 6.5 Schreiben Sie weitere Fragen mit wozu und tauschen Sie im Kurs die Fragen aus, damit die anderen sie beantworten.

7 Eine Kurzgeschichte 一个短篇小说

7.1 Schauen Sie sich die Zeichnung an.
Was macht der Mann?

7.2 Hören und lesen Sie den Text.
Beschreiben Sie die Situation mit Ihren Worten.

Fern

Er sah fern. Er liebte das. Sich so einfach hinsetzen, sich entspannen. Das Gurken-Sandwich in mundgerecht bequemen Stücken neben sich, ein paar Dosen Bier, ein bequemer Stuhl, das Zimmer verdunkelt … Toll.

Manchmal war es interessant, manchmal eher langweilig. Aber das spielte eigentlich gar keine Rolle. Wichtig war das Ritual, die Ruhe. Er lehnte sich vor, verlagerte seinen Blickwinkel, nahm einen Schluck Bier, war zufrieden.
…

André Grab

EINHEIT 14 : 138

7.3 Fernsehen – Essen – Trinken
Für manche Leute gehören die folgenden Dinge zu einem guten Fernsehabend. Was kennen Sie davon?

Wie würde das Foto bei Ihnen aussehen? Beschreiben Sie es, malen Sie es oder machen Sie ein Foto.

7.4 Wie geht die Geschichte weiter?

(Vielleicht wird …)   (Wahrscheinlich ist …)   (Ich denke, dass …)

7.5 Versuchen Sie, einen Schluss zu der Geschichte zu schreiben.

7.6 Hören Sie den Schluss der Geschichte.

8 Wortschatzwiederholung 词汇复习

8.1 Im Suchrätsel finden Sie je zehn Wörter zu den Themen „Wetter/Klima" und „Gesundheit/Krankheit".

8.2 Können Sie weitere Wörter zu den beiden Wortfeldern ergänzen?

C	S	H	S	C	H	N	U	P	F	E	N	W	G
V	C	L	T	L	W	R	U	S	R	R	E	I	C
U	H	H	U	S	T	E	N	C	E	K	I	N	R
S	N	W	H	Y	M	Z	W	H	G	Ä	N	D	Q
E	E	H	I	T	Z	E	O	M	E	L	N	Y	I
T	I	Q	D	Y	C	P	L	E	N	T	E	P	V
O	E	I	I	M	E	T	K	R	L	E	H	T	T
Z	N	K	R	A	N	K	E	Z	E	T	M	A	K
E	V	E	R	S	C	H	R	E	I	B	E	N	Ä
G	E	W	I	T	T	E	R	N	W	N	N	A	L
V	E	S	T	B	E	W	Ö	L	K	T	O	W	T
Y	V	F	M	E	D	I	K	A	M	E	N	T	E
G	R	I	P	P	E	S	O	N	N	I	G	P	D
W	E	T	T	E	R	B	E	R	I	C	H	T	D

EINHEIT 14

EINHEIT 15: WÜNSCHE UND HOFFNUNGEN
第15单元：愿望和希望

.... *höfliche Ratschläge geben* 给出客气的建议
.... *Bitten äußern* 表达请求
.... *etwas ausdrücken, was (noch) nicht Realität ist* 表达（还）不是现实的东西
.... *über Träume für die Zukunft sprechen* 谈论将来的梦想
.... *Konjunktiv II: Modalverben (müssen, sollen …), haben, sein, werden; würde-Form*
          第二虚拟式：情态动词（müssen、sollen …）、haben、sein、werden；würde表达式

1 Höfliche Ratschläge 客气的建议

1.1 Diese Bildergeschichte haben wir in der Frauenzeitschrift „Brigitte" gefunden. Lesen Sie sie bitte. Kennen Sie das auch?

Ansprüche   *Jutta Bauer*

Dörthe findet, ich sollte mein Brot auch selbst backen …

Mein Mann findet, ich dürfte ruhig etwas aufreizender sein …

Meine Freundinnen finden, ich sollte mehr ausgehen …

Mein Chef findet, ich könnte mehr, wenn ich nur wollte …

Meine Mutter findet, ich sollte meinen Kindern ein gemütliches Heim schaffen …

Christoph findet, ich könnte mich kulturell mehr interessieren …

Meine Therapeutin findet, ich müsste auf meine Atmung achten …

Meine Kolleginnen finden, ich müsste Betriebsrätin sein …

Meine Schwester findet, ich müsste dringend zur Kur …

Charlotte findet, ich könnte mich etwas aufpeppen …

1.2 Zu welcher Person aus 1.1 könnte das passen? Diskutieren Sie.

Christoph _____ geht jede Woche ins Theater.

Ihr Chef _____ sagt, dass man lebt, um zu arbeiten.

_____ mag Frauen in Miniröcken.

_____ lieben Discos und Bars.

_____ lebt sehr gesund.

_____ mag Haus und Kinder.

_____ ist sehr sportlich.

_____ sind politisch engagiert.

_____ meint, dass man auf die Gesundheit aufpassen muss.

_____ gibt psychologische Tipps.

1.3 Verbformen: Wenn man Ratschläge gibt, verwendet man oft den Konjunktiv II.
Der Konjunktiv II sieht fast aus wie eine andere Form des Verbs, die Sie schon kennen. Welche?

> Du solltest dein Brot auch selbst backen.

> Du könntest dich kulturell mehr interessieren.

Ergänzen Sie die Tabelle.
Vergleichen Sie. Was ist anders?

P_____	Konjunktiv II
ich musste	ich müsste
du _____	du müsstest
Sie _____	Sie müssten

1.4 Was sagen die Leute? Schreiben Sie die Äußerungen in direkter Rede auf. Nehmen Sie die Bildergeschichte in 1.1 zu Hilfe. Kontrollieren Sie mit der Tonaufnahme.

Dörthe: Du solltest dein Brot selbst backen.
Mann: ...
Freundinnen: ...
Chef: Sie ...
Mutter: ...
Christoph: ...
Therapeutin: Sie ...
Kolleginnen: ...
Schwester: ...
Charlotte: ...

1.5 Probleme suchen Ratschläge.
Schreiben Sie ein Problem und einen Ratschlag auf zwei Karten. Sammeln Sie alle Karten ein und mischen Sie.
Sie bekommen eine Problem- und eine Ratschlagkarte. Finden Sie zu Ihrem Problem den passenden Ratschlag.

Ich bin müde.

Du müsstest Urlaub machen.

Ich bin zu dick. Was kann ich tun?

Du solltest abends nicht so viele Kartoffelchips essen.

2 Konjunktiv II: Modalverben und *haben* 第二虚拟式：情态动词和*haben*

2.1 Ergänzen Sie die folgende Tabelle. 1.1 hilft Ihnen dabei.
C 27.2

Infinitiv	Präteritum Singular	Konjunktiv II [1]	
dürfen	ich durfte	ich dürfte	wir ___
	du ___	du ___	ihr ___
	er/es/sie ___	er/es/sie dürfte	sie ___
können	ich konnte	ich könnte	wir ___
	du ___	du ___	ihr ___
	er/es/sie ___	er/es/sie könnte	sie ___
müssen	er musste	ich müsste	wir ___
sollen [2]	er sollte	du solltest [2]	ihr ___
wollen [2]	er wollte	er/es/sie wollte [2]	sie ___

mögen — Ich möchte

[1] *Präteritum-Stamm* (+ Umlaut) / [2] Die Verben sollen und wollen haben im *Konjunktiv II* keinen Umlaut.

2.2 Den Konjunktiv II von haben kennen Sie schon.
Hören Sie die Tonaufnahme. Erinnern Sie sich?
Ergänzen Sie den Dialog.

+ Guten Tag, Sie wünschen?

− Ich _____

_____

2.3 Machen Sie nun eine Tabelle mit den Konjunktiv-II-
Formen von haben im Heft. Kontrollieren Sie mit dem
C 30.4 Lernerhandbuch.

EINHEIT 15

3 Höfliche Bitten 客气的请求

3.1 Schauen Sie sich die Bilder an und hören Sie die Tonaufnahme. Lesen Sie die Dialoge dann selbst vor. Achten Sie auf die Intonation.

3.2 Was ist höflicher? Hören Sie die Tonaufnahme und lesen Sie die Sätze laut. Vergleichen Sie.

1. Machen Sie das Fenster zu!   Könnten Sie bitte das Fenster zumachen?
2. Gib mir mal die Butter!   Könntest du mir die Butter geben?
3. Sprechen Sie bitte lauter!   Könnten Sie bitte lauter sprechen?

3.3 Hören Sie nun zwei weitere Aufnahmen der Sätze aus 3.2. Was ist der Unterschied?

3.4 Könnten Sie das bitte höflicher sagen? Beginnen Sie mit können, haben oder dürfen.

Dürften wir Sie etwas fragen?

Wir hätten Sie gerne etwas gefragt.

Könnten …

1. Dürfen wir Sie etwas fragen?
2. Eine Tasse Kaffee!
3. Geben Sie mir eine Quittung.
4. Reparieren Sie das Fahrrad.
5. Darf ich mitfahren?
6. Gebt mir mal eure Hausaufgaben.
7. Zeig mir mal deinen neuen Anzug.
8. Übersetz mal diesen Satz ins Deutsche.

4 Was würden Sie tun, wenn ...? 如果…，您会怎么样？

4.1 Lesen Sie die Zeitungsüberschrift und schreiben Sie die Notiz zu Ende.

4.2 Wir haben Leute gefragt, was sie mit einer Lottomillion tun würden. Hören Sie zu und machen Sie Notizen.

4.3 Und Sie? Was würden Sie tun, wenn Sie im Lotto eine Million gewinnen würden? Erzählen Sie im Kurs.

Wenn ich eine Million hätte, …
… würde ich ein Haus mit Schwimmbad kaufen.
… würde ich …

4.4 Lesen Sie bitte. Und beantworten Sie die Fragen unten.

Wenn ich einen Hund hätte, wäre ich glücklich.
Wenn ich einen Hund hätte, würde ich öfter spazieren gehen.

	Realität	Wunsch/Bedingung
Ist er ein Hund?	Nein, er ist kein Hund.	Aber er wäre gern einer.
Hat er einen Hund?	Nein,	Aber er
Ist er glücklich?		Aber
Geht er oft spazieren?		Aber

4.5 *Sein* und *werden* im Konjunktiv II. Machen Sie bitte eine Tabelle wie in 2.1 im Heft.

4.6 Den Konjunktiv II der meisten Verben bildet man so:

Konjunktiv II von werden   *Infinitiv*

Ich würde am liebsten auf einer Insel leben.

Würdest du   mitkommen?

EINHEIT 15 : 144

4.7 Ergänzen Sie bitte die Aussagen zum Leben auf der Insel.

Paul <u>würde</u> mitkommen.

Beate _____ auch mitkommen.

Es _____ bestimmt allen Spaß machen.

Wir _____ jeden Tag im Meer schwimmen.

Ihr _____ viel Spaß haben.

Paul und Beate _____ jeden Tag in der Sonne liegen.

5 Wünsche und Träume 愿望和梦想

5.1 Schauen Sie sich die Bildgeschichte an. Was passiert hier?

5.2 Die drei Wünsche. Schreiben Sie die Geschichte. Die Ausdrücke im Kasten helfen Ihnen. Sie könnten auch erst die Tonaufnahme hören und dann die Geschichte schreiben. So könnten Sie anfangen:

Ein Franzose, ein Italiener und ein Schweizer sitzen auf einer kleinen Insel im Meer.

> allein / traurig   plötzlich / Flasche im Wasser sehen   Flasche / aufmachen
> Fee / aus der Flasche kommen   „Jeder von euch hat einen Wunsch frei."
> „Ich wünschte, ich wäre …"   „Ich wäre am liebsten …"
> sich ganz allein fühlen / sehr traurig sein   „Ich wünschte mir, dass …"

5.3 Es könnte so schön sein …
Schreiben Sie Ihre Träume für die Welt auf und machen Sie gemeinsam ein Plakat für den Kursraum.

Jeder
Niemand
Alle Menschen
Keiner
Die Flüsse
Die Zeitungen
Die Politiker
Soldaten
Alle Grenzen
Rassismus
…

sollen
müssen
dürfen
können
würde(n)

acht Wochen Urlaub haben
Arbeit haben
dort leben, wo sie wollen
genug Geld zum Leben haben
gesund und schön sein
hungern
sauber sein
verboten sein
eine Wohnung haben
es nicht mehr geben
…

5.4 Machen Sie entweder Aufgabe 5.4 oder 5.5. Schreiben Sie die Satzanfänge auf Kärtchen und ergänzen Sie weitere. Sammeln Sie die Kärtchen ein und mischen Sie sie. Jede/r zieht ein Kärtchen und ergänzt den Satzanfang auf mindestens zwei verschiedene Arten.

Wenn ich ein Filmstar wäre, würde ich …
Wenn ich ein Jahr Urlaub hätte, könnte ich …
Wenn ich Gedanken lesen könnte, …
Wenn ich ein Genie wäre, …
Wenn ich in der Karibik leben würde, …

Wenn ich fliegen könnte, …
Wenn ich 20 Jahre jünger wäre, …
Wenn ich mich unsichtbar machen könnte, …
Wenn ich die Welt verändern könnte, …
Wenn ich …

5.5 Familienwünsche – Ergänzen Sie die Wünsche einer in Deutschland lebenden ausländischen Familie.
Wer sagt wohl was?

Wenn man mir im Haushalt helfen könnte, …
Wenn ich eine Halbtagsstelle finden könnte, …
Wenn ihr mir bei den Hausaufgaben helfen könntet, …
Wenn ich nicht mehr zur Schule gehen müsste, …
Wenn ich eine Arbeit finden könnte, …
Wenn ich nicht mehr arbeiten müsste, …
Wenn ich hier bleiben könnte, …
Wenn ich in die Heimat zurückkehren könnte, …
Wenn ich noch besser Deutsch sprechen könnte, …

EINHEIT 15

EINHEIT 16: ARBEIT IST DAS HALBE LEBEN

第16单元： 生命的一半是工作

.... über Arbeit und Berufe sprechen 谈论工作和职业
.... sagen, was man normal/ungewöhnlich findet 告诉别人自己觉得什么正常/不一般
.... Gründe für etwas nennen 说出某事的原因
.... einen literarischen Text erarbeiten 处理一篇文学性短文
.... eine Geschichte nacherzählen/erzählen 复述/讲述一个故事
.... Wiederholung: Adjektivdeklination 复习：形容词变格
.... Wortbildung: Nomen und Adjektive 构词：名词和形容词

1 Was ist Arbeit? 什么是工作？

1.1 Betrachten Sie die Fotos und lesen Sie die Aussagen. Welche Tätigkeiten sind für Sie Arbeit, welche nicht? Warum? Diskutieren Sie.

1. Eine Putzfrau putzt den Boden in einem Büro.
2. Ein Student liest ein Buch am Strand.
3. Ein Pfarrer betet.
4. Ein Theaterkritiker geht ins Theater.
5. Ein Kind baut ein Haus aus Sand.
6. Eine Bardame flirtet mit einem Gast.
7. Ein Metzger isst ein Stück Wurst.
8. Eine Hausfrau putzt die Fenster.
9. Eine Deutschlehrerin geht ins Theater.
10. Ein Busfahrer fährt Bus.

> Das ist keine Arbeit, das macht doch Spaß.

> Aber sicher, das gehört doch zu seinem Beruf.

> Das ist doch Unsinn. Dafür bekommt sie doch kein Geld.

2 Männerberufe – Frauenberufe 男性职业 — 女性职业

2.1 Was sagt die Statistik? Was sagt die Schriftstellerin?

Es gibt zirka 2000 Berufe für Mädchen nicht ganz so viele also was willst du werden Friseuse oder Verkäuferin?
Liselotte Rauner

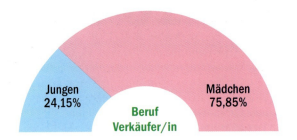

Jungen 24,15%   Mädchen 75,85%
Beruf Verkäufer/in

2.2 Wie ist das in Ihrem Land? Markieren Sie in der Tabelle:
1 nur Frauen
2 mehr Frauen als Männer
3 Männer und Frauen gleich
4 mehr Männer als Frauen
5 nur Männer

	1	2	3	4	5	
			✓			Arzt/Ärztin
				✓		Automechaniker/in
		✓				Verwaltungsangestellte/r 职员
		✓				Fabrikarbeiter/in
		✓				Putzmann/-frau
				✓		Schreiner/in = Tischler 柜
				✓		Programmierer/in
			✓			Lehrer/in
		✓				Kindergärtner/in
			✓			Elektriker/in
	✓					Krankenpfleger/-schwester 护
		✓				Hotelfachmann/-frau 酒店经纪
		✓				Bankangestellte/r
		✓				Koch/Köchin
	✓					Hausmann/-frau

✳ 2.3 Diskutieren Sie die Ergebnisse im Kurs.

Bei uns in …

Ein Mann als Kindergärtner? Das wäre bei uns unmöglich!

… ganz normal.

… sehr selten.

2.4 Die folgende Statistik zeigt die zehn Berufe mit dem höchsten Ansehen in Deutschland. Was wäre bei Ihnen gleich und was anders?

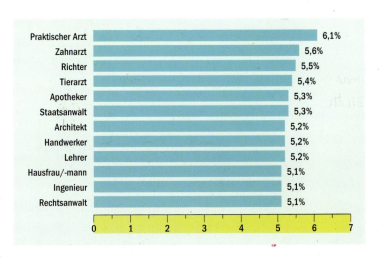

Beruf	%
Praktischer Arzt	6,1%
Zahnarzt	5,6%
Richter	5,5%
Tierarzt	5,4%
Apotheker	5,3%
Staatsanwalt	5,3%
Architekt	5,2%
Handwerker	5,2%
Lehrer	5,2%
Hausfrau/-mann	5,1%
Ingenieur	5,1%
Rechtsanwalt	5,1%

Die Zahlen geben den Wert auf einer Skala von 7 = sehr angesehen bis 1 = wenig angesehen an.

Quelle: Emnid Institut Bielefeld, Umfrage März–April 1996

EINHEIT 16

3 Berufsbild „Verkäufer/in" "售货员"的职业形象

3.1 Sehen Sie sich die beiden Fotos an. Welche Wörter passen am besten zu welchem Foto?

anstrengend 上世的
beraten
gut/schlecht bezahlt 工资高
hilfsbereit 好助人
interessant
kompetent 内行的
hübsch 漂亮
freundlich
gepflegt 保养得好

Experte
Vertrauen 信任
guter Geschmack 品味 Book
Modebewusstsein
Fachkenntnis 工业知识
Kontaktfreudigkeit 善于有交际
technische Kenntnisse

3.2 Vergleichen Sie Ihre Ergebnisse. Begründen Sie Ihre Zuordnung. Was erwarten Sie von einer Verkäuferin / einem Verkäufer?

3.3 Die folgenden Informationen haben wir aus Broschüren des Arbeitsamts zusammengestellt. Lesen Sie den Text und schreiben Sie Aussagen dazu mit den Satzanfängen unten.

Schulausbildung	Hauptschulabschluss
Ausbildungsdauer	2 Jahre
Aufgaben	Bedienung und Beratung der Kunden, Ordnen der Waren, Lagerarbeiten
Anforderungen	Freude am Kontakt mit Menschen, Organisationstalent, schnelles Arbeiten, Flexibilität, Fähigkeit, im Team zu arbeiten
Vorteile	Man trifft viele Menschen. Interessante, abwechslungsreiche Tätigkeit, Aufstiegsmöglichkeiten
Nachteile	Man muss oft viel Geduld mit den Kunden haben. Man muss auch freundlich sein, wenn man sich selbst nicht so gut fühlt.

Verkäufer/in kann man werden, wenn man …
Die Ausbildungszeit …
Der Verkäufer / die Verkäuferin berät …
Der Verkäufer / die Verkäuferin sollte …
Der Verkäufer / die Verkäuferin kann …
Wenn man schwierige Kunden hat, muss man …

3.4 Lesen Sie die Stellenanzeigen und notieren Sie jeweils die drei Informationen, die Sie für die wichtigsten halten. Vergleichen Sie im Kurs.

Nettes Friseur-Team sucht Verstärkung
FRISEUR-MEISTERIN
FRISEUR
– Voll- und Teilzeit –
AUSZUBILDENDE
Telefon 06 21/88 74 23

Steuerfachgehilfin
in Teilzeit (Heimarbeit) zur Erstellung von Bilanzen von Steuerberater gesucht
Telefon ab Montag:
06 21/510 81

Die ImmoVerwaltung GmbH ist ein Unternehmen der Wohnungs- und Grundstückswirtschaft. Eines unserer Aufgabengebiete ist die Erstellung der jährlichen Kostenabrechnungen für Eigentümer, die Finanzdisposition und das Mahnwesen der Eigentümergemeinschaften. Für ganztags oder in Teilzeit mit ca. 20 Wochenstunden suchen wir eine engagierte

Buchhalterin

mit fundierten Kenntnissen (z.B. Steuerfachgehilfin). Wir bieten Ihnen einen langfristig sicheren Arbeitsplatz, kollegiale Arbeitsbedingungen sowie eine abwechslungsreiche und interessante Tätigkeit. Ihre schriftlichen Bewerbungsunterlagen mit Lichtbild und Angaben über Ihren Gehaltswunsch senden Sie bitte an
Immo GmbH
Poststraße 3 · 68723 Schwetzingen

Sekretärin/Assistent/in
Gesucht: Sekretär/in, Bürokaufmann/-frau oder Betriebswirt/in, kaufmännische oder steuerliche Ausbildung, Routine am PC-MS-Office, Selbständigkeit, ab sofort und auch in Teilzeit.

Steuerfachgehilfe/-in
Gesucht: DATEV und Excel erwünscht, Wiedereinsteigerinnen willkommen, ab sofort und auch in Teilzeit
Geboten: Interessante Aufgabe, ausbaufähige Position, gutes Betriebsklima und leistungsgerechte Bezahlung.
Ich freue mich, wenn Sie anrufen: Dipl.-Kfm. L. Plies
Telefon 062 03/98 30, P&K Consult Partner

Getränkefachverkäufer
Alter bis 35 Jahre mit FS-Kl. II gesucht, die kräftig zupacken können und dabei viel Geld verdienen wollen (ca. 30.000,– EURO brutto pro Jahr) 4,5-Tage-Woche, Dauerstellung.
Gebr. Kapp GmbH
Telefon (0821) 838 34
Lembachstr. 10 · 68229 Mannheim

Versierte Schreibkraft
auf 325-Euro-Basis
ab sofort gesucht.
Sie sind perfekt im Umgang mit Word 8.0 und können sich in eine neue Software einarbeiten?
Sie beherrschen die Rechtschreibung, sind flexibel und haben eine freundliche Telefonstimme?
Dann freut sich Herr Töppig auf Ihren Anruf
Telefon (0 62 01) 67 00

3.5 Suchen Sie sich einen Beruf (z.B. aus 2.2) aus und notieren Sie die wichtigsten Anforderungen für diesen Beruf, seine Vor- und Nachteile. Lesen Sie dann Ihre Notizen vor, ohne den Beruf zu nennen. Die anderen müssen raten, welcher Beruf es ist.

Qualitäten	Vorteile	Nachteile
Zuhören können	Man kann Menschen helfen.	Man muss viel arbeiten.
Ratschläge geben können	Man verdient sehr gut.	Man hat viel Stress.
Menschen verstehen		

3.6 Wiederholung: Adjektivdeklination
Wissen Sie noch, wie man Adjektive dekliniert? Schauen Sie noch einmal im Lernerhandbuch nach. Setzen Sie dann die richtigen Adjektivendungen ein.

C 67
C 68
C 69

(die + Akkusativ Singular)   (der + Akkusativ Singular)

1. Wir suchen eine engagiert*e*___ Buchhalterin / einen engagiert____ Buchhalter mit fundiert____ Kenntnissen. Wir bieten Ihnen einen sicher____ Arbeitsplatz, gut____ Arbeitsbedingungen und eine interessant____ Tätigkeit. Ihre schriftlich____ Bewerbungsunterlagen senden Sie bitte an …

2. Sie sind eine jung____ Bürokauffrau mit kaufmännisch____ Ausbildung. Sie haben hervorragend____ PC-Kenntnisse. Wir haben für Sie eine interessant____ Aufgabe mit einem sehr gut____ Gehalt und gut____ Betriebsklima.

3. Sie sind in der neu____ Rechtschreibung perfekt und können mit unserem neu____ Computer umgehen. Sie sind ein freundlich____, flexibl____ Mensch mit einer gut____ Telefonstimme.

Rufen Sie uns an. Wir haben eine anspruchsvolle Aufgabe für Sie.

4 Arbeitnehmereigenschaften 雇员特征

4.1 In der Statistik in 4.2 kommen die folgenden Nomen 1 bis 9 vor. Ordnen Sie sie den Definitionen a bis i zu. Kontrollieren Sie mit dem Wörterbuch.

Man spricht von

Selbstsicherheit 1 — a wenn jemand die Wahrheit sagt.
Fleiß 2 — b wenn jemand nicht zu spät kommt.
Lehrling/Auszubildender/-em 3 — c wenn jemand weiß, was er/sie kann.
Leistungsbereitschaft 4 — d wenn jemand konzentriert für ein Ziel arbeitet.
Ordnungssinn 5 — e wenn man sich auf jemanden verlassen kann.
Pünktlichkeit 6 — f wenn jemand sehr ordentlich ist und immer aufräumt.
Ehrlichkeit 7 — g wenn jemand immer viel arbeitet.
Zielstrebigkeit 8 — h wenn jemand mehr arbeitet, wenn das notwendig ist.
Zuverlässigkeit 9 — i wenn ein junger Mensch einen Beruf / ein Handwerk lernt.

4.2 Eine Umfrage hat gezeigt, was deutsche Unternehmer für wichtig halten, wenn sie einen Jungen oder ein Mädchen ausbilden. Ergänzen Sie die Tabelle zweimal:

1
Meine Reihenfolge:
1 = am wichtigsten
bis 11 = am wenigsten wichtig.

2
So denken wahrscheinlich die Unternehmer:
95%, 93%, 92%, 87%, 86%, 84%, 81%, 70%, 61%, 59%, 46%

1	2	
____	____	Disziplin
____	____	Ehrlichkeit
____	____	Fleiß
____	____	Initiative
____	____	Pünktlichkeit
____	____	Selbstsicherheit
____	____	Zielstrebigkeit
____	____	Zuverlässigkeit
____	____	Ordnungssinn
____	____	Pflichtbewusstsein
____	____	Leistungsbereitschaft

4.3 Machen Sie aus Ihren persönlichen Reihenfolgen eine Kursstatistik. Ergänzen Sie Anforderungen, die Ihrer Meinung nach in der Statistik fehlen. Arbeiten Sie mit dem Wörterbuch.

Das Wichtigste für mich ist Zuverlässigkeit.

5 Wortbildung 构词

5.1 Wortfamilie – In der Statistik haben Sie viele neue Wörter kennen gelernt. Einige davon haben Sie problemlos verstanden. Warum?

Beispiel: Lehrer

Sammeln Sie Wörter mit folgenden Wortstämmen

5.2 Die deutsche Sprache ist berühmt für ihre zusammengesetzten Wörter. Das folgende Wort haben wir erfunden.
Aus wie vielen Wörtern besteht es? Und wie heißt der Artikel?

5.3 Sie haben schon viele zusammengesetzte Wörter gelernt. Wie viele können Sie aus folgenden Wörtern bilden? Sie können alle Wörter mehrmals verwenden.

```
   Brief                Zelle
Land                 Freund
     Telefon              Amt
  Arbeits            Karte
       Wörter             Kasse
    Kranken         Buch
```

5.4 Über Sprache nachdenken: Welche bekannten Wörter finden Sie in den Wörtern in 4.1?

Schauen Sie sich das Beispiel an:

Freund	lich	keit

der Freund | freundlich | Freundlichkeit

-lich
↑
Man sieht:
Das ist ein *Adjektiv*.

-keit
↑
Man sieht:
Das ist ein *Nomen*.

EINHEIT 16 : 152

5.5 In den Wörtern in 4.1 sind einige Adjektive versteckt.
Notieren Sie sie im Heft und schauen Sie sich die Endungen an.
Welche Endungen sind typisch für Adjektive?
Kennen Sie noch mehr Adjektive mit diesen Endungen?

1. zuverlässig

5.6 Vorsilbe un-: Schauen Sie sich die Zeichnung an, lesen Sie, was der Chef sagt, und ergänzen Sie den folgenden Satz.

Mit anderen Worten ...

Wir können uns nicht leisten, dass jemand _____ pünktlich zur Arbeit kommt.

5.7 Ergänzen Sie die Sätze mit den passenden Adjektiven.

(un)ehrlich (un)praktisch (un)pünktlich (un)ruhig
(un)sympathisch (un)wichtig (un)zufrieden

1. Er sagt nie die Wahrheit. Er ist unehrlich .

2. Vor einer Prüfung kann ich nie schlafen. Ich bin dann immer sehr _____ .

3. Mein Auto hat fünf Türen. Wenn man viel Gepäck hat, ist das wirklich _____ .

4. Ich habe jetzt eine Stunde auf dich gewartet. Du bist wirklich sehr _____ .

5. Mein Job ist toll und mein Chef ist sehr

   _____ mit mir.

6. Er ist wirklich sehr nett und sehr freundlich! Ich finde ihn sehr

   _____ .

7. Manche Menschen leben sehr bescheiden. Geld ist für sie

   _____ .

EINHEIT 16 : 153

6 Franz Hohler: Der Verkäufer und der Elch Franz Hohler: 销售员和驼鹿

6.1 Das Foto zeigt einen Elch. Wo leben diese Tiere?

6.2 Die Elemente 1 bis 5 kommen in einer Geschichte vor. Klären Sie unbekannte Wörter. Erfinden Sie dann eine kurze Geschichte, in der 1 bis 5 vorkommen.

1. Als die Fabrik fertig war …
2. „Warten Sie nur", sagte der Verkäufer.
3. Wenig später begann er …
4. Es war einmal ein Verkäufer.
5. Ein wirklich guter Verkäufer bist du aber erst …

6.3 Hören und lesen Sie nun die Geschichte von Franz Hohler. Gibt es Ähnlichkeiten zwischen Ihren Geschichten und seiner?

Der Verkäufer und der Elch

Kennen Sie das Sprichwort „Dem Elch eine Gasmaske verkaufen"? Das sagt man bei uns von jemandem, der sehr tüchtig ist, und ich möchte jetzt erzählen, wie es zu diesem Sprichwort gekommen ist.
Es gab einmal einen Verkäufer, der war dafür berühmt, dass er allen alles verkaufen konnte.
Er hatte schon einem Zahnarzt eine Zahnbürste verkauft, einem Bäcker ein Brot und einem Blinden einen Fernsehapparat.
„Ein wirklich guter Verkäufer bist du aber erst", sagten seine Freunde zu ihm, „wenn du einem Elch eine Gasmaske verkaufst."
Da ging der Verkäufer so weit nach Norden, bis er in einen Wald kam, in dem nur Elche wohnten.
„Guten Tag", sagte er zum ersten Elch, den er traf, „Sie brauchen bestimmt eine Gasmaske."
„Wozu?", fragte der Elch. „Die Luft ist gut hier."
„Alle haben heutzutage eine Gasmaske", sagte der Verkäufer.
„Es tut mir Leid", sagte der Elch, „aber ich brauche keine."
„Warten Sie nur", sagte der Verkäufer, „Sie brauchen schon noch eine."
Und wenig später begann er mitten in dem Wald, in dem nur Elche wohnten, eine Fabrik zu bauen.
„Bist du wahnsinnig?", fragten seine Freunde.
„Nein", sagte er, „ich will nur dem Elch eine Gasmaske verkaufen."

Als die Fabrik fertig war, stiegen so viel giftige Abgase aus dem Schornstein, dass der Elch bald zum Verkäufer kam und zu ihm sagte: „Jetzt brauche ich eine Gasmaske."
„Das habe ich gedacht", sagte der Verkäufer und verkaufte ihm sofort eine.
„Qualitätsware!", sagte er lustig.
„Die anderen Elche", sagte der Elch, „brauchen jetzt auch Gasmasken. Hast du noch mehr?"
(Elche kennen die Höflichkeitsform mit „Sie" nicht.)
„Da habt ihr Glück", sagte der Verkäufer, „ich habe noch tausende."
„Übrigens", sagte der Elch, „was machst du in deiner Fabrik?"
„Gasmasken", sagte der Verkäufer.

6.4 Wer tut was in der Geschichte?

Der Verkäufer …
Die Freunde des Verkäufers …
Der Elch …
Die Freunde des Elchs …

6.5 Wiederholung: Gründe für etwas nennen. Schreiben Sie die Sätze zu Ende wie im Beispiel.

Der Mann war ein guter Verkäufer, weil er allen Leuten alles verkaufen konnte.

1. Der Mann war ein guter Verkäufer, weil …
2. Er ging in den Norden, da …
3. Die Elche brauchten keine Gasmasken, denn …
4. Der Verkäufer wollte dem Elch aber unbedingt eine Gasmaske verkaufen, deshalb …
5. Die Waldluft wurde schlecht, weil …
6. Der Elch kaufte nun doch eine Gasmaske, denn …
7. Der Verkäufer war nun noch berühmter, da …

6.6 Eine Geschichte gemeinsam nacherzählen. Sammeln und ordnen Sie so viele Stichwörter an der Tafel, wie es Teilnehmer/innen in Ihrem Kurs gibt. Verteilen Sie dann die Stichwörter im Kurs. Jede/r sagt einen Satz.

Es war einmal ein Verkäufer.

Der war …

6.7 Haben Sie auch schon einmal etwas gekauft, das Sie nicht wollten oder brauchten? Beschreiben Sie die Situation. Wie war der Verkäufer / die Verkäuferin?

6.8 Eine eigene Geschichte erfinden. Die Geschichte „Der Verkäufer und das Matterhorn" gibt es noch nicht. Aber Sie können sie jetzt schreiben. Hier sind einige Stichwörter dazu.

das Matterhorn
ein guter Verkäufer
10 Millionen Schweizer Franken
ein reicher Industrieller
besuchen
abbauen
mitnehmen
zu Hause wieder aufbauen

INFO **Franz Hohler**, geboren 1943, ist Kabarettist. Er hat aber auch Hörspiele, Fernsehspiele, kurze Erzählungen, Theaterstücke und Romane geschrieben. Die Geschichte „Der Verkäufer und der Elch" ist aus einem Buch, in dem Autoren versucht haben, einfache Geschichten zu schreiben. Über seine Geschichte hat Franz Hohler gesagt: „Es tut einem Autor gut, wenn jemand kommt und sagt, schreiben Sie bitte etwas Einfaches. Es ist für Leser, die daran sind, Deutsch zu lernen. Man wird sich dann plötzlich klar, dass vielleicht auch die Leser im eigenen Land erst daran sind, Deutsch zu lernen."

EINHEIT 16 : 155

Option 2: WIEDERHOLUNG UND LANDESKUNDE
第2单元：复习和常识

.... *ein Spiel zur Adjektivdeklination, ein Märchen, Theaterszenen, Dialoge, Weihnachten*
形容词变格游戏、童话、戏剧场景、对话、圣诞节

1 Ein Spiel: Schiffe versenken 游戏：沉船

Spielregeln

1. Wählen Sie fünf Nomen und fünf Adjektive aus.

der Hund, die Katze, das Hemd, der Apfel, das Buch, die Nase

klein, rot, dick, groß, schlau, blau

2. Orden Sie, jeder für sich, jedem Nomen ein Adjektiv zu.

Hund	Katze	Hemd
dick	rot	klein
Apfel	Buch	Nase
groß	schlau	blau

3. Jetzt kann das Spiel beginnen. Fragen Sie sich gegenseitig:

– Hast du eine weiße Katze?
+ Nein. Aber hast du ein kleines Hemd?
– Ja.
+ Und einen roten Apfel?
– Nein. Hast du …?

4. Eine Frage zählt nur, wenn die Adjektivendungen stimmen.

5. Wer zuletzt noch „Schiffe" hat, hat gewonnen.

2 Ein Märchen inszenieren: Der magere Prinz 上演童话：瘦王子

2.1 Schauen Sie sich das Bild an. Schreiben Sie drei Fragen dazu auf.

Was hat der Koch auf dem Teller?

2.2 Versuchen Sie, Ihre Fragen im Kurs zu beantworten. Äußern Sie Vermutungen.

2.3 Schließen Sie das Buch und hören Sie die Geschichte.

2.4 Setzen Sie jetzt die Adjektivendungen ein und lesen Sie dann das Märchen vor.

Die Geschichte vom Prinzen, der nicht essen konnte

Ein König hatte einen Sohn, auf den er sehr stolz war. Der klein**e**__ Prinz lernte fleißig___, konnte schneller reiten als der Wind und besser kämpfen als ein groß___ Krieger. Eines Tages wurde der König aber traurig___ . Der Prinz konnte nämlich nichts mehr essen. Er wurde von Tag zu Tag dünner und der König immer trauriger. Die Köche des Königs machten das best___ Essen: süß___ Kuchen, saftig___ Fleisch, herrlich___ Pommes frites, Nachtisch mit frisch___ Obst usw. Aber der arm___ Prinz schüttelte nur den Kopf. Er wollte nichts.

Dann kamen die best___ Ärzte und klügst___ Wissenschaftler ins Schloss. Aber sie konnten auch nicht helfen. Jetzt wusste der König nicht mehr weiter.

In einer wild___, stürmisch___ Nacht saß der König wieder einmal traurig___ am Bett seines Sohnes und weinte. Da klopfte plötzlich jemand an die Tür. Die Hunde bellten laut___.

„Wer ist da?", rief der König. „Der Bäcker", antwortete eine hell___ Stimme. Der König öffnete dem Bäcker die schwer___ Tür mit dem groß___ Schlüssel. „Was willst du?", fragte er. „Ich habe etwas für den Prinzen. Davon wird er wieder gesund", lachte der klug___ Bäcker und zeigte dem König einen Korb mit frisch___ Brot.

2.5 Vergleichen Sie die Geschichte mit Ihren Vermutungen aus 2.2.

2.6 Wie geht die Geschichte zu Ende? Hier finden Sie drei mögliche Lösungen. Welcher Schluss gefällt Ihnen am besten?

1. Und so war es auch. Der Prinz aß das Brot und wurde wieder gesund. Die Menschen im ganzen Land freuten sich und dachten: „Brotesser leben länger."

2. Die goldgelbe Farbe des Brotes aber erinnerte den Prinzen an die Haare einer schönen Prinzessin, von der er seit langem träumte. Er aß, wurde gesund und machte sich auf die Reise, um seine Märchenprinzessin zu suchen.

3. Der Prinz wollte auch das Brot nicht essen. Und das war das Ende der Monarchie in diesem Land.

2.7 Aus dem „Märchen vom mageren Prinzen" kann man gut Theaterszenen schreiben.

1. Am Tisch
Die Eltern möchten, dass der kleine Prinz endlich etwas isst.
Personen: König, Königin, Prinz

2. In der Küche
Die Eltern besprechen mit dem Koch, was er kochen soll.
Personen: König, Königin, Koch

3. Am Bett des Prinzen
Die Eltern fragen den Prinzen, warum er nichts isst.
Personen: König, Königin, Prinz

4. Im Büro des Königs
Die Eltern fragen den Arzt, was sie tun sollen.
Personen: König, Königin, Arzt

5. Der Bäcker kommt
Er bringt das Brot und gibt es dem Prinzen zu essen. Der Prinz kann nicht genug davon bekommen.
Personen: Bäcker, König, evtl. Königin, Prinz

2.8 Hören Sie die Tonaufnahme. So könnte die Szene „Am Tisch" beginnen.

König: Wo ist denn der Prinz? Die Suppe wird kalt!
Königin: Prinz! Prinzchen! Essen kommen!
Heute gibt es dein Lieblingsessen, Reisbrei mit Sauerkraut.
(Der Prinz kommt und setzt sich an den Tisch.)
Prinz: Ich mag nicht, Papa.
König: Aber Prinzchen, das geht doch nicht so weiter.
Du musst doch etwas essen …

2.9 Wählen Sie eine Szene aus. Schreiben Sie auf, was die Personen sagen, und üben Sie die Szene ein. Spielen Sie Ihre Szene im Kurs vor oder sprechen Sie sie auf Kassette.

3 Begegnungen 偶遇

3.1 Wählen Sie eine der Personen aus und überlegen Sie, was für eine Person das ist.

- Name, Alter, Beruf, Nationalität
- Familie
- Hobbys/Interessen
- Geschmack (Kleidung, Essen, Trinken, Musik, Literatur, Männer/Frauen …)
- Einstellungen (konservativ, weltoffen …)
- Wünsche und Träume
- sympathisch/unsympathisch
- ein wichtiges Ereignis aus dem Leben der Person

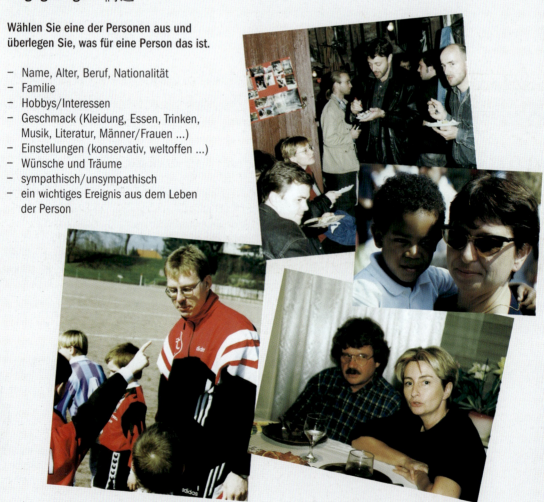

3.2 Schreiben Sie Ihre Ideen zur Person auf ein großes Blatt. Hängen Sie die Blätter im Kursraum auf. Welche Personen passen zusammen?

3.3 Zwei Personen aus den Bildern in 3.1 treffen sich. Wann, wo und warum? Das bestimmen Sie. Bereiten Sie die Situation und das Gespräch in Stichworten vor und spielen Sie die Szene.

4 Übungen selbst machen: Diktate 自己做练习：听写

4.1 Aussprachefehler finden. Mit diesem Spiel können Sie lernen, genau hinzuhören und auf die Aussprache der Wörter zu achten. Lesen Sie zuerst den Text.

Ein lustiger Tag

Heute Morgen bin ich schon wieder zu spät ins Büro gekommen. Zuerst hat mein Wecker nicht geklingelt und dann hat mein Auto nicht funktioniert. Ich habe gedacht, dass ich mit dem Bus auch noch um acht im Büro sein kann. Aber dann ist mir die Nummer 15 vor der Nase weggefahren. Deshalb bin ich gelaufen. Der Chef hat schon an der Tür gewartet. Es war schrecklich. „Guten Morgen, Herr Lustig", hat er gesagt, „ich habe eine gute Nachricht für Sie. Sie dürfen ab morgen jeden Tag länger schlafen. Holen Sie sich Ihre Papiere!"

4.2 Hören Sie jetzt die Tonaufnahme des Textes. Zwölf Wörter sind falsch ausgesprochen. Markieren Sie die Wörter im Text oben.

4.3 Textlücken ergänzen. Mit diesem Spiel können Sie lernen, Wörter korrekt und deutlich auszusprechen und genau hinzuhören.

Suchen Sie sich einen Partner / eine Partnerin. Setzen Sie sich Rücken an Rücken. Partner/in A nimmt den Text A, Partner/in B nimmt den Text B auf der nächsten Seite. In Text A fehlen Wörter, die in Text B stehen und umgekehrt. Versuchen Sie nun zu zweit, Ihre Texte zu ergänzen. Diktieren Sie sich gegenseitig Wort für Wort.

Das Missverständnis (Text A)

Auf _einer_ Reise _____ der _____ Dichter Alexandre Dumas in ein _____ Gasthaus.

Er _____ dort zu Mittag _____ .

Der Gastwirt _____ _____ _____ sprachen aber nur _____ und das _____ Dumas nicht. Da _____ er ein Papier aus _____ _____ , zeichnete einen _____ Pilz _____ _____ und zeigte dem Wirt sein _____ .

Der Wirt _____ , ging weg und schon _____ _____ kam er wieder – _____ _____ !

Option 2 | 159

Das Missverständnis (Text B)

____Auf____ einer _____ kam _____ französische Dichter Alexandre

Dumas _____ _____ kleines _____ . _____

wollte _____ _____ _____ essen.

_____ _____ und seine Frau _____

_____ _____ Deutsch _____ _____

sprach _____ _____ .

_____ zog _____ _____

_____ der Tasche, _____ _____ großen

_____ auf das Blatt _____ _____

_____ _____ _____ Kunstwerk.

_____ _____ lächelte, _____ _____

_____ _____ nach einer Minute _____

_____ _____ – mit einem Regenschirm!

4.4 Dumas zeichnete einen Pilz und bekam einen Regenschirm. Und Sie – was möchten Sie bestellen? Zeichnen Sie vier Sachen auf ein Blatt. Die anderen müssen raten, was Sie essen oder trinken möchten.

▶ ◀ 4.5 **Laufdiktat**

1. Wählen Sie einen kurzen Textabschnitt (ungefähr 10 Sätze) aus dem Buch aus.
2. Teilen Sie den Text in zwei Teile (z.B. je fünf Sätze).
3. Legen Sie ein Kursbuch in der jeweils gegenüberliegenden Seite des Kursraums auf einen Tisch. Das Buch ist auf der Seite geöffnet, auf der der Text steht.
4. Jetzt geht zuerst A zum Buch und versucht, sich einen Satz oder einen Teil davon zu merken. A geht zurück und diktiert B den Satz. Dann versucht A, sich einen weiteren Satz zu merken usw., bis er/sie den ersten Textabschnitt diktiert hat.
5. Jetzt ist B dran.
   ...

Option **2** 160

4.6 Wie haben Ihnen die Diktatspiele gefallen? Möchten Sie solche Spiele öfters machen? Besprechen Sie im Kurs, wie Sie selbst Diktatübungen machen können.

5 Übungen selbst machen: Wortschatz wiederholen 自己做练习：复习词汇

5.1 Tätigkeiten

Notieren Sie zwei Verben oder Ausdrücke mit Verben, die konkrete Tätigkeiten bezeichnen.
Sie dürfen die Begriffe aber niemandem zeigen!

Rad fahren   fliegen

- Teilen Sie den Kurs in zwei gleich große Gruppen.
- Stellen Sie die Tätigkeiten pantomimisch dar oder zeichnen Sie sie. Die anderen in Ihrer Gruppe müssen jeweils raten.
- Für jeden erratenen Begriff gibt es einen Punkt.
- Die Gruppe, die die meisten Begriffe erraten hat, hat gewonnen.

5.2 Wortketten. Jedes Wort darf nur einmal vorkommen. Sie können diese Übung schriftlich oder mündlich machen.

Buch → Haus → Sport → Traum

5.3 Wörternetze gemeinsam machen

1. Jeder im Kurs schreibt einen Begriff auf ein großes Blatt.
2. Alle Blätter wandern durch die ganze Gruppe. Jeder ergänzt immer ein oder zwei Begriffe.
3. Hängen Sie die fertigen Wörternetze im Kursraum aus.

5.4 Suchen Sie sich ein Wörternetz aus und schreiben Sie einen Text mit fünf Sätzen. Im Text müssen mindestens fünf Wörter aus dem Wörternetz vorkommen.

Ferien
Ich liebe meine Ferien. Dann kann ich lange schlafen. Ich gehe auch gern ins Schwimmbad. Dann liege ich in der Sonne und ab und zu gehe ich baden. Ich reise nicht gern, weil ich lieber zu Hause auf meinem Balkon Urlaub mache.

6 Weihnachten 圣诞节

6.1 Weihnachtslieder: Sie hören Ausschnitte aus vier Weihnachtsliedern. Kennen Sie welche davon? Welches gefällt Ihnen am besten?

1. Ihr Kinderlein kommet, o kommet doch all, zur Krippe her kommet in Bethlehems Stall

1. O Tannenbaum, o Tannenbaum, wie

1. Stille Nacht, heilige Nacht! Alles schläft,

1. Es ist ein Ros entsprungen aus

6.2 Möchten Sie gemeinsam ein Weihnachtslied singen? Ihr/e Kursleiter/in kann Ihnen die Texte der Lieder rechts geben.

6.3 Ein Lied von der Tonaufnahme zu 6.1 ist kein traditionelles Weihnachtslied. Welches? Wenn Sie das Lied näher kennen lernen wollen, kann Ihr/e Kursleiter/in Ihnen den Text kopieren.

6.4 Weihnachten in Bildern und Texten. Welche Bilder passen zu welchen Texten?

[1] Ohne Weihnachtsbaum können sich die meisten Menschen in den deutschsprachigen Ländern Weihnachten gar nicht vorstellen. Dabei ist es erst seit dem 19. Jh. üblich, einen Weihnachtsbaum in der Wohnung aufzustellen. Meistens stellen die Familien den Baum am Morgen des 24. Dezember auf und schmücken ihn mit Kugeln, Weihnachtsfiguren und Lametta.

[2] Am ersten Advent beginnt die Vorweihnachtszeit. Zu dieser Zeit gehören der Adventskranz und der Adventskalender. Beim Adventskranz zündet man an den vier Sonntagen vor Weihnachten je eine Kerze mehr an. Der Adventskalender hat 24 „Fenster". Das erste öffnet man am 1. Dezember und das letzte an Heiligabend. Im Kalender sind oft kleine Geschenke, z.B. ein Stück Schokolade.

[3] Am 6. Dezember ist Nikolaustag. Die Kinder stellen einen Stiefel vor die Tür und der Nikolaus bringt ihnen kleine Geschenke. In vielen Betrieben und Vereinen gibt es Nikolaus- oder Weihnachtsfeiern. Man kann Niköläuse mieten. Das ist ein guter Nebenjob für Studenten. In speziellen Kursen lernen sie, wie man Nikolaus spielt.

[4] In der Vorweihnachtszeit sind die Städte mit Lichterketten und Weihnachtsbäumen geschmückt. Überall hört man Weihnachtslieder. Viele Städte haben auch Weihnachtsmärkte. Dort riecht es gut nach Glühwein und Lebkuchen. Der berühmteste Weihnachtsmarkt ist der „Christkindlmarkt" in Nürnberg.

5 In vielen Familien backen die Mütter (oder die Omas) in der Vorweihnachtszeit Plätzchen. Die Kinder dürfen dann oft helfen. Lebkuchen und Christstollen sind aus der Weihnachtszeit nicht wegzudenken. Der berühmteste Lebkuchen kommt aus Nürnberg und der berühmteste Christstollen aus Dresden.

6 Weihnachten ist in den deutschsprachigen Ländern traditionell ein Familienfest. Oft feiern Eltern, Großeltern und Enkel den Heiligabend zusammen. Manche Familien singen zusammen und spielen. Die Kinder freuen sich auf die Geschenke. Die Kirchen sind nie so voll wie am Heiligabend. An den Weihnachtsfeiertagen (25. und 26. Dezember) besuchen dann viele Menschen ihre Verwandten.

7 Viele Leute fliehen heute vor dem Weihnachtsfest. Sie finden, dass das Fest seinen Sinn verloren hat und alles nur noch um Geld geht. Sie fahren deshalb lieber in die Berge zum Skifahren oder sie fliegen in den Süden ans Meer.

6.5 Weihnachten in Deutschland und Frankreich – Ein Interview mit Hélène Martinez. Hören Sie das Interview und markieren Sie die Themen, über die Hélène spricht. Über einige Themen in der Liste spricht Hélène nicht.

Hélène Martinez ist Französin. Sie lebt seit einigen Jahren in Deutschland. Wir haben sie gefragt, was die Unterschiede zwischen Weihnachten in Frankreich und Deutschland sind.

☐ Arbeitszeit
☐ die Bibel
☐ Essen
☐ Feiertage
☐ Geschenke
☐ Kinder
☐ Kirche
☐ Urlaub im Süden
☐ Vorweihnachtszeit
☐ Weihnachtsbaum
☐ Weihnachtslieder
☐ Weihnachtsmarkt
☐ Wetter

6.6 Verteilen Sie die Themen in der Gruppe. Jede/r konzentriert sich auf zwei oder drei Themen und macht Notizen. Tragen Sie danach die Informationen im Kurs zusammen.

6.7 Weihnachten ist das wichtigste Fest in den deutschsprachigen Ländern.
Was ist bei Ihnen das wichtigste Fest? Was können Sie darüber berichten?
Sammeln Sie und schreiben Sie kurze Texte nach den Modellen in 6.4.

EINHEIT 17: ZEITZEICHEN

第17单元：报时信号

.... über das Thema „Zeit" nachdenken und sprechen 思考并谈论"时间"话题
.... über das Älterwerden sprechen 谈论变老
.... Plusquamperfekt 过去完成时
.... Konjunktionen nachdem, während 连词nachdem、während
.... Wiederholung: grammatische Zeitformen 复习：语法时态
.... Wiederholung: Wörter zur Beschreibung von Zeitabläufen 复习：描述时间过程的词

1   Die Zeit 时间

1.1   Hören Sie die Tonaufnahme. Wählen Sie dann ein Bild aus der Collage aus und schreiben Sie auf, was Ihnen dazu mit Bezug auf das Thema „Zeit" einfällt. Suchen Sie dann Partner/innen, die das gleiche Bild gewählt haben, und sprechen Sie über Ihre Notizen.

1.2   Nachdenken über die „Zeit". Text 1: Für das Lesen der folgenden Geschichte brauchen Sie etwas Zeit. Können Sie die Antwort des Bauern zu Ende schreiben? Hören Sie danach die Tonaufnahme.

EINMANNAUSDERGROSSSTADTFRAGTE
EINENALTENBAUERN:„WIEMACHSTDU
DASEIGENTLICH?DUHASTIMMERZEIT."
DERALTEBAUERANTWORTETEIHM:
„DASISTGANZLEICHT.WENNICHSITZE,
DANNSITZEICH.WENNICHSTEHE,DANN
STEHEICH.WENNICHGEHE,DANNGEHE
ICH."DERGROSSSTADTMENSCHMUSSTE
LAUTLACHEN:„ABERDASISTDOCHGANZ
NORMAL!DASMACHEICHDOCHAUCH.
UNDICHHABENIEZEIT!"DERALTEBAUER
SCHWIEGEINENMOMENTUNDSAGTE
DANN:„NEIN,DASSTIMMTNICHT.WENN
DUSITZT,DANN…"
DAFINGDERMANNAUSDERSTADTAN
NACHZUDENKEN.

1.3 Kennen Sie Leute, auf die die Aussage des Bauern auch zutreffen könnte?

1.4 Nachdenken über die „Zeit". Text 2: Lesen und hören Sie die folgende Geschichte von Herrn Keuner und diskutieren Sie anschließend die Fragen 1–3.

Das Wiedersehen

Ein Mann, der Herrn K.
lange nicht gesehen hatte,
begrüßte ihn mit den Worten:
„Sie haben sich gar nicht verändert."
„Oh!", sagte Herr K. und erbleichte*.

Bertolt Brecht

*erbleichen weiß im Gesicht werden

1. Wie sieht Herr K. aus? Warum wird er ganz weiß im Gesicht?
2. „Sie haben sich gar nicht verändert." Ist das für Sie positiv oder negativ?
3. „Veränderung" – „Stabilität" – Was ist daran jeweils positiv und negativ?

2 Zeitgefühl 感觉中的时间

2.1 Sprichwörter und Redensarten: Was verstehen Sie sofort, wozu brauchen Sie ein Wörterbuch?

1. Die Zeit totschlagen

2. Zeit ist Geld

3. Die Zeit heilt alle Wunden

4. Kommt Zeit, kommt Rat

5. Es nagt der Zahn der Zeit

6. Die Zeit vergeht wie im Flug

7. Man muss mit der Zeit gehen

8. Keine Zeit verlieren

2.2 Besprechen Sie im Kurs: In welchen Situationen kann man die Sprichwörter und Redewendungen verwenden? Hören Sie danach die Tonaufnahme.

2.3 Wählen Sie eine oder zwei der Redensarten aus 2.1 aus und schreiben Sie eigene Dialoge dazu.

2.4 Kennen Sie ähnliche Redewendungen in Ihrer Sprache? Kennen Sie andere Redewendungen zum Thema „Zeit"? Wie würden diese ungefähr auf Deutsch lauten?

2.5 Alles relativ. Was ist für Sie lang – kurz, schnell – langsam, früh – spät?
Lesen Sie die Situationsbeschreibungen und kommentieren Sie sie.

Das ist aber schnell.

Findest du? Der TGV bei uns in Frankreich ist viel schneller.

Nur drei Monate Sommer? Das ist ja furchtbar kurz. Unser Sommer …

1. Der Zug braucht von Mannheim nach München (330 km) 2 Stunden und 50 Minuten.
2. Georg fährt dieses Jahr mindestens fünf Wochen nach Spanien.
3. Frau Frank hat einen Termin beim Zahnarzt. Sie muss 45 Minuten warten, bis sie drankommt.
4. Frau Chaptal ist um 20 Uhr zum Essen eingeladen. Sie kommt um 20.30 Uhr.
5. Der Schulunterricht beginnt in Deutschland meistens um 7.45 Uhr oder um 8.00 Uhr.
6. Die Geschäfte öffnen in Deutschland in den Städten gegen 9.30 Uhr und können bis 20.00 Uhr offen bleiben. (Lebensmittelgeschäfte, Bäcker, Metzger usw. öffnen meistens viel früher und machen zwischen 18.00 Uhr und 18.30 Uhr zu.)
7. „Achtung an Gleis 4, der Intercity-Express von Hamburg nach München wird heute etwa 5 Minuten später eintreffen."
8. Ich muss jeden Morgen um 5.45 Uhr aufstehen und um 6.30 Uhr zur Arbeit fahren.
9. Mit dem Auto brauche ich jeden Tag eine Stunde, um zur Arbeit zu kommen, und wieder eine Stunde nach Hause.
10. Unser Wetter in Mitteleuropa: drei Monate Sommer, sechs Monate Winter und ein bisschen Herbst und Frühling dazwischen.

2.6 Zeit in Ihrem Alltag. Formulieren Sie Aussagen über sich selbst und kommentieren Sie sie im Kurs. Die Elemente im Kasten helfen Ihnen.

```
mindestens    fast
      höchstens
  etwa
         ungefähr
```

```
zweimal pro Woche     jeden Tag
              20 Minuten
eine Dreiviertelstunde      einen halben Tag
              einmal im Jahr
```

Ich brauche jeden Tag 45 Minuten zur Arbeit und 45 zurück.

Nur 90 Minuten. Ich brauche über zwei Stunden!

Eineinhalb Stunden? Das ist aber lang.

3 Die Zeit grammatisch 语法中的时间

3.1 Schreiben Sie den folgenden Satz in den drei weiteren Zeitformen auf.

Präsens <u>Sie steht um 6.45 auf.</u>

Perfekt <u>Sie ist</u> _____

Präteritum _____

Futur _____

3.2 Lesen Sie die folgenden Texte und markieren Sie alle Verben.
Welche Zeitformen finden Sie?
Eine Zeitform ist für Sie neu.
Erkennen Sie sie?

Nach fünf Regentagen hat sich am Donnerstag die Sonne wieder kurz gezeigt. Das Hoch wird auch am Samstag das Wetter im Süden Deutschlands beeinflussen, bevor es nach Osten abzieht. Am Wochenende ist es deshalb sonnig. Dank der warmen südwestlichen Winde steigen die Temperaturen auf 25 bis 28 Grad.

Seit 1992 lebt die Familie S. in Salzburg. Hier hat Frau S. eine Stelle gefunden, wo sie halbtags arbeiten kann, während ihr Mann …

► Nachdem Adenauer und de Gaulle im Jahre 1963 den deutsch-französischen Vertrag unterzeichnet hatten, entwickelten sich zwischen Städten in beiden Ländern eine große Anzahl von Städtepartnerschaften und Schüleraustauschprogrammen.

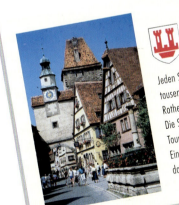

Jeden Sommer kommen tausende Touristen nach Rothenburg ob der Tauber. Die Stadt lebt vom Tourismus und für alle Einwohner ist klar, dass …

Lebensrettende Hängematte

Kopenhagen. – Eine im Garten aufgespannte Hängematte hat einem 24-jährigen Dänen das Leben gerettet. Sören Albrechtsen war mit seinem BMW mit hoher Geschwindigkeit gegen einen Baum, eine Straßenlampe und danach gegen eine Mauer gefahren, bevor er aus dem Wagen flog und unverletzt in einer Hängematte landete, die in einem Vorgarten hing. Noch am nächsten Tag konnte er das kaputte Auto und die Hängematte nicht fotografieren. Er zitterte zu stark.

3.3 Wählen Sie ein Verb aus und schreiben Sie die verschiedenen Zeitformen auf.
Schreiben Sie dann zu jeder Zeitform einen Satz wie im Beispiel.

Infinitiv	fahren	
Präteritum	er fuhr	Früher fuhr man mit der Kutsche.
Perfekt	er ist gefahren	Ich bin gestern nach Basel gefahren.
Präsens	er fährt	Fährst du jeden Morgen mit dem Auto zur Arbeit?
Futur	er wird fahren	Wir werden nächste Woche in Urlaub fahren.

3.4 Mit welchen Zeitformen haben Sie noch Probleme?
Wählen Sie aus den folgenden Übungen die entsprechenden aus.

Präteritum – Präsens

Was hat sich im Laufe der letzten 200 Jahre verändert? Beschreiben Sie, wie es früher war und wie es heute ist. Tragen Sie fünf Punkte zusammen.

Früher musste man auf dem offenen Feuer kochen. Heute gibt es elektrische Herde.
Früher gab es …
Früher konnte man …
Früher waren …

Perfekt

Was haben Sie gestern gemacht? Erzählen Sie.

1. aufstehen (+ Uhrzeit)
2. frühstücken (+ Dauer)
3. zur Arbeit fahren (+ Verkehrsmittel)
4. arbeiten (+ Stunden)
5. zu Mittag essen (+ Ort)
6. nach Hause fahren (+ Uhrzeit)
7. zu Abend essen (+ Lebensmittel)
8. fernsehen (+ Dauer).
9. schlafen gehen (+ Uhrzeit)

> Ich bin gestern um 7 Uhr aufgestanden. Dann … Danach …

Futur

Erzählen Sie, was passieren wird. Erfinden Sie kleine Geschichten.

> Sie wird gegen die Straßenlampe laufen. Ihr Kopf wird sehr wehtun. Der Mann wird ihr helfen. Dann werden sie in ein Café gehen …

4 Plusquamperfekt – Was in der Vergangenheit schon Vergangenheit war
过去完成时 — 在过去就已经是过去的事

4.1 Sehen Sie sich die Bilder an und lesen Sie die Texte. Was ist der Unterschied?

[1] Als Tom in die Küche kam, fraß Bello gerade das Hähnchen.

[2] Als Tom in die Küche kam, hatte Bello das Hähnchen schon gefressen.

[3] Als er auf den Bahnsteig kam, fuhr sein Zug gerade weg.

[4] Als er auf den Bahnsteig kam, war sein Zug schon weggefahren.

4.2 Lesen Sie die Sätze und ergänzen Sie die Regel.

Ein Mann, der Herrn K. lange nicht **gesehen hatte**, begrüßte ihn mit den Worten …
Sören Albrechtsen **war** mit seinem BMW gegen eine Mauer **gefahren** …
Als er auf den dem Bahnsteig ankam, **war** sein Zug schon **weggefahren**.

Plusquamperfekt: Präteritum von _____ oder _____ und das Verb im _____

4.3 Entscheiden Sie bei den folgenden Sätzen:
Was war zuerst, was kam danach?
Verbinden Sie dann die Sätze mit nachdem.

1. Nachdem Frau Chaptal ihr Auto verkauft hatte, fuhr sie mit dem Fahrrad zur Arbeit.

1. Frau Chaptal fuhr mit dem Fahrrad zur Arbeit.
   Sie verkaufte ihr Auto.
2. Hermann war fast immer pünktlich.
   Der Chef sprach mit ihm.
3. Er las den Roman. Er brachte das Buch in die Bibliothek zurück.
4. Alste lernte drei Semester Portugiesisch. Sie fuhr nach Portugal.
5. Der letzte Baum starb. Die Menschen merkten, dass man Geld nicht essen kann.
6. Die Uhr schlug zwölf. Alle gratulierten sich zum neuen Jahr.
7. Er machte das Licht aus. Sie …

4.4 Ein Tag im Leben der Nadia Nachdem. Spielen Sie im Kurs. Die Zeichnungen liefern Ihnen vielleicht Ideen.

4.5 Perfekt – Plusquamperfekt: Lesen Sie die folgenden Elemente.

24 Stunden nicht schlafen	Hunger haben	zu spät zur Sitzung kommen
müde sein	nichts essen	den Bus verpassen

Überlegen Sie zuerst: Was war zuerst, was war nachher? Bilden Sie Sätze mit weil.
Satz 1: Präsens + Perfekt, Satz 2: Präteritum + Plusquamperfekt

1. Ich habe Hunger, weil ich nichts gegessen habe.
2. Ich hatte Hunger, weil ich nichts gegessen hatte.

4.6 Erfinden Sie weitere solche Aufgaben und tauschen Sie sie im Kurs aus.

4.7 Satzverbindungen – Was passt zusammen? Ordnen Sie 1 bis 9 und a bis i einander zu.

Wenn Sie das Wort während in Satz 7 nicht verstehen, dann schlagen Sie zuerst im Wörterbuch und im Lernerhandbuch nach.

Nachdem wir gegessen hatten, 1	a bis sie grün wird.
Bevor das Flugzeug landet, 2	b wanderten wir weiter.
Nach dem Fußballtraining 3	c müssen sich die Passagiere anschnallen.
Erst müsst ihr die Hausaufgaben machen, 4	d **nachdem** sie bezahlt hatten.
Hoffentlich kommen wir noch 5	e telefonierte sie mit ihrer Freundin.
Sie verließen das Lokal, 6	f trafen sich alle im Restaurant SONNE.
Während er das Mittagessen kochte, 7	g **vor** dem Gewitter nach Hause.
Seit vier Semestern besucht sie 8 das Goethe-Institut,	h **vorher** hat sie ein Jahr Deutsch in der Schule gelernt.
Sie müssen an der Ampel warten, 9	i **danach** könnt ihr meinetwegen ins Kino gehen.

▶ ◀ 4.8 Bilden Sie nun selbst Sätze. Es gibt mehrere Lösungen. Die Sätze in 4.7 helfen Ihnen. Achten Sie auf die Zeitformen der Verben. Verwenden Sie in jedem Satz eines der folgenden Wörter:

bevor, bis, nach, nachdem, nachher, vor, vorher, während, seit

1. die Töchter / aus dem Haus sein / die Eltern / eine kleinere Wohnung suchen
2. zwei Tage / wieder gesund / er / sein
3. es / eine halbe Stunde / wirken / die Tabletten / dauern
4. versprechen / die Politiker / die Wahlen / dem Volk / alles
5. das Publikum / applaudieren / der Vorhang / zu sein / lange
6. man / eine Wanderung machen / den Wetterbericht / hören / sollen
7. demonstrieren / vor dem Gebäude / die Arbeitslosen / die Konferenz

1. Nachdem die Töchter aus dem Haus waren, suchten die Eltern eine kleinere Wohnung.
Seit die Töchter aus dem Haus sind, suchen die Eltern eine neue Wohnung.

5 Ein graues Haar ... 一根花白的头发…

5.1 Die deutsche Rockgruppe „Pur" hat ein Lied über das Älterwerden geschrieben. Lesen Sie die Textzusammenfassungen und hören Sie dann das Lied. Welche Zusammenfassung passt besser zum Liedtext?

1. Ein 40-Jähriger steht vor dem Spiegel und denkt über sein Leben nach. Das Leben geht schnell vorbei. Kindergarten, Schule, die erste Liebe und schon ist man erwachsen. Man wird 40. Die Hälfte des Lebens hat man schon gelebt. Aber er sieht das positiv. Er hat viel erlebt. Er weiß jetzt, was er will und was er nicht will. Die ersten grauen Haare sind da, aber auch nach dem vierzigsten Geburtstag gibt es viele Gründe zum Feiern.

2. Ein Mann steht vor dem Spiegel und denkt über sein Leben nach. Das Leben geht schnell vorbei. Kindergarten, Schule, die erste Liebe und schon ist man erwachsen. Er wird heute 40 Jahre alt. Die Hälfte seines Lebens hat er schon hinter sich. Er ist traurig. Gleich kommen seine Freunde zur Geburtstagsfeier, aber er hat keine Lust zum Feiern, weil er ein graues Haar entdeckt hat. Er hat Angst davor, alt zu werden.

EINHEIT 17

5.2 Hören Sie das Lied noch einmal und lesen Sie mit. Ergänzen Sie danach die fehlenden Wörter.

Ein graues Haar

Gerade noch hab ich Indianer gespielt
Die Tante im Kindergarten
hatten ich furchtbar lieb.
Dann meine Runden auf dem Mofa gedreht
5 Erster Kuss, erste Krise
Wie schnell die Zeit vergeht

Und jetzt steh ich vorm Spiegel, Viertel vor acht
Die Party wird geil, mein Geburtstag
All die, die mich mögen, haben an mich gedacht
10 Doch was muss ich da sehen, na was?

Ein _graues_ Haar
Wieder _geht_ ein Jahr
Alles Gute, danke, klar
Immer noch ein Grund zu feiern
15 Ich _sehe_ ein graues Haar

Ich seh mich noch _suchen_
Meinen Platz in der Welt

Gelegentlich hab ich ein Glas zu viel _bestellt_
Ich sah viele _kommen_
20 Ich sah viele _gehen_
Sah viele umfallen, ich blieb meistens stehn

Viele 1000 Momente in die Zeit gerafft
Ich wünsch mir noch mehr davon, mehr noch
Hab besser kapiert, was mich glücklich macht
25 Was mich echt nicht kümmern muss, na was?

Ein graues Haar
Wieder geht ein Jahr
Alles _Gute_. Danke. Klar
Immer noch ein Grund zu feiern
30 Erst recht mit _grauen_ Haar

Wir feiern jede neue Falte, die nötig war
Jedes allzu früh ausgefallene Haar
Wir feiern jeden guten Vorsatz, ein hübscher Brauch
35 Und jeden guten Ansatz, ob Glatze, ob Bauch

Auch an den allerschönsten Körpern nagt
Der Weisheitszahn der Zeit
– Fürwahr – die Jugend ist vergänglich, das Alter wächst
40 Und das zu feiern ist der schönste Zeitvertreib

Ein graues Haar …

Vokabular 2 Tante im Kindergarten Erzieherin/Betreuerin im Kindergarten; 4 Mofa „Motorfahrrad", eine Art Fahrrad mit kleinem Motor 8 geil toll, super; 24 kapieren verstehen; 31 die Falte(n) Linien in der Haut, die bei älteren Menschen entstehen; 35 Glatze Kopf ohne Haare

5.3 Zu welchen Zeilen im Lied passen die folgenden Aussagen?

1. Es ist noch gar nicht lange her, dass ich nicht wusste, was ich vom Leben wollte.
2. Manchmal habe ich zu viel Alkohol getrunken.
3. Viele haben die Ideale der Jugend vergessen. Ich habe die meisten noch behalten.
4. In wenigen Sekunden erinnere ich mich an viele Momente meines Lebens.
5. Ich weiß jetzt, was für mich wichtig ist und was nicht.
6. Auch die schönsten Menschen werden alt und bekommen Falten.

5.4 Woran sieht man im Text, dass der Mann sein Leben und das Älterwerden positiv sieht?

5.5 Die Gruppe „Pur" hat den folgenden Kommentar zum Lied im Textheft abgedruckt. Was meinen Sie dazu?

Jung, schön, fit! So sollen und wollen alle sein. Wer jedoch langsam, aber sicher der statistischen Lebenshälfte entgegensteuert*, sollte kapieren, dass das Blödsinn ist. Ich denke, das Älterwerden kann 'ne ziemlich lange Zeit viel Spaß machen …

*der statistischen Lebenshälfte entgegensteuern: bald so alt sein, dass man nach dem Durchschnittsalter der Bevölkerung die Hälfte des Lebens gelebt hat

EINHEIT 18: GELD VERDIENEN – GELD AUSGEBEN
第18单元：挣钱 — 花钱

.... über das Thema „Geld" sprechen 谈论 "金钱" 话题
.... über Arbeitsplätze sprechen 谈论工作位置
.... über Konsumwünsche sprechen 谈论消费愿望
.... etwas definieren 对什么进行定义
.... einen längeren Lesetext erarbeiten 处理一篇较长的课文
.... Relativsätze (Nominativ) 关系从句

1 Geld sprichwörtlich 名言中的金钱

1.1 Acht Zitate zum Thema „Geld" aus 2000 Jahren. Welche kennen Sie auch aus Ihrer Sprache? Welche drei finden Sie am besten?

Geld allein macht nicht glücklich, Zeit allein auch nicht. (Anonymus)

Geld in der Fremde ist Heimat. (Tausendundeine Nacht)

Geld stinkt nicht. (Vespasian, römischer Kaiser)

Leute, die Geld haben, werden von der Polizei entweder geschützt oder gesucht. (Fritz de Crignis)

Bank: Institut, das mit fremdem Geld reich wird. (Michael Schiff)

Mit Geld kann man sich einen Hund kaufen, aber es wird nicht das Wedeln des Schwanzes erworben. (Josh Billings)

Seine Intelligenz kann man beim Geldverdienen beweisen. Seine Kultur beim Geldausgeben. (Charles Tschopp)

Mit dem Geld ist es wie mit dem Toilettenpapier, wenn man es braucht, braucht man es dringend. (Upton Sinclair, amerikanischer Schriftsteller)

Wenn einer Geld hat, darf er dumm sein, wie er will. (Ovid, römischer Schriftsteller)

Wenn es sich um Geld handelt, gehört jeder der gleichen Religion an. (Voltaire, französischer Philosoph im 18. Jh.)

1.2 Gibt es in Ihrer Sprache ähnliche Aussagen zum Thema „Geld"? Können Sie sie auf Deutsch sagen?

2 Geld verdienen 挣钱

2.1 Wir haben fünf Personen gefragt: Was ist für Sie ein guter Arbeitsplatz? Hören Sie die Aussagen und kreuzen Sie in der Liste an: Welche Kriterien nennen die Leute?

2.2 Was sind für Sie selbst die drei wichtigsten Kriterien für einen guten Arbeitsplatz?

1. ☐ Aufstiegsmöglichkeiten
2. ☐ Der Arbeitsplatz soll nahe am Wohnort sein
3. ☐ Die Arbeit darf nicht gefährlich sein
4. ☐ Die Arbeit muss interessant sein
5. ☐ Die Arbeit soll sauber sein
6. ☑ Die Arbeit sollte nicht zu stressig sein
7. ☐ Die Arbeitszeit darf nicht zu lang sein (keine Überstunden)
8. ☐ Die Chefin / der Chef soll kooperativ und menschlich sein
9. ☐ Freundliche Kollegen/-innen
10. ☑ Gute Bezahlung und Sozialleistungen
11. ☐ Gutes Betriebsklima
12. ☐ Man muss selbständig arbeiten können
13. ☐ Man soll die Arbeitszeit flexibel einteilen können
14. ☐ Man sollte in einem Team arbeiten können
15. ☐ Mindestens vier Wochen Urlaub

2.3 Hören Sie die Interviews noch einmal und notieren Sie: Was finden die Leute an ihrer eigenen Arbeit gut bzw. nicht so gut?

2.4 In der folgenden Liste finden Sie viele Wörter, die Sie bereits kennen, und einige, die Sie noch nicht kennen. Wählen Sie je zwei unbekannte Verben und Nomen aus und schlagen Sie sie im Wörterbuch nach.

austragen	pflanzen	Angeklagte	Maschine
bauen	pflegen	Autos	Menschen
bedienen	produzieren	Briefe	Obst
behandeln	prüfen	Deutsch	Patient
beraten	rechnen	Erwachsene	Rinder
einkaufen	reparieren	Fleisch	Schichtarbeit
entscheiden	schlachten	Gemüse	Schweine
ernten	schneiden	Gesetz	Teilzeit
frisieren	schreiben	Getreide	Verbrecher
heilen	spielen	Haare	Wurst
helfen	sprechen	Kinder	Zeitungsbericht
kochen	suchen	Konto	
konstruieren	unterrichten	Konzert	
kontrollieren	untersuchen	Kranke	
installieren	organisieren	Kunde	
kaufen	verkaufen	Lampe	
lesen	verschreiben	Leitung	
	verwalten		

2.5 15 Berufe – Wer macht was? Ordnen Sie zuerst die Berufsbezeichnungen den Bildern zu. Wählen Sie dann sechs Berufe aus und schreiben Sie sie auf ein Blatt Papier. Schreiben Sie Nomen und Verben aus der Liste dazu und ergänzen Sie noch andere Wörter.

Briefträger/in: Briefe austragen
Metzger/in: Wurst machen, verkaufen

EINHEIT 18   174

1. Baufacharbeiter/in (Maurer/in, Schreiner/in)
2. Arbeiter/in in der Produktion
3. Lehrer/in
4. Bankangestellte/r
5. Ärztin/Arzt
6. Landwirt/in
7. Verkäufer/in im Bekleidungsgeschäft
8. Sozialarbeiter/in
9. Krankenpfleger/Krankenschwester
10. Musiker/in
11. Ingenieur/in
12. Friseur/in
13. Metzger/in
14. Journalist/in
15. Briefträger/in

2.6 Suchen Sie aus den Berufen in 2.5 einen aus, den Sie gerne hätten, und einen, den Sie gar nicht mögen. Begründen Sie Ihre Meinung.

Ich wäre gerne Briefträgerin. Da wäre ich immer an der frischen Luft und müsste nicht im Büro sitzen. Eine Briefträgerin arbeitet selbständig. Und wenn sie die Post ausgetragen hat, kann sie nach Hause gehen.

Als Fabrikarbeiter würde ich nicht gern arbeiten. Man hat oft Schichtarbeit und muss auch nachts arbeiten. Das ist nicht gesund.

Ich finde Bankangestellte einen guten Beruf. Er ist sauber. Man kann auch Teilzeit arbeiten.

2.7 Mit welchen Berufen aus 2.5 verdient man Ihrer Meinung nach gut, mit welchen nicht so gut? Ordnen Sie die Berufe nach der Reihenfolge, die in etwa für Ihr Land gilt.

2.8 Welchen Beruf haben Sie bzw. welche Berufe haben Sie schon gehabt? Sammeln Sie im Kurs. Arbeiten Sie mit dem Wörterbuch.

2.9 Traumberufe – Wir haben Kinder auf einer Geburtstagsparty danach gefragt. Hören Sie die Tonaufnahme. Welche Berufe erkennen Sie?

2.10 Machen Sie eine Umfrage im Kurs zum Thema „Traumberuf".

Was wollten Sie als Kind werden?
Was war Ihr Traumberuf mit 15 Jahren?
Was möchten Sie heute gerne sein oder werden?

3 Arbeitslosigkeit 失业

3.1 Lesen Sie den Informationstext und notieren Sie Informationen zu folgenden Zahlen und Stichwörtern:

5 Mio., 7 Mio., neue Technologien, Computer, billige Arbeitskräfte, 12 Monate, Arbeitslosengeld

In der Bundesrepublik Deutschland waren 1998 fast 5 Millionen Menschen offiziell arbeitslos. Das sind über 11% aller Arbeitskräfte. Da viele Menschen, insbesondere Frauen, sich gar nicht mehr beim Arbeitsamt arbeitslos melden, ist die Zahl der Menschen ohne Arbeit noch viel höher. Sie dürfte etwa bei 7 Millionen Menschen liegen. In den letzten Jahren hat die Zahl der Arbeitslosen immer mehr zugenommen, obwohl die meisten Firmen Gewinne machen. Ein Grund ist, dass die Wirtschaft durch die neuen Technologien immer weniger Arbeitskräfte braucht. Ein anderer Grund ist, dass viele Produkte, die früher in Deutschland hergestellt wurden, heute im Ausland billiger produziert werden (z.B. Stahl, Schiffe, Fernsehgeräte). Besonders die einfachen Tätigkeiten in der Produktion entfallen, weil computergesteuerte Maschinen die Arbeit schneller und billiger machen können. Aber auch in der Verwaltung und bei den Banken ersetzen Computer die Menschen.

Alle Arbeiter und Angestellten müssen in Deutschland in der Arbeitslosenversicherung sein. Wer seinen Arbeitsplatz verliert, bekommt bis zu 12 Monate lang Arbeitslosengeld (ältere Menschen noch länger). Die Höhe des Arbeitslosengeldes hängt vom letzten Gehalt ab. Wenn man kein Arbeitslosengeld mehr bekommt, bekommt man Arbeitslosenhilfe. Aber nur, wenn man keine Verwandten hat, die selbst Geld verdienen.

Die Kosten für Arbeitslosengeld und Arbeitslosenhilfe betragen zur Zeit über 40 Milliarden Euro pro Jahr. Viele sagen deshalb, dass es besser wäre, wenn die Regierung in neue Arbeitsplätze investieren würde.

3.2 Arbeitslosigkeit in Ihrem Land

Wie viele Menschen haben keine Arbeit?
Wer sind diese Menschen (Berufe, Regionen, Alter, Geschlecht)?
Was sind die Gründe?
Wer kann was tun, um die Arbeitslosigkeit zu bekämpfen?

4 Etwas genauer sagen: Relativsätze (Nominativ)
将什么说得更精确：关系从句（第一格）

4.1 Relativsätze geben zusätzliche Informationen über eine Person oder eine Sache. Ordnen Sie die Relativsätze a bis c den Hauptsätzen 1 bis 3 zu.

der Automechaniker	Ein Automechaniker ist ein Mann, [1]	[a] **die** im Krankenhaus kranke Menschen pflegt.
das Girokonto	Ein Girokonto ist ein Bankkonto, [2]	[b] **der** Autos repariert.
die Krankenschwester	Eine Krankenschwester ist eine Frau, [3]	[c] **das** keine Zinsen bringt.

4.2 Erweitern Sie nun diese Sätze mit einer zusätzlichen Information.
1. Eine Ärztin ist eine Frau, die … (Kranke behandeln)
2. Ein Sparkonto ist ein Konto, das … (Zinsen bringen)
3. Ein Musiker ist ein Künstler … (Musik machen)

4.3 Der Relativsatzdrill: A nennt einen Satzanfang, B macht daraus einen ganzen Satz.
- Ein Bäcker ist ein Mann …
- Eine Architektin ist eine Frau …
- Eine Verkäuferin ist eine Frau …
- Eine Journalistin ist eine Frau …
- Ein Sozialarbeiter ist ein Mann …
- Eine Bankangestellte …
- Ein Lehrer …
- …

4.4 Relativsätze können auch in der Mitte des Satzes stehen. Lesen Sie bitte das Beispiel und schreiben Sie die Sätze 1 bis 7 entsprechend.

Der Arzt: Er wohnt in unserer Straße. Er hat meine Frau behandelt.

Der Arzt, der meine Frau behandelt hat, wohnt in unserer Straße.

1. Die Mechanikerin: Sie versteht etwas von Autos. Sie hat mein Auto repariert.
2. Der Lehrer: Er ist sehr kompetent. Er unterrichtet Deutsch.
3. Die Briefträgerin: Sie ist sehr freundlich. Sie bringt uns immer die Post.
4. Das Buch: Es war langweilig. Ich habe es im Urlaub gelesen.
5. Mein Bankkonto: Es ist heute im Minus. Gestern war es noch im Plus.
6. Die Rechtsanwältin: Sie ist sehr gut. Sie hat mich vor Gericht verteidigt.
7. Meine Chefin: Sie kann leider nicht im Team arbeiten. Sie ist sehr kompetent.

4.5 Spiel: Teilen Sie den Kurs in zwei Gruppen. Beschreiben Sie einen Beruf in drei Sätzen. Die anderen müssen raten. Wenn die andere Gruppe den Beruf nach dem ersten Satz errät, bekommt sie drei Punkte. Nach dem zweiten Satz zwei Punkte, nach dem dritten einen, sonst keinen.

- Wie heißt eine Frau, die im Krankenhaus arbeitet?
+ Krankenschwester.
- Nicht ganz! Wir denken an eine Frau, die Kranke behandelt.
+ Ärztin.
- Richtig.

- Jemand, der in der Schule arbeitet.
+ Lehrer.
- Nein. Er unterrichtet nicht.
+ Schüler.
- Nein. Er passt auf das Haus auf.
+ Wachhund.
- Nein! Ein Mensch!! Hausmeister!

Ein Mann, der … ?
Wir denken an ein Buch, das …
Wie nennt man eine Person, die … ?

Relativsätze gibt es natürlich auch im Akkusativ, Dativ und Genitiv. Aber dazu kommen wir später.

EINHEIT 18 | 177

5 Geld ausgeben 花钱

5.1 Was machen die Deutschen mit ihrem monatlichen Einkommen? Lesen Sie die Zahlen in der Statistik. Klären Sie den Wortschatz und ordnen Sie die Bereiche den Zahlen zu.

1. Sparen
2. Wohnung, Heizung, Strom
3. Gesundheit, Körperpflege
4. Nahrungsmittel, Getränke, Tabak
5. Reisen, Dienstleistungen
6. Auto, Verkehr, Telefon
7. Kfz-Steuer, Versicherungen
8. Bildung, Unterhaltung, Freizeit
9. Kleidung, Schuhe
10. Möbel, Geschirr usw.

Wo bleibt das Haushaltsgeld?
Alte Bundesländer 2.650,–
Monatlich verfügbares Einkommen von mittleren Arbeitnehmern, davon wurden ausgegeben für:

575,–
445,–
339,–
329,–
231,–
211,–
165,–
154,–
78,–
72,–

Quelle: Statistisches Bundesamt
Angaben in Euro

5.2 Sprechen Sie über Ihre Zuordnungen im Kurs. Begründen Sie Ihre Vermutungen.

> Ich glaube, am meisten geben die Leute für … aus.

> … ist bestimmt sehr teuer. Deshalb …

5.3 Kontrollieren Sie die Ergebnisse. Was finden Sie überraschend, was haben Sie richtig vermutet?

5.4 Wir haben vier Leuten die Statistik gezeigt und gefragt: Wie ist das bei Ihnen? Hören Sie die Tonaufnahme. Machen Sie Notizen. Wer sagt was?

5.5 „Über Geld spricht man nicht!" – sagen manche Leute. Wie ist das bei Ihnen?
Kann man z.B. die folgenden Fragen bei Ihnen stellen?

> Wie viel verdienen Sie im Monat?

> Darüber möchte ich nicht sprechen.

Wofür gibst du am meisten Geld aus?
Wie viel hat Ihr Auto/Anzug gekostet?
Sparen Sie viel?

Also, ich bitte Sie …
Das geht nur mich etwas an.
Darüber spricht man nicht.

5.6 Wenn man bei Ihnen über Geld sprechen kann, machen Sie Interviews im Kurs. Die Informationen in 5.1 helfen Ihnen.

Wofür geben Sie viel/wenig/gar kein Geld aus?
Wofür würden Sie lieber weniger ausgeben?
Wofür lieber mehr?

> Ich finde, dass ich viel zu viel Geld für die Miete bezahlen muss.

> Ich will in Zukunft weniger für Zigaretten ausgeben und für ein Auto sparen.

> Wenn ich könnte, würde ich mehr Geld für Reisen ausgeben.

6 Geld regiert die Welt – Bankgeschäfte 金钱统治世界 — 银行业务

6.1 In der Bank – Hören Sie die Tonaufnahme. Welche Abbildungen werden auch im Dialog erwähnt?

6.2 Hören Sie die Tonaufnahme noch einmal und ergänzen Sie den Dialog mit den folgenden Wörtern.

Gehalt   Konto   Sparkonto
Überweisungen   bargeldlos   Girokonto
Miete   Euroscheckkarte   Zinsen

– Guten Tag, ich möchte ein **Konto** eröffnen.
+ Ja, gerne. Möchten Sie ein **Girokonto** oder ein Sparkonto?
– Was ist der Unterschied?
+ Beim Girokonto können Sie _____**Überweisungen**_____ machen.
– Und was noch?
+ Sie bekommen eine _____**Euroscheckkarte**_____ . Damit können Sie am Geldautomaten Geld abheben und in vielen Geschäften _____**bargeldlos**_____ bezahlen.
– Bekomme ich auch Euroschecks?

+ Selbstverständlich.
– Und was ist der Vorteil von einem _____**Sparkonto**_____ ?
+ Da bekommen Sie _____**Zinsen**_____ , aber Sie haben keine Schecks und keine Euroscheckkarte.
– Ich brauche ein Konto für mein _____**Gehalt**_____ und die _____**Miete**_____ und so.
+ Dann brauchen Sie ein Girokonto.

6.3 Hören Sie den Dialog noch einmal. Markieren Sie die Satzakzente. Lesen Sie dann den Dialog laut. Achten Sie auf die Intonation.

EINHEIT 18 179

▶ ◀ 6.4 Fragen und Bitten auf der Bank: Schreiben Sie die Wörter aus dem Kasten auf Kärtchen. Dann zieht immer eine/r ein Kärtchen und die/der andere formuliert damit eine Frage oder eine Bitte. Die Satzanfänge helfen Ihnen.

> die Euroscheckkarte   der Scheck   das Überweisungsformular   das Einzahlungsformular
> die Kreditkarte   der Kredit   die Überweisung   die Zinsen   das Sparkonto
> einzahlen   abheben   überweisen   umtauschen   beantragen   eröffnen

Ich hätte gern …
Ich möchte …
Ich brauche …
Kann ich hier …?
Wie viel kostet …?
Wie hoch sind …?

Ich möchte eine Euroscheckkarte beantragen.

7 João Ubaldo Ribeiro: Der Zahlteller   João Ubaldo Ribeiro: 收银盘

João Ubaldo Ribeiro ist brasilianischer Schriftsteller. Während eines einjährigen Aufenthaltes in Berlin schrieb er verschiedene Artikel für die Tageszeitung „Frankfurter Rundschau". Darin berichtete er (oft in leicht ironischem Ton) über seine Beobachtungen in Deutschland.

▶ ◀ 7.1 Betrachten Sie das Foto. Und beschreiben Sie die Situation. Ist die Situation bei Ihnen genauso oder anders?

7.2 Lesen Sie bitte den ersten Abschnitt. Was passiert hier? Begründen Sie Ihre Vermutung.

Der Zahlteller

Die Deutschen merken das nicht. Ich weiß das, weil ich schon versucht habe, mit einigen von ihnen darüber zu sprechen, aber sie verstehen nicht, was ich meine, und
5 sehen nichts von dem, was ich sehe. Dafür fällt es aber auch anderen Brasilianern auf, also denke ich mir das nicht aus. Ich rede von Geld, genauer gesagt vom Bezahlen. Die Deutschen haben eine ganz andere Beziehung zum Geld als wir. […]
10 Denn wenn es ans Zahlen geht, entstehen sofort eine gewisse Anspannung und Nervosität, die erst dann vergehen, wenn man das Geld aus der Tasche geholt, bezahlt und das genauestens abgezählte Wechselgeld erhalten hat.
15 „Das macht achtzehnzweiundzwanzig", sagt das Mädchen hinter dem Ladentisch. Ein schweres Schweigen breitet sich aus, während ihre Augen nervös der ganzen Operation zuschauen. Man hat den Eindruck, wenn draußen ein Kanonenschuss fällt, wird sie erst fragen, wer ihn abgefeuert hat, nachdem sie sich vergewissert hat, dass alles seine Richtigkeit habe. Es ist bezahlt, alles ist in Ordnung, die Spannung löst sich, Lächeln, fast erleichterte Seufzer – was für
20 ein Krach war das eben da draußen? Hat jemand mit einer Kanone geschossen?

7.3 Im folgenden Abschnitt vergleicht der Autor Erfahrungen in Rio de Janeiro und Berlin. Was sind die Unterschiede. Wer spricht? Worüber sprechen die Personen?

> In einem Taxi in Rio fragt der Fahrgast, wie viel die Fahrt kostet, während der Fahrer sich über die Schlaglöcher beschwert, oder er fragt, ob dies nicht die Straße ist, in der eine berühmte Sängerin wohnt. In Deutschland hält der Fahrer an, stellt die Uhr ab, und bevor noch ein Wort fällt, nennt er den Fahrpreis. Ich kann mich nicht erinnern, in Deutschland je
> 5 nach dem Preis irgendeiner Ware oder Dienstleistung gefragt zu haben. Sobald klar wird, dass ich kaufen will, sagt der Verkäufer, was ich schulde, ohne abzuwarten, ob ich frage (und wieder kommen sofort jene Anspannung und Nervosität auf). Wenn ich noch nie von Deutschland gehört hätte und plötzlich hier leben würde, würde ich eine ganze Zeit lang denken, es sei völlig normal, dass einer ein Geschäft betritt, etwas verlangt und ohne zu zahlen geht –
> 10 daher diese Nervosität, wenn es ans Bezahlen geht.

7.4 Lesen Sie den Text und spielen Sie die Szene im Tabakladen im Kurs.

> Und schließlich der Zahlteller.
>
> [...] Mit dem Zahlteller bekam ich es gleich in den ersten Tagen meines Aufenthalts hier in Berlin zu tun. Es war im Tabakladen an
> 5 der Ecke. Ich verlangte eine Schachtel Zigaretten, erfuhr sofort den Preis und streckte der Frau hinter der Theke das Geld hin. Aber sie betrachtete mich schweigend, streng und vielleicht sogar ein wenig ungeduldig. Ich
> 10 verstand nicht, war leicht verwirrt und zählte das Geld noch einmal nach. Was war denn nur?
> Da erst merkte ich, dass ihr Blick von meinem Gesicht zu dem Teller neben der Kasse ging. Diesen Teller kannte ich schon von vorangegangenen kurzen Aufenthalten in Deutschland,
> 15 aber ich hatte ihn vergessen. Natürlich, der Zahlteller! Ich legte das Geld – auf den Zahlteller, sie schaute zufrieden drein wie jemand, der gerade eine Lektion erteilt hat, dankte und legte das Wechselgeld auf den Teller.
> Nach diesem Vorfall hatte ich noch einige Male Probleme, weil ich den Zahlteller vergessen hatte, wie zum Beispiel an dem Tag, als ich dem Busfahrer das Fahrgeld geben wollte und er
> 20 irgendetwas sagte, was ich nicht verstand. Ich bin jedoch sicher, dass es nichts Schmeichelhaftes war. Jetzt vergesse ich das nicht mehr. Ich halte mich an die Bräuche dieses Landes und diskutiere nicht weiter.
> Ich weiß nicht, warum die Deutschen nicht wollen, dass man ihnen das Geld direkt in die Hand gibt, ich weiß nicht einmal, ob das eine Forderung der Bundesbank ist. Nicht einmal
> 25 ein Almosen gebe ich hier in Berlin jemandem direkt in die Hand. Ich werfe die Münze in den Hut oder in die Schachtel neben dem Bittenden. Ich mache mich doch mitten auf dem Breitscheidplatz nicht lächerlich.

Vokabular Wechselgeld = das Geld, das man beim Bezahlen zurückbekommt; Kanonenschuss = im Krieg schießen die Soldaten auch mit Kanonen; seine Richtigkeit haben = in Ordnung sein / stimmen; geschossen = Partizip II von schießen; Schlaglöcher = eine Straße ist sehr schlecht, wenn sie viele Schlaglöcher hat; schulden = wenn man jemandem Geld bezahlen muss, dann schuldet man ihm Geld; Dienstleistung = z.B. Kleidung verkaufen, Schuhe reparieren, Kranke behandeln; Tabakladen = ein Laden, der Zigaretten, Zigarren und Tabak verkauft; Fahrgeld = das Geld, das man für eine Fahrt im Bus oder in der Eisenbahn bezahlen muss; Bundesbank = die Bundesbank ist die staatliche Bank in Deutschland, die die Währung kontrolliert; die Bundesbank legt die wichtigsten Zinsen fest, sie ist von der Regierung unabhängig; Almosen = das Geld, das man einem Menschen gibt, der z.B. auf der Straße sitzt und um Geld bittet; Breitscheidplatz = ein Platz in Berlin.

EINHEIT 19: FRAUEN UND MÄNNER
第19单元：女人和男人

.... *über Männer- und Frauenrollen sprechen* 谈论男性角色和女性角色
.... *über verschiedene Lebensformen sprechen (Ehe, Wohngemeinschaft, Single)*
　　　　谈论不同的生活方式（婚姻、同居、单身）
.... *einen längeren Sachtext erarbeiten* 处理一篇实用性短文
.... *wichtige Wörter in einem Text herausfinden* 找出文章中的重要词汇
.... *Grund/Folge: weil, deswegen* 原因/结果
.... *Abwägen: obwohl, trotzdem* 权衡：obwohl、trotzdem

1　Rollenbilder 角色印象

1.1　Sehen Sie sich die Fotos an und markieren Sie in der Tabelle von 1 (ganz normal für mich) bis 5 (sehr ungewöhnlich für mich).

	1	2	3	4	5
A	☐	☐	☐	☐	☐
B	☐	☐	☐	☐	☐
C	☐	☐	☐	☐	☐
D	☐	☐	☐	☐	☐
E	☐	☐	☐	☐	☐

 1.2　Sammeln Sie die Ergebnisse an der Tafel.

2 Was Männer und Frauen sind und tun 男人和女人怎么样、做什么

2.1 Klären Sie unbekannten Wortschatz und ordnen Sie die Aussagen zu: M (Männer), F (Frauen), M/F (beide)

	M	F	M/F			M	F	M/F	
1.	☐	☐	☐	… nehmen in den Arm	11.	☐	☐	☐	… rauchen Pfeife
2.	☐	☐	☐	… geben Geborgenheit	12.	☐	☐	☐	… sind furchtbar schlau
3.	☐	☐	☐	… weinen heimlich	13.	☐	☐	☐	… machen alles ganz genau
4.	☐	☐	☐	… brauchen viel Zärtlichkeit	14.	☐	☐	☐	… kriegen* keine Kinder
5.	☐	☐	☐	… sind so verletzlich	15.	☐	☐	☐	… kriegen* dünnes Haar
6.	☐	☐	☐	… lügen am Telefon	16.	☐	☐	☐	… sind etwas sonderbar
7.	☐	☐	☐	… haben Muskeln	17.	☐	☐	☐	… sind unersetzlich
8.	☐	☐	☐	… sind furchtbar stark	18.	☐	☐	☐	… sind außen hart und innen ganz weich
9.	☐	☐	☐	… können alles					
10.	☐	☐	☐	… führen Kriege					

*kriegen = bekommen

2.2 Herbert Grönemeyer: Männer, gesungen von Bläck Föss. Lesen Sie zuerst die Worterklärungen und hören Sie dann das Lied. Wie finden Sie die Musik?

langweilig, hektisch, männlich, weiblich, sanft, aufregend

Worterklärungen zum Liedtext: stehen ständig unter Strom = müssen immer aktiv sein; baggern wie blöde = arbeiten sehr viel; sind sehr aktiv / machen Frauen an; bestechen durch ihr Geld und ihre Lässigkeit = sind attraktiv, wenn sie Geld haben und locker sind; werden auf Mann geeicht = man erzieht/programmiert sie zu Männern; sind einsame Streiter = sie arbeiten/kämpfen allein; müssen durch jede Wand = wollen immer gewinnen, auch wenn es unmöglich ist; sind schon als Baby blau = werden als Baby oft blau angezogen (Mädchen tragen oft rosa), als Erwachsene sind sie oft betrunken (blau)

Herbert Grönemeyer, Liedermacher aus Bochum

2.3 Deutsch Lernende in Spanien haben das Lied „Männer" variiert. Wir geben Ihnen die letzte Strophe ihres Textes. Arbeiten Sie in Gruppen. Jede Gruppe schreibt eine weitere Strophe.

Frauen

[…]
Frauen stopfen Socken
Frauen hassen Boxen
Frauen sind geduldig
Frauen sind für den Frieden

Frauen sind so verletzlich
Frauen sind auf dieser Welt einfach unersetzlich

3 Frauen und Karriere 女性和事业

3.1 Die folgenden vier Überschriften könnten alle zu dem Zeitungsartikel in 3.2 passen. Was könnte in dem Artikel stehen? Sammeln Sie Vermutungen im Kurs.

Frauen in Top-Positionen? Fehlanzeige!
Chancengleichheit im Berufsalltag: Viele Worte, wenig Taten

Deutsche Chefetagen noch fest in Männerhand
Umfrage zeigt: Männer blockieren Frauenkarrieren

Männerclub im Management
Wie Männermacht verteidigt wird

Kinder, Küche, Job – Ja – Karriere – Nein
Trotz gleicher Qualifikation und höherer Flexibilität haben Frauen an der Spitze keine Chance

EINHEIT 19

Überfliegen Sie den Artikel. Welche der Überschriften aus 3.1 passt am besten?

Es gibt genug qualifizierte Frauen.

Frauen bekommen oft keine Chance.

Man redet viel, aber man tut nichts.

Viele Unternehmen könnten bei ihrer Personalauswahl für Führungspositionen auf qualifizierte und motivierte Mitarbeiterinnen zurückgreifen. Dennoch werden Frauen bei der Vergabe von Karriereposten wenig berücksichtigt. Chancengleichheit und Gleichberechtigung bleiben in der Praxis oft nicht mehr als Lippenbekenntnisse.

Eine Untersuchung der Bundeswehruniversität Hamburg brachte zum Teil erstaunliche Ergebnisse. Nur 2,2 Prozent der befragten berufstätigen Frauen mit Hochschulabschluss gaben an, die Position einer Direktorin oder Abteilungsleiterin einzunehmen. Bei den männlichen Hochschulabsolventen ist die Zahl vier- bis fünfmal so hoch.

Dabei fanden die Hamburger Wissenschaftler heraus, dass Frauen bezüglich ihrer formalen und beruflichen Bildung genauso qualifiziert sind wie die männlichen Kollegen. Entgegen bisherigen Annahmen verteilen sich diese Qualifikationen auch auf die gesamte Bandbreite der Fachrichtungen (mit einer Ausnahme: Ingenieurwissenschaften). Frauen sind außerdem deutlich mobiler als ihre Kollegen – sei es ein Umzug in eine Großstadt, ein mehrjähriger Auslandsaufenthalt oder häufige Reisetätigkeit. Das gilt auch für verheiratete Frauen. Von den befragten Frauen waren ein Drittel allein stehend, im Gegensatz zu den männlichen Kollegen, die zu 88,5 Prozent in einer Partnerschaft lebten. Der Wunsch nach Kindern ist aber bei den weiblichen Führungskräften genauso groß wie bei anderen Frauen. Über die Hälfte der befragten Frauen plante ein Kind, auch unabhängig von einer Ehe.

Unterschiede gab es in Sachen Arbeitszeiten. Die befragten Chefinnen gaben 45,3 Stunden pro Woche an, die Männer 47,5 Wochenstunden. Doch ohnehin zeichne sich ab, so die Wissenschaftler, dass 50- bis 60-Stunden-Wochen generell von Führungskräften nicht mehr akzeptiert würden.

Warum also haben Frauen so wenige Chancen, in die Top-Positionen zu kommen? Ganz offensichtlich liegt es an der mangelnden Unterstützung und Förderung durch Vorgesetzte.

Man lässt sie in der Hierarchie nicht nach oben kommen. So gibt es auf der Ebene der Sachbearbeiter und Referenten noch genauso

viele Frauen wie Männer. Aber schon bei den Abteilungsleitern geht die geschlechtsspezifische Schere auseinander. Bei den Hauptabteilungsleitern und Direktoren ist der Mangel an Frauen dann signifikant.

Es ist höchste Zeit, so die Wissenschaftler, dass die (meist von Männern geleiteten) Unternehmen ihre Einstellung ändern: „Die bisherige Vergeudung von Ressourcen ist nicht nur unökonomisch, sondern auch gesellschaftlich nicht vertretbar."

(Nach: Berliner Morgenpost, 13.3.1996)

Wenige sind Direktorinnen.

3.3 Lesen Sie den Artikel genau durch und sammeln Sie Informationen zu folgenden Stichwörtern.

Direktorin, Abteilungsleiterin _____

Qualifikation _____

allein stehend, Partnerschaft _____

Arbeitszeiten _____

Kinder _____

nicht nach oben kommen _____

genauso viele wie _____

die Einstellung ändern _____

3.4 Wichtige Wörter herausfinden: Wählen Sie aus dem Artikel acht Ihnen unbekannte Wörter aus, die Sie für wichtig halten. Vergleichen Sie Ihre Auswahl in der Klasse und einigen Sie sich auf acht Wörter, die Sie im Wörterbuch nachschlagen.

3.5 Über einen schwierigen Text mit einfachen Sätzen sprechen.

- Was können Frauen ändern?
- Frauen sind genauso qualifiziert wie Männer.
- Was können wir tun, damit sich die Situation ändert?
- Warum werden so wenig Frauen Chefinnen?
- Wie viele Direktorinnen kennst du?
- Weil die Männer die Frauen nicht nach oben kommen lassen.

3.6 Könnte man den Artikel so auch über Ihr Land schreiben? Was müsste man ändern?

3.7 Männer – Frauen – Kinder – Beruf
Bearbeiten Sie bitte Aufgabe A oder B.

Die Männer müssten …
In den Firmen müsste es …
Wenn die Frauen/Männer … würden, dann …
Der Staat müsste …
…

A
In Deutschland wollen heute die meisten Frauen berufstätig sein. Frauen, die sich „nur" um die Kinder und/oder den Haushalt kümmern, werden von der Gesellschaft weniger anerkannt.
Was meinen Sie: Sollten alle Frauen und Männer arbeiten oder ist es besser, wenn eine Person in der Familie sich nur um die Kinder und/oder den Haushalt kümmert?
Schreiben Sie dazu einen Text mit fünf Sätzen.

B
In Deutschland sind 62% aller Frauen und 81% aller Männer zwischen 15 und 65 Jahren berufstätig. Manche Leute sagen: Wenn in der Familie Mutter und Vater arbeiten, dann ist das für die Kinder schlecht. Was denken Sie darüber? Ist das ein Problem? Machen Sie fünf Vorschläge, wie man die Schwierigkeiten lösen könnte.

4 Heiraten – ja oder nein? 结婚 — 结还是不结?

4.1 Wir haben zwei Personen gefragt, warum sie verheiratet sind. Hören Sie zu und kreuzen Sie die Themen an, die die Personen ansprechen.

1. ☐ Arbeitsplatz
2. ☐ Eltern
3. ☐ Familie
4. ☐ Geld
5. ☐ Kinder
6. ☐ Leute auf dem Land
7. ☐ Liebe
8. ☐ Religion
9. ☐ Sicherheit

4.2 Formulieren Sie mit den Stichwörtern aus 4.1 Aussagen zu den Interviews.

> Maria hat Mauro geheiratet, weil sie ihn liebt.

4.3 Hören Sie nun zwei Interviews mit Leuten, die nicht (mehr) verheiratet sind. Wer sagt was? Markieren Sie mit N (Herr Neumann) oder K (Frau Klein).

1. ☐ ☐ Der Staat sollte mit der Liebe nichts zu tun haben.
2. ☐ ☐ Scheidungen sind kompliziert und teuer.
3. ☐ ☐ Ich liebe meinen Freund.
4. ☐ ☐ Die Heirat zerstört die Liebe.
5. ☐ ☐ Manchmal sehen wir uns die ganze Woche nicht.
6. ☐ ☐ Man muss nicht verheiratet sein, um zusammenzuleben.

4.4 Was meinen Sie dazu? Notieren Sie zwei Sätze auf Karten. Sammeln Sie die Karten im Kurs ein. Lesen Sie sie vor und ordnen Sie sie. Die Kategorien bestimmen Sie. Erkennen Sie ein Meinungsbild im Kurs?

> Wenn man eine Familie mit Kindern haben will, sollte man heiraten.

> Heiraten ist doof!

4.5 Maria fand ihr Hochzeitsfest toll. Wenn schon heiraten, dann richtig! Was gehört für Sie zu einem richtigen Hochzeitsfest dazu?

die Gäste
die Kleider
der Ort
das Essen
die Geschenke
die Musik

INFO **Heiraten in den deutschsprachigen Ländern.** Obwohl immer mehr Menschen allein leben oder mit einem Partner ohne „Trauschein" zusammen sind, ist die Ehe immer noch die verbreitetste Form des Zusammenlebens. Die meisten Männer und Frauen heiraten zwischen ihrem 25. und 35. Lebensjahr. Über ein Drittel aller Ehen werden aber auch wieder geschieden.

Auch heute noch ist das Hochzeitsfest für viele Menschen das größte Fest in ihrem Leben. Man lädt die Verwandten ein und die Freunde. Die Hochzeitsfeste in den deutschsprachigen Ländern sind zwar meistens nicht so groß wie in vielen anderen Ländern, aber ein Fest mit 40 bis 50 Personen ist keine Seltenheit. Zum Hochzeitsfest bekommt das Brautpaar von den Gästen Geschenke. Damit nichts geschenkt wird, was man gar nicht brauchen kann, machen viele Brautpaare ein „Wunschbuch" und alle Gäste suchen sich daraus etwas aus und kaufen es. Immer häufiger schenkt man auch Geld.

Vor dem Hochzeitsfest machen manche Paare einen „Polterabend". Während des Abends wird altes Geschirr zertrümmert und das Brautpaar muss die Scherben auffegen, denn man sagt: „Scherben bringen Glück."

In Deutschland leben auch viele Menschen, die das Hochzeitsfest ganz anders feiern. Die Kinder der türkischen Einwanderer bewahren z.B. oft ihre türkischen Traditionen.

Türkisches Hochzeitspaar mit Geldgeschenken

5 Liebst du mich? 你爱我吗？

5.1 Wir alle haben schon erlebt, wie Streit entsteht. Hier ist ein Beispiel. Ergänzen Sie den Dialog.

– Liebst du mich?

+ Ja.

– Wirklich?

+ _____

– Klingt aber nicht sehr liebevoll!

+ _____

– Ich sehe schon, du liebst mich nicht.

+ _____

– Sonst wärst du jetzt nicht so aggressiv!

+ _____

– Doch, du bist aggressiv.

+ _____

– Du gibst es also zu.

+ _____

– Ich sehe schon, du liebst mich nicht.

…

5.2 Spielen Sie Ihren Dialog vor und hören Sie danach die Tonaufnahme.

6 Wohngemeinschaft 合住

6.1 Leben in einer Wohngemeinschaft (WG) – ja oder nein?
Unterstreichen Sie in folgenden Texten je zwei Argumente, die Sie gut finden.

Ja, nicht nur, weil die Miete billiger ist, wenn man sich eine Wohnung teilt, sondern auch, weil ich es angenehmer finde, mit ein paar Leuten zusammen zu wohnen. Es ist immer jemand da, mit dem man reden, zusammen in der Küche stehen und kochen, zusammen essen kann. Ich finde es schrecklich, wenn ich nach Hause komme und die Wohnung leer ist.
Die beste Voraussetzung für eine Wohngemeinschaft ist natürlich, dass man sich mit den Mitbewohnern versteht. Aber auch wenn man einen davon nicht besonders sympathisch findet, ist das meiner Meinung nach nicht schlimm. Man lernt so, trotz unterschiedlicher Meinungen und Lebensstile zusammenzuleben, sich auseinander zu setzen und den anderen zu respektieren.
In einer Wohngemeinschaft kommt es immer zu einem Gedankenaustausch. Und der ist viel intensiver als der mit Freunden, die man nur ab und zu trifft und bei denen man sich ausspricht. Natürlich, auch in einer Wohngemeinschaft braucht jeder seinen Freiraum. Deswegen respektiert bei uns in der WG jeder, wenn einer die Tür hinter sich zumacht und alleine sein will.

Barbara Gross, Studentin, Sprach- und Literaturwissenschaften

Nein, denn das Zusammenleben mit mehreren Menschen auf meist engem Raum erfordert viel Toleranz und Disziplin. Und dazu bin ich nicht immer bereit.
Laute Musik aus dem Nebenzimmer, wenn ich gerade Ruhe haben will, stört mich eben. Und es passt mir auch nicht, aus Rücksicht auf die anderen meinen Abwasch in der Küche sofort zu erledigen, wenn ich gerade etwas Wichtigeres zu tun habe. Ich mag mich nicht immer nach meinen Mitbewohnern richten. Trotz der ökonomischen Vorteile, die das Leben in einer WG sicher hat, lebe ich lieber allein. Deswegen spare ich lieber an anderen Dingen und leiste mir eine kleine Wohnung, in der ich meine Ruhe habe. Ich will auch nicht, dass jeder über mein Privatleben, meine Besucher, meine Gewohnheiten, meine Stimmungen Bescheid weiß.
Obwohl man natürlich auch in einer Wohngemeinschaft die Zimmertür hinter sich schließen kann, ist man deshalb noch lange nicht allein. Bei so vielen Leuten ist doch immer etwas los.

Hildegard Pieper, Betriebswirtin

6.2 Lesen Sie die zwölf Argumente für und gegen WGs und tragen Sie die Wörter in die Lücken ein.

wissen leere Lust teilen keinen respektieren allein billiger ~~reden~~ intensiv
Wohnung laute

1. Es gibt immer einen Menschen, mit dem man _reden_ kann.

2. Man wird oft gestört, z.B. durch _____ Musik.

3. Es ist _____ , wenn man sich eine Wohnung teilt.

4. Es ist furchtbar, wenn alle über mein Privatleben Bescheid _____ .

5. Allein essen macht _____ Spaß.

6. In einer eigenen _____ hat man seine Ruhe.

7. In einer Wohngemeinschaft ist es nicht möglich, _____ zu sein.

8. Man lernt, andere Leute zu _____ .

9. Man kann nicht immer das tun, wozu man im Moment gerade _____ hat.

10. Man kann sich die Hausarbeit _____ .

11. Man spricht über viele Dinge sehr _____ .

12. Es ist schrecklich, in eine _____ Wohnung zu kommen.

6.3 Welche Argumente aus 6.2 sprechen für die WG, welche dagegen?

pro WG | kontra WG
1

6.4 Szenen einer WG – Teil 1: Eine neue Mitbewohnerin / ein neuer Mitbewohner. Bilden Sie WGs. Einige Kursteilnehmer/innen sind die Bewerber/innen.

Situation:
Ihre WG sucht eine neue Mitbewohnerin bzw. einen neuen Mitbewohner. Sie führen ein Gespräch mit verschiedenen Bewerbern und Bewerberinnen.

Zuerst müssen Sie aber die Spielregeln Ihrer WG klären. Machen Sie dazu eine Liste mit je fünf Pflichten und Verboten in Ihrer WG. Notieren Sie dann Fragen, die Sie der Bewerberin / dem Bewerber stellen wollen.

Rauchen, Musik, Geschirr spülen, Besuch, Tiere, Politik, Sport, Putzen, Geld …

Die Bewerber/innen erarbeiten in der gleichen Zeit Fragen, die sie der WG stellen wollen.
Dann besuchen die Bewerber und Bewerberinnen die verschiedenen WGs und führen die Gespräche.
Am Schluss sagen die WGs, wen sie am liebsten aufnehmen würden und warum. Die Bewerber/innen sagen, wohin sie am liebsten ziehen würden.

7 Weil – obwohl, trotzdem – deswegen 因为 — 虽然、尽管如此 — 所以

7.1 Vergleichen Sie die Sätze in der Tabelle. Achten Sie auf die Stellung des Verbs.

	Konjunktion + Nebensatz	Adverb + Hauptsatz
Grund/Folge	**Weil** es in WGs oft Streit gibt, lebe ich lieber allein.	Es gibt in WGs oft Streit. **Deswegen** lebe ich lieber allein.
Abwägen ⚖	**Obwohl** es oft Streit gibt, ist das Leben in einer WG besser.	Es gibt oft Streit. **Trotzdem** ist das Leben in einer WG besser.

7.2 Lesen Sie die Sätze 1 bis 4 und wählen Sie die passende Fortsetzung (a oder b).

1. ☐ Weil ich gern mit anderen Leuten zusammen bin, …
2. ☐ Ich muss sparen. Trotzdem …
3. ☐ Die Mieten sind hoch. Deswegen …
4. ☐ Obwohl ich nicht gern von anderen gestört werde, …

a … lebe ich lieber allein.
b … lebe ich lieber in einer Wohngemeinschaft.

7.3 Ergänzen Sie die folgenden Sätze mit weil, obwohl, trotzdem oder deswegen und mit der passenden Fortsetzung (a, b) aus 7.2.

1. Ich bin egoistisch. _Trotzdem lebe ich in einer Wohngemeinschaft._
2. _____ ich gern mit Leuten zusammen bin, _____
3. Ich habe Angst vor dem Alleinsein. _____
4. Die Miete ist sehr hoch. _____
5. _____ ich nicht gern gestört werde, _____
6. _____ ich sehr tolerant bin, _____
7. Es gibt immer Probleme mit dem Bad. _____
8. Mein Privatleben ist mir wichtig. _____
9. Ich mag keine laute Musik. _____
10. _____ ich die Ruhe liebe, _____
11. Alle meine Freunde leben in WGs. _____

> Weil alle gegen mich sind, lebe ich lieber allein.

EINHEIT 19

7.4 Trotzdem – deswegen: Notieren Sie sechs Fragen zu verschiedenen Themen.
Die Elemente im Kasten helfen Ihnen. Stellen Sie die Fragen.

- Ja, aber trotzdem lebe ich allein.
- Bist du gern mit anderen Leuten zusammen?
- Nein, trotzdem lebe ich in einer WG.
- Ja, deswegen …
- Ja, deswegen bin ich im Fußballverein.
- Findest du starke Männer/Frauen schön?
- Nein, deswegen lebe ich lieber allein.
- Ja, trotzdem …

Findest du … Fährst du gerne …?	Auto fahren fliegen
… du gerne? Gehst du oft …?	rauchen reisen
Musst du … …	Wein trinken
	ins Schwimmbad gehen …

8 Die Krisensitzung 紧急会议

8.1 Szenen einer WG, Teil 2: Arbeiten Sie wie in 6.4. Die Bewerber/innen leben jetzt in den WGs.

In Ihrer WG gibt es Probleme. Wählen Sie eine Situation aus.
Besprechen Sie das Problem und suchen Sie eine Lösung.

1. Klaus will jeden Tag zwischen 7 und 7.30 Uhr in der Badewanne sitzen. In der WG gibt es nur ein Badezimmer.

2. Vor zwei Tagen gab es in der WG ein großes Fest. Das schmutzige Geschirr steht noch immer in der Küche.

3. Heute Abend will niemand kochen, aber alle möchten essen.

4. Es gibt nur einen Fernseher und oft Streit, weil jeder etwas anderes sehen will.

8.2 Spielen Sie Ihre Diskussion dem Kurs vor.

EINHEIT 20: GUTEN APPETIT!
第20单元：慢慢吃！

.... *Käse, Wurst und Brot in den deutschsprachigen Ländern* 德语国家的奶酪、香肠和面包
.... *Herstellungsprozesse beschreiben* 描述生产过程
.... *sagen, wie etwas funktioniert* 告诉别人某样东西如何运作
.... *ein Kochrezept verstehen* 理解菜谱
.... *Passiv* 被动态
.... *man statt Passiv* 用man替代被动态

1 Käse, Wurst und Brot 奶酪、香肠和面包

1.1 Betrachten Sie die Fotos. Was kennen Sie? Was schmeckt Ihnen, was schmeckt Ihnen nicht? Was würden Sie gern einmal probieren?

Käse Das Käseland unter den deutschsprachigen Ländern ist die Schweiz. Aber auch in Deutschland und Österreich ist Käse in den letzten Jahrzehnten immer beliebter geworden. Es gibt heute Geschäfte, die nur Käse verkaufen, und in fast allen großen Lebensmittelgeschäften gibt es „Käsetheken". Sogar viele Metzger verkaufen heute die beliebtesten Käsesorten. Meistens isst man Käse zum Abendessen, aber auch zum Abschluss eines guten Essens wird oft Käse angeboten.

Wurst In Deutschland, Österreich und der deutschsprachigen Schweiz wird viel Wurst gegessen. In den Metzgereien gibt es hunderte von Wurstsorten. Von Region zu Region gibt es große Unterschiede. Manche Würste werden vor allem warm gegessen (Wiener Würstchen, Weißwurst, Bratwurst …). Andere isst man meistens kalt (Leberwurst, Salami, Lyoner …). Auf Brot wird Wurst meistens zum Abendessen gegessen. Viele Leute essen aber auch zum Frühstück Wurst oder sie nehmen ein Wurstbrot für das zweite Frühstück in die Firma mit.

Brot Über 80% der Deutschen sagen, dass Brot für sie das wichtigste Nahrungsmittel ist. In den Bäckereien gibt es oft bis zu 20 Sorten Brot. Wenn man alle Brotsorten zusammenzählen würde, käme man sicher auf mehrere hundert Sorten. Sehr beliebt ist heute das „Vollkornbrot". Die Leute glauben, dass dieses Brot besonders gesund ist. Brötchen und Toastbrot werden gerne zum Frühstück gegessen. Seit 1996 dürfen die Bäckereien am Sonntagmorgen öffnen, um Brötchen zu verkaufen.

1.2 Welche Spezialitäten gibt es in Ihrem Land? Wann isst man warm? Wann wird kalt gegessen?

2 So wird Schweizer Käse gemacht 瑞士奶酪是这样做的

2.1 Wie kommen die Löcher in den Käse? Sammeln Sie Vermutungen im Kurs.

2.2 Hören Sie die Tonaufnahme. Welche Antwort stimmt Ihrer Meinung nach?

2.3 Hier erfahren Sie, wie Schweizer Käse gemacht wird. Lesen Sie den Text zuerst für sich.
Fragen Sie noch nicht nach unbekannten Wörtern.

1. Die Milch wird in einem großen Kessel langsam auf 32,5° C erwärmt. Dann werden Lab (ein Ferment) und Milchsäurebakterien dazugegeben. Nach einiger Zeit ist die Milch dick.
2. Mit der Käseharfe zerschneidet der Senn, so nennt man den Mann, der den Käse macht, die Masse kreuz und quer in möglichst gleichmäßige Stücke. Dabei entsteht Flüssigkeit. Die Masse wird weiter umgerührt und langsam auf 53,7° C erwärmt. Dabei werden die Stücke, die Fachleute nennen sie Käsekörner, immer kleiner, trockener und fester.
3. Nach ungefähr zwei Stunden wird die Käsemasse mit dem Käsetuch aus dem Kessel genommen.
4. Auf dem Presstisch wird der Käse nun in seine Form gepresst. Er ist noch sehr weich. Der Laib bleibt bis zum nächsten Morgen in der Presse und wird mehrmals gewendet.
5. Am nächsten Morgen trägt der Senn den Käselaib zum Salzbad. Im Salzbad gibt der Käse noch einmal Flüssigkeit ab und nimmt Salz auf. Dadurch bildet sich die Käserinde.
6. Der Gärkeller – die letzte Station. Hier werden die Käselaibe regelmäßig mit Bürste und Wasser abgerieben. Der Käse wird hier mehrere Monate gelagert, bis er reif ist. Durch die Gärung entsteht Gas im Käse. Das Gas sammelt sich in kleinen Blasen; dadurch entstehen die Löcher.

2.4 Schauen Sie sich nun die Fotos an. Welches Foto passt zu welchem Abschnitt im Text von 2.3?
Ordnen Sie sie zu.

2.5 Welche Wörter im Text 2.3 können Sie mit Hilfe der Fotos verstehen?

3 Das Passiv 被动态

3.1 In den Abschnitten 1 und 2 haben Sie eine neue Verbform kennen gelernt.
Markieren Sie bitte in den Abschnitten 1 und 2 alle Passivformen.

Das Passiv ....

In Deutschland … <u>wird</u> viel Wurst <u>gegessen</u>.

Die Milch <u>wird</u> … auf 32,5° C <u>erwärmt</u>.

3.2 So können Sie einen Herstellungsprozess beschreiben:

persönlich (Aktiv) .... *unpersönlich (Passiv)* ....

(Was <u>macht</u> der Senn?) (Was <u>wird</u> mit der Milch und mit dem Käse <u>gemacht</u>?)

Der Senn erwärmt die Milch auf 32,5° C. Die Milch <u>wird</u> auf 32,5° C <u>erwärmt</u>.

Er rührt die Masse. Die Masse <u>wird gerührt</u>.

Er presst den Käse in eine Form. Der Käse <u>wird</u> in eine Form <u>gepresst</u>.

3.3 Schauen Sie sich die Passivsätze genau an und ergänzen Sie die Regel.

Regel: Das Passiv wird so gebildet: _____ (konjugiert) + _____ des Verbs.

3.4 **Wiederholung** werden:
Machen Sie eine Tabelle an der Tafel.

Präsens	Präteritum	Perfekt
ich werde …	ich wurde …	ich bin Lehrer geworden du bist gefragt worden

3.5 **Das Verb** werden kann verschiedene Funktionen haben. Ergänzen Sie zuerst die Sätze mit der richtigen Form und sprechen Sie dann über die Funktion von werden.

1. Peter hat eine Lehrstelle gefunden. Er _____ Maurer.

2. Im Jahr 2100 _____ die Autos mit Sonnenenergie fahren.

3. _____ du dieses Jahr wieder nach Spanien in Urlaub fahren?

4. Zuerst _____ die Milch erwärmt. Dann _____ Milchsäurebakterien dazugegeben.

3.6 **Wiederholung Partizip II:** Markieren Sie im Text von 2.3 die Verben im Partizip II und notieren Sie die dazugehörigen Infinitive. Kontrollieren Sie mit dem Wörterbuch.

Partizip II	Infinitiv
erwärmt	erwärmen
dazugegeben	dazugeben

EINHEIT 20

3.7 Schreiben Sie die Partizipien aus 2.3 in die Tabelle.

1. ge...t   2. ...t / ...en   3. ge...en   4. ...ge...en / ...ge...t

_____   erwärmt   _____   _____

3.8 Hier ist eine Zusammenfassung der Käseherstellung. Ergänzen Sie die Passivformen. Kontrollieren Sie mit dem Text in 2.3.

Zuerst _wird_ die Milch in einem Kessel auf 32,5° Celsius _erwärmt_. Dann _____ Lab und Milchsäurebakterien _____. Wenn die Milch dick ist, _____ die Käsemasse mit einer Käseharfe _____ und anschließend auf 53,7° C _____. Nach ungefähr zwei Stunden _____ die Käsemasse mit dem Käsetuch aus dem Kessel _____. Auf dem Presstisch _____ der Käse nun in seine Form _____. Am nächsten Morgen _____ der Käse in ein Salzbad _____. Dabei gibt er Flüssigkeit ab und nimmt Salz auf. Zum Schluss reift der Käse mehrere Monate. In dieser Zeit _____ er regelmäßig mit Bürste und Wasser _____. Durch die Gärung entsteht Gas in kleinen Blasen und dadurch die Löcher.

3.9 So wird Espresso gemacht. Oft werden Herstellungsprozesse auch mit Infinitivsätzen beschrieben. Lesen Sie die Beschreibung und ersetzen Sie die Infinitivsätze durch Passivsätze.

1. Der Wasserbehälter wird mit frischem Wasser gefüllt und eingesetzt. Die Maschine wird …

Betriebsanleitung

1. Wasserbehälter mit frischem Wasser füllen und einsetzen.
2. Maschine einschalten.
3. Filtersieb einlegen und eine Portion Espresso einfüllen.
4. Den Filterhalter einsetzen und eine Tasse unter den Filter stellen.
5. Die Filtertaste drücken. Der Kaffee läuft jetzt in die Tasse.
6. Filterhalter nach links drehen und abnehmen.
7. Den Filter immer sofort reinigen.

3.10 Passivformen gibt es auch im Perfekt und im Präteritum. Vergleichen Sie die Sätze und ergänzen Sie die Regeln.

Heute wird Brot meistens mit Maschinen gemacht.
Früher wurde Brot nur von Hand gemacht.

Passiv Präteritum: _____ (im Präteritum) + _____

Steak schmeckt nicht, wenn es zu lange gebraten wird.
Dieses Steak ist total durch. Es ist zu lange gebraten worden.

Es riecht gut, wenn gerade Brötchen gebacken werden.
Die Brötchen sind noch ganz warm. Sie sind gerade frisch gebacken worden.

Passiv Perfekt: _____ + Partizip II + _____

3.11 Wenn man sagen will, von wem etwas getan wird, benutzt man von + Dativ. Schreiben Sie die Sätze wie im Beispiel. Verwenden Sie das Passiv Perfekt.

1. das Haus, bauen, mein Vater
2. die Lampe, reparieren, Elektriker
3. der Kuchen, backen, meine Mutter
4. der Roman „Die Blechtrommel", schreiben, Günter Grass
5. das Bild, malen, mein Sohn
6. das Lied „Vier Wände", schreiben, Rio Reiser
7. mein Mann, entlassen, sein Chef

1. Das Haus ist von meinem Vater gebaut worden.

4 Man oder Passiv Man或被动态

4.1 Was für Geräte werden beschrieben? Ordnen Sie die Bilder den passenden Gebrauchsanweisungen zu.

1. Videorekorder 2. Wasserkocher 3. Kopierer 4. Telefon 5. CD-Player 6. Fotoapparat

1
1. Stecken Sie zuerst den Stecker in die Steckdose.
2. Dann wird das Gerät mit dem Fernsehgerät verbunden.
3. Legen Sie nun eine Kassette in das Gerät ein und drücken Sie die Taste „Play".

2
1. Wasser einfüllen.
2. Stecker in die Steckdose stecken.
3. Schalter „Ein" drücken. Wenn das Wasser kocht, wird das Gerät automatisch abgeschaltet.

3
1. Batterie in das Batteriefach einlegen.
2. Gerät öffnen und Film einlegen.
3. Gerät schließen.
4. Schalter „Ein" drücken.
5. Motiv auswählen.
6. Den Auslöser (roter Knopf) betätigen.

4.2 Sie können unpersönliche Aussagen oft mit man formulieren, statt das Passiv zu verwenden. Formulieren Sie die Gebrauchsanweisung mit man oder mit Passiv.

1. Man steckt den Stecker in die Steckdose.
2. Man verbindet …

1. Der Stecker wird in die Steckdose gesteckt.
2. Das Gerät wird …

EINHEIT 20 196

▶▼◀ **4.3** Schreiben Sie einfache Gebrauchsanweisungen zu den anderen Bildern in 4.1 oder zu Geräten, die es bei Ihnen häufig gibt. Die anderen müssen raten. Verwenden Sie man oder das Passiv.

▶▼◀ **4.4** Spiel: Was bin ich?

Je zwei Dreiergruppen spielen gegeneinander.
Definieren Sie fünf Gegenstände, wie im Beispiel vorgegeben.
Die andere Gruppe muss jeweils raten, was es ist. Wer die meisten Gegenstände errät, hat gewonnen.

5 Ein Kochrezept 一个菜谱

5.1 Tomaten-Kartoffelsuppe – Lesen Sie die Beschreibung. Zu welchen Teilen passen die Fotos b–d?

Das brauchen Sie:

500 g Suppentomaten
(oder Tomaten aus der Dose)
2 Zwiebeln
1 Knoblauchzehe
1 l Fleischbrühe
Salz
1 Teelöffel Zucker
schwarzen Pfeffer (aus der Pfeffermühle)
300 g fest kochende Kartoffeln
250 g Kalbsbratwurstbrät (falls möglich)
1/2 Bund Kerbel

So wird es gemacht:

1. Tomaten waschen und halbieren. Zwiebeln schälen und vierteln. Knoblauchzehe schälen.
2. Alles zusammen in die heiße Fleischbrühe geben und zugedeckt 30 Minuten leicht kochen lassen.
3. In der Zwischenzeit Kartoffeln schälen und in Würfel schneiden.
4. Nach 30 Minuten die Fleischbrühe mit den Tomaten durch ein Sieb streichen und mit Salz und Zucker abschmecken.
5. Die Tomatensuppe nun wieder aufkochen und die Kartoffeln darin 15 Minuten garen.
6. Wurstbrät zu kleinen Klößchen formen und 5 Minuten vor dem Ende der Garzeit in die Suppe geben. Jetzt nur noch ganz leicht kochen lassen.
7. In eine vorgewärmte Suppenterrine füllen und mit Kerbelblättchen bestreut servieren.

EINHEIT 20

INFO Wahrscheinlich haben die Spanier die Kartoffel aus Südamerika nach Europa gebracht. In der ersten Hälfte des 17. Jahrhunderts kam sie dann aus Südeuropa nach Deutschland. Am Anfang unseres Jahrhunderts gab es noch über 600 Kartoffelsorten. Heute sind es noch etwa 100.
In vielen Ländern ist die Kartoffel ein wichtiges Grundnahrungsmittel. Auch in den deutschsprachigen Ländern gibt es eine große Zahl von Rezepten, bei denen Kartoffeln eine wichtige Rolle spielen. Man verwendet Kartoffeln sowohl als Beilage z.B. zu Fleischgerichten, oft zusammen mit grünem Gemüse, als auch als Grundlage von Gerichten. Ein Beispiel dafür ist die Kartoffelsuppe. Es gibt sie in vielen Varianten.

5.2   Möchten Sie noch einmal das Passiv üben? Schreiben Sie das Rezept mit Passivformen neu.

Die Tomaten werden gewaschen und halbiert. Dann werden ...

5.3   Das Foto zeigt eine Familie in Deutschland beim „Sonntagsessen".
Was fällt Ihnen bei dem Foto auf? Was ist anders als bei Ihnen zu Hause?

5.4   Fragen Sie Ihre Kursleiterin / Ihren Kursleiter, wie ein typisches Sonntagsessen aussieht.

5.5   Gibt es bei Ihnen auch den Brauch, an Sonn- und Feiertagen ein besseres Essen zu kochen?
Was gehört zu so einem Essen?

EINHEIT 21: AUF DEUTSCH SCHREIBEN MIT SYSTEM

第21单元：德语写作有章法

.... *schriftliche Textsorten unterscheiden* 区分书面文体
.... *schriftliche Texte systematisch aufbauen* 系统建构书面文章
.... *Bewerbungsschreiben* 申请函
.... *Lebenslauf* 简历
.... *Wiederholung: Wortfelder „Arbeitswelt" und „Beruf"* 复习：词义场"工作世界"和"职业"

1 Texte schreiben 写文章

1.1 Betrachten Sie die Bilder. Notieren Sie, was Ihnen dabei zum Thema „Schreiben" einfällt. Sprechen Sie dann darüber im Kurs.

1.2 Wann haben Sie zum letzten Mal etwas in Ihrer Muttersprache geschrieben? Was war das?

1.3 Sehen Sie sich die Liste rechts an. Überlegen Sie, was Sie im Alltag oft/selten/nie schreiben. Kreuzen Sie an.

1.4 Vergleichen Sie Ihre Ergebnisse und überlegen Sie: Was können Sie schon auf Deutsch schreiben?

	oft	selten	nie
1. Bewerbungsbriefe	☐	☐	☐
2. Einkaufszettel	☐	☐	☐
3. Formulare	☐	☐	☐
4. Gedichte	☐	☐	☐
5. Glückwunschkarten	☐	☐	☐
6. kurze Mitteilungen	☐	☐	☐
7. Leserbriefe	☐	☐	☐
8. Liebesbriefe	☐	☐	☐
9. private Briefe	☐	☐	☐
10. Tagebuch	☐	☐	☐
11. Telefonnotizen	☐	☐	☐
12. Urlaubskarten	☐	☐	☐

1.5 Form und Inhalt: Schauen Sie sich die Collage an. Was stimmt hier nicht?

Text 2
Form
Geschäftsbrief
Inhalt
persönliche Mitteilung

[1] Personalbogen

Name/Vorname: Ich heiße Gerd Brecht.
Straße/Hausnummer: Ich wohne in der Bahnhofstraße 27.
PLZ/Wohnort: Das ist in Eppelheim.
Geburtsdatum: Ich bin Skorpion.
Familienstand: Ich habe eine Freundin.
 Sie heißt Irmgard.
Nationalität: Ich komme aus Süddeutschland.

[2] Organisation des heutigen Abends

Neckarhausen, 17. März 1998

Liebe Angelika!

Leider muss ich dir mitteilen, dass ich heute Abend etwas länger als normal arbeiten muss. Deshalb kann ich nicht an unserem gemeinsamen Abendessen teilnehmen.

Im Kühlschrank findest du eine Pizza, die ich bereits vorbereitet habe. Du musst sie nur noch backen. Darüber hinaus darf ich dir mitteilen, dass ich die Katze bereits gefüttert habe. Ich wünsche dir einen schönen Abend. Bitte grüße auch unsere Tochter Swenja sehr herzlich von mir.

Mit freundlichen Grüßen
Uwe Happle

[3]

Lieber Herr Hitzig,

ich liege hier an der Copacabana und lese gerade Ihre Stellenanzeige in „Die Zeit". Der Job als Auslandsvertreter für Südamerika wäre ideal für mich!! Hier in Rio geht es mir zur Zeit echt super! Sonne, Strand, Disco ... Na, Sie wissen schon. Ich bin noch zwei Wochen hier. Rufen Sie mich doch mal an. Ich bin im Hotel Praya Ipanema. Meine Zimmernummer ist 1234. Fände ich echt stark, wenn es klappen würde.

Also, bis die Tage!
L. Rohrmoser

Box & Partner
Herrn Walter Hitzig
Max-Planck-Straße 4
69198 Schriesheim

Zehn frische, helle Brötchen
Schokolade für die Mädchen
Viel Gemüse für das Essen
Und das Bier bloß nicht vergessen
Vom Metzger die 10 Scheiben Schinken und
Eine Blutwurst für den Hund
Ein paar Kartoffelchips fürs Fußballspiel
Für die Kinder Eis am Stiel.

[5] Liebe Bank!

Bitte bezahle von meinem Konto 749 Euro an Herrn Moser in Heddesheim. Er ist mein Vermieter und würde sich über das Geld sicher sehr freuen.

Danke
Uli

EINHEIT 21 : 200

1.6 Sehen Sie sich die folgende Liste an. Welche Merkmale gehören zu welchen Textsorten? Ordnen Sie bitte zu.

Textsorten

1. _a, b, g_____ Telefonnotizen
2. _____ Überweisungen
3. _____ Urlaubskarten
4. _____ persönliche Briefe
5. _____ Glückwunschkarten
6. _____ Leserbriefe
7. _____ Einkaufslisten
8. _____ kurze Mitteilungen
9. _____ Formulare
10. _____ offizielle Schreiben (z.B. Bewerbungen)

Merkmale

a Man schreibt nur das Wichtigste.
b Man notiert Stichwörter.
c Man schreibt persönlich.
d Man schreibt formell.
e Man benutzt kurze Sätze (evtl. Abkürzungen).
f Man schreibt längere Sätze.
g Es wird mit der Hand geschrieben.
h Es gibt ein gedrucktes Formular.
i Man schreibt auf einen Zettel.
j Man benutzt schönes Papier.
k Man schreibt mit dem Computer / der Schreibmaschine.

LERNTIPP
Beim Texteschreiben immer mit diesen drei W-Fragen beginnen:
1. Wer liest meinen Text? (Adressat/in)
2. Was will ich mitteilen? (Inhalt)
3. Wie will ich die Information weitergeben? (Form)

1.7 Wählen Sie einen Text aus 1.4 aus und schreiben Sie ihn so, dass der Inhalt zur Form passt.

2 Einen Text planen 设计一篇短文

Wir zeigen Ihnen hier, wie Sie einen schriftlichen Text aufbauen können.
In Abschnitt 2 üben Sie, sich schriftlich zu einem Thema zu äußern.
In den Abschnitten 3 und 4 geht es dann um Bewerbungsschreiben und Lebensläufe.

2.1 Sammeln: Hier finden Sie Stichwörter zu einem Text. Wie könnte der Titel heißen?

LERNTIPP Erst sammeln, dann ordnen, dann schreiben. Das Wörternetz hilft Ihnen, Ihre Ideen zu ordnen.

EINHEIT 21 201

2.2 Wählen Sie ein eigenes Thema. Sammeln Sie Stichwörter dazu in einem Wörternetz wie in 2.1. Die anderen im Kurs finden heraus, zu welchem Thema Sie Notizen gemacht haben.

　　Eine Welt ohne Computer　　　Mein Traumberuf

2.3 Ordnen: So könnte man zum Beispiel die Stichwörter aus dem Wörternetz in 2.1 ordnen. Markieren Sie, was zur Einleitung, zum Hauptteil und zum Schluss gehört. Begründen Sie Ihre Meinung.

Frage: Heirat ja oder nein?

einerseits
zeigen: man gehört zusammen
wichtig in Familie und Gesellschaft
Religion
Sicherheit
Kinder

andererseits
Vertrag unnötig
Freiheit
evtl. nicht für immer zusammen
viele Scheidungen

jedes Paar: selber entscheiden

2.4 Ordnen Sie nun Ihre eigenen Stichwörter. Welche Punkte gehören zusammen?

LERNTIPP Drei Teile beachten: Einleitung – Hauptteil – Schluss.

2.5 Der Fünf-Satz-Text. Schreiben Sie einen kurzen Text aus nur fünf Sätzen zu Ihrem Thema. Wählen Sie die wichtigsten Punkte aus. Orientieren Sie sich an unserem Modell.

Einleitung	Satz 1.	Soll man heiraten oder nicht?
Hauptteil	Satz 2.	Einerseits zeigt man damit, dass man zusammengehört, und die Ehe gibt Sicherheit auch für die Kinder.
	Satz 3.	Andererseits muss man nicht heiraten, um zusammenzuleben, und viele Menschen glauben, dass sie so ihre Freiheit verlieren.
	Satz 4.	Außerdem gibt es viele Scheidungen, die die Menschen unglücklich machen.
Schluss	Satz 5.	Jedes Paar sollte heute selbst entscheiden, wie es leben möchte, verheiratet oder unverheiratet.

3 Eine Bewerbung schreiben 写申请

3.1 Haben Sie sich schon einmal für eine Stelle beworben? Worauf müssen Sie achten? Notieren Sie und diskutieren Sie danach im Kurs.

- In einer Bewerbung muss man …
- Man sollte möglichst viele Informationen über … geben.
- Es ist sicher nicht gut, wenn man …
- Es ist wichtig, dass man …

3.2 In 3.3 finden Sie Stellenanzeigen aus deutschen Zeitungen. Welche Informationen erwarten Sie? Sammeln Sie Fragen im Kurs.

Wo ist die Firma?   Was …

3.3 Lesen Sie Anzeige 1. Welche Ihrer Fragen werden beantwortet?

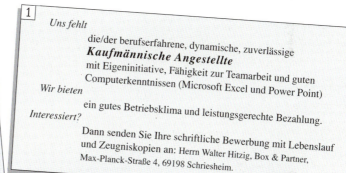

3.4 Würde eine der Stellen in 3.3 oder von Seite 150 zu Ihnen passen? Begründen Sie Ihre Meinung.

3.5 Hier sind einige Regeln, die man bei einem Bewerbungsschreiben beachten muss.
Ordnen Sie den Regeln die passenden Ziffern aus dem Bewerbungsschreiben zu.

- [5] Dann kommt die Anrede.
- [1] Das Datum steht immer oben rechts.
- [2] Die Adresse des Absenders steht links.
- [3] Die Adresse des Empfängers steht unter dem Absender.
- [7] Man beendet den Brief mit „freundlichen Grüßen" und der Unterschrift.
- [6] Nach der Anrede folgt der Text des Bewerbungsschreibens.
- [4] Über der Anrede steht der „Betreff". Hier sagt man, warum man den Brief schreibt.
- [8] Zum Schluss macht man eine Liste mit den Dokumenten, die man dem Brief beilegt.

---

[2] Ellen Fischer   [1] Mannheim, 9. Mai 1998
    Offenburgerstr. 4
    68198 Mannheim

[3] Box & Partner GmbH & Co. KG
    Herrn Walter Hitzig
    Max-Planck-Straße 4

    69198 Schriesheim

[4] Ihre Stellenanzeige in der RNZ vom 8.5.1998

[5] Sehr geehrter Herr Hitzig,

[6] in Ihrer Anzeige in der RNZ vom 8. Mai suchen Sie eine kaufmännische
    Angestellte.
    Ich möchte mich um diese Stelle bewerben.
    Seit 1996 war ich als kaufmännische Angestellte bei der Bayer AG in
    Leverkusen tätig. Vor einem Monat bin ich mit meiner Familie nach
    Mannheim gezogen. Deshalb suche ich jetzt eine Stelle im Raum Heidelberg/Mannheim.
    Bei Bayer arbeiteten wir seit vielen Jahren mit EDV-Anlagen und PCs.
    Vor zwei Wochen habe ich außerdem einen Lehrgang der Bürowirtschaft
    abgeschlossen. Den Anlagen können Sie weitere Details zu meiner Ausbildung und Berufstätigkeit entnehmen.
    Ich denke, dass meine bisherigen Berufserfahrungen auch in Ihrem Betrieb von Nutzen sein können, und würde mich über eine Antwort und
    einen Termin für ein persönliches Gespräch mit Ihnen freuen. Telefonisch bin ich unter der Nummer 0621/47 333 zu erreichen.

[7] Mit freundlichen Grüßen

[8] Anlagen:
    Passfoto
    Lebenslauf
    zwei Zeugniskopien

3.6 Schreiben Sie eine Bewerbung für Frau Hofer nach dem Modell in 3.5.

Hier einige Informationen zu Frau Hofer:
Frau Hofer wohnt im Bachweg 15 in 69469 Weinheim.
Sie arbeitet in Frankfurt als kaufmännische Angestellte in einer Lederwarenfabrik (Pelle KG).
Sie möchte gern in der Nähe von Weinheim arbeiten, um nicht so weit fahren zu müssen.
Sie hat gerade einen Kurs in „elektronischer Buchhaltung" abgeschlossen.
Sie spricht Englisch und kann französische Texte lesen.

4 Einen Lebenslauf schreiben 写简历

4.1
Zu einer Bewerbung gehört auch ein Lebenslauf. Lebensläufe werden oft tabellarisch geschrieben. Das ist übersichtlich und man macht weniger Fehler. Das folgende Beispiel enthält zwei stilistische Fehler. Versuchen Sie, sie zu finden.

```
                        Lebenslauf

Name:                   Fischer
Vorname:                Ellen
Geburtsdatum:           27. September 1972
Geburtsort:             Köln
Anschrift:              Offenburger Straße 4
                        68198 Mannheim
Eltern:                 Karl-Heinz Beiler, Verwaltungsbeamter
                        Paula Beiler, geb. Weimann,
                        Fernmeldetechnikerin
Familienstand:          glücklich verheiratet, keine Kinder
Schulbesuche:           Grundschule von 1978–1982
                        Realschule von 1982–1988
Berufsausbildung:       kaufmännische Lehre bei der Firma
                        Rasch & Co in Köln von 1988–1991
Berufstätigkeit:        kaufmännische Angestellte bei der
                        Bayer AG in Leverkusen
Besondere Kenntnisse    Englisch in Wort und Schrift
und Fähigkeiten:        Ich bin auch ganz gut in Spanisch,
                        Erfahrung in der Arbeit am PC und mit
                        Internet und Intranet
Hobbys:                 Schwimmen, Tanzen und Mode

Mannheim, den 9. Mai 1998

                                        Ellen Fischer
```

4.2 Suchen Sie sich eine der folgenden Personen heraus und erfinden Sie für sie einen Lebenslauf nach dem Modell in 4.1. Lesen Sie den Lebenslauf vor. Die anderen müssen raten, wer es ist.

5 Ein Suchrätsel: Deutsch im Beruf 字谜：职业中的德语

 5.1 Im folgenden Kasten finden Sie 30 Wörter, die mit den Themen „Arbeitswelt" und „Berufe" etwas zu tun haben. Bei 15 davon helfen Ihnen die Definitionen unten.
Die Wörter können in diesen Richtungen stehen:
→ ← ↓ ↑.

M	B	G	A	Z	Z	A	B	V	B	F	A	S	T	B	A	B
E	S	I	U	E	G	R	B	T	E	Ä	R	C	E	Ä	M	Z
T	H	E	S	U	L	B	E	F	T	H	B	H	R	C	R	G
Z	A	L	B	G	E	E	W	I	R	I	E	I	M	K	I	N
G	N	E	I	N	B	I	E	R	E	G	I	C	I	E	F	U
E	D	K	L	I	E	T	R	H	F	K	T	H	N	R	A	R
R	W	T	D	S	N	S	B	C	F	E	S	T	R	A	N	H
B	E	R	U	F	S	A	U	S	B	I	L	D	U	N	G	A
M	R	I	N	O	L	M	N	R	N	T	O	M	R	R	E	F
B	K	K	G	R	A	T	G	E	H	E	S	U	L	E	S	R
E	E	E	I	Ü	U	I	H	T	O	N	I	T	A	D	T	E
T	R	R	E	B	F	W	D	N	L	C	G	A	U	E	E	S
R	E	T	I	E	B	R	A	U	A	B	K	D	B	M	L	F
I	S	T	E	L	L	E	N	A	N	Z	E	I	G	E	L	U
E	I	P	F	T	E	L	E	F	O	N	I	S	C	H	T	R
B	T	I	E	B	R	A	M	A	E	T	T	W	H	Y	E	E
A	U	S	Z	U	B	I	L	D	E	N	D	E	R	E	Q	B

1. Wenn man einen Beruf lernt. _____
2. Wenn man keine Arbeit hat (Nomen). _____
3. Wenn man einen Beruf schon sehr gut kennt. _____
4. Mit ihrer Hilfe findet man Jobs. _____
5. Ein Junge, der einen Beruf lernt, heißt so. _____
6. Der Name unter einem Brief oder Vertrag. _____
7. Sie ist nicht die Chefin, sie ist die … _____
8. Er baut Häuser. _____
9. Wenn man in einer Gruppe zusammenarbeitet. _____
10. Wenn er kommt, wird es hell im Haus. _____
11. Mit den Jahren wird dieser Text immer länger. _____
12. Dieses Amt hilft, wenn man Arbeit sucht. _____
13. Manche Schüler zeigen diesen Text nicht so gern zu Hause. _____
14. Kein Schwein oder Rind ist vor ihm sicher. Die Deutschen lieben, was er produziert. _____
15. Alle müssen heute „kleinere Brötchen backen", aber er darf das nicht. _____

EINHEIT 22: HAUSARBEIT

第22单元：家务活

.... über die Nützlichkeit von Haushaltsgeräten und Werkzeugen sprechen 谈论家电和工具的用处
.... etwas genauer sagen 将什么说得更精确
.... über die Rollenverteilung bei der Hausarbeit sprechen 谈论家务活中的角色分配
.... Interviews hören und auswerten 听访谈并加以分析
.... Relativsätze (Akkusativ, Dativ, Genitiv) 关系从句（第四格、第三格、第二格）
.... Passiv mit Modalverben 带情态动词的被动态
.... anstatt ... zu + Infinitiv anstatt ... zu + 动词不定式

1 Haushaltsgeräte und Werkzeuge 家电和工具

1.1 Was ist was? Ordnen Sie die Bezeichnungen den Bildern zu. Ein Gerät fehlt auf dem Bild. Welches?

1. ☐ der Hammer und der Nagel
2. ☐ der Schraubenzieher
3. ☐ die Bohrmaschine
4. ☐ die Säge
5. ☐ die Zange

6. ☐ das Bügeleisen
7. ☐ der Föhn
8. ☐ der Rasierapparat
9. ☐ der Staubsauger
10. ☐ die Nähmaschine
11. ☐ die Waschmaschine

12. ☐ der Dosenöffner
13. ☐ der Korkenzieher
14. ☐ der Mikrowellenherd
15. ☐ der Kühlschrank
16. ☐ die Geschirrspülmaschine
17. ☐ die Kaffeemaschine

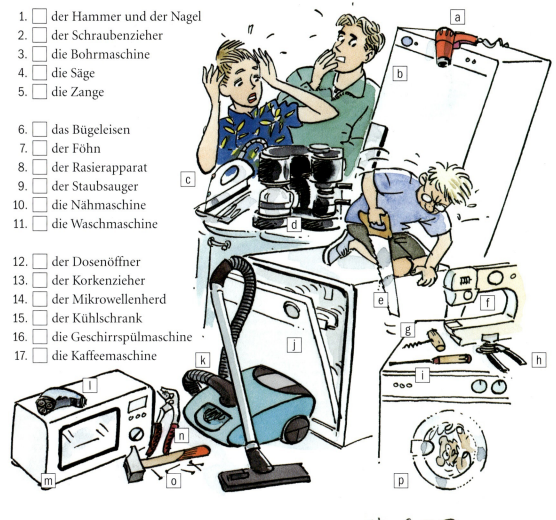

1.2 Komposita – Finden Sie heraus, aus welchen Wörtern die Bezeichnungen für Haushaltsgeräte und Werkzeuge in 1.1 bestehen. Arbeiten Sie mit dem Wörterbuch.

der Schrauben ≺≻ zieher:

die Schraube   +   ziehen

1.3 Sie hören die Geräusche von Haushaltsgeräten und Werkzeugen. Wie viele erkennen Sie?

1.4 Wozu braucht man was? Formulieren Sie Aussagen zu den Geräten und Werkzeugen in 1.1.

"Einen Dosenöffner braucht man, um Dosen zu öffnen."

"Mit einem Mikrowellenherd kann man …"

1.5 Geräte im Haushalt – Was ist wichtig, was braucht man nicht? Machen Sie eine Hitliste. Ergänzen Sie eventuell auch Geräte, die nicht in 1.1 aufgeführt sind.

"Eine Mikrowelle brauche ich nicht."

"Für mich ist … wichtig, weil …"

"Doch, ich benutze sie, um schnell etwas warm zu machen."

"Ganz wichtig sind Messer!"

"Ohne Waschmaschine könnte ich nicht leben."

1.6 Kreuzworträtsel

1. Ein Gerät, mit dem man sich die Haare trocknet.
2. Ein Werkzeug, das Schrauben rein- und rausdreht.
3. Ein Gerät, das man zum Warmmachen von Essen benutzen kann. (Kurzform)
4. Eine Maschine, der wir viel zu verdanken haben, weil sie beim Waschen viel Arbeit erspart.
5. Ein Apparat, den Männer am Morgen im Bad benutzen.
6. Ein Gerät, mit dem man Weinflaschen öffnen kann.

Lösungswort: Ein Werkzeug, dessen Funktion es ist, Nägel in die Wand zu schlagen.

1.7 Aufgaben selbst machen: Schreiben Sie selbst kleine Kreuzworträtsel und tauschen Sie sie im Kurs aus.

2 Relativsätze 关系从句

2.1 Wiederholung: Relativsätze im Nominativ. Verbinden Sie jeweils die rechte und linke Spalte zu einem Satz.

"Die Waschmaschine, die …"

1. Die Waschmaschine: Sie ist kaputt.   Sie war teuer.
2. Der Verkäufer: Er ist unfreundlich.   Er hat mich beraten.
3. Der Elektriker: Er ist im Krankenhaus.   Er wollte mein Bügeleisen reparieren.
4. Das Hemd: Es hat ein Loch.   Es hat 100 Euro gekostet.
5. Die Frau: Sie ist ausgezogen.   Sie hat meine Wäsche gewaschen.

EINHEIT 22

2.2 Relativsätze im Akkusativ, Dativ und Genitiv. Lesen Sie noch einmal die Sätze in 1.6 und machen Sie dann gemeinsam eine Tabelle an der Tafel.

	Maskulinum Der Apparat …	Neutrum Das Gerät …	Femininum Die Maschine …	Plural Die Apparate …
Nominativ				
Akkusativ	den			
Dativ			der	denen
Genitiv			deren	deren

2.3 In 1.6 finden Sie auch Relativsätze mit Präpositionen. Wiederholung: Präpositionen und Kasus. Lesen Sie die folgenden Sätze und schreiben Sie den Kasus in die rechte Spalte.

1. **Für dich** gehe ich durchs Feuer. — für + __A__
2. Tanze **mit mir** in den Morgen. — mit + _____
3. Diese Blumen bringen dir einen Gruß **von mir**. — von + _____
4. **In einer** kleinen Konditorei, da saßen wir zwei. — in + _____
5. **Auf mich** kannst du dich verlassen. — auf + _____
6. **Auf der** Mauer, auf der Lauer sitzt 'ne kleine Wanze. — auf + _____
7. Komm **zu mir** auf mein Schloss. — zu + _____
8. **Bei mir** wirst du es gut haben. — bei + _____
9. **Aus den** Augen, **aus dem** Sinn. — aus + _____

2.4 Die Relativpronomen üben: Ergänzen Sie die Sätze.

Nominativ oder *Akkusativ* ....

1. Der Mann, __der__ bei uns im 1. Stock wohnt, ist Elektriker.
2. Die Bank, für _____ ich 20 Jahre gearbeitet habe, ist pleite.
3. Die Wohnung, _____ ich mieten wollte, ist leider viel zu teuer.
4. Ein berühmtes Gebäude, _____ in Wien steht, ist die „Hofburg".

Akkusativ oder *Dativ* ....

1. Ein Werkzeug, mit _____ man Nägel in die Wand schlägt, ist ein Hammer.
2. Der Kollege, _____ ich meine Autoschlüssel gegeben habe, ist weg.
3. Das Hemd, _____ ich gebügelt habe, hat ein großes Loch.
4. Die Euroschecks, mit _____ ich das Hotel bezahlen wollte, waren plötzlich weg.

Dativ oder *Genitiv* ....

1. Eine Kaffeemaschine ist eine Maschine, mit _____ man Kaffee machen kann.
2. Ein Kursleiter ist ein Mann, _____ Aufgabe es ist, uns beim Lernen zu helfen.
3. Die Frau, _____ Mann keine Hausarbeit machen wollte, ist ausgezogen.

2.5 Erweitern Sie die folgenden Sätze mit neuen Informationen. Benutzen Sie dazu Relativsätze. Lesen Sie zuerst das Beispiel.

Das Mädchen,	das ich gestern getroffen habe, mit dem ich drei Jahre befreundet war, das mir beim Deutschlernen hilft, dessen Eltern die Bäckerei haben,	heißt Marina.

Das Mädchen,	…	heißt Marina.
Die Frau,	…	wohnt bei mir im Haus.
Der Mann,	…	fährt mit mir immer im Bus.
Die Briefträgerin,	…	kommt nicht mehr.
Die Schreibmaschine,	…	ist kaputtgegangen.
Mein schönes Fahrrad,	…	ist weg.

2.6 Ein Spiel: Gegenstände beschreiben

1. Sammeln Sie zuerst Sätze, mit denen man Gegenstände beschreiben kann.   Ein Gerät, das … Damit kann man …

2. Bilden Sie nun Gruppen. Eine/r in Ihrer Gruppe setzt sich mit dem Rücken zur Tafel. Ihr/e Kursleiter/in schreibt ein Wort an die Tafel. Ihre Gruppe muss versuchen, den Gegenstand mit anderen Worten zu erklären. Das Gruppenmitglied, das die Tafel nicht sieht, soll den Begriff möglichst schnell erraten.

Wenn man ein sauberes Hemd haben will.

Ein Apparat, mit dem man … äh …

Waschmaschine.

Damit wurden früher Briefe geschrieben.

3 Sicherheit im Haushalt 家务安全

3.1 Lesen Sie die Zeitungsnotiz. Was ist passiert?

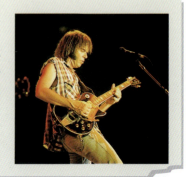

Neil Young
kanadischer Rocksänger, kann mit seiner Gitarre besser umgehen als mit einem Messer. Beim Brötchenschmieren schnitt sich der 51-jährige Musiker so schwer in den linken Zeigefinger, dass seine Europa-Tournee ausfallen muss. Auf ärztlichen Rat hin darf Young erst wieder zur Gitarre greifen, wenn die Wunde verheilt ist.

3.2 Zehn Tipps für die Sicherheit im Haushalt. Ordnen Sie die Tipps den Bildern zu. Zwei Tipps sind falsch. Warum?

Der Haushalt ist der gefährlichste Arbeitsplatz in Deutschland. Jährlich gibt es tausende von Verletzten und eine große Zahl von Toten, weil die einfachsten Sicherheitsregeln nicht beachtet werden.

1. ☐ Nach dem Kochen sollte der Herd sofort abgeschaltet werden.
2. ☐ Putzmittel und Medikamente immer in abschließbaren Schränken aufbewahren.
3. ☐ Beim Fensterputzen nie auf die Fensterbank steigen.
4. ☐ Das Fernsehgerät nachts nie abschalten.
5. ☐ Defekte elektrische Geräte sofort reparieren lassen oder ersetzen.
6. ☐ Man muss die Leiter sicher hinstellen, bevor man hinaufsteigt.
7. ☐ Nach dem Bügeln immer gleich den Stecker aus der Steckdose ziehen.
8. ☐ Alle Haushaltsgeräte regelmäßig mit viel Wasser sauber machen.
9. ☐ Die Steckdosen müssen mit Kindersicherungen gesichert werden, wenn man kleine Kinder hat.

3.3 Welche Tipps halten Sie für wichtig bzw. nicht so wichtig? Welche Tipps würden Sie geben?

Also, das Wichtigste ist, dass man …

Ich finde am wichtigsten, dass man nach dem Bügeln immer gleich den Stecker zieht.

Die Kaffeemaschine mit Wasser sauber machen. Das macht doch keiner!

3.4 Hatten Sie schon mal einen Unfall in Ihrer Wohnung oder kennen Sie jemand, dem etwas passiert ist? Wie ist es passiert? Was machen Sie heute deshalb anders?

| einen Stromschlag bekommen | sich die Hand verbrennen | von der Leiter fallen | den Arm brechen |

3.5 In 3.2 finden Sie zwei Sätze im Passiv mit Modalverben und einen mit *man*. Schreiben Sie diese Sätze in die passenden Satzgrafiken.

Die Steckdosen | müssen | mit Kindersicherungen | gesichert | werden, wenn man kleine Kinder hat.

3.6 Ergänzen Sie bitte die Regel.

Das Passiv mit Modalverben muss so gebildet werden:

Modalverb + _____ + _____ (Infinitiv)

3.7 Wie kann Strom gespart werden? Schreiben Sie Tipps mit Passiv und Modalverben.

1. Fernseh- und Radiogeräte / ausschalten / wenn sie nicht benutzt werden.
2. Die Spülmaschine / immer ganz voll machen / damit man nicht so oft spülen muss.
3. Den Kühlschrank / immer gleich wieder zumachen / weil er sonst viel Strom verbraucht.
4. Die Heizung / ausmachen / wenn man nicht zu Hause ist.
5. Nachts / alle Lichter ausmachen / wenn man ins Bett geht.
6. …

Fernseh- und Radiogeräte sollten immer ausgeschaltet werden, wenn sie nicht benutzt werden.
Die Spülmaschine kann …

4 Ein Mann im Haus ... 家中男人

4.1 Was ist mit diesem Mann los? Betrachten Sie das Foto und kreuzen Sie jeweils das an, was Sie für wahrscheinlich halten.

1. Der Mann ist
   - [a] Professor.
   - [b] Arbeiter.
   - [c] arbeitslos.
   - [d] _____

2. Er lebt
   - [a] allein.
   - [b] mit seiner Frau.
   - [c] bei seiner Mutter.
   - [d] _____

3. Er bügelt
   - [a] oft.
   - [b] manchmal.
   - [c] nur sehr selten.
   - [d] _____

4. Er hat das Bügeln
   - [a] in der Schule gelernt.
   - [b] von seiner Partnerin gelernt.
   - [c] selber gelernt.
   - [d] _____

5. Er bügelt
   - [a] seine Sachen.
   - [b] die Kleider seiner Partnerin.
   - [c] die Kleider der ganzen Familie.
   - [d] _____

6. Nachher
   - [a] wäscht er sein Auto.
   - [b] spült er das Geschirr von heute Morgen.
   - [c] besucht er einen Kunden.
   - [d] _____

4.2 Vergleichen Sie die Ergebnisse im Kurs. Begründen Sie Ihre Meinung.

5 Frauen – Männer – Technik 女人 — 男人 — 技术

5.1 Lesen Sie die Zeitungsüberschrift. Worum geht es in dem Artikel?

Frauen bleiben bei der Hausarbeit allein
Trotz Supertechnik für 200 Milliarden Euro

EINHEIT 22 | 213

5.2 Lesen Sie den Artikel. Im Text sind einige Lücken. Was könnte da stehen?

> tz Bonn – Geschirrspüler, Waschmaschine, Umluftherd, Mikrowelle – an technischen Hilfsmitteln fehlt den deutschen Frauen im Haushalt heute nichts mehr, dafür fehlt 1 , der hilft. Trotz der ganzen Maschinen im Gesamtwert von 200 Milliarden Euro, halb so viel wie die Technik in der Industrie kostet, brauchen die Frauen 2 für den Haushalt wie ihre Großmütter.
>
> Die bessere Ausstattung bringt zwar einen Zeitgewinn, aber der geht wieder drauf, weil auch die Ansprüche von Vätern und Kindern an die Mütter gestiegen sind. In die Küche verirren sich nur ganz wenige 3 : 2,39 Prozent, wenn nur ein Haushaltsgerät vorhanden ist, bei vier bis fünf Geräten gar nur noch 1,47 Prozent.
>
> „Auch ein Mehr an Technik im Haushalt kann bisher 4 nicht zur Hausarbeit veranlassen", meint deshalb das Bonner Forschungsministerium in einem Bericht über die Bedeutung von Technik für Haushalt und Familie. Die Kinder folgen dem schlechten 5 des 6 : Sie helfen noch 7 mit als früher.

5.3 Versuchen Sie, zu jedem der folgenden Stichwörter eine Aussage zu formulieren. Diskutieren Sie die Ergebnisse im Kurs.

1. technische Geräte
2. Großmütter
3. Männer
4. Kinder

5.4 Wir haben bei drei Familien gefragt, wie sie die Hausarbeit organisieren. Hören Sie zu und beantworten Sie nach jedem Interview die Fragen unten.

1. Familie Arend (Eltern beide berufstätig, zwei Kinder)
– Ist die Hausarbeit ein Problem?
– Welches waren die wichtigsten Konfliktpunkte?
– Wie wurde das Problem gelöst?
– Was macht der Mann, was macht die Frau?

2. Ehepaar Rölke (beide berufstätig, keine Kinder)
– Ist die Hausarbeit ein Problem?
– Frau Rölke sagt, dass sie mehr im Haushalt macht als ihr Mann. Woran liegt das?

3. Familie Gerwig (beide berufstätig, zwei Kinder)
– Ist die Hausarbeit ein Problem?
– Wie wurde das Problem gelöst?
– Welche Arbeiten übernimmt Wenke (die Tochter)?

5.5 Männer – Frauen – Hausarbeit: Wie ist das bei Ihnen?

6 Vorwürfe und Vorschläge 指责与建议

6.1 Alltagsszenen. Schauen Sie sich die Bilder an und ergänzen Sie dann die Äußerungen.

Anstatt Zeitung zu lesen, könntest du …

Du könntest mal …, statt immer zu telefonieren!

Anstatt immer nur fernzusehen, könnten wir …

Ihr könntet mal …, statt immer nur zu spielen.

6.2 Welche Verbform steht nach (an)statt … zu?
Ergänzen Sie die folgende Regel: (an)statt … zu + _____

6.3 Formulieren Sie Vorwürfe und Vorschläge mit (an)statt … zu wie in 6.1. Lesen Sie sie vor. Achten Sie auf die Intonation.

> Gymnastik machen   den Garten in Ordnung bringen
> die Hausaufgaben machen
> dich um deinen Sohn kümmern   mit mir tanzen gehen
> früher ins Bett gehen   mit mir reden   mir zuhören   …

6.4 Wählen Sie in der Gruppe eines der Themen aus und sprechen Sie darüber. Berichten Sie danach im Kurs.

– Was heißt „Ordnung" für Sie? Im Haus / bei der Arbeit …
– Wer soll was im Haus machen? Der Mann / die Frau / die Kinder …

ordnung ordnung
ordnung ordnung
ordnung ordnung
ordnung ordnung
ordnung ordnung
ordnung unordn g
ordnung ordnung
ordnung ordnung
ordnung ordnung
ordnung ordnung
ordnung ordnung

Timm Ulrichs

> ordnet ⟨e-n O. anlegen; Rechnungen in e-m O. abheften⟩ ‖ -K: **Akten-**
> **Ọrd·nung** *die*; -, -en; **1** *nur Sg*; der Zustand, in dem alle Dinge an ihrem Platz sind ↔ Unordnung ⟨mustergültige, peinliche, vorbildliche O.; O. halten, machen, schaffen; etw. in O. bringen, halten; für O. sorgen⟩: *In seinem Schrank herrscht O.* ‖ K-: **Ordnungs-, -liebe, -sinn; ordnungs-, -liebend 2** *nur Sg*; der Zustand, in dem j-d gesund ist, etw. funktioniert od. alles so ist, wie es sein soll ⟨alles ist in bester, schönster O.; etw. kommt, ist in O.; etw. in O. bringen, halten⟩: *Mit dem Staubsauger ist etwas nicht in O., er macht so komische Geräusche; Herbert war krank, aber jetzt ist er wieder in O.; Er entschuldigte sich u. brachte die Sache damit in O.; Sie haben sich gestritten, aber das kommt schon wieder in O.; Sie hat das kaputte Radio wieder in O. gebracht* **3** *nur Sg, gespr*; der Zustand, in dem j-d mit etw. zufrieden od. einverstanden ist ⟨etw. in O. finden; etw. ist, geht in O.⟩: *Findest du es in O., daß*

Option 3: WIEDERHOLUNG

备选单元3：复习

.... Spiele, ein Gedicht, einen Test vorbereiten, Lebensgeschichten, Aktivitäten für die Kursparty
游戏、一首诗歌、准备测试、生活故事、语言班聚会活动

1 Eine Rallye durch Eurolingua Deutsch 2   Eurolingua Deutsch 2 拉力赛

Auf dieser Seite finden Sie Abbildungen aus Eurolingua Deutsch 2. Erfinden Sie zu fünf davon je eine kleine Aufgabe. Tauschen Sie die Aufgaben im Kurs aus. Die anderen Gruppen müssen die Aufgaben lösen.

Sie kennen viele Möglichkeiten für Aufgaben. Hier einige Beispiele:

Lücken ergänzen	Wenn ich Geld …, … ich mir ein Auto kaufen.
Einen Satz schreiben	Ich / das Wetter / hoffen / gut / werden / dass
Fragen zur Landeskunde	Was ist ein „Adventskranz"?
Einen Dialog schreiben/ordnen/ergänzen …	– …? + Um 18.06. Er kommt um 21.10 in München an.
Ein Wortfeld (10 Wörter)	Frühstück
Einen kurzen Text schreiben	Ihr sucht eine Wohnung, schreibt eine Anzeige.
Ein Rätsel	Ein Gerät, mit dem man sich die Haare trocknet.

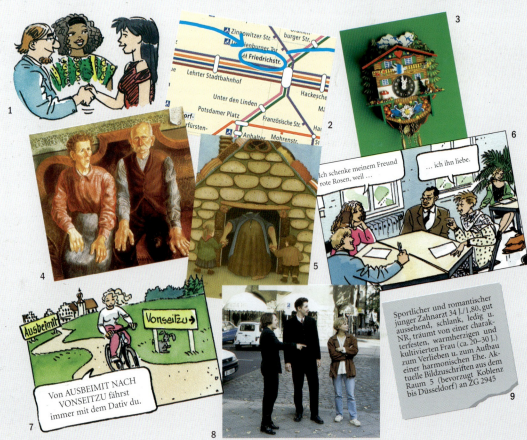

Option 3 | 216

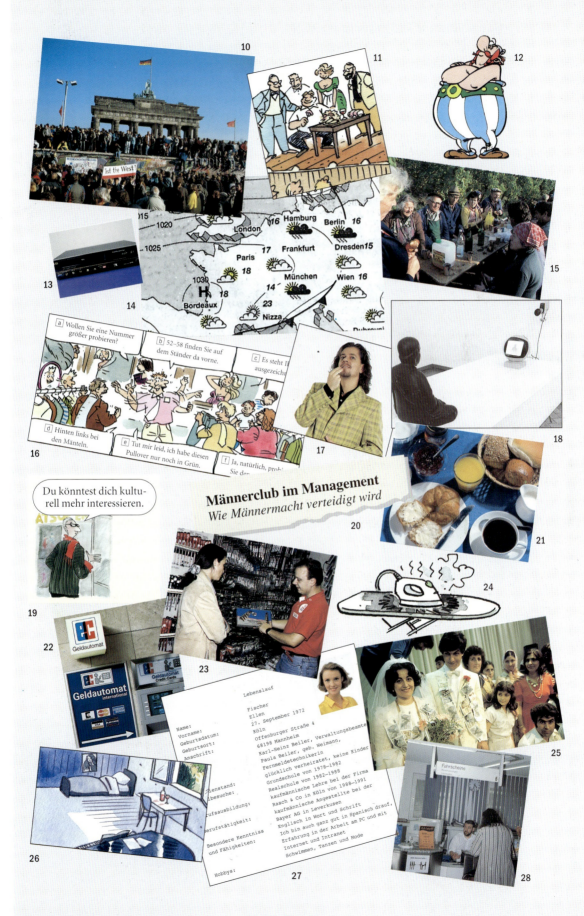

2　Der schöne 27. September 美好的九月二十七日

2.1 Hören Sie zu und lesen Sie mit. Welches Zeichen passt Ihrer Meinung nach am besten zum Gedicht?

Der schöne 27. September

Ich habe keine Zeitung gelesen
Ich habe keiner Frau nachgesehen
Ich habe den Briefkasten nicht geöffnet
Ich habe keinem einen guten Tag gewünscht
Ich habe nicht in den Spiegel gesehen
Ich habe mit keinem über alte Zeiten gesprochen und
Ich habe nicht über mich nachgedacht
Ich habe keine Zeile geschrieben
Ich habe keinen Stein ins Rollen gebracht*

Thomas Brasch

* einen Stein ins Rollen bringen: etwas in Bewegung bringen

2.2 Beschreiben Sie auch einen Tag. Es kann einer sein wie im Gedicht oder ein ganz anderer.
Ein Tag in der Vergangenheit oder einer in der Zukunft. Es kann auch heute sein.

Der schöne 24. August
Ich werde …
Ich werde nicht …

Kalter Wintertag
Ich habe aus dem Fenster gesehen
Ich habe die Wolken …

Heute
Ich musste aufstehen
Ich durfte nicht …

Sie können auch einen Brief schreiben oder einen Text für das Tagebuch oder …

23. August
Ab morgen werde ich mein Leben ändern. Ich werde …

3　Einen Test vorbereiten 准备测试

Wir geben Ihnen in diesem Abschnitt ein paar Tipps, wie Sie sich auf einen Deutschtest systematisch vorbereiten können.

LERNTIPP Bevor Sie beginnen, sich auf einen Test vorzubereiten, informieren Sie sich über folgende Punkte:
1. Was wird geprüft?
2. Wie wird der Test aussehen?

3.1 Was können Sie schon gut? Was können Sie noch nicht so gut?
Betrachten Sie die Bilder, lesen Sie die Bildunterschriften und kreuzen Sie an.

1. ☐ Den Wetterbericht im Radio verstehen.
2. ☐ Einen Text über Essen in Deutschland verstehen.
3. ☐ Die Durchsagen auf dem Bahnhof verstehen.

Option 3 ┊ 218

4. ☐ Im Fundbüro nach einem Regenschirm fragen, den Sie verloren haben.

5. ☐ Im Restaurant ein Essen aussuchen, bestellen und bezahlen.

6. ☐ In einem Kleidergeschäft eine Hose einkaufen.

7. ☐ Einen kurzen Brief schreiben.

8. ☐ Eine schriftliche Bewerbung schreiben.

9. ☐ Einen Lebenslauf schreiben.

3.2 Und wie ist es mit der Grammatik? Schreiben Sie die Sätze ins Heft und ergänzen Sie die Lücken. Kreuzen Sie die Themen an, bei denen Sie sich unsicher fühlen.

1. ☐ Adjektivdeklination — Mein … Fahrrad fährt sehr schnell. (neu)
2. ☐ Konjunktiv II — Wenn ich Millionär …, … ich nicht mehr arbeiten. (sein, müssen)
3. ☐ Indirekte Rede — Mein Freund hat gefragt, … ich morgen Zeit habe. Ich habe „Nein" gesagt.
4. ☐ Futur I — Nächstes Jahr … ich nach Südafrika … (fliegen)
5. ☐ Relativsätze — Ich möchte Freunde, mit d… ich tanzen gehen kann.
6. ☐ Passiv — Heute … Autos von Robotern … (bauen)

LERNTIPP Zuerst herausfinden, was man kann und was man noch nicht kann.

3.3 Wiederholen durch Wiederfinden
Notieren Sie nun die Themen, bei denen Sie noch Probleme haben. Suchen Sie diese Themen im Kursbuch und/oder im Lernerhandbuch. Notieren Sie die Aufgaben, die Sie wiederholen möchten.

Thema	Kursbuch	Aufgabe	Lernerhandbuch
Wetter	E 11 / S. 112ff	112 / 4.2 113 / 4.6	S. 101 – 102
Futur	E11 / S. 109	110 / 3.1	

LERNTIPP Erst ein Wiederholungsprogramm machen, dann mit der Arbeit beginnen.

3.4 Wie, wo und wann lernen? Lesen Sie die Aussagen und kreuzen Sie an, was auf Sie zutrifft. Ergänzen Sie evtl. die Liste. Vergleichen Sie Ihre Ergebnisse im Kurs.

1. ☐ Ich lerne am besten mit anderen zusammen.
2. ☐ Ich lerne am liebsten allein.
3. ☐ Ich suche mir einen ruhigen Ort, wo ich mich wohl fühle und wo ich ungestört bin.
4. ☐ Ich habe immer mein Deutschbuch dabei und nutze Wartezeiten zum Lernen.
5. ☐ Ich lerne jeden Tag ein paar Minuten bis eine halbe Stunde Deutsch.
6. ☐ Ich reserviere jede Woche einen halben Tag für das Deutschlernen.
7. ☐ Ich höre gern Musik, wenn ich lerne.
8. ☐ Ich habe bestimmte Tageszeiten, an denen ich am besten lernen kann.
9. ☐ Schreiben hilft mir beim Lernen.
10. ☐ Ich muss mich bewegen, wenn ich lerne.
11. ☐ _____
12. ☐ _____

LERNTIPPS Nicht zu lange lernen. Täglich 20 bis 30 Minuten ist effektiver als einmal die Woche viele Stunden. Suchen Sie einen Ort, wo Sie Ihre optimalen Lernbedingungen haben. Vereinbaren Sie mit Ihrer Umgebung, wann Sie lernen wollen, damit Sie Ruhe haben.

3.5 Einen Zeitplan für das Lernen machen – Schreiben Sie auf, wann Sie Zeit zum Lernen haben. Machen Sie einen Zeitplan für die nächsten zwei Wochen.

Tag	Zeit	Was
Montag 27.9.	21.00–21.20	Wetter S. 112 / 4.2
Dienstag 28.9.	20.30–21.00	Text S. 36; Wörter: Körper

LERNTIPPS Wechseln Sie das Lernthema: nicht nur Grammatik oder nur Wortschatz, sondern immer ein bisschen von verschiedenen Lernthemen (Grammatik, Wortschatz, Lesen, Hören, Dialoge …). Lesen Sie immer mal wieder die Lerntipps im Teil A des Lernerhandbuchs.

4 Personen erfinden 杜撰人物

4.1 Gemeinsam schreiben

1. Jeder schneidet aus einer Zeitschrift ein kleines Foto einer Person aus und klebt es auf ein Blatt Papier.
2. Die Blätter werden eingesammelt und neu verteilt. Jeder bekommt ein Blatt.
3. A gibt der Person auf dem Blatt einen Namen. Dann wird das Blatt weitergegeben.
4. B schreibt Alter und Beruf dazu und gibt das Blatt weiter.
5. Das Blatt wird immer weitergegeben und es werden folgende Informationen ergänzt:
   Familie (verheiratet/ledig, Kinder, Eltern, Verwandte)
   Herkunft
   Adresse
   Hobbys, Interessen
   was die Person mag
   was die Person nicht mag
   was die Person gut kann
   was die Person gar nicht kann
6. Wenn alle Informationen ergänzt sind, werden die Blätter vorgelesen.
7. Dann schreibt jeder auf die Rückseite des Blattes: Am Morgen …
8. Die Blätter werden weitergegeben wie oben und nach und nach wird der Tagesablauf der Person beschrieben.
9. Der Text ist fertig, wenn das Blatt wieder bei dem/der angekommen ist, der/die den Text angefangen hat.

A: Sie heißt Patricia Morrisson.

B: Sie ist Fremdsprachensekretärin und 25 Jahre alt.

C: Sie lebt allein, hat aber einen Freund.

D: Sie ist in den USA in Texas geboren und wohnt seit drei Jahren in Wien.

E: Sie wohnt in der Ringstraße 12. Ihre Telefonnummer ist 47 27 65.

F: Ihre Hobbys sind: tanzen, ins Kino gehen und reisen.

G: Sie mag …

4.2 Eine Lebensgeschichte gemeinsam erzählen
Erfinden Sie gemeinsam eine Person. A beginnt. Die Geschichte geht so lange, bis jemand die Person verschwinden lässt.

A: Sie wurde am … geboren.
B: Sie war eine gute Schülerin.
C: Aber mit 15 Jahren hatte sie plötzlich keine Lust mehr, in die Schule zu gehen.
D: …
…
X: Dann flog sie nach Brasilien und man hat nie wieder etwas von ihr gehört.

5 Ein Grund zum Feiern 有理由庆祝

Den Abschluss von Eurolingua Deutsch 2 sollten Sie feiern. Wir machen Ihnen Vorschläge, was Sie bei der Party tun können, und erinnern Sie an Aktivitäten aus Eurolingua Deutsch 1, die Sie vielleicht noch einmal aufgreifen wollen.

5.1 Vier Vorschläge

a) Rätsel: Wer oder was ist das?

Der Kurs wird in zwei Gruppen geteilt. Jede Gruppe schreibt zehn Rätselfragen zum Kursbuch Eurolingua Deutsch 2 oder zu Ihrem Deutschkurs auf.

> Er lernt nur manchmal seine Wörter und mag deutschen Wein.

> Das ist Tom!

> Wir bekommen sie fast in jeder Kursstunde, aber oft haben wir sie nicht.

> Hausaufgaben

b) Mit viel Gefühl

1. Zwei von Ihnen suchen zehn Gegenstände aus, die alle auf Deutsch kennen müssten.
2. Legen Sie die Gegenstände nacheinander in einen Kasten, sodass sonst keiner sie sehen kann.
3. Alle versuchen, mit der Hand zu erfühlen, was es ist, und notieren den deutschen Begriff.
4. Wenn alle Gegenstände erfühlt sind, werden die Listen vorgelesen. Wer die meisten Gegenstände erraten hat, hat gewonnen.

c) Fünf-Satz-Reden schreiben und vortragen

Warum ich keine Hausaufgaben mache.

1. Deutsch ist eine schwere Sprache, sagen viele Leute.
2. Man sagt uns deshalb, dass man viel üben muss.
3. Aber Üben ist anstrengend und Anstrengung macht müde.
4. Wenn man müde ist, kann man nichts lernen.
5. Deshalb mache ich lieber keine Hausaufgaben und komme ausgeruht in den Unterricht.

Andere Themen:
- Warum ich den Konjunktiv II liebe
- Warum in Deutschkursen die schöneren Männer/Frauen sitzen
- Für die Abschaffung der Adjektivdeklination
- Warum Wein gesünder ist als Wasser
- …

d) Einen „Deutschkurs-Rap" schreiben

In Einheit 6 Eurolingua Deutsch 1 haben Sie den „Alphabet-Rap" kennen gelernt. Es wird Zeit, dass Sie Ihren eigenen Rap schreiben. Zum Beispiel den „Deutschkurs-Rap". Hier die ersten zwei Strophen als Anregung:

Wir lernen Wörter und Grammatik.
Oft ist es gar nicht leicht.
Besonders, wenn der Lehrerin
das alles noch nicht reicht.

Das ist der Deutschkurs-Rap.
Deutschlernen hat Pep!

Dialoge schreiben, sprechen,
sich die Zunge brechen.
Manche haben Furcht,
doch wir halten durch!

Das ist der Deutschkurs-Rap.
Deutschlernen hat Pep!

5.2 Die folgenden Aktivitäten kennen Sie aus Eurolingua Deutsch 1.
Schauen Sie nach, ob Sie etwas für die Kursparty brauchen können.

Band/Seite/Schritt	Titel	Kommentar
1/25/1.8	Bingo	Kann man auch mit großen Zahlen spielen.
1/48/2.6	Würfelspiel	Kann man u.a. auch mit den Zeiten spielen.
1/61/3.1	Laurentia	Wenn Sie gerne gemeinsam singen.
1/118/5.1	Artikelgymnastik	Damit Bewegung in die Party kommt.
1/135/4.6	Neideckstraße	Vielleicht möchten Sie einen alten Sketch noch einmal spielen?
1/183/4.5	Stille Post	Hier wird geflüstert.
1/190/6	Laute und Lieder	Noch zwei Lieder zum gemeinsamen Singen.

5.3 Hören Sie das Lied „Wünsch DIR was" mehrmals und machen Sie sich Notizen zu folgenden Stichwörtern.

die Welt — Liebe — Frieden — die Zeit in der das Wünschen wieder hilft — das Hier und Heute — Gut und Böse — Freundschaft

Unter dieser Internet-Adresse finden Sie den Text: http://www.mbsgmbh.de/MARV/Texte/wunsch.htm.
Und unter dieser Adresse eine Variation des Textes: http://www.asam.baynet.de/bildung/djd/sz/wunsch1.htm.

5.4 Wünschen Sie sich was. Jeder/jede schreibt drei Wünsche auf drei Zettel. Sammeln Sie die Wünsche im Kurs und lesen Sie vor. Raten Sie: Wer hat sich was gewünscht?

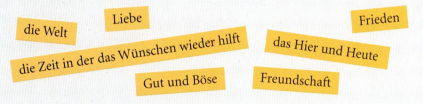

Ich wünsche mir einen neuen Job.

Mein größter Wunsch ist ein Jahr nichts arbeiten.

ANHANG 附录

.... *Alphabetische Wortliste, Seite 224* 按字母顺序排列的单词表，第 224 页
.... *Hörtexte, Seite 248* 听力课文，第 248 页
.... *Lösungsschlüssel, Seite 267* 答案总汇，第 267 页
.... *Grammatiküberblick/Verblisten, Seite 280* 语法概览，第 280 页

ALPHABETISCHE WORTLISTE 按字母顺序排列的单词表

Die alphabetische Wortliste enthält den Wortschatz von Einheit 1 bis Einheit 22 und Option 1 bis Option 3. Wörter aus den Lese- und Infotexten, Zahlen sowie Namen von Personen, Städten und Ländern sind in der Liste nicht enthalten.

Wörter, die Sie nicht unbedingt zu lernen brauchen, sind **kursiv** gedruckt.

Wörter, die in Band 1 kursiv gedruckt waren und in Band 2 ebenfalls vorkommen, sind wieder kursiv aufgeführt.

Die Zahlen geben an, wo ein bestimmtes Wort zum ersten Mal vorkommt (z. B. **5/3.1** bedeutet Einheit **5**, Abschnitt **3.1**).

Ein • oder ein – unter dem Wort zeigt den Wortakzent:
ạ = kurzer Vokal
a̱ = langer Vokal

Nach den Nomen finden Sie immer den Artikel und die Pluralform.

"   bedeutet: Umlaut im Plural.
*   bedeutet: Es gibt dieses Wort nur im Singular.
, bedeutet bei Nomen: Es gibt außerdem keinen Artikel; und bei Adjektiven: Es gibt keine Steigerungsformen.
Pl.   bedeutet: Es gibt dieses Wort nur im Plural.

Die unregelmäßigen Verben werden in Band 2 immer mit der Präteritum- und der Partizip-II-Form angegeben. Bei den Adjektiven sind die unregelmäßigen Steigerungsformen vermerkt.

Die Zahlen in Klammern zeigen verschiedene Bedeutungen an, in denen ein Wort vorkommt.

    按字母顺序排列的单词表包含第一至二十二单元以及三个备选单元的词汇。泛读课文和小资料中的生词、数字、人名、地名和国名则没有收录。

    您不一定需要的被动词汇则以*斜体*的形式印刷。

    第一册中斜体印刷的单词，如果也在第二册中出现，同样以斜体的方式印刷。

    单词后的数字注明第一次出现的地方（例如：5/3.1 表示第 5 单元的 3.1）。

单词下面的 • 或 – 是用来表示单词重音的：
ạ   = 短元音
a̱   = 长元音

在名词后边统一加注了定冠词和复数形式。

"   表示复数形式中的变元音。
*   表示这个词只有单数形式。
, 表示这个名词没有定冠词或这个形容词没有比较级形式。
Pl.   表示这个词只有复数形式。

不规则动词一律注出过去式和第二分词形式，而形容词则只给出不规则的比较形式。

括号中的数字显示一词多义的现象。

A

ạb und zu̱ **12/4.2** 有时候，偶尔
Ạbbau, der, * **10/3.4** 减少，裁减；拆除
ạbbauen **16/6.8** 拆除，消除
A̱bend essen / zu̱ A̱bend essen aß (zu) Abend, (zu) Abend gegessen **17/3.5** 吃晚饭
A̱bendkleid, das, -er **13/3.5** 女晚礼服
Abenteuer, das, - **6/3.8** 冒险
Ạbfall, der, "-e **7/2.5** 垃圾
Ạbgas, das, -e **16/6.3** 废气
ạbgehen, ging ạb, ạbgegangen **6/1.5** 走开，离开
ạbheben, hob ạb, ạbgehoben **18/6.2** 提取，提（款）
Ạbkürzung, die, -en **5/3.2** 缩写
ạbnehmen (2), nahm ạb, ạbgenommen **14/6.2** 减少，减轻
Ạbschaffung, die, -en **03/5.1** 废除，取消
ạbschalten **2/5.1** 关闭
ạbschließbar **22/3.2** 可上锁的
ạbschließen, schloss ạb, ạbgeschlossen **21/3.5** 结束
Ạbschluss, der, "-e **20/1.1** 结束，终结
ạbschreiben, schrieb ạb, ạbgeschrieben **1/6.4** 抄袭，抄写
Ạbsicht, die, -en **14/6.3** 意图
ạbspeichern **1/2.3** 存储
Ạbteilung, die, -en **19/3.3** 部门，科室

Abteilungsleiterin, die, -nen 19/3.3 部门主任（女）
abwägen 19/7.1 权衡
Abwasch, der, * 19/6.1 洗涤，洗碗
Abwechslung, die, -en 5/7.1 调剂，消遣，变花样，换口味
abwechslungsreich 16/3.3 变化多的
Ach ja! 6/1.3 对了！（语气词）
Ach was! 5/7.1 什么呀！不用提了！
Actionfilm, der, -e 14/2.2 动作片
Adjektivdeklination, die, -en 9/2.4 形容词变格
Adjektivendung, die, -en 02/1 形容词词尾
Adressat, der, -en 21/1.6 收件人
Adressatin, die, -nen 21/1.6 收件人（女）
Advent, der, -e 02/6.4 基督降临节（圣诞节前第四个星期日开始至圣诞节止）
Adventskranz, der, "-e 02/6.4 基督降临节使用的枞树枝花环
aggressiv 19/5.1 好斗的，富有攻击性的
aha 5/4.1 啊哈（语气词）
ähnlich 3/2.2 相似的
Ähnlichkeit, die, -en 16/6.3 相似
Ahnung, die, -en 13/4.1 知道，了解
Akt, der, -e 8/6 戏剧里的幕
Aktivität, die, -en 03/5 行动，活动
Aktivurlaub, der, -e 4/1.5 运动型休假
aktuell 5/7.1 当前的，最新的
Alkohol, der, -e 3/3.3 酒精
allein stehend 19/3.3 单独的，独身的
allerdings 7/4.1 然而
Alltagsszene, die, -n 22/6.1 日常生活场景
als (2) 1/2.3 作为
Altbau, der, -ten 5/3.3 老建筑
Altbauwohnung, die, -en 5/2.1 老式建筑住房
Alternativfrage, die, -n 01/4.1 两者选一的问题
am (= an dem) 2/3 在…时候
Ameise, die, -n 4/7.3 蚂蚁
amerikanisch 6/4.1 美国的
Amt das, "-er 21/5.1 部，局
Amtszeit, die, -en 6/4.2 任期，任职期间
anbieten, bot an, angeboten 1/1.3 提供
andererseits 21/2.3 另一方面
anerkennen, erkannte an, anerkannt 19/3.7 承认，肯定
Anfänger, der, - 1/2.3 初学者
Anforderung, die, -en 16/3.3（对效率、能力等的）要求
angeben, gab an, angegeben 14/6.3 告知
Angebot, das, -e 4/1.5 供货，供给
angehen, ging an, angegangen 18/5.5 涉及，关系到
angehören 18/1.1 属于
angenehm 19/6.1 愉快的
angesehen 16/2.4 有名望的；有声誉的
Angestellte, der/die, -n 16/2.2 职员，雇员
ankommen, kam an, angekommen 11/6.1 到达，来到

Ankündigung, die, -en 10/7.1 通知
Anlage die, -n 21/3.5（书信的）附件
anlangen 4/7.4 到达
Anonymus, der, Anonymi 18/1.1 无名氏，匿名者
Anorak, der, -s 7/2.4 带风帽的厚上衣
anprobieren 12/3.4 试穿
anreden 13/3.5 称呼
Anrufbeantworter, der, - 10/6.5 电话留言机
anschließend 2/3.9 接着
anschnallen 17/4.7（用皮带）扣住，扎紧
Ansehen, das, * 16/2.4 威望，声望
ansprechen, sprach an, angesprochen 19/4.1 提到，谈及
Anspruch, der, "-e 15/1.1 要求
anspruchsvoll 16/3.6 要求高的
anstatt 22/6.1 代替
anstoßen, stieß an, angestoßen 11/1.2 碰杯
anstrengend 1/4.1 费力的
Anstrengung, die, -en 03/5.1 努力
anziehen, zog an, angezogen 6/1.5 给…穿衣服；穿
Anzug, der, "-e 9/2.2 整套男西装
anzünden 02/6.4 点燃
Apotheker, der, - 16/2.4 药剂师（男）
applaudieren 3/1.4 鼓掌
arabisch 13/3.1 阿拉伯的，阿拉伯语的
Arbeiter, der, - 12/6.4 工人（男）
Arbeiterin, die, -nen 18/2.5 工人（女）
Arbeitgeber, der, - 3/3.5 雇主
Arbeitnehmer, der, - 16/4 雇员
Arbeitnehmereigenschaft, die, -en 16/4 雇员素质
Arbeitsamt, das, "-er 18/3.1 劳动局
Arbeitsbedingung, die, -en 16/3.6 工作环境
Arbeitsblatt, das, "-er 1/4.1 练习页，讲义
Arbeitsgang, der, "-e 1/2.3 工序
Arbeitskraft, die, "-e 9/2.2 劳动力
Arbeitslosigkeit, die, * 10/3.4 失业
Arbeitsplatz, der, "-e 5/3.1 工作岗位
arbeitsteilig 8/1.1 分工的
Arbeitswelt, die, -en 21/5.1 工作环境
Arbeitszeit, die, -en 18/2.1 工作时间
Architekt, der, -en 16/2.4 建筑师（男）
Architektin, die, -nen 18/4.3 建筑师（女）
ärgerlich 2/2.2 生气的，令人生气的
Argument, das, -e 2/1.6 论据
arm, ärmer, am ärmsten 11/3.1 贫穷的
Ärmel, der, - 12/3.3 袖子
arrogant 9/1.2 傲慢的
Art, die, -en 1/1.3 方式，种类
Artikel (2), der, - 10/2.3 文章
Artikel-Gymnastik, die, * 5/5.3 冠词游戏
Arzt, der, "-e 3/3.2 医生（男）
Ärztin, die, -nen 3/4.5 医生（女）
ärztlich, *, * 22/3.1 医生的，医疗的
Assoziation, die, -en 4/7.6 联想

Atmosphäre, die, -n 10/6.6 气氛，氛围
Atmung, die, * 15/1.1 呼吸
attraktiv 9/1.2 吸引人的
auf ... hin 22/3.1 到…上
aufbauen 21/2 构思，建设
aufbewahren 22/3.2 保管
Aufenthalt, der, -e 18/7 停留
aufessen, aß auf, aufgegessen 6/5.2 吃完
auffallen, fiel auf, aufgefallen 6/1.10 引人注目
auffällig 9/4.3 引人注目的，显眼的
aufführen 22/1.5 举出，上演
aufgreifen, griff auf, aufgegriffen 03/5 抓出来，挑出来
aufhängen 10/6.3 挂起，挂上
aufnehmen, nahm auf, aufgenommen 19/6.4 接纳，接收
aufpeppen 15/1.1 （口语）使更富有活力、动力
aufreizend 15/1.1 诱惑人的，刺激的
aufschlagen, schlug auf, aufgeschlagen 1/5.4 打开
aufschneiden, schnitt auf, aufgeschnitten 6/1.5 剪开，切开
aufschreiben, schrieb auf, aufgeschrieben 17/1.1 写下，记下
aufstellen 02/6.4 竖起，竖立
Aufstieg, der, -e 12/6.7 晋升
Aufstiegsmöglichkeit, die, -en 16/3.3 晋升的机会
aufteilen 10/2.1 划分，分成
Aufzug, der, "-e 2/5.1 电梯
ausbilden 16/4.2 培训，教育
Ausbildung, die, -en 16/3.3 教育，培训
Ausbildungsdauer, die, * 16/3.3 受教育时间，培训期
ausdenken, dachte aus, ausgedacht 13/5.8 想出
ausdrucken 1/2.3 打印
auseinander setzen (sich) 19/6.1 探讨，辩论
ausfallen, fiel aus, ausgefallen 8/2.2 取消
ausgehen (2) (von), ging aus, ausgegangen 7/4.1 （以…）为出发点，（从…）出发
aushalten, hielt aus, ausgehalten 11/4.6 忍受住
aushängen 02/5.3 张贴，挂
auslernen 1/2 学习期满
auslöffeln 8/4.2 （用汤匙）吃光
Auslöser, der, - 20/4.1 快门（按钮）
ausmachen 17/4.3 关掉，使熄灭
ausprobieren 2/6.1 试用
ausruhen 3/3.3 休息
ausschneiden, schnitt aus, ausgeschnitten 03/4.1 剪下，剪出
Ausschnitt, der, -e 13/3.1 片断
aussuchen (= heraussuchen) 01/3 挑选出
außen 19/2.1 在外面，外部
außerdem 21/2.5 此外
äußern 01/5.4 说出，表达
Äußerung, die, -en 3/4.6 意见

Aussprache, die, -n 14/6.2 发音
aussprechen, sprach aus, ausgesprochen 02/4.2 说出，表达
aussterben, starb aus, ausgestorben 7/3.1 灭绝，绝种
austauschen 5/6.4 交换
austragen, trug aus, ausgetragen 18/2.4 分送
Auswahl, die, -en 1/7.4 选择，挑选
auswählen 1/6.3 挑选
auswendig 2/1.2 凭记忆，（背）熟
Auswertung, die, -en 13/3.5 分析，评价
ausziehen, zog aus, ausgezogen 22/2.1 搬出
Auszubildende, der/die, -n 16/4.1 接受培训者，受教育者
autofrei 7/3.1 禁止汽车通行的
automatisch 20/4.1 自动的
automatisieren 1/2.3 自动化
Automechanikerin, die, -nen 16/2.2 汽车机械师（女）

B

Bach, der, "-e 11/3.3 溪，溪流
backen, backte, gebacken 8/4.2 烘，烤
Bäcker, der, - 8/2.2 面包师
Bäckerei, die, -en 20/1.1 面包房
Bad (hier: = Badezimmer, das, -), das, "-er 5/1.4 洗澡；浴室
Badewanne, die, -n 5/1.4 浴缸
Badezimmer, das, - 19/8.1 浴室
Bahn, die, -en 5/3.1 火车，轨道交通工具
BahnCard, die, -s 4/3.2 铁路优惠卡
Bahnsteig, der, -e 17/4.1 站台
Balkon, der, -s 5/2.1 阳台
Banane, die, -n 8/1.3 香蕉
Band, der, "-e 2/3 册
Bankangestellte, der/die, -n 18/2.5 银行职员
bar 4/3.3 现金的
Bar, die, -s 15/1.2 酒吧
bargeldlos 18/6.2 无现金的
Barock, das/der, * 5/4.3 巴洛克风格
Batterie, die, -n 20/4.1 电池
Batteriefach, das, "-er 20/4.1 电池盒
Bau, der, -ten 2/3.9 建造
Bauch, der, "-e 2/6.1 腹部
bauen 6/4.2 建造
Bauernhof, der, "-e 4/2.3 农庄
Baufacharbeiter, der, - 18/2.5 专业建筑工人（男）
Baufacharbeiterin, die, -nen 18/2.5 专业建筑工人（女）
Baumwollhemd, das, -en 7/2.4 棉质衬衫
Bauwerk, das, -e 6/4.1 建筑物
beachten 5/7.1 注意
Beamte, der, -n 21/4.1 公务员，官员
beantragen 18/6.4 申请

beantworten 1/7.2 回答
bearbeiten 19/3.7 加工，处理
Bedeutung, die, -en 2/1.2 意义
bedienen 18/2.4 服务，伺候
Bedienung (2), die, -en 16/3.3 服务，伺候
Bedingung, die, -en 15/4.4 条件，环境
beenden 21/3.5 结束，完成
Befinden, das, * 3/4.3 健康状况
befreundet 22/2.5 交上朋友的，亲密的
Begegnung, die, -en 02/3 遇见
Beginn, der, * 1/2.3 开始
Begriff , der, -e 7/2.5 概念，看法
Begründung, die, -en 1/3.1 （说明）原因
Begrüßung, die, -en 13/3.1 欢迎，问候
Begrüßungsgeld, das, -er 2/3.9 贺金，欢迎费
behandeln 18/2.4 对待
beilegen 21/3.5 附入，加进
Beispielsatz, der, "-e 7/5.1 例句
beißen, biss, gebissen 10/2.7 咬
bekämpfen 18/3.2 同…作斗争，克服
bekannt 16/5.4 熟悉的
Bekannte, der/die, -n 7/1.3 熟人
Bekanntenkreis, der, -e 1/2.3 熟人圈子
beliebt 4/3.5 受喜爱的，受欢迎的
bellen 02/2.4 （犬）吠；狼（嗥）
bemerken 6/1.6 发现
bemühen 1/5.1 努力
benennen, 3/1 说出…的名称
Beobachtung, die, -en 18/7 观察
beraten, beriet, beraten 12/3.4 给…出主意
Beratung, die, -en 16/3.3 指导，咨询
Bereich, der, -e 5/7.1 领域
bereit 16/3.1. 乐意的，相当好的
bereits 2/3.3 已经
Bergführer, der, - 7/2.3 登山向导
bergsteigen, bergestiegen (nur Infinitiv und Partizip II) 7/2 登山，爬山
Bergtour, die, -en 7/2.3 登山旅游
bergwandern, berggwandert (nur Infinitiv und Partizip II) 7/2 山中漫游
Berufsbezeichnung, die, -en 18/2.5 职业名称
Berufsbild, das, -er 16/3 职业形象，对职业的看法、印象
berufserfahren 21/3.3 有职业经验的
Berufsschule, die, -n 1/2.3 职业学校
berufstätig, *, * 19/3.7 在职的
Berufstätigkeit, die, -en 21/3.5 履职经历
berühmt-berüchtigt 7/4.1 既闻名遐迩又声名狼藉的
Berühmtheit, die, -en 9/1 名人
beschaffen 7/1.3 设法获得
Bescheid wissen, wusste Bescheid, Bescheid gewusst 19/6.1 了解，知道详情
Bescheid, der, -e 19.6.1 告知、通知，详情
bescheiden 16/5.7 简朴的，微薄的
Beschreibung, die, -en 01/5.3 描述

besonderer, besonderes, besondere, *, * 21/4.1 特别的
besorgen 10/7.1 弄到，买到
besprechen, besprach, besprochen 12/2.2 讨论
Besserung, die, -en 3/3.5 改善
bestehen (aus), bestand, bestanden 16/5.2 由…组成
besteigen, bestieg, bestiegen 7/3.1 登上，攀登
bestimmen 9/3.7 决定
bestimmt (2) 15/4.7 一定的
Besucher, der, - 2/3.9 拜访者
betätigen 20/4.1 操作
beten 16/1.1 祷告
betrachten 3/4.1 观察
Betreff, der, -e 21/3.5 事由
Betrieb, der, -e 15/1.1 企业，工厂
Betriebsanleitung, die, -en 20/3.9 操作指南
Betriebsklima, das, -s 16/3.6 企业内部的气氛
Betriebsrätin, die, -nen 15/1.1 企业职工委员会委员（女）
Betriebswirtin, die, -nen 19/6.1 企业管理学学位拥有者（女）
bevor 13/3.5 在…之前
bewegen (2) (sich) 03/3.4 活动，运动
Bewegung, die, -en 1/2.3 运动，动作
beweisen, bewies, bewiesen 18/1.1 证实，证明
bewerben (sich - für), bewarb, beworben 21/3.1 申请
Bewerbung, die, -en 16/3.6 申请（书）
Bewerbungsunterlage, die, -n 16/3.6 申请材料
bewölkt 11/4.2 有云的，多云的
bezahlen 10/2.7 支付
bezahlt 16/3.1 有报酬的
Bezahlung, die, -en 18/2.1 薪水，报酬
bezeichnen 02/5.1 说明，描述
Bezeichnung, die, -en 4/1.3 名称
beziehungsweise (bzw.) 22/3.3 或者；说得更确切一些
Bezug, der, "-e 17/1.1 关系，涉及
Bibel, die, -n 02/6.5 圣经
Bibliothek, die, -en 7/1.3 图书馆
bieten, bot, geboten 1/1.3 提供
bilden 1/6.3 构建，组成
Bildungsangebot, das, -e 1/1.1 教育供给
Bildungsmöglichkeit, die, -en 1/1.2 学习机会，进修机会
Bildunterschrift, die, -en 10/4.5 图片标题
bisherig, *, * 21/3.5 直到现在的
Blatt (2), das, "-er 11/1.2 叶子，叶
blättern 10/1.3 翻阅，浏览
blauschwarz, *, * 9/5.1 蓝黑色的
Blick, der, -e 5/3.3（从窗看出去的）景色；月光
blind 16/6.3 失明的，盲目的
Blitz, der, -e 9/5.1 闪电
blitzen 11/4.1 闪电
blockieren 19/3.1 封锁，刹住

blöd 11/4.6 讨厌的（令人不愉快的）
blühen 11/3.3 开花
Blumenstrauß, der, "-e 13/3.5 花束
Blumenvase, die, -n 5/1.1 花瓶
Bohne, die, -n 8/1.3 豆类作物
Bohrmaschine, die, -n 22/1.1 钻床
böse 6/1.3 坏的，生气的
boxen 19/2.3 拳击，用拳打、揍
brasilianisch 1/2.3 巴西的
Braten, der, - 1/2.3 煎肉
braten, briet, gebraten 20/3.10 炸，煎
Bratkartoffel, die, -n 1/2.3 煎土豆
Brauch, der, "-e 20/5.5 风俗，习惯
brav 2/4.4 乖的，听话的
Brei, der, -e 8/4.2 粥
Briefkasten, der, "- 03/2.1 邮箱
Briefträger, der, - 18/2.5 邮差（男）
Briefträgerin, die, -nen 18/2.5 邮差（女）
bringen (2) (es - auf), brachte, gebracht 14/1.2 达到
Broschüre, die, -n 16/3.3 小册子
Brötchen, das, - 8/1.3 小面包
Brotesser, der, - 02/2.6 食面包者
Brotsorte, die, -n 8/4.1 面包种类
Brüderchen, das, - 3/2.4 小弟弟
Brunch, der, -s/-es 8/2.2 （晚起床者的）早午餐
Brust, die, "-e 2/6.1 胸；乳房
Buchhalter, der, - 16/3.6 会计（男）
Buchhalterin, die, -nen 16/3.6 会计（女）
Buchhaltung, die, -en 21/3.6 会计处；簿记，记账
Bügeleisen, das, - 22/1.1 熨斗
bügeln 1/1.3 熨平
Bundeskanzler, der, - 10/3.4 联邦总理
Bundesrepublik, die, -en 10/3.5 联邦共和国
bürgerlich 1/2.3 家常的，市民的
Bürokauffrau, die, -en 16/3.6 商务管理人员（女）
Bürowirtschaft, die, -en 21/3.5 办公室经济学
Busfahrer, der, - 16/1.1 公共汽车司机（男）
bzw. (= beziehungsweise) 22/3.3 或者；说得更确切一些

C

Camembert, der, -s 8/5.2 浓味软奶酪（法）
Campingplatz, der, "-e 4/2.3 野营地
Campingurlaub, der, -e 4/2.3 以野营方式休假
Cartoon, der, -s 8/7 卡通片，连环画
CD-Player, der, - 20/4.1 激光唱机，CD播放机
Cereals Pl. 8/3.1 谷类食品
Chance, die, -n 1/2.1 机会
Chancengleichheit, die, -en 19/3.1 机会平等
charakterfest 10/5.2 性格坚强的
Chaussee, die, -n 4/7.3 公路（渐旧）

Chef, der, -s 4/5.6 领导，头
Chefetage, die, -n 19/3.1 领导层
Chefin, die, -nen 18/2.1 女上司
chinesisch 13/7.1 中文的，中国的
Chor, der, "-e 13/5.5 合唱，合唱队
Christkindlmarkt, der, "-e 02/6.4 圣诞市场
Christstollen, der, - 02/6.4 圣诞果脯蛋糕
City, die, -s 5/3.3 大城市的市中心
Collage, die, -n 1/1.1 拼贴画
Comedyserie, die, -n 14/3.2 喜剧系列片
Comic-Figur, die, -en 9/2.2 漫画中的角色
Computeranlage, die, -n 5/1.1 电脑设备
Cornflakes Pl. 8/2.2 玉米片
Croissant, das, -s 8/1.3 羊角面包

D

da (2) 16/6.5 （表示地点）（在）那儿
Dach, das, "-er 9/5.1 屋顶
dafür 2/1.6 赞同
dagegen 2/1.6 反对
dahinter 12/5.1 在…后面
damals 2/3.8 当时
damit (2) 13/6.3 以便，为了
daran 3/3.2 在这方面，在这件事上
daraus 12/5 由此，从中
darin 12/3.3 在…里面
darstellen 02/5.1 （用形象）表现
darüber 1/4.1 关于
darüber hinaus 21/1.5 此外
dasitzen, saß da, dagesessen 1/4.1 闲坐
Datenverarbeitungsanlage, die, -n 21/3.5 数据处理设备
Dativergänzung, die, -en 4/6 第三格补足语
Dativform, die, -en 4/5.3 第三格形式
Dauer, die, * 17/3.5 期限，时间（的长短）
dauernd 8/6.1 不断的，连续的
davon 8/1.2 其中
davor 12/5.1 （指所说的事）对此
dazu 01/4.3 （指所说的事）对此
dazugehören 19/4.5 属于其中
dazugehörig 20/3.6 属于这个的，归属的
dazuschreiben, schrieb dazu, dazugeschrieben 18/2.5 添写，补写
dazwischen 17/2.5 （表示地点）在这中间
Decke, die, -n 5/1.1 天花板
defekt 22/3.2 损坏的
definieren 20/4.4 下定义
deklinieren 16/3.6 （语法）将…变格
demonstrieren 17/4.8 游行，示威
Denkpause, die, -n 01/5.2 停下来思考的时间
denn (2) 7/5.1 因为
dennoch 10/3.4 但是
depressiv 11/5.3 抑郁的，消沉的
deshalb 1/2.3 因此，所以
destruktiv 9/1.2 破坏性的

deswegen 19/6.1 因此
Detail, das, -s 21/3.5 细节，详情
deutlich 02/4.3 清楚的
Deutschlehrer, der, - 1/7 德语教师
deutschsprachig 10/1 说德语的，德语的
Deutschstunde, die, -n 9/3.9 德语课
Dia, das, -s 12/5.1 幻灯片
Dialogbaukasten, der, "-3/4.3 对话模块
Diät, die, -en 8/6 节食
Dichter, der, - 02/4.3 诗人
dick 1/3.3 胖的
Dienstleistung, die, -en 18/5.1 服务
digital, *,* 10/6.5 数字的
Diktat, das, -e 02/4 听写
diktieren 02/4.3 口授；支配；支使
Direktorin, die, -nen 19/3.2 经理（女）
Diskothek (= Disco, die -s), die, -en 11/1.2 迪斯科舞厅
Diskussionsthema, das, -en 01/4.3 讨论的主题
distanziert 9/1.2 有距离的，疏远的
Disziplin, die, -en 16/4.2 纪律
Do-it-yourself-Zeitalter, das, - 7/2.3 DIY时代，自己动手时代
Doktor, der, -en 3/3.5 医生
Dokument, das, -e 21/3.5 文件
Dokumentation, die, -en 14/3.2 汇编成的文献资料
Dom, der, -e 11/1.2 主教教堂，大教堂
Dönerkebab, der, -s 8/4.1 土耳其馅饼
Donner, der, - 9/5.1 雷，雷声
donnern 11/4.1 雷鸣，打雷
donnerstags 1/2.3 每星期四
Donnerwetter, das, - 11/6.1 雷雨天气
doof 19/4.4 蠢的，无聊的
doppelt 2/1.5 双倍的
Dosenöffner, der, - 22/1.1 罐头启子
dran sein, war dran, dran gewesen 02/4.5 轮到
drankommen, kam dran, drangekommen 17/2.5 轮到
drehen 20/3.9 转动，旋动
Dreisatz, der, "-e 1/5.5 比例法（课本中指：三句话）
dringend 15/1.1 紧急的，紧迫的
drinstehen (= darin stehen), stand drin, dringestanden 8/2.3 在里面
drucken 21/1.6 印刷；压下去
Druckformatvorlage, die, -n 1/2.3 打印格式模块
dunkel 5/1.3 黑暗的
durch (2) 6/1.5 通过，穿过
durchblättern 10/1.3 （一页一页迅速）翻阅，浏览
durchgehen, ging durch, durchgegangen 13/6.3 （口语）穿过，通过
durchhalten, hielt durch, durchgehalten 03/5.1 坚持到底

durchlesen, las durch, durchgelesen 1/5.4 仔细阅读，通读
durchs (= durch das) 22/2.3 穿过，通过
Durchsage, die, -n 4/3.5 广播通知
Durchschnitt, der, -e 10/1.3 平均
durchstreichen, strich durch, durchgestrichen 5/4.6 划掉
Dusche, die, -n 5/1.4 淋浴；淋浴房
dynamisch 6/1.3 有活力的，活跃的

E

eben (2) 1/4.4 正是
echt 21/1.5 真的
EDV-Anlage (= elektronische Datenverarbeitungsanlage, die, -n), die, -n 21/3.5 电子数据处理设备
effektiv 03/3.4 有效的
Egoist, der, -en 10/6.2 自私自利者
egoistisch 10/6.2 自私的
Ehepaar, das, -e 01/5.2 夫妻
Ehrlichkeit, die, -en 16/4.1 诚实
Eigeninitiative, die, -n 21/3.3 积极主动性
Eigenschaft, die, -en 9/0 品质，性格
einander 1/4.4 互相
Einbrecher, der, - 5/6.6 入室盗窃者
einfach (2) 1/2.3 简直，就
einfarbig, *,* 12/1.5 单色的
einfügen 1/6.3 将…嵌入
Einführung, die, -en 1/2.3 入门，引言
einfüllen 20/3.9 注入，装入
einhalten, hielt ein, eingehalten 13/3.5 遵守，遵循
einigen 19/3.4 达成一致
Einkauf, der, "-e 5/2.1 购物
Einkaufsliste, die, -n 21/1.6 购物清单
Einkaufsmöglichkeit, die, -en 5/3.1 购物的可能性，购物场所
Einkaufszentrum, das, -zentren 5/2.1 购物中心
Einkaufszettel, der, - 21/1.3 购物清单
Einkommen, das, - 5/1.6 收入
einlegen 20/3.9 放入，置入
Einleitung, die, -en 21/2.3 前言，序言
einrichten 01/4.1 布置，安排
einsam 8/6.1 寂寞的，孤独的
einsammeln 1/4.5 收集
einschalten 1/6.4 开启，接通电源
einschlafen, schlief ein, eingeschlafen 6/1.5 入睡，睡着
einsetzen 9/3.9 把…放入，投入
einsprachig 3/2.3 单语的
Einstellung, die, -en 02/3.1 观点，调准
einteilen 18/2.1 划分
eintreffen, traf ein, eingetroffen 17/2.5 到达
einüben 8/5.3 练熟，练会
einzahlen 18/6.4 存款

Einzahlungsformular, das, -e 18/6.4 存款表格
einzelner, einzelnes, einzelne 1/7.3 单个的
Ein-Zimmer-Apartment, das, -s 5/2.1 一居室公寓
Eisbein, das, * 13/3.5 煮蹄膀
Eisen, das, - 11/1.2 铁
Eisenbahn, die, -en 4/1.10 火车，铁轨
Eisverkäuferin, die, -nen 11/5.1 冰淇淋销售员（女）
Eiszeit, die, -en 11/6.1 冰河纪，冰期
Elch, der, -e 16/6 驼鹿
Elefant, der, -en 13/7.1 大象
elegant 12/1.4 风度高雅的
Elektriker, der, - 16/2.2 电气技术员，电工（男）
Elektrikerin, die, -nen 16/2.2 电气技术员，电工（女）
elektrisch 17/3.5 电的，电子的
Elektrofahrzeugbauer, der, - 7/3.1 电动车制造者
Elektromobil, das, -e 7/3.1 电动车
elektronisch 21/3.5 电子的
Element, das, -e 1/3.3 元素
Elster, die, -n 13/6.3 喜鹊
Empfang, der, "-e 11/6.1 欢迎会，招待会
empfangen, empfing, empfangen 14/3.1 接收
Empfänger, der, - 21/3.5 收件人
empfinden, empfand, empfunden 13/2.2 感觉到，察觉到
Energie, die, -n 11/5.3 活力，精力
eng 5/2.1 狭窄的
engagiert 15/1.2 热心于…
Englisch, das, * 1/3.3 英语
entdecken 2/5.1 发现
enthalten, enthielt, enthalten 6/5.2 包括
entlassen, entließ, entlassen 20/3.11 解雇，释放
entnehmen, entnahm, entnommen 21/3.5 提取
entscheiden, entschied, entschieden 8/1.1 决定
Entscheidung, die, -en 5/3.3 决定
entsetzlich 9/1.2 可怕的，恐怖的
entspannen 1/2.4 使放松，卸压
Entspannung, die, -en 8/6.5 轻松，放松
Entspannungstechnik, die, -en 1/2.4 放松技巧
Entspannungsübung die, -en 3/1.2 放松练习
entsprechen, entsprach, entsprochen 01/6.3 与…相符合、一致
entstehen, entstand, entstanden 19/5.1 发生，出现
entweder … oder … 15/5.4 不是…就是…
entwerfen, entwarf, entworfen 1/4.1 设计
Entwicklung, die, -en 7/3.1 发展
erarbeiten 2/3 弄懂，掌握，学会；拟就
erben 5/4.3 继承
erbleichen 17/1.4 变苍白
Erbstück, das, -e 5/4.2 遗物
Erde, die, -n 11/3.3 地球

Ereignis, das, -se 6/4.2 不寻常的事件
erfahren, erfuhr, erfahren 7/1.2 获悉
Erfahrung, die, -en 17/5.1 经验
erfassen 1/2.3 书写；掌握
Erfindung, die, -en 12/6.4 发明，创造
erfolgreich 9/2.2 有成就的，成功的
erfordern 19/6.1 要求
erfühlen 03/5.1 感觉到
ergänzen 1/2.4 补充
erhalten, erhielt, erhalten 8/7.1 得到
Erinnerung, die, -en 6/4.2 回忆，记忆
Erkältung, die, -en 3/3.2 感冒，着凉
erleben 6/3.8 经历
erledigen 19/6.1 完成，解决
ermorden 6/4.1 谋杀
ernst 13/3.5 严肃的，庄重的
ernten 18/2.4 收割，收获
eröffnen 10/3.4 开放，开设（商店）等
erotisch 14/5.1 色情的
erraten, erriet, erraten 1/2.2 猜出
erschrecken, erschrak, erschrocken 6/2.4 害怕，吃惊，惊慌
ersetzen 20/3.9 代替，替换
ersparen 22/1.6 节省
Erstbesteigung, die, -en 7/3.1 初次登上
erstellen 1/2.3 制作，建立
erwachsen 17/5.1 成长，长大
erwähnen 18/6.1 提到
erwärmen 20/3.2 加热，使暖和
erwarten 16/3.2 等待
erweitern 18/4.2 扩大
erwerben, erwarb, erworben 18/1.1 获得，购置
Espresso, der, -s/Espressi 20/3.9 浓缩咖啡
Esstisch, der, -e 5/6.6 餐桌
Esszimmer, das, - 5/1.7 餐厅
Establishment, das, -s 12/6.6 社会上具有影响的阶层
Eule, die, -n 13/6.3 猫头鹰
Euroscheck, der, -s 18/6.2 欧元支票
Euroscheckkarte, die, -n 18/6.2 欧元支票卡
eventuell, *, * 12/3.3 可能的
evtl. (= eventuell, *, *) 02/2.7 也许，可能
ewig 13/6.6 永远的，永久的
existieren 11/3.5 存在
Exkursion, die, -en 1/2.3 知识性团体出游
Experiment, das, -e 2/1.2 试验
Experte, der, -n 16/3.1 专家（男）
Expressionist, der, -en 5/4.1 表现主义艺术家/作家

F

Fabrik, die, -en 16/2.2 工厂
Fabrikarbeiter, der, - 16/2.2 工厂工人（男）

Fabrikarbeiterin, die, -nen 16/2.2 工厂工人（女）
Facharzt, der, "-e 10/6.1 专科医生
Fachhandel, der, * 10/6.6 专业店
Fähigkeit, die, -en 1/2.4 能力
Fahrausweis, der, -e 4/3.3 车票，船票
Fahrkarte, die, -n 4/3.1 车票，船票
Fahrkartenautomat, der, -en 4/3.1 自动售票机
Fahrplan, der, "-e 4/3.1 行车时刻表
Fahrzeit, die, -en 2/1.10 行驶时间
Fahrzeug, das, -e 7/3.1 交通运输工具
Fakt, der, -en 7/4 事实
Falte, die, -n 17/5.3 皱纹，褶痕
Familienstand, der, "-e 5/1.6 婚姻状况
Fan, der, -s 2/3.9 迷
Fassade, die, -n 9/5.1 房屋门面（或正面）
Fastnachtskostüm, das, -e 12/5.2 狂欢节服装
faszinieren 10/6.6 吸引人
Fee, die, -n 15/5.2 仙女，女妖
Fehlanzeige, die, -n 19/3.1（口语）不行，没有
Feier, die, -n 13/6.3 庆祝活动
fein 12/2.3 精致的
feindlich 9/5.1 仇视的，有敌意的
feminin 9/1.2 女性的，阴性的
Fensterbank , die, "-e 22/3.2 窗台
Ferienclub, der, -s 4/2.4 度假俱乐部
Fernmeldetechnikerin, die, -nen 21/4.1 电信技术员（女）
Fernreise, die, -n 4/1.5 远程旅行
Fernsehapparat, der, -e 5/1.1 电视机
Fernsehgucker, der, - 14/1.2 电视观众
Fernsehsender, der, - 14/3 电视台
feststellen 2/1.5 发觉
Fete, die, -n 10/3.4（口语）庆祝，宴会
fettig 10/6.6 油腻的
Fettlöser, der, - 10/6.6 除油剂
Feuer, das, - 17/3.5 火
Fieber, das, - 3/3.2 发烧
Filmstar, der, -s 12/2.3 电影明星
Filter, der, - 20/3.9 过滤器
Filterhalter, der, - 20/3.9 过滤器手柄
Filtersieb, das, -e 20/3.9 过滤网
Filtertaste, die, -n 20/3.9 过滤器按钮
finden (3) (sich), fand, gefunden 7/4.1 位于；可以找到
Finger, der, - 2/6.1 手指
fit, fitter, am fittesten 13/3.5 精力充沛的
Fleck, der, -en 3/2.1 斑块；（口语）地方
Fleisch, das, * 1/3.4 肉
Fleiß, der, * 16/4.1 勤勉，勤奋
fleißig 9/1.2 努力的
flexibel 16/3.6 灵活
Flexibilität, die, -en 16/3.3 灵活性，应变能力
Fliege, die, -n 5/6.2 苍蝇
fliehen, floh, geflohen 7/6.2 逃跑
flirten 16/1.1 卖弄风情，调情

Fluggesellschaft, die, -en 10/6.6 航空公司
Flugpreis, der, -e 10/6.6 飞机票价
Fluss, der, "-e 11/3.3 河流
Flüssigkeit, die, -en 3/3.5 液体，流质
flüstern 1/3.7 轻声低语
Föhn, der, -e 22/1.1 吹风机
Folge, die, -n 19/7.1 结果，后果
folgen 21/3.5 跟随
folgend, *, * 2/1.10 如下的
Folie, die, -n 1/4.1 薄膜
fordern 2/3.9 要求
formell 2/3.6 礼节性的
formulieren 1/4.6 表达
Fortsetzung, die, -en 5/4.3 继续
Fotoapparat, der, -e 20/4.1 照相机
Fotografie, die, -n 1/2.3 摄影，摄影术
fragwürdig 7/2.3 成问题的，可疑的
Franken, der, - 16/6.8（瑞士）法郎
frei (2) 15/5.2 免费的
Freiheit, die, -en 21/2.1 自由
freitags 1/2.3 每星期五
Freizeit, die, -en 1/2.1 空闲时间，业余时间
fremd 9/5.1 陌生的
Fremde, der/die, -n 6/1.8 陌生人
Fremde, die, * 18/1.1 外地；外国
Fremdenverkehrszentrale, die, -n 7/1.3 旅游中心，旅游问讯中心
Fremdsprache, die, -n 1/2.3 外语
fressen, fraß, gefressen 6/1.3（动物）吃
Freundin, die, -nen 17/4.7 女（性）朋友
Freundlichkeit, die, -en 16/5.4 友好，亲切
Frieden, der, * 7/3.1 和平
frieren, fror, gefroren 11/4.1 感到寒冷
Frikadelle, die, -n 8/4.1 煎肉饼
frisch 3/4.5 新鲜的
Friseur, der, -e 18/2.5 发型师
Friseuse, die, -n 16/2.1 理发师（女）
frisieren 18/2.4 给…理发
fröhlich 10/6.2 欢乐的，愉快的
frostig 11/6.1 寒冷的；冷淡的
Frucht, die, "-e 8/3.1 水果
Frühstück, das, -e 8/1.2 早餐
Frühstückstisch, der, -e 8/1 早餐桌
führen (1) 1/2.3 进行
führen (2) 11/6.1 带领，引导
füllen 20/3.9 装满，倒满
Fundbüro, das, -s 9/4 失物招领处
fundiert 16/3.6 牢固的，可靠的
Funktion, die, -en 20/3.5 作用，功能
Furcht, die, * 03/5.1 害怕，恐惧
furchtbar 1/4.1 可怕的
für (2) 16/5.2 以，凭
Fuß, der, "-e 2/6.1 脚
Fußballverein, der, -e 2/3.9 足球协会
füttern 2/4.4 给…做衬里
Futur, das, -e 11/2（语法）将来时

G

Gänsefleisch, das, * 8/3.1 鹅肉
ganz 5/2.1 很，颇
Garage, die, -n 2/5.1 车库
Gas, das, -e 16/6.3 气体，煤气
Gasmaske, die, -n 16/6.3 防毒面具
Gasthaus, das, "-er 02/4.3 饭店，餐馆
Gastwirt, der, -e 02/4.3 饭店（或旅店的）店主
geboren, *, * 5/4.1 出生的
Geborgenheit, die, -en 19/2.1 安全
Gebrauchsanweisung, die, -en 20/4.1 使用说明书
Gedächtnis, das, -se 2/1 记忆力
Gedächtnistraining, das, -s 2/6 记忆力训练
Gedanke, der, -n 15/5.4 想法，主意
Geduld, die, * 16/3.3 忍耐，耐心
geduldig 19/2.3 能忍耐的，有耐心的
geeignet 1/2.3 合适的
Gefahr, die, -en 6/1.9 危险
gefährlich 7/2.3 危险的
Gefrierpunkt, der, -e 11/6.1 冰点
Gefühl, das, -e 01/5.2 感觉
gegen 3/3.3 防治，对抗
gegeneinander 9/4.9 互相，彼此相对
Gegensatz, der, "-e 11/1.2 对立，相反
gegenseitig, *, * 02/1 相互的，彼此
gegenüberliegen, lag gegenüber, gegenübergelegen 02/4.5 位于对面
gegenüberstehen, stand gegenüber, gegenübergestanden 01/4.3 对立
Gegenwart, die, * 4/7.4 现在，现代
Gehalt, das, "-er 16/3.6 工资
gehen (2) (um), ging, gegangen 21/2 关于，涉及到
gehören (2) (zu) 11/1.2 属于，归属
gelaunt, *, * 8/6.1 有…情绪的，有…心情的
gelbrot, *, * 9/5.1 橘红色的
gelten, galt, gegolten 18/2.7 适用，有效
gemütlich 5/4 舒适的，惬意的
Generation, die, -en 12/6.6 辈，代
Genie, das, -s 15/5.4 天才（人物）
Genitiv-s, das, - 10/3.5 （语法）第二格 *-s*
geographisch 4/1.3 地理学的，地理的
Gepäck, das, * 4/3.1 行李
gepflegt 16/3.1 保养得好的
gerade (1) 13/6.5 恰巧，正好
gerade (2) 19/6.1 偶（数）的
Geräusch, das, -e 5/1.5 声响，噪音
Gericht (1), das, -e 8/3.1 菜，菜肴，食物
Gericht (2), das, -e 18/4.4 法庭，法院
Gesamtschule, die, -n 1/2.3 综合型中学
Geschäft, das, -e 12/1.6 生意，交易
geschäftlich 1/2.3 业务的
Geschäftsbrief, der, -e 1/2.3 商务信件
Geschäftsgespräch, das, -e 1/2.3 商务谈话
Geschichte (2), die, -n 12/6 历史

Geschirr, das, -e 18/5.1 餐具
Geschirrspülmaschine, die, -n 22/1.1 洗碗机
Geschlecht, das, -er 10/1.3 性别
Geschmack, der, "-e 16/3.1 品味，口味
Gesellschaft die, -en 21/2.1 社会
Gesicht, das, -er 2/6.1 脸
gestalten 1/2.3 构造，塑造
Gestaltung, die, -en 10/7.1 设计
Geste, die, -n 13/1 手势
gestreift, *, * 12/1.5 有条纹的（衣服等）
Gewähr, die, * 4/2.5 保证
Gewehr, das, -e 6/1.3 枪
Gewinn, der, -e 10/3.4 盈利，得益
Gewissheit, die, -en 4/7.4 确实
Gewitter, das, - 9/5.1 雷雨
gewöhnen 13/2 习惯于，适应于
Gift, das, -e 11/3.3 毒剂，毒品
giftig 16/6.3 有毒的
Gipfel, der, - 7/2.3 顶峰
Girokonto, das, -konten 18/4.1 转账账户
glatt 11/6.1 平坦的；光滑的
Glatteis, das, * 11/6.1 （结在地面上的）薄冰层
glauben (2) 13/2.2 相信
glauben (3) (an) 13/6.3 信仰，信
gleich (3) 12/5.2 现在，马上
Gleis, das, -e 4/3.1 轨道；站台
Glocke, die, -n 11/1.2 钟，铃
Glotze, die, -n 14/1.1 电视机
glotzen 14/1.1 呆视，直瞪瞪地望着（文中指：看电视）
Glücksbringer, der, - 11/1.2 吉祥物
Glücksfall, der, "-e 7/4.1 幸运的事，机遇
Glückskäfer, der, - 13/6.1 能带来幸运的甲虫，甲壳虫
Glückspfennig, der, -e 13/6.1 幸运芬尼
Glückspilz der, -e 13/6.1 （口语）幸运儿，走运的人
Glühwein, der, -e 02/6.4 （加糖、八角等煮出来的）淡（红葡萄）酒
goldgelb 02/2.6 金黄色的
Goldgräber, der, - 12/6.4 掘金者
Goldsucher, der, - 12/6.4 淘金者
Gouda-Käse, der, - 8/5.2 高德奶酪
Grafik, die, -en 1/5.3 简图
Grafiker, der, - 14/1.4 版画家，制图员
grafisch 10/7.1 画面的
Grammatikform, die, -en 6/2.2 语法形式
Grammatikkapitel, das, - 2/3 语法篇，语法章节
grammatisch 1/6.1 语法的
gratulieren 17/4.3 祝贺
greifen griff, gegriffen 22/3.1 抓住
griechisch 14/1.4 希腊的，希腊语的
Grippe, die, -n 8/5.7 流感
Grippeimpfung, die, -en 3/5.2 流感预防针
Großstadt, die, "-e 8/2.2 大城市

Grund, der, "-e 1/2.2 原因
gründen 12/6.4 成立，创立
Grundkenntnis, die, -se 1/2.3 基础知识
Grundkurs, der, -e 1/2.3 基础课程
gründlich 10/1.3 彻底的，全面的
Grundschule, die, -n 21/4.1 小学
grünlich 9/5.1 稍带绿色的，淡绿色的
grüßen 21/1.5 问候，招呼
günstig, 5/3.3 有利的
Gürtel, der, - 12/2.3 腰带，皮带
Gymnasium, das, Gymnasien 1/2.3 高级中学

H

Hahn, der, "-e 11/4.2 公鸡
halbieren 20/5.2 减少、降低一半
Halbierung, die, -en 10/3.4 减少，降低一半
halbtags 5/2.1 半天
Halbtagsstelle, die, -n 15/5.5 半日制工作岗位
Hallenbad, das, "-er 5/3.3 大型室内游泳池
Hals- und Beinbruch, *, * 13/6.6 祝你一切顺利！
Halsentzündung, die, -en 3/3.3 咽喉炎
halten (2) (von), hielt, gehalten 2/1.7 对…评价
halten (3) (für), hielt, gehalten 2/1.7 以为，认为
halten (4) (sich - an), hielt, gehalten 13/3.5 保持，遵守
halten (5), hielt, gehalten 13/3.5 握住，保持
Hammer, der, "- 22/1.1 锤子
Handballverein, der, -e 13/2 手球协会
handeln (sich - um) 18/1.1 涉及，关系到
Handhabung, die, -en 1/2.3 使用，运用
Handtasche, die, -n 12/4.2 手袋，手提袋
Handwerk, das, -e 16/4.1 手工业，手艺
Handwerker, der, - 16/2.4 手工业者（男）
Handy, das, -s 6/2.4 手机
harmonisch 10/6.6 和谐的
hart, härter, am härtesten 01/5.2 硬的，（煮）老的
Hass, der, * 10/6.6 仇恨
hauen, haute, gehauen 5/7.1 （儿童用语）打，揍
häufig 01/6.2 经常的
Hauptperson die, -en 6/1.3 主角，首要人物
Hauptrolle, die, -n 8/6 主角
Hauptschulabschluss, der, "-e 16/3.3 普通中学毕业
Hauptschule, die, -n 1/2.3 （五至九年级）中学
Hauptteil, der, -e 21/2.3 主要部分
Hausärztin, die, -nen 3/3.3 家庭医生（女）
Hausfrau, die, -en 01/5.2 家庭主妇
Hausmann, der, "-er 10/6.2 操持家务的男人
Haut, die, "-e 2/6.1 皮肤
Heftpflaster, das, - 7/2.4 医用胶布，创可贴

heilen 17/2.1 治愈，治疗
Heiligabend, der, -e 02/6.4 圣诞前夕
Heim, das, -e 15/1.1 家，住宅
Heirat, die, -en 19/4.3 结婚
heißen (2), hieß, geheißen 13/5.1 意思是，意指
heiter 17/2.1 快活的
heizen 5/2.1 供暖，加热
Heizung, die, -en 5/3.2 供暖设施，暖气
hell 9/5.1 浅色的
her sein, war her, her gewesen 17/5.3 已经过去了（一段时间）
herausfinden, fand heraus, herausgefunden 2/1.5 （从…中）找出来
herausnehmen, nahm heraus, herausgenommen 01/5.2 取出
herausspringen, sprang heraus, herausgesprungen 6/1.5 跳出来
heraussuchen 13/3.3 从…中找出
Herd, der, -e 5/1.4 炉灶
hereinkommen, kam herein, hereingekommen 13/5.8 进来
Herkunft, die, "-e 03/4.1 出身，来源
Herstellungsprozess, der, -e 20/3.2 制造过程
herumreden 8/4.2 避开核心谈论，支吾搪塞
hervorragend 16/3.6 杰出的，优秀的
Herz, das, -en 2/6.1 心
heutig, *, * 7/3.1 今天的
heutzutage 16/6.3 目前
Hi-Fi-Anlage, die, -n 5/1.1 高保真音响设备
hilfsbereit 16/3.1 乐于助人
himmlisch 4/1.5 美妙的，极好的
hin 4/3.2 往，去…
hinaufsteigen, stieg hinauf, hinaufgestiegen 22/3.2 爬上
hinfahren, fuhr hin, hingefahren 4/1.8 驶往
hingehen, ging hin, hingegangen 7/1.3 去
hinhören 02/4.3 （仔细）倾听
hinlegen 15/1.1 躺下休息
hinsetzen 5/4.1 坐下
hinstellen 5/6.7 放置
Hit, der, -s 22/1.5 热门商品，热门歌曲
Hitparade, die, -n 5/7.1 金曲榜
Hitze, die, * 11/4.1 炎热
Hochhaus, das, "-er 5/2.1 高楼
Hochsaison, die, -s 7/4.1 旺季
höchstens 17/2.6 最多
hocken 14/1.2 老呆在…；蹲，蹲坐
Hof, der, "-e 5/4.1 宫廷；庭院
hoffen 8/2.3 希望
Hoffnung, die, -en 11/3.3 希望
höflich 15/1 有礼貌的
Höflichkeitsform, die, -en 16/6.3 客套话
Hölle, die, -n 11/3.3 地狱
Holz, das, "-er 13/7.1 木，木头
hölzern 14/4.5 木头的，木制的
Honig, der, -e 8/1.3 蜂蜜

Hörcollage, die, -n 13/5.7 声音组合
hören (2) (auf) 7/2.3 听从
Hörtext, der, -e 7/2.5 听力课文
Hosentasche, die, -n 12/6.4 裤子口袋
Hotelfachfrau, die, -en 16/2.2 旅店业专业人士（女）
Hotelfachmann, der, -fachleute 16/2.2 旅店业专业人士（男）
Hotelier, der, -s 7/2.3 旅馆的老板或经理
hübsch 16/3.1 漂亮的
Hufeisen, das, - 11/1.2 马蹄铁，马掌
Huhn, das, "-er 01/5.2 鸡；母鸡
Hundegebell, das, * 4/3.3 犬吠，狗叫
hungern 15/5.3 挨饿
Husten, der, - 3/3.2 咳嗽
Hut, der, "-e 9/4.6 帽子
Hüttenwart, der, -e 7/2.3 （山上）小木屋守护者
Hypothese, die, -n 10/4.1 假设

I

IC-Zuschlag, der, "-e 4/3.1 城际快车附加票
ideal 14/4.2 理想的
Ideal, das, -e 17/5.3 理想
Illustration, die, -en 3/2.1 插图
Illustrierte, die, -n 7/2.3 画报，画刊
imitieren 4/2.5 模仿
Indefinitbegleiter, der, - 8/5 不定伴随词
Indefinitpronomen, das, - 8/5 不定代词
Indianerschmuck, der, -e 4/4.2 印第安人饰品
indirekt 3/5 间接的
individuell 8/2.2 个人的
Industrie- und Handelskammer, die, -n 1/2.3 工商联合会，工商大会
Industrielle, der, -n 16/6.8 实业家，工业家
Informationsmaterial, das, -ien 7/1.3 信息材料
informativ 14/5.1 信息丰富的
Ingenieur, der, -e 16/2.4 工程师（男）
Ingenieurin, die, -nen 18/2.5 工程师（女）
Initiative, die, -n 16/4.2 积极性，主动性
innen 19/2.1 在里面
installieren 18/2.4 安装
Institution, die, -en 1/1.3 机构
inszenieren 02/2 导演
integriert 1/2.3 融合，集成
Intelligenz, die, -en 18/1.1 智慧，才智
intensiv 7/2.7 强烈的，强化的
Intercity, der, -s 4/3.3 （大城市间的）城际快车
Intercity-Express, der, -e 17/2.5 城际特快列车
Interessent, der, en 5/3.6 感兴趣者（男）
Interessentin, die, -nen 5/3.6 感兴趣者（女）
interessiert 10/1.3 对（某人、某事）感兴趣的
Internet, das, -s 1/2.4 互联网

interpretieren 6/4.5 解释，诠释
interviewen 1/7.4 采访
Intranet, das, -s 21/4.1 局域网
ironisch 18/7 讽刺的
italienisch 7/4.1 意大利的，意大利语的

J

ja (2) 5/7.1 真的，的确（小品词）
Jacke, die, -n 12/2.3 茄克衫
Jadestein, der, -e 13/7.1 玉石
Jäger, der, - 6/1.3 猎人（男）
Jahrhundert (Jh.), das, -e 12/6.6 世纪
…jährig (z.B: 18-jährig, achtzehnjährig), *, * 1/4.4 …岁的（例如：18岁的）
jährlich, *, * 22/3.2 每年的
Jahrzehnt, das, -e 11/3.5 十年
Jazztanz, der, "-e 1/1.3 爵士舞
Jeans Pl. 12/1.4 牛仔裤
Jeans-Karriere, die, -n 12/6.4 牛仔裤事业
Jh. (= Jahrhundert, das, -e), das, - 9/2.2 世纪
Jogging, das, * 3/4.6 慢跑
Joghurt, der, -s 8/1.3 酸奶
Journalist, der, -en 18/2.5 记者（男）
Journalistin, die, -nen 18/2.5 记者（女）
Jugend, die, * 10/3.4 青年时代
jung, jünger, am jüngsten 3/6.3 年轻的
Junge, der, -n 16/4.2 男孩

K

Kabel, das, - 14/3.1 电线，电缆
Kabelanschluss, der, "-e 14/2.2 有线电视
Kabine, die, -n 12/3.2 小房间
Kaiser, der, - 18/1.1 皇帝
Kaiserpalast, der, "-e 13/6.3 皇宫
Kalkulation, die, -en 5/7.1 计算
kalt, kälter, am kältesten 11/4.1 冷的，寒冷的
Kälte, die, * 11/4.1 寒冷
Kamerafunktion, die, -en 1/2.3 摄影功能
Kamin, der, -e 9/5.1 烟囱，壁炉
kämpfen 9/2.2 斗争，搏斗
kanadisch 22/3.1 加拿大的
Käppchen, das, - 6/1.5 小帽子
kaputtgehen, ging kaputt, kaputtgegangen 22/2.5 （口语）破碎，毁坏
kariert, *, * 12/1.5 方格纹的，格子图案的
Karikatur, die, -en 10/7.1 漫画，讽刺画
Karikaturist, der, -en 11/3.3 漫画家，讽刺画家
Karriere, die, -n 19/3 事业，前程
Kärtchen, das, - 4/6.4 小卡片
Kartoffelchip, der, -s 15/1.5 炸土豆片
Käsefondue, das, -s 13/2 奶酪火锅

Käseherstellung, die, -en 20/3.8 奶酪制作、生产
Käsesorte, die, -n 20/1.1 奶酪品种
Käsetheke, die, -n 20/1.1 奶酪店，奶酪专柜
Kategorie, die, -n 6/2.4 类别
Kater, der, - 13/6.5 雄猫
Katze, die, -n 13/6.1 雌猫
kaufmännisch 16/3.6 商业的，商人的
kaum 11/1.2 几乎不
kehren 5/7.1 扫除
Keller, der, - 5/2.1 地下室
Kellner, der, - 8/7.2 餐馆服务员
Kennzeichen, das, - 9/2.2 特征
Kerze, die, -n 02/6.4 蜡烛
Kette, die, -n 13/7.1 项链
Kindergarten, der, "-en 5/3.1 幼儿园
Kindergärtner, der, - 16/2.2 幼儿园保育员（男）
Kindergärtnerin, die, -nen 16/2.2 幼儿园保育员（女）
Kindersicherung, die, -en 22/3.2 儿童安全装置
Kinn, das, -e 3/2.4 下巴
Kinobesitzer, der, - 11/5.1 电影院老板
Kirchenglocke, die, -n 11/1.2 教堂的钟
Kiste, (1) (hier für: Fahrzeug), die, -n 13/4.1 方形盒板条箱（此处指：旧汽车）
Kiste, (2) (hier für: Fernseher), die, -n 14/1.2 方形盒，板条箱（指：电视机）
Kiwi, die, -s 8/1.3 猕猴桃
Klammer, die, -n 2/3.9 括号
klappen 21/1.5（口语）顺利，成功
klären 4/7.4 把…搞清楚，澄清
Klatsch, der, -e 4/2.5 流言蜚语
Klavier, das, -e 4/2.5 钢琴
kleben 03/4.1 粘贴
Kleeblatt, das, "-er 11/1.2 三叶草
klettern 7/2.1 攀登
Klima, das, -s 7/1.2 气候
klingen, klang, geklungen 19/5.1 听起来
klopfen 13/7.1 敲，击
klug, klüger, am klügsten 6/1.3 聪明的
knallen 11/1.2 发出短促的冲击响声
knapp 14/1.2 差一点的
Kneipe, die, -n 6/3.8 小酒吧
Knie, das, - 2/6.1 膝
Knopf, der, "-e 20/4.1 按钮
Koch, der, "-e 8/4.2 厨师
kochen (2) 01/5.2 煮，烧
Kocherfahrung, die, -en 1/2.3 烹饪经验
Köchin, die, -nen 16/2.2 厨师（女）
Kochkurs, der, -e 1/1.3 烹饪班
Kochnische, die, -n 5/3.3 小灶间，小厨房
komfortabel 10/6.5 舒适的，安逸的
Komfort-Wohnung, die, -en 5/3.2 安适的住房
komisch 8/7.2 奇怪的，滑稽的
kommen (2), kam, gekommen 16/6.3 发生
Kommentar, der, -e 10/7.1 评论

kommentieren 14/2.2 评论
kommunizieren 14/6.2 交际，交往
kompetent 16/3.1 有权威的，内行的
kompliziert 10/2.6 复杂的
Kompositum, das, Komposita 22/1.2 复合词
Kondition, die, (hier: körperlicher Zustand, körperliche Leistungsfähigkeit) * 7/2.2 身体状况，体质
Konditionstraining, das, -s 1/2.3 体质锻炼
Konditorei, die, -en 22/2.3 精品糕点店
Konfliktpunkt, der, -e 22/5.4 冲突、纠纷的焦点
König, der, -e 7/4.1 国王
Königin, die, -nen 9/1.1 女王，王后
Konjugationstabelle, die, -n 2/2.3 动词变位表
konjugieren 20/3.3 使（动词）变位
Konjunktion, die, -en 7/5 连词
Konjunktiv, der, -e 15/1.3（动词）虚拟式
Konsequenz, die, -en 01/6.3 结果，后果
konservativ 02/3.1 保守的
konstruieren 18/2.4 设计
konstruktiv 9/1.2 富有建设性的
Kontakt, der, -e 1/4.1 联系，接触
Kontaktfreudigkeit, die, * 16/3.1 乐于结交，好交际
Konto, das, Konten 18/2.4 银行账号
kontra 19/6.3 反对
kontrollieren 3/4.2 检查
konzentrieren 7/5.3 全神贯注，集中注意力
konzentriert 16/4.1 专注的
Konzertsaal, der, -säle 11/1.2 音乐厅
kooperativ 18/2.1 合作的
Kopf, der, "-e 2/6.1 头
Kopie, die, -n 21/3.3 副本，复制品
kopieren 02/6.3 复制，模仿
Kopierer, der, - 20/4.1 复印机
Korb, der, "-e 02/2.4 篮子
Korkenzieher, der, - 22/1.1 软木塞启子
Körper, der, - 2/6.1 身体
korrekt 02/4.3 正确的，对的
korrigieren 1/2.3 修改，改正
Korruptionsskandal, der, -e 5/7.1 腐败丑闻
kostbar 7/4.1 昂贵的
Kostüm, das, -e 12/5.2 服装（式样）；戏服
Kraft, die, "-e 9/2.2 力量
Kragen, der, - 12/2.4（衣服）领子
krähen 11/4.2 啼，叫；（婴儿）呀呀欢叫
Krankenpfleger, der, - 16/2.2 护士（男）
Krankenschein, der, -e 3/5.2 医疗保险证明
Krankenschwester, die, -n 6/3.8 护士
Krankheit, die, -en 3/0 疾病
Krankmeldung, die, -en 3/3.5 病假单
kreativ 11/5.3 创造性的
Kredit, der, -e 18/6.4 贷款
Kreditkarte, die, -n 4/3.3 信用卡
Kreuzworträtsel, das, - 6/4.1 十字形连字游戏
Krieg, der, -e 11/6.1 战争

kriegen 19/2.1（口语）得到
Krieger, der, - 02/2.4（古代和中世纪的）武士，兵卒
Kriminalfilm, der, -e 14/3.2 侦探片
Krise, die, -n 19/8 危机
kritisieren 10/3.4 评论，批评
Kugel, die, -n 02/6.4 球，球体
Kuh, die, "-e 10/3.2 母牛，奶牛
Kühlschrank, der, "-e 5/1.4 冰箱
kulturell 15/1.1 文化的
Kulturreport, der, -e 14/3.2 文化方面的报道
kümmern (sich - um) 19/3.7 关心，照顾
Kunde, der, -n 01/4.1 顾客（男）
Kundin, die, -nen 01/4.1 顾客（女）
Künstler, der, - 14/4.5 艺术家
Kunstwerk, das, -e 02/4.3 艺术品
Kur, die, -en 15/1.1 疗养
Kursbesucher, der, - 1/2.3 学员
Kursraum, der, "-e 02/3.2 教室
kurzärmlig 12/1.5 短袖的
Kurzdialog, der, -e 8/5.3 简短的对话
Kurzgeschichte, die, -n 6/4.3 短篇小说
Kuss, der, "-e 7/5.4 吻
küssen 3/1.4 亲吻
Kutsche, die, -n 7/3.1 马车
Kutscher, der, - 7/3.1 马车夫

L

Labor, das, -s 2/1.2 实验室
lächeln 02/4.3 微笑
lachen 2/5.1 笑
lächerlich 10/6.5 可笑的，（口语）荒谬的
Laden, der, "- 18/7.4 店，铺子
Lage, die, -n 5/3.3 环境
Lagerarbeit, die, -en 16/3.3 仓库工作
Lametta, das, * 02/6.4（圣诞树上装饰用的）锡箔纸条，银丝条
Lampe, die, -n 5/1.1 灯
Land (2) (hier: im Gegensatz zu Stadt), das, * 7/6.2 农村
landen 17/4.7（飞机）着陆，降落
Landwirt, der, -e 18/2.5 农场主，农夫
Landwirtin, die, -nen 18/2.5 女农场主，农妇
langärmlig 12/1.5 长袖的
langweilen 1/2.1 无聊
Lärm, der, * 5/3.1 噪音
lau 3/2.1 温的
Lauf, der, "-e 17/3.4 过程
Laufdiktat, das, -e 02/4.5（一个接一个的）跑步（式的）听写
Laune, die, -n 3/3.2 心情
lauten 17/2.2 听起来
läuten 11/1.2 鸣，响
Lautsprecherdurchsage, die, -n 4/3.5 广播通知
Lawine, die, -n 7/2.5 雪崩

Lay-out, das, -s 10/7.1 版面编排
Lebenslauf, der, "-e 21/2 简历，履历
Lebensstil, der, -e 19/6.1 生活方式，风格
Lebkuchen, der, - 02/6.4 圣诞小甜饼
leer 2/3.9 空的
Lehre, die, -n 21/4.1 学徒；教训
lehren 16/5.1 教，讲授
Lehrgang, der, "-e 21/3.5 课程，教程
Lehrling, der, -e 13/2.3 学徒
Lehrstelle, die, -n 20/3.5 学徒岗位
Lehrwerk, das, -e 1/2.3 教科书
leiden, litt, gelitten 3/3.2 忍受，受苦
Leidenschaft, die, -en 10/6.6 激情，（不可抑制的）热情
Leinen, das, - 12/1.5 亚麻布
Leinenhose, die, -n 12/2.3 亚麻（面料的）裤子
leisten 5/2.1 买得起
Leistung, die, -en 16/4.1 成就，成绩
Leistungsbereitschaft, die, * 16/4.1（做好做出）成绩（的）准备
leistungsgerecht 21/3.3 与业绩相适合的
Leiter, die, -n 13/6.3 梯子
Lernerhandbuch, das, "-er 17/4.7 学习手册
Lerntechnik, die, -en 2/6.1 学习技巧
Lerntipp, der, -s 8/5.3 学习窍门
Lernzeit, die, -en 2/1.10 学习时间
Lernziel, das, -e 1/2.3 学习目的
Lesedauer, die, * 10/1.3 阅读时间
Lesegewohnheit, die, -en 10/1 阅读习惯
Leser, der, - 10/1.3 读者（男）
Leserin, die, -nen 10/1.3 读者（女）
liebenswert 10/6.4 可爱的
liebevoll 19/5.1 亲切的
Lieblingsessen, das, - 02/2.8 最喜爱吃的食物
Lieblingsserie, die, -n 14/2.2 最爱看的连续剧、丛书
Lieblingsspeise, die, -n 9/2.2 最爱吃的饭菜
Liedausschnitt, der, -e 14/1.1 歌曲片段
liefern 17/4.4 提供
liegen (2) (an), lag, gelegen 22/5.4 原因在于
Linsengericht, das, -e 8/3.1 小扁豆饭
literarisch 6/4.3 文学的
Literatur, die, -en 02/3.1 文学
Literaturwissenschaft, die, -en 19/6.1 文学研究，文艺学
Loch, das, "-er 20/2.1 洞，窟窿
locker 13/5.7 轻松，放松
lodern 10/6.6 熊熊燃烧
Lokal, das, -e 17/4.7 饭馆，餐馆
Lokalteil, der, -e 10/2.6（报纸、广播中的）本地部分（如本地新闻等）
Lokomotive, die, -n 4/7.4 火车头
Lösung, die, -en 5/3.5 答案
Lotto, das, -s 11/3.5 博彩
Lottogewinn, der, -e 15/4.1 中彩，中奖
Lottomillion, die, -en 15/4.2 百万彩奖

Lottomillionärin, die, -nen 15/4.1 百万（奖金）彩票中奖者（女）
Lücke, die, -n 5/4.4 空缺
Luft, die, "-e 3/4.5 空气
lügen, log, gelogen 19/2.1 说谎
Luxus, der, * 5/1.8 奢侈

M

Macht, die, "-e 19/3.1 权，权力
Machtergreifung, die, -en 10/3.5 夺取政权
mager 02/2 瘦削的，瘦弱的
Maler, der, - 6/4.1 画家
Manager, der, - 12/6.6 经理，管理者
Mantel, der, "- 9/4.6 大衣，外套
Märchen, das, - 6/1.1 童话
Margarine, die, -n 8/1.3 人造黄油
Markenzeichen, das, - 12/2.3 （注册）商标
Markierung, die, -en 13/5.3 标记
Marsmensch, der, -en 8/4.2 火星人
Marzipan, das, -e 11/1.2 （拌糖）杏仁泥
maskulin 9/1.2 男性的，阳性的
Masse, die, -n 20/3.2 块，团；群众
Material, das, -ien 7/1.3 材料
Maurer, der, - 5/2.1 泥瓦工（男）
Maurerin, die, -nen 18/2.5 泥瓦工（女）
maximal, *, * 1/4.1 至多
Mechanikerin, die, -nen 16/2.2 机械师（女）
Medienmix, der, -e 14/5 混合媒体
Medikament, das, -e 22/3.2 药品
Medium, das, Medien 14/0 新闻媒体
Mehrheit, die, -en 1/1.3 多数
Mein Gott! 01/5.2 我的上帝啊！天啊！
meinetwegen 17/4.7 （口语）就我来说，从我来看
Meinungsbild, das, -er 19/4.4 公众舆论、印象
Meldung, die, -en 10/7.1 消息
menschlich 18/2.1 通人情的，人性化的
Menü, das, -s 1/2.3 菜单
Merkmal, das, -e 21/1.6 特征
Metallindustrie, die, -n 10/3.4 冶金工业
Metzger, der, - 16/1.1 屠宰者，卖肉者，肉食加工者（男）
Metzgerin, die, -nen 18/2.5 屠宰者，卖肉者，肉食加工者（女）
Miete, die, -n 5/2.1 租金
mieten 02/6.4 租，租用
Mikrowelle, die, -n 5/1.4 微波（炉）
Mikrowellenherd, der, -e 22/1.1 微波炉
Milchsäurebakterie, die, -n 20/3.5 乳酸菌
Millionär, der, -e 03/3.2 百万富翁
Ming-Dynastie, die, -n 5/4.1 明朝
Minirock, der, "-e 15/1.2 超短裙，迷你裙
Minus, das, - 18/4.4 负数，亏，透支
Minute, die, -n 17/2.5 分钟
Missverständnis, das, -se 13/2 误解，误会

Mist, der, * 11/4.2 粪；粪肥
mitarbeiten 1/4.1 一起工作
Mitbewohner, der, - 19/6.1 同屋
mitfahren, fuhr mit, mitgefahren 15/3.4 一起乘车
Mittag essen / zu Mittag essen aß (zu) Mittag, (zu) Mittag gegessen 17/3.5 吃午饭
Mittag, der, -e 02/4.3 中午，正午
Mittagspause, die, -n 7/2.2 午休
mitteilen 21/1.5 告知，通知
Mitteilung, die, -en 21/1.3 通知
Mitteleuropa, das, * 14/6.4 中部欧洲，欧洲中部
mitten 16/6.3 中间
Möbel, das, - 18/5.1 家具
Möbelgeschäft, das, -e 01/4.1 家具商店
Möbelstück, das, -e 5/1 家具
Mode, die, -n 1/1.3 时尚，时装
Modebewusstsein, das, * 16/3.1 时尚，意识
modisch 9/4.6 时髦的
mogeln 13/5.7 作弊
möglichst 1/4.4 尽可能的
Moment, der, -e 2/3.9 瞬间，片刻
Monarchie, die, -n 02/2.6 君主政体
monatlich 18/5.1 每月的
Monitor, der, -en 14/4.5 显示器
Monster, das, - 9/1.1 虚构的怪物，鬼怪
montags 1/2.3 每星期一
Motiv, das, -e 20/4.1 主题，题材；动机
Mund, der, "-er 1/4.1 嘴巴
mündlich 02/5.2 口头的
Münze, die, -n 01/1 硬币
musikalisch 9/1.2 音乐的
Musiker, der, - 18/2.5 音乐家（男）
Musikerin, die, -nen 18/2.5 音乐家（女）
Muskel, der, -n 9/2.2 肌肉
Müsli, das, - 8/1.3 果料麦片
Mut, der, * 1/2.3 勇气
Mütze, die, -n 7/2.4 软帽子
mysteriös 2/5.1 神秘的

N

na ja 1/4.1 （语气词）好吧，唉呀
Na und? 8/4.2 那又怎么样呢？怎么办呢？
nach und nach 03/4.1 渐渐地
nachdem 17/4.3 （表示时间）在…之后
nacheinander 03/5.1 一个接一个，相继
nacherzählen 16/6.6 复述
Nachmittag, der, -e 1/2.3 下午
nachschauen 8/5.2 查看，查阅
nachsehen (1) sah nach, nachgesehen 9/5.2 查看
nachsehen (2) (jemandem/ etwas -), sah nach, nachgesehen 03/2.1 目送，看；查阅
Nacht, die, "-e 02/2.4 夜晚

Nachteil, der, -e 4/1.7 缺点，缺陷
Nachtisch, der, -e 02/2.4 饭后甜点
nachts 2/1.8 夜里
Nagel, der, "- 22/1.1 钉子
nagen 17/2.1 咬，啃
nähen 22/1.1 缝，缝制
Nähmaschine, die, -n 22/1.1 缝纫机
Nahrungsmittel, das, - 18/5.1 食品
Naht, die, "-e 7/3.1 缝，接缝
naiv 6/1.3 单纯的
Nase, die, -n 2/6.1 鼻子；（习语：对…感到非常厌倦
Nation, die, -en 14/1.2 民族，国家
Nationalität, die, -en 02/3.1 国籍
Nationalsozialist, der, -en 10/3.5 （德国）国社党党员，纳粹分子
Natur, die, -en 7/2.3 自然，自然界
Nebel, der, - 11/4.1 雾
nebeneinander 10/6.4 并排
Nebenjob, der, -s 02/6.4 兼职
Nebenkosten Pl. 5/3.2 （房租以外的水、电、气等）附加费用
Nebensatz, der, "-e 2/1.6 从句，副句
Nebenzimmer, das, - 19/6.1 邻室
neblig 11/4.2 有雾的，多雾的
nett 9/2.2 友好的，可爱的
Neujahr, das, -e 13/6.3 新年
Neujahrsfeier, die, -n 13/6.3 新年庆祝活动
niemand 2/5.1 没有人
Niere, die, -n 3/2.1 肾
Niete, die, -n 12/6.4 铆钉
noch (2) 16/6.3 还会
noch (3) 16/6.5 还是，仍然
noch einmal 1/3.1 再一次
noch mal (= noch einmal) 1/4.4 再一次
Nomen, das, - 18/2.4 名词
notieren 1/7.3 记录
nötig 21/2.1 必需的，必要的
nummerieren 5/3.1 给…编号
Nummernschild, das, -er 5/3.2 （车）牌照
nutzen 1/2.3 利用
Nutzen, der, * 21/3.5 好处，收益

O

o.k. (= okay) 8/5.2 好，行
ob 3/4.6 是否
Obergeschoss, das, -e 5/3.3 地面层之上的楼层
obwohl 19/6.1 尽管
Ochsenschwanzsuppe, die, -n 8/7 牛尾汤
Ofenheizung, die, -en 5/3.3 炉式供暖（设备）
öffentlich 5/3.2 公共的
öfters (= öfter) 02/4.6 经常
oh 12/3.2 （语气词）哦
Ökobauernhof, der, "-e 10/6.6 生态农庄
Ökokühlschrank, der, "-e 10/6.5 环保冰箱

Ökologie, die, Ökologien 10/3.4 生态学，生态
ökonomisch 19/6.1 经济的，节约的
Oldtimer, der, - 13/4.1 （有收藏价值的）老式汽车
Olympiastadion, das, -stadien 2/3.9 奥林匹克体育馆
Omi, die, -s 14/1.1 （儿童用语）祖母，外祖母
Omnibus, der, -se 4/1.10 公共汽车
Optiker, der, - 3/3.7 配镜师
optimal, *, * 03/3.4 最佳的
Optimist, der, -en 8/5.5 乐观者
Option, die, -en 01/0 选择，选项
Orange, die, -n 8/2.2 橙子
Orangensaft, der, "-e 8/1.3 橙汁
ordentlich 16/4.1 井然有序的，清洁的
Ordnungssinn, der, * 16/4.1 秩序观念
Organisationstalent, das, -e 16/3.3 组织才能
orientieren (sich - an) 21/2.5 以…为参照，辨认方向

P

Paar, das, -e 4/7.6 一对，一双，一付
packen 3/2.2 收拾，装（包、箱）
packend 10/6.6 吸引人的
pantomimisch 02/5.1 哑剧的；哑剧式的
Paradies, das, -e 11/3.3 天堂
Parkplatz, der, "-e 5/3.1 停车场
Partnerschaft, die, -en 19/3.3 共同生活，伙伴关系
Party, die, -s 18/2.9 晚会，聚会
Pass, der, "-e 21/3.5 护照
Passagier, der, -e 17/4.7 （飞机、轮船或火车的）旅客，乘客
passend 1/1.3 适合的，合适的，正好的
Passfoto, das, -s 21/3.5 护照照片
Passiv, das, -e 20/3 被动态
Patient, der, -en 18/2.4 病人
Patientin, die, -nen 3/3.3 病人（女）
Pauschalreise, die, -n 4/1.5 全包旅行
PC (= Personalcomputer, der, -), der, -/-s 21/3.5 个人电脑
PC-Kenntnis, die, -se 16/3.6 电脑知识
Pechvogel, der, "- 13/6.6 倒霉鬼
Pep, der, * 03/5.1 （激奋的）活力，劲头
perfekt 11/3.1 完美的，出色的
Perfekt, das, -e 17/3.1 现在完成时
Personalbogen, der, "-en 21/1.5 人事登记表
Personalien Pl. 10/7.1 个人资料
Personennahverkehr, der, -e 5/3.2 短途人员交通，公交
pessimistisch 11/3.3 悲观的
Pfarrer, der, - 16/1.1 教士，牧师
Pfeife, die, -n 19/2.1 烟斗，烟管
Pfennig, der, -e 13/6.1 芬尼（德国前货币单位）

Pflanze, die, -n 7/1.2 植物
pflanzen 18/2.4 种植，栽培
pflegen 18/2.4 护理，照料
Pflicht, die, -en 16/4.2 义务，责任
Pflichtbewusstsein, das, * 16/4.2 责任感
Pfote, die, -n 9/4.2 （兽类的）爪子；（喻）人的手
Phantasie, die, -n 6/1.9 想象
phantastisch 9/1.2 了不起的，非凡的
Philosoph, der, -en 18/1.1 哲学
Pilz, der, -e 02/4.3 蘑菇
Plätzchen, das, - 02/6.4 （烤制的）甜点
platzen 7/3.1 破裂，爆裂
pleite, *, * 22/2.4 （口语）破产的
Plus, das, - 18/4.4 超额，盈余
Plusquamperfekt, das, -e 17/4 过去完成时
PLZ (= Postleitzahl, die, -en), die, - 21/1.5 邮政编码
politisch 6/4.2 政治的
Politmagazin, das, -e 14/3.2 时政类杂志
Pommes (= Pommes frites Pl.) Pl. 8/1.1 炸薯条
Popo, der, -s 3/2.4 （儿童用语）屁股
Portion, die, -en 20/3.9 一份
Position, die, -en 8/6.2 位置
Post (2), die, * 18/4.4 邮件
Postkarte, die, -n 4/4.3 明信片
Postleitzahl (PLZ, die, -), die, -en 21/1.5 邮政编码
praktisch 1/2.3 实际的
Präsens, das, Präsentia 17/3.1 现在时
Präsident, der, -en 6/4.1 总统
Präteritum, das, Präterita 17/3.1 过去时
Präteritumform, die, -en 6/1.10 过去时形式
preiswert 4/1.5 物美价廉的
pressen 20/3.2 挤压，压榨
Prinz, der, -en 02/2 王子
Prinzchen, das, - 02/2.8 小王子
Prinzessin, die, -nen 02/2.6 公主
privat 7/4.1 私人的
pro 7/4.1 每
problemlos 16/5.1 没问题的
produktiv 9/1.2 有生产效益的，有成效的
Professor, der, Professoren 22/4.1 教授
Profi, der, -s 13/2 职业选手
profitieren 7/4.1 获利，获益
Prognose, die, -n 11/3.1 预测
Programmierer, der, - 16/2.2 程序员（男）
Programmiererin, die, -nen 16/2.2 程序员（女）
Projekt, das, -e 7/1 项目
Pronomen, das, - 8/6.5 代词
Prospekt, der, -e 7/1.3 说明书，广告册
Protest, der, -e 12/6.6 抗议
Prozess, der, -e 20/3.2 过程，诉讼
Prüfung, die, -en 16/5.7 考试
psychologisch 15/1.2 心理学的，心理的
Publikum, das, * 13/2 观众
Pulli (= Pullover, der, -) der, -s 12/5.2 套衫
Punkt (2), der, -e 21/2.4 要点，项目
Pünktlichkeit, die, * 13/3.1 准时
Putzmittel, das, - 22/3.2 清洁剂

Q

qm (= Quadratmeter, der, -) 5/2.1 平方米
Qualifikation, die, -en 19/3.1 能力，本领
qualifiziert 19/3.2 受过良好教育的，有能力的
Quartett, das, -e 9/4.10 （孩子玩的）牌戏；四重唱，四重奏
Quelle, die, -n 7/1.3 来源；源泉
Quere, die, * 7/3.1 横向（偶遇某人；阻挡某人去路）
Quiz, das, - 8/4 （多指广播、电视中）知识形竞答游戏

R

Rabe, der, -n 13/6.3 乌鸦
Rakete, die, -n 11/1.2 焰火
Rangliste, die, -n 4/1.9 排行榜
Rasierapparat, der, -e 22/1.1 剃须刀（具）
rasieren 22/1.1 给…刮胡子
Rassismus, der, Rassismen 15/5.3 种族主义
Ratespiel, das, -e 9/4.8 猜谜游戏
Ratschlag, der, "-e 1/4.6 主意，建议，忠告
rauchen 3/3.3 吸烟
rauftragen (= herauf-/hinauftragen), trug rauf, raufgetragen 5/2.1 搬上来/去
rausdrehen (= heraus-/hinausdrehen) 22/1.6 旋转出来/出去
raussuchen (= heraussuchen) 01/3 从…中找出
reagieren (auf) 11/5.3 反应
Realität, die, -en 6/1.7 现实
Realschule, die, -n 21/4.1 实科中学（一种中学）
rechnen 18/2.4 计算
recht 14/1.1 真正的，十足的
rechter, rechtes, rechte 1/5.2 右边的
Rechtsanwalt, der, "-e 16/2.4 律师（男）
Rechtsanwältin, die, -nen 18/4.4 律师（女）
Rechtschreibung, die, -en 16/3.6 正字法
Redaktionskonferenz, die, -en 10/7.1 编辑会议
Rede, die, -n 3/5 说话
Redemittel, das, - 8/1.1 表达方式
Redensart, die, -en 5/7 谚语性成语
Redewendung, die, -en 3/2 习惯用语
Reflexivpronomen, das, - 12/4 反身代词
Regal, das, -e 2/3.9 架子
Regen, der, - 5/1.3 雨
Regenschirm, der, -e 02/4.3 雨伞
Regenzeit, die, -en 11/4.6 雨季
regieren 18/6 统治，治理

Regierung, die, -en 10/3.4 政府
Region, die, -en 7/1.2 地区
Regisseur, der, -e 9/2.2 导演
regnen 11/3.4 下雨
regnerisch 11/4.2 下雨的，有雨的
reich 4/1.10 富有的
reichen 03/5.1 达到，足够
Reihenhaus, das, "-er 5/2.1 行列式住宅楼
Reim, der, -e 4/7.4 韵，韵脚
reindrehen (= herein-/hineindrehen) 22/1.6 旋转进来/进去
reinigen 20/3.9 洗涤，洗净
reinlegen (= herein-/hineinlegen) 8/4.2 欺骗
Reisbrei, der, -e 8/3.1 大米粥，稀饭
Reise, die, -n 1/2.3 旅游
Reiseandenken, das, - 4/4 旅游纪念品
Reiseapotheke, die, -n 7/2.5 旅行药箱
Reiseberaterin, die, -nen 4/1.5 旅游咨询员（女）
Reisebüro, das, -s 4/1.2 旅行社
reiten, ritt, geritten 02/2.4 骑
relativ 4/1.9 相对的
Relativpronomen, das, - 22/2.4 关系代词
Relativsatz, der, "-e 18/4 关系从句
Religion, die, -en 18/1.1 宗教，（宗教）信仰
rennen, rannte, gerannt 7/2.1 奔跑
Rentner, der, - 5/2.1 退休者
Rentnerin, die, -nen 14/1.4 退休者（女）
reparieren 1/2.4 修理
Reportage, die, -n 7/3.1 新闻报道
reservieren 03/3.4 预定，保留
Respekt, der, * 7/2.3 尊重
respektieren 19/6.1 尊敬，尊重
Rezept, das, -e 3/3.5 处方
rheinisch 1/2.3 莱茵河地区的
Rhythmus, der, Rhythmen 6/3.4 节奏
richten (sich nach jemandem/ etwas -) 19/6.1 按…行事；取决于
Richter, der, - 16/2.4 法官（男）
Richtung, die, -en 5/6.5 方向
riechen, roch, gerochen 3/1.4 嗅，闻
riesengroß, *, * 13/4.1 巨大的
Rind, das, -er 18/2.4 牛
Roboter, der, - 03/3.2 机器人，机器手
robust 12/6.4 强壮的，结实的
Rock (2), der, * 22/3.1 摇滚乐/舞
Rocksänger, der, - 22/3.1 摇滚乐歌手
Rolle, die, -n 5/3.6 角色
rollen 03/2.1 滚动
Rollenbild, das, -er 19/1 角色，形象
Rollenspiel, das, -e 1/2.3 角色游戏
Roman, der, -e 9/2.2 长篇小说
Romanfigur, die, -en 9/2.2 小说角色
romantisch 9/5.1 具有浪漫色彩的
rosa, *, * 12/3.4 蔷薇色的，粉红色的
Rose, die, -n 7/5.3 玫瑰花
Rotkäppchen, das, - 6/1 小红帽

Rubrik, die, -en 10/2 栏目
Rücken, der, - 2/6.1 背
Rucksack, der, "-e 7/2.4 双肩背包
Rücksicht, die, -en 19/6.1 考虑，顾及
ruhig (2) 15/1.1 尽管放心地
Rührei, das, -er 8/1.3 炒鸡蛋
rühren 20/3.2 搅拌
rumärgern (= herumärgern) (sich) 01/5.2 经常为…生气
rumhängen (= herumhängen), hing rum, rumgehangen 14/1.1 闲呆着
rund (2) (= ungefähr) 7/3.1 大约
Runde, die, -n 9/4.9 回合，圆圈
runterfallen (= herunter-/ hinunterfallen), fiel runter, runtergefallen 7/2.2 掉下来/去
runterlaufen (= herunter-/ hinunterlaufen), lief runter, runtergelaufen 2/5.1 跑下来/去，滑下来/去
rutschen 3/2.1 滑动

S

Saal, der, Säle 10/3.4 大厅
sachlich 9/5.1 客观的，就事论事的
Safari, die, -s 4/1.5 野生动物观赏旅游
saftig 02/2.4 多汁的
Säge, die, -n 22/1.1 锯
samstags 1/2.3 每星期六
Samt, der, -e 6/1.5 丝绒
Sand, der, -e 16/1.1 沙，沙子
Satellit, der, -en 14/3.1 人造卫星
Satellitenantenne, die, -n 14/2.2 卫星天线
Satzgrafik, die, -en 1/3.5 句子结构图
Satzteil, der, -e 1/5.1 句子成分
sauber 15/5.3 干净的，清洁的
Sauerkraut, das, * 8/3.1 酸白菜，泡菜
Säule, die, -n 13/6.3 圆柱，柱子
S-Bahn (= Schnellbahn, die, -en) die, -en 5/3.2 轻轨，城市铁路
S-Bahn-Fahrt, die, -en 2/1.10 乘城市轻轨
schade, *, * 5/7.1 可惜
schaden 3/4.6 伤害，有损
schaffen, schuf, geschaffen 14/4.5 创作；创造
Schaffner, der, - 6/5.2 检票员，售票员
Schalter, der, - 4/3.1 （服务营业）窗口，柜台
Schaufenster, das, - 12/4.2 （商店）陈列橱窗
Scheck, der, -s 18/6.2 支票
Scheibe, die, -n 8/5.2 （窗子等的）玻璃
Scheidung, die, -en 19/4.3 离婚
scheinen, schien, geschienen 11/4.2 照耀；看上去
Scherbe, die, -n 13/6.6 （器皿的）碎片
Schichtarbeit, die, -en 18/2.4 分班制工作
schick 12/1.1 时髦的，漂亮的
Schiedsrichter, der, - 13/2.2 仲裁法庭的法官，仲裁人

Schirmverkäuferin, die, -nen 11/5.1 卖伞的售货员（女）
schlachten 18/2.4 宰杀，屠宰
Schlaf, der, * 2/1.4 睡眠
Schlaflosigkeit, die, * 3/6 失眠
Schlafzimmer, das, - 5/1.7 卧室
schlagen, schlug, geschlagen 14/1.2 打败
Schlange, die, -n 2/3.9 蛇；长队
schlau 9/1.2 狡猾的，精明的
Schlüssel, der, - 10/2.7 钥匙
Schlussverkauf, der, "-e 10/6.5 （旺季的）季末大拍卖
schmecken 4/2.3 觉得好吃
schmerzen 2/5.1 疼痛
schmieren 22/3.1 涂抹
schmücken 02/6.4 装饰
schmutzig 19/8.1 肮脏的
Schnabel, der, "- 9/2.2 鸟嘴
schnarchen 6/1.5 打呼噜
schneiden, schnitt, geschnitten 18/2.4 切，剪
Schneider, der, - 12/6.4 裁缝
schneien 11/4.1 下雪
Schnellimbiss, der, -e 8/4.1 快餐
Schnitzel, das, - 8/1.1 （不带排骨的）肉排
Schnupfen, der, - 3/3.2 伤风，感冒
Schokoladeverpackung, die, -en 7/4.1 巧克力包装盒
schon (2) 16/6.3 确定；一定
Schönheit, die, -en 12/1 美
Schornstein, der, -e 16/6.3 烟囱
Schornsteinfeger, der, - 11/1.2 扫烟囱、烟筒的工人
Schrank, der, "-e 5/1.1 橱，柜
Schraube, die, -n 22/1.2 螺钉，螺丝
Schraubenzieher, der, - 22/1.1 螺丝刀
Schreiben, das, - 21/1.6 书信
Schreibmaschine, die, -n 1/2.4 打字机
Schreibtisch, der, -e 1/2.3 写字台
Schreiner, der, - 16/2.2 木工（男）
Schreinerin, die, -nen 16/2.2 木工（女）
schriftlich, *, * 16/3.6 书面的
Schriftsteller, der, - 10/3.5 作家
Schriftstellerin, die, -nen 16/2.1 作家（女），作者（女）
Schritt, der, -e 03/5.2 步骤，步伐
Schulausbildung, die, -en 16/3.3 学校教育
Schulbesuch, der, -e 21/4.1 （按照义务教育规定）上（中、小）学
Schulter, die, -n 2/6.1 肩
schütteln 13/2.3 摇动
schützen 5/1.3 保护
Schwalbenschwanz, der, "-e 7/3.1 凤蝶
Schwanz, der, "-e 9/4.2 尾巴
schweigen, schwieg, geschwiegen 8/5.4 沉默
Schweizer (Adjektiv, z.B.: Schweizer Käse), *, * 7/2.3 瑞士的
Schwierigkeit, die, -en 1/5.1 困难

Schwimmbad, das, "-er 5/3.1 游泳池
Schwimmbecken, das, - 10/3.2 游泳池
Sechser, der, - 11/3.5 （口语）（奖券）头奖，（彩票）头彩，中了六个数
See, der, -n 1/6.3 湖
Seele, die, -n 3/2.1 灵魂，心灵
Segeltuch, das, -e 12/6.4 帆布
Seide, die, -n 12/1.5 丝绸
seiden 12/2.3 丝的，丝绸的
Sektkorken, der, - 11/1.2 香槟酒的软木塞
selber (= selbst (1)) 12/3.3 自己，亲自
selbst (2) 12/2.3 即便，就
selbständig 1/2.3 独立的
Selbstevaluation, die, -en 12/2.1 自我评价
Selbstsicherheit, die, * 16/4.1 自信
Selbstversuch, der, -e 2/6 亲自尝试
Seminar, das, -e 1/1.3 （大学）讨论课
senden, sendete, gesendet / sandte, gesandt 16/3.6 寄，送
Sender, der, - 14/3.1 电台
Sendung, die, -en 10/3.1 （电视、广播中的）节目
Senn, der, -en 20/3.2 阿尔卑斯山高山牧民
sensibel 10/5.2 敏感的
seriös 10/6.2 严肃的；可靠的
Sessel, der, - 5/1.1 沙发椅，单人沙发
Show, die, -s 14/3.2 （一种有舞台效果的轻松的）娱乐节目
sicher (2) 7/5.3 有把握的，肯定的
sicher (3 16/3.6 稳定的
sicher (4) (vor) 21/5.1 安全的
Sicherheit, die, -en 7/6.2 安全
sichern 22/3.2 保护，保障，提供安全保障
Silbe, die, -n 2/1.2 音节
Silhouette, die, -n 7/4.1 影像轮廓，侧影
Silvester, der/das, - 11/1 除夕
Silvesterfeuerwerk, das, -e 11/1.2 （庆祝新年的）除夕焰火
Silvestermenü, das, -s 11/1.2 除夕套餐
Sinn, (1) der, -e 01/6 感觉；意义
Sinn (2), der, * 22/2.3 感觉，感官
Sitte, die, -n 13/0 习俗，风俗
Sitzung, die, -en 17/4.5 会议
Skala, die, Skalen 16/2.4 刻度，标度
Skandal, der, -e 10/7.1 丑闻
Sketch, der, -e/-s 01/5 滑稽小品
Skigymnastik, die, * 1/2.3 滑雪操
Skorpion, der, -e 21/1.5 天蝎座，蝎子
Smog, der, -s 11/3.3 （大城市上空的）烟雾
so (2) 8/2.2 （单独使用，表示惊讶或结论性的意见等）好吧，就这样吧
Socke, die, -n 7/2.4 短袜
sodass 03/5.1 以至于
Sofa, das, -s 5/1.1 长沙发
sogar 20/1.1 连…也；甚至（于）
Soldat, der, -en 15/5.3 士兵，战士
sonderbar 19/2.1 特殊的，不寻常的

sondern (Konjunktion) 19/6.1 （连词）而是
Sonnenallergie, die, -n 4/1.5 日光过敏
Sonnencreme, die, -s 7/2.4 防晒霜
Sonnenschein, der, * 5/1.3 阳光
Sonnenschutz, der, * 7/2.5 防晒用品
sonnig 11/4.2 有阳光的，阳光灿烂的
sonst 1/1.3 此外，否则
Sorge, die, -n 7/3.1 担忧
Sorte, die, -n 20/1.1 种类
sowieso 18/3.2 无论如何
sozial 11/3.3 社会的
Sozialarbeiter, der, - 18/2.5 社会公益工作者，社工
Sozialarbeiterin, die, -nen 18/2.5 社会公益工作者，社工（女）
Sozialleistung, die, -en 18/2.1 社会福利金
Sozialwohnung, die, -en 5/2.1 社会福利住房
Spaghetti Pl. 8/1.3 意大利面条，通心粉
Spalte, die, -n 1/5.2 栏
sparen 18/5.1 节省，节约
Sparkonto, das, -konten 18/4.2 储蓄账户
Spaziergang, der, "-e 2/1.10 散步
Spazierstock, der, "-e 7/4.1 拐杖
Speck, der, -e 8/3.1 肥猪肉，脂肪
Speise, die, -n 8/1.1 菜，菜肴，食物，食品
Speisezettel, der, - 8/4.1 菜单
Spezialität, die, -en 20/1.2 特产，专长
speziell 1/2.3 专门的
Spiegel, der, - 17/5.1 镜子
Spielfilm, der, -e 14/3.2 故事片
Spielplatz, der, "-e 5/2.1 游戏场地
Spielstein, der, -e 01/1 （玩游戏使用的）棋子
spinnen, spann, gesponnen 13/4.1 胡扯，胡思乱想
Spitze, die, -n 19/3.1 顶端
Spitzentag, der, -e 7/2.3 高峰日
sportlich 5/3.5 运动的
Sportwagen, der, - 14/6.4 赛车
Sprachinstitut, das, -e 10/7.1 语言学院
Sprachkurs, der, -e 1/1.3 语言班
Sprachwissenschaft, die, -en 19/6.1 语言学
Sprechblase, die, -n 10/6.3 话语圈
Sprecher, der, - 7/5.4 代言人，代表（男）
Sprecherin, die, -nen 7/5.4 代言人，代表（女）
Sprichwort, das, "-er 8/4 谚语，成语
sprichwörtlich 18/1 谚语的；众所周知的
springen, sprang, gesprungen 6/1.5 跳，跳跃
spülen 19/6.4 冲洗，清洗
Staat, der, -en 8/4.2 国家
Staatsanwalt, der, "-e 16/2.4 检察官（男）
Städter, der, - 10/6.6 城市居民，城市人
Stadtexpress, der, -e 4/3.4 城市快车
Stammform, die, -en 6/3.4 词干
Ständer, der, - 12/3.1 架子，挂架
ständig, *, * 7/3.1 不断的，经常的
Star, der, -s 12/2.3 （舞台上，电影等中的）明星

starten 10/6.5 启动；出发
Statistik, die, -en 01/6.3 统计
statt 20/4.2 代替
Statue, die, -n 14/4.5 雕像，塑像
Staubsauger, der, - 22/1.1 吸尘器
Steckbrief, der, -e 5/1.6 通缉令
Steckdose die, -n 20/4.1 （电）插座
stecken 20/4.1 插
Stecker, der, - 20/4.1 （电）插头
stehen (2) (jemandem), stand, gestanden 12/3.1 适合
Stehlampe, die, -n 5/1.1 落地灯
Stein, der, -e 9/2.2 石头
Steinhaufen, der, - 7/4.1 石头堆
Stelle (2) (hier: Arbeitsstelle), die, -n 1/2.3 位置（此处：工作岗位）
Stellplatz, der, "-e 5/3.2 停车位
sterben, starb, gestorben 12/6.4 死，死亡
Steuer, die, -n 18/5.1 税
Stichwort, das, -e/"-er 1/4.2 提示语，提示词
Stiefel, der, - 12/1.5 靴子
Stiel, der, -e 21/1.5 柄，把手
stilistisch, *, * 21/4.1 文体学方面的
Stimme, die, -n 3/1.2 声音
Stimmung, die, -en 4/7.5 情绪
stinken, stank, gestunken 18/1.1 发臭
Stirn, die, -en 3/2.4 前额
Stockwerk, das, -e 9/5.1 （楼房的）楼层
stolz 12/2.3 骄傲的
stopfen 19/2.3 塞满，装满
Straßenreinigung, die, -en 5/3.2 道路清洁
Streifen, der, - 12/2.3 条纹
Streit, der, -e 19/5.1 争吵
streiten, stritt, gestritten 01/5.3 争吵
Stress, der, -e 12/3.4 （肉体上和精神上的）紧张
stressen 10/6.6 使身心紧张
stressig 18/2.1 紧张的，压力大的
Strom, der, "-e 18/5.1 电流
Stromschlag, der, "-e 22/3.4 电击
Strophe, die, -n 4/7.8 （诗词、歌赋的）段
strukturieren 2/1.10 建构
Student, der, -en 8/3.1 大学生（男）
Studentin, die, -nen 8/3.1 大学生（女）
Studienreise, die, -n 1/1.3 考察学习性旅行
stur 13/5.7 顽固的，执拗的
Sturm, der, "-e 11/4.1 风暴，狂风
stürmen 7/2.3 冲，涌
stürmisch 11/4.2 有风暴的，刮狂风的
Subjekt, das, -e 14/6.3 （语法）主语
Suchrätsel, das, - 3/1.3 （寻找）单词（的）谜语
Suchspiel, das, -e 5/3.5 寻找游戏
Sumpf, der, "-e 4/7.4 沼泽；泥沼
sündigen 2/1.7 过失，犯罪
Super-Angebot, das, -e 10/6.5 特价商品
surfen 14/5.3 冲浪

Symbol, das, -e 12/6.6 象征
sympathisch 16/5.7 使人有好感的
System, das, -e 4/5.2 系统，体系
Szene, die, -n 8/7.3 （戏剧、电影中的）场面

T

Tabak, der, -e 18/5.1 烟草
tabellarisch 21/4.1 表格式的
Tabelle, die, -n 1/2.3 表格
Tablette, die, -n 3/3.2 药片
Tagebuch, das, "-er 21/1.3 日记
Tagesablauf, der, "-e 03/4.1 日程
Tageslichtprojektor, der, -en 1/4.1 日光投影仪
täglich, *, * 14/2.2 每天的，日常的
Talkshow, die, -s 14/3.2 脱口秀
Tapete, die, -n 5/1.1 墙纸，墙布
Tapetenwechsel, der, - 5/7.1 （喻）换环境
Tasse, die, -n 5/7.1 杯子
Taste, die, -n 20/4.1 键，按钮
Tat, die, -en 19/3.1 行动
tätig 21/3.5 工作着的
Tätigkeit, die, -en 16/1.1 活动，职业
Taufe, die, -n 3/2.4 洗礼
tauschen 1/4.2 交换，更换
Tauwetter, das, - 11/6.1 融雪天气，化冻天气
Taxiunternehmer, der, - 7/3.1 出租车业主
Team, das, -s 16/3.3 团队
technisch 16/3.1 技术的
teilnehmen, nahm teil, teilgenommen 1/2.2 参加
Teilnehmer, der, - 1/1.3 参与者（男）
Teilnehmerin, die, -nen 1/1.3 参与者（女）
Teilzeit, die, -en 18/2.4 部分时间
Teilzeit arbeiten 18/2.6 非全日制工作
Telefonat, das, -e 1/2.3 电话
telefonisch, *, * 21/3.5 电话的，通过电话的
Teppich, der, -e 5/1.1 地毯
Textbaustein, der, -e 1/2.3 作文模块
Textsorte, die, -n 21/1.6 文体
Textverarbeitung, die, -en 1/2.3 文字处理
Theaterszene, die, -n 02/2.7 戏剧场景
Theorie, die, -n 1/2.3 理论
Therapeutin, die, -nen 15/1.1 治疗学家；治疗医生（女）
Tiefkühlfach, das, "-er 10/6.5 超低温冷藏层
Titel, der, - 4/7.2 标题，头衔
tja 13/4.1 （口语）唉，嗯（表示犹豫、思考、窘迫、气馁等）
Toast, der, -e/-s 8/1.3 吐司面包，面包片
todunglücklich 13/2.2 （口语）极不幸的
toi, toi, toi 13/7.1 祝（你或你们）好运（或成功）
Toilettenpapier, das, * 18/1.1 手纸
tolerant 19/7.3 宽容的
Toleranz, die, -en 19/6.1 宽容

Ton, der, "-e 18/7 语调
Tonaufnahme, die, -n 1/3.2 录音
topmodisch 10/6.5 非常时髦
Top-Position, die, -en 19/3.1 高层职位
Tor, (2), das, -e 13/7.1 （足球等）球门；（进）球
Torwart, der, -e 13/7.1 足球守门员
total 20/3.10 完全的，彻底的
totschießen, schoss tot, totgeschossen 6/1.5 枪杀，射死
totschweigen, schwieg tot, totgeschwiegen 5/7.1 保持缄默
Tourismusindustrie, die, -n 7/4.1 旅游业
Tournee, die, -n 22/3.1 巡回演出
traditionell 02/6.3 传统的
tragisch 10/6.6 悲惨的，不幸的
Tragödie, die, -n 8/6 悲剧
treffen (2), traf, getroffen 13/6.3 遇到；打中，击中
Treffen, das, - 1/2.3 碰面
trocknen 22/1.6 变干，干燥
Tropfen, der, - 3/3.1 滴剂；滴；点
trotz 19/3.1 尽管
trotzdem 1/4.1 尽管
tüchtig 16/6.3 能干的
türkisch 8/4.1 土耳其的，土耳其语的
Turm, der, "-e 6/4.1 塔，塔楼
TV-Glotzer, der, - 14/1 傻看电视的人
Typ der, -en 10/6.2 类型
typisch 6/1.7 典型的

U

u.a. (= unter anderem) 1/2.3 以及其他
überall 02/6.4 到处
überarbeiten 1/2.3 加工，润色
überfliegen, überflog, überflogen 19/3.2 浏览，飞越
überlaufen 7/3.1 过多地光顾
überlegen 1/4.3 考虑
Übernachtungsmöglichkeit, die, -en 7/4.1 过夜的地方，住宿的可能性
übernehmen, übernahm, übernommen 10/7.1 接受，接管
überprüfen 2/3.8 检查
überraschend 18/5.3 意外的
überrascht 2/1.6 意外的
übersichtlich 21/4.1 一目了然的
Überstunde, die, -n 18/2.1 加班
überweisen überwies, überwiesen 18/6.4 汇划，汇（款）
Überweisung, die, -en 18/6.2 汇款
üblich 8/3.1 普遍的
um (3) 12/2.4 围绕，环绕
um (4) 14/1.2 表示数量的差别
um ... willen 13/4.1 为了…的缘故

umdrehen 14/2.2 翻转，转身
Umfrage, die, -n 2/1.8 民意调查
Umgebung, die, -en 03/3.4 周围
umgehen ging um, umgegangen 16/3.6 对待，打交道
umgekehrt, *,* 14/6.4 相反的，颠倒的
Umkleidekabine, die, -n 12/3.2 小更衣室
umschreiben, schrieb um, umgeschrieben 4/1.6 改写
Umschreibung, die, -en 5/7.1 改写
umsteigen, stieg um, umgestiegen 4/3.4 换乘（车、船、机）
umtauschen 18/6.4 兑换
Umwelt, die, -en 7/6.2 自然环境
Umweltproblem, das, -e 7/1.2 环保问题，环境问题
Umweltverschmutzung, die, -en 11/3.3 环境污染
unaufhaltsam 4/7.4 不可阻挡的
unbekannt 6/1.3 陌生的
unersetzlich 19/2.1 不可替代的
unfreundlich 8/6.1 不友好的
unglaublich 15/4.1 难以置信的
Unglück, das, -e 13/6.1 不幸，厄运
unglücklich 9/1.2 不幸的，悲伤的
Unpünktlichkeit, die, -en 16/5.6 不准时
unsicher 4/1.5 不确定的，没把握的
unsichtbar 15/5.4 看不见的
Unsinn, der, * 2/1.7 胡闹，无意义的事情
unterer, unteres, untere, *,* 5/3.3 下面的
unterhalten (2), unterhielt, unterhalten 14/5.1 消遣
Unterhaltung, die, -en 18/5.1 娱乐，消遣
Unterhose, die, -n 12/2.3 （男）内裤，衬裤
Unternehmer, der, - 16/4.2 企业家
unterrichten 18/2.4 授课
unterscheiden, unterschied, unterschieden 14/6.3 区别，区分
unterschiedlich 2/2.2 有区别的，不同的
Unterschrift, die, -en 21/3.5 签字，署名
untersuchen 18/2.4 检验，检查
unwichtig 12/2.1 不重要的
unwirklich 9/5.1 不真实的
Urgroßmutter, die, "-er 5/4.1 曾（外）祖母
Urlaubsplanung, die, -en 4/1 度假计划

V

variieren 2/1.10 变化，改变
Vase, die, -n 5/4.1 花瓶
V-Ausschnitt, der, -e 10/6.5 V 型领
Verabredung, die, -en 13/3.5 约会，约定
verändern 9/3.9 改变
Veränderung, die, -en 5/7.1 变化
Verb, das, -en 17/4.8 （语法）动词
Verbendung, die, -en 6/5.1 动词词尾

Verbindung, die, -en 17/4.7 连接，结合
Verbindungswort, das, "-er 8/2.3 连接词
verbieten, verbot, verboten 15/5.3 禁止
verbrauchen 22/3.7 使用，消耗
Verbrecher, der, - 18/2.4 罪犯
verbrennen, verbrannte, verbrannt 22/3.4 烫伤；烧毁，烧死，火化
verbringen, verbrachte, verbracht 14/1.2 度过
verdanken 9/2.2 将…归功于
verderben, verdarb, verdorben 8/4.2 伤害，损坏；变质，变坏
verdrängen 7/3.1 排挤
vereinbaren 03/3.4 约定
Verfügung, die, (hier:) * 7/4.1 支配，利用
vergehen, verging, vergangen 17/2.1 （时间）流逝
verheilen 22/3.1 痊愈，愈合
verirren (sich) 6/1.5 迷路
verkaufen 12/6.4 卖，出售
Verkäufer, der, - 12/3.4 售货员（男）
Verkäuferin, die, -nen 11/5.1 售货员（女）
Verkehr, der, -e 7/3.2 交通
Verkehrsmittel, das, - 7/2.5 交通工具
verlassen (2) (sich - auf), verließ, verlassen 12/5.1 信赖，信任，依靠
verletzt 22/3.2 受伤的
verletzlich 19/2.1 易受伤害的
verlieben (sich) 1/2.1 爱上…
verloren 10/6.6 失败的，失去的
Vermieter, der, - 5/3.5 房东，出租者
Vermutung, die, -en 8/3.2 猜测，估计
vernünftig, 5/7.1 理智的
veröffentlichen 9/2.2 出版，发表
verpassen 6/5.2 错过
Verpflegung, die, -en 7/2.5 伙食
versammeln 11/1.2 聚集
verscheißen, verschiss, verschissen 14/1.1 （彻底）搞坏了和某人的关系
verschmutzen 11/3.3 弄脏；污染
verschmutzt 11/3.3 污染的，弄脏的
verschreiben, verschrieb, verschrieben 3/3.3 开药方
verschwinden, verschwand, verschwunden 03/4.2 消失
versenken 02/1 使沉没，使下沉
Versicherung, die, -en 18/5.1 保险
Version, die, -en 6/1.6 版本
versprechen, versprach, versprochen 11/1.2 许诺，答应
Verstand, der, * 3/2.2 理智
verstecken 16/5.5 隐藏
Versuch, der, -e 2/6.4 尝试，试验
Versuchsperson, die, -en 2/1.2 被实验者
verteidigen 18/4.4 为…辩护，保卫
verteilen 5/3.6 分配
Vertrag, der, "-e 21/2.1 合同，协议

vertragen, vertrug, vertragen 3/4.6 与…相处融洽，承受
vertrauen 6/1.8 信任
Vertrauen, das, * 16/3.1 信任，信赖
verwalten 18/2.4 管理
Verwaltung, die, -en 16/2.2 管理部门，行政部门
Verwaltungsangestellte, der/die, -n 16/2.2 管理部门、行政部门职员/雇员
Verwaltungsbeamte, der, -n 21/4.1 行政官员
verzichten 4/7.3 放弃
VHS (= Volkshochschule, die, -n), die, - 1/1.3 全民业余大学
Video-Installation, die, -en 14/4.5 安装录像（装置）
Videorecorder, der, - 14/2.2 录像机
vierblättrig, *, * 11/1.2 有四片叶的
Vier-Satz-Spiel, das, -e 7/5.4 四句话游戏
Viertausender, (= Berg von mehr als 4000 m Höhe), der, - 7/3.1 四千米以上的山峰
violett, 12/3.4 紫罗兰的，紫色的
Vitamin, das, -e 10/6.5 维他命，维生素
Volkshochschule (VHS), die, -n 1/1.3 全民业余大学
voll 2/3.9 满的
völlig, *, * 8/4.2 完全的
Vollkornbrot, das, -e 20/1.1 粗面包，全麦面包
vollständig 1/2.3 完整的
vor (2) 13/5.8 到/去…地方
vor allem 11/1.2 首先，特别是
vorangehend, *, * 10/6.6 前面的，上文中
Voraussetzung, die, -en 7/2.3 前提条件
vorbeiziehen, zog vorbei, vorbeigezogen 4/7.4 经过
Vorderseite, die, -n 6/3.7 正面，前面
vorgeben, gab vor, vorgegeben 01/4.1 预先确定
vorgehen, ging vor, vorgegangen 8/1.1 进行，采取行动
Vorhang, der, "-e 5/1.1 窗帘
Vorsatz, der, "-e 11/1 意图，打算
Vorschrift, die, -en 4/3.3 规定
Vorsicht, die, * 5/4.1 当心，小心
Vorsilbe, die, -en 16/5.6 （词的）前缀
Vorteil, der, -e 4/1.7 优点，长处
Vortrag, der, "-e 1/1.3 报告，演讲
vortragen, trug vor, vorgetragen 13/4.2 朗诵，陈述
Vorwurf, der, "-e 22/6 指责，责备
vorzeitig 13/2.2 提早的

W

Wachhund, der, -e 18/4.5 看门狗
Wahl, die, -en 17/4.8 选举
wahnsinnig 16/6.3 疯狂的；非常
während 1/2.3 在…期间
wahrscheinlich 14/2.2 （有极大）可能（性）的
Wanderausrüstung die, -en 7/2.4 徒步漫游的装备
Wanderhose, die, -n 7/2.4 旅游裤，登山裤
Wanderkarte, die, -n 7/2.5 漫游用地图
Wanderlied, das, -er 7/6 漫游歌
Wanderschuh, der, -e 7/2.4 登山鞋
Wanderung, die, -en 7/2.7 漫游
Wandervogel, der, "- 7/2 热衷漫游的人
Ware, die, -n 16/3.3 商品
warnen 6/1.9 警告
Warnung, die, -en 6/1.5 警告
Wartezeit, die, -en 2/1.10 等待时间
was für ein, was für ein, was für eine … 12/2.4 怎么样的一个…（一件，一条…）
Waschbecken, das, - 5/1.4 洗手池
Wäsche, die, -n 01/5.2 衣物
Waschmaschine, die, -n 5/5.1 洗衣机
Wasserbehälter, der, - 20/3.9 水容器，水箱
Wasserhahn, der, "-e 5/1.4 水龙头
Wasserturm, der, "-e 9/5 水塔
WC (= *engl.* water closet, *dt.* Toilette, die, -n), das, -/-s 6/4.3 盥洗室，厕所
wechseln 12/2.4 更换
wecken 2/1.2 唤醒
wedeln 18/1.1 摇晃，摆动
weder (… noch …) 3/2.2 既不（…又不…）
wegdenken, dachte weg, weggedacht 02/6.4 想象…不存在
weglassen, ließ weg, weggelassen 1/6.1 省略，删除
wehtun, tat weh, wehgetan 3/3.1 疼痛
weich 8/3.1 软的
weil-Satz, der, "-e 6/5.1 weil 从句
weinen 2/3.9 哭，流泪
weit (2) 9/4.10 宽大的
weiterbilden 1/1.3 进修，深造
weiterer, weiteres, weitere, *, * 8/2.2 进一步的，其他的
weitererzählen 01/3 转述
weiterhelfen, half weiter, weitergeholfen 01/4.1 进一步帮助…
weiterwissen, wusste weiter, weitergewusst 02/2.4 知道接下去怎么办
Weizen, der, - 8/3.1 小麦
weltoffen 02/3.1 面向世界的；心胸开阔的
wenden, wendete, gewendet / wandte, gewandt 1/2.3 转向，（有事时）找
wenigstens 3/4.6 至少
Werbeagentur, die, -en 5/2.1 广告公司
Werbespruch, der, "-e 10/6.5 广告用语
Werbung, die, -en 14/3.2 广告
Werkzeug, das, -e 22/1 工具
wert 13/4.1 有价值的，值得的
Wert, der, -e 16/2.4 价值
wertvoll 5/4.1 宝贵的，很有价值的

Wetterbericht, der, -e 7/2.7 天气报告
WG (= Wohngemeinschaft, die, -en), die, - 19/6.1 居家集体（几个人共同租借一套住房并共同生活的集体）
Whisky, der, -s 3/3.2 威士忌
Widerstand, der, "-e 12/6.7 抵抗，反抗
widmen 10/1.3 把…用于，献出
wieder finden, fand wieder, wiedergefunden 03/3.3 重新找到
wiedergeben, gab wieder, wiedergegeben 10/1.3 复述
Wiederholung, die, -en 2/3 复习
wiederkommen, kam wieder, wiedergekommen 02/4.3 再来，回来
Wiese, die, -n 7/3.1 草坪
wild 02/2.4 狂暴的，野蛮的
Wildschwein, das, -e 9/2.2 野猪
Wind, der, -e 5/1.3 风
windig 11/4.2 有风的
winken 13/2.3 招手
wirken 17/4.8 起作用，生效
Wirt, der, -e 02/4.3 （尤指乡村小旅馆或小客栈的）店主、老板
Wirtschaft, die, -en 7/1.2 经济
Wirtschaftsministerium, das, -ministerien 5/7.1 经济部
Wirtschaftsvertreter, der, - 10/3.4 经济界代表
Wissen, das, * 6/4.3 （某方面的）知识，学问
Wissenschaftler, der, - 2/1.2 科学家
Witz, der, -e 13/2.3 笑话
Wohngemeinschaft (WG), die, -en 19/6 居家集体（几个人共同租借一套住房并共同生活的集体）
Wohnsituation, die, -en 5/2.6 居住状况
Wohnungssuche, die, * 5/3 寻找住房
Wohnungswortschatz, der, "-e 5/5.3 有关住房的词汇
Wohnzimmer, das, - 5/1.7 客厅
Wohnzimmerschrank, der, "-e 5/5.1 客厅柜
Wohnzimmertisch, der, -e 5/1.1 客厅茶几
Wolf, der, "-e 6/1.3 狼
Wolke, die, -n 9/5.1 云，白云
Wolle, die, -n 7/2.4 毛，羊毛
womit 4/1.10 用什么
woran 22/5.4 关于什么，在…上
worauf 21/3.1 关于什么，在于何事
Wortbildung, die, -en 16/5 构词（法）
Worterklärung, die, -en 6/4.3 词义释义
Wörternetz, das, -e 02/5.3 单词网
Wortfamilie, die, -n 16/5.1 词族
Wortpaar, das, -e 4/7.5 成对单词
Wortschlange, die, -n 12/6.7 单词长蛇阵
Wortstellung, die, -en 6/5.1 词序
worüber 01/5.1 关于此事/物
worum 10/5.1 为此，围绕此
wozu 3/1.4 为何
Wunde, die, -n 17/2.1 创伤，伤口

wunderbar 4/1.5 极好的，美好的
wundern 2/3.9 使…惊奇
wunderschön, *, am wunderschönsten 7/2.3 极美丽的，极漂亮的
Wurst, die, "-e 8/1.3 香肠，腊肠
Würstchen, das, - 8/4.1 小香肠
Wurstsorte, die, -n 8/4.1 香肠种类

Y

Yoga, der/das, * 1/1.3 瑜珈（功）

Z

z.B. (= zum Beispiel) 1/1.3 例如
zahlreich 1/1.3 大量的
Zahlteller, der, - 18/7 付款盘
Zahnbürste, die, -n 16/6.3 牙刷
Zange, die, -n 22/1.1 钳子
Zärtlichkeit, die, -en 19/2.1 温柔，温情
Zaubertrank, der, "-e 9/2.2 （童话中）有魔力（或能解魔）的饮料
Zehe, die, -n 2/6.1 脚趾
Zeichen, das, - 7/3.1 标志
Zeichentrickserie, die, -n 14/3.2 动画系列剧
Zeichner, der, - 6/4.5 画家
Zeichnung, die, -en 5/6.4 图画
Zeigefinger, der, - 22/3.1 食指
Zeile, die, -n 1/4.1 行
Zeitangabe, die, -n 11/3.4 时间、日期说明语
Zeitungsbericht, der, -e 10/4 报纸报道
Zelt, das, -e 12/6.4 帐篷
zerstören 11/3.1 毁坏，破坏
Zeugnis, das, -se 21/3.3 毕业证书
Zeugniskopie, die, -n 21/3.3 证书副本
Zickzack, der, -e 01/4.3 锯齿形，之字形，来来回回
ziehen (2) (nach), zog, gezogen 21/3.5 迁居；迁移
Zielstrebigkeit, die, -en 16/4.1 有目标
ziemlich 5/2.1 相当地
Ziffer, die, -n 9/3.8 数字
Zigarette, die, -n 3/3.3 香烟
Zins, der, -en 18/4.1 利息
zirka 16/2.1 大约，大概
Zitat, das, -e 18/1.1 名句，引语
Zoo, der, -s 6/2.4 动物园
zu Ende 01/5.4 结束
zueinander 10/6.4 相互
zufrieden 4/2.4 满意的
zugeben, gab zu, zugegeben 19/5.1 承认
zuletzt 02/1 最后
zumachen 15/3.2 关上，关闭
zunächst 7/2.5 首先
Zunge, die, -n 03/5.1 舌头

zuordnen 1/1.3 把…列入、归入、加编进去
Zuordnung, die, -en 16/3.2 归类
zur Zeit 21/1.5 现在
zurechtkommen, kam zurecht, zurechtgekommen 1/2.3 合得来，适应
zurückgehen, ging zurück, zurückgegangen 02/4.5 回去
zurückkehren 15/5.5 回来
zusammenarbeiten 1/4.4 合作
Zusammenfassung, die, -en 7/4.3 概述、总结
zusammengehören 21/2.1 属于一个整体
zusammengesetzt, *, * 16/5.2 组合的，构成的
zusammenleben 19/4.3 共同生活
Zusammenleben, das, * 19/6.1 共同生活，同居
zusammenpassen 1/5.1 相匹配
zusammenstellen 5/3.2 把…放在一起
zusammentragen, trug zusammen, zusammengetragen 02/6.6 汇总
zusammenzählen 20/1.1 合计
zusätzlich 18/4.1 附加的，额外的
Zuschlag, der, "-e 4/3.4 附加费
zusteigen, stieg zu, zugestiegen 4/3.3 中途上车、船，中途登机
zustimmen 12/1.6 赞同
zutreffen, traf zu, zugetroffen 1/5.1 切合实际，正确
zuverlässig 16/5.5 可信任的，可靠的
Zuverlässigkeit, die, -en 16/4.1 可靠性，可信任
zwar (…, aber …) 7/4.1 虽然（…，但是…）
Zweck, der, -e 14/6.3 目的，用途
Zweifel, der, - 7/4.1 怀疑
Zweigstelle, die, -n 1/1.3 分支机构
Zwieback, der, "-e/-e 8/3.1 回炉面包片

HÖRTEXTE 听力课文

.... *Hier finden Sie alle Hörtexte, die nicht oder nicht komplett im Buch abgedruckt sind.*
本附录收录了所有书中没有或没有完全印出来的听力课文。

EINHEIT 1: EIN LEBEN LANG LERNEN

3 Warum? Weil ...

3.2
- Kommst du mit ins Kino?
+ Heute kann ich nicht mit dir ins Kino gehen, weil ich noch Hausaufgaben machen muss.

- Ich ruf dich dann morgen an.
+ Du kannst mich nicht anrufen, weil ich kein Telefon habe.

- Wo machen Sie am liebsten Urlaub?
+ Ich mache sehr oft in Österreich Urlaub, weil ich das Land und die Leute mag.

- Hast du auch Angst vor dem Test?
+ Ich schreibe den Test nicht mit, weil ich zwei Wochen krank war.

4 Frau Wilde (39), Kursleiterin für Deutsch als Fremdsprache

4.6
- Und welche Probleme gibt es in Ihrem Unterricht?
+ Ja, um bei den unterschiedlichen Altersstufen anzufangen: 18-Jährige verlangen oft etwas anderes als 50-Jährige. Einige möchten schnell ihre Grammatikkenntnisse erweitern, andere möchten viel eher an Texte herangehen und diese besprechen. Hinzu kommt natürlich das Problem, dass viele einfach den Mund nicht aufmachen. Sie stellen keine Fragen, sodass ich oft nicht weiß, komme ich an mit dem, was ich präsentiere. Sowieso möchte ich gerne von dem Frontalunterricht weg, was manchmal nicht so einfach ist. Und von daher würde ich mir mehr Zusammenarbeit unter den Teilnehmern wünschen, mehr partnerschaftliche Arbeit.

6 Lange Sätze – kurze Sätze

6.3
2. Ich versuche, dich am Montag um drei Uhr anzurufen.
3. Ich freue mich, dich nächste Woche zusammen mit Peter und Ingrid wieder in Wien zu sehen.
4. Hast du morgen oder am Mittwoch Zeit, mit Alfons im Büro über das Problem zu reden?

7 Interviews mit Deutschlehrern und Deutschlernenden aus drei Ländern

7.2
INTERVIEW 1
- Frau Skalezka, sind Sie gerne Deutschlehrerin?
+ Ja, es macht mir viel Spaß. Die Arbeit mit Kindern, die ist sehr nett, und sie sind sehr spontan, kreativ, lebendig …
- Gibt's keine Probleme?
+ Ja, es gibt auch Probleme, und zwar: Die sind manchmal sehr laut in der Klasse. Und ja, wie immer, und alle Kinder auf der ganzen Welt, glaube ich, die machen die Hausaufgaben nicht so gerne.
- Ja, das ist typisch. Was ist für Ihre Kinder im Deutschunterricht am schwierigsten?
+ Ja, ich glaube, wenn man eine Fremdsprache lernt, ist es sehr wichtig, dass man die Aussprache sehr gut kann. Und deswegen, ja, ich versuche, einen großen Wert auf die Phonetik und die Aussprache zu legen. Es gibt viele Probleme, weil es im Tschechischen andere Vokale gibt als im Deutschen. Ja, und da müssen die Schüler mehr arbeiten und …
- Viel üben …
+ … viel üben, ja, richtig.
- Danke.

INTERVIEW 2
- Ja, hallo, mein Name ist Dionne und ich komme aus Singapur. Ich möchte Deutschlehrerin werden.
+ Wo hast du so gut Deutsch gelernt?
- Ich hatte eigentlich sechs Jahre Deutsch als Fremdsprache in der Schule gehabt, aber ich hab Deutsch eigentlich in Deutschland richtig gelernt.
+ Ja, was, was heißt das? Hast du in der Schule kein Deutsch gelernt?
- Doch, aber keine Alltagssprache. Ich konnte z.B. über deutsche Politik oder deutsche Geschichte reden, aber ich konnte nicht in die Drogerie gehen und nach Wattestäbchen fragen.
+ Das ist natürlich wichtig. Dionne, kannst du dich noch an deine Deutschlehrer erinnern?

- Ja, ich hatte eigentlich zwei sehr gute Deutschlehrer. Die hatten immer interessante Übungen gehabt, z.B. mit Spielen oder auch mit Musik. Wir haben auch mit sehr interessanten Texten gearbeitet und viele von den Übungen, die wir gemacht haben, kamen nicht in den Büchern vor.
+ Möchtest du auch einmal so eine Deutschlehrerin werden?
- Ich hoffe; ich weiß nicht, ob ich das schaffe.

INTERVIEW 3
- Hallo, ich heiße Dimitri. Ich komme aus Thessaloniki in Griechenland. Ich studiere im Moment Germanistik und bin 28 Jahre alt.
+ Dimitri, du sprichst phantastisch Deutsch, wie kommt das?
- Ja, ich bin in Deutschland geboren. Ich habe allerdings nur fünf Jahre hier gelebt und dann sind wir nach Griechenland umgezogen. Und diese fünf Jahre waren sehr wichtig für meine Aussprache.
+ Das hört man. Hast du noch in Griechenland weiter Deutsch gelernt, dann?
- Erst mal nicht, aber dann wieder mit 16 habe ich angefangen, Deutsch zu lernen.
+ In der Schule oder wo?
- Ja, das war so: Meine Eltern haben eine Sprachenschule. Und ich hab da Deutsch gelernt und mein Lehrer war mein Vater.
+ Haha, das ist ja praktisch. Sag mal, Dimitri, war dein Vater ein guter Lehrer?
- Also, wenn ich neutral sein will, ich fand ihn sehr gut. Es hat Spaß gemacht mit ihm im Unterricht. Er hat sich bewegt im Raum und die ganze Atmosphäre war toll.
+ Schön! Du bist ja auch schon Deutschlehrer. Du unterrichtest an der Volkshochschule hier. Was gefällt dir am meisten am Unterricht?
- Am meisten gefällt mir, dass es so viele Nationalitäten da gibt, die alle Deutsch lernen wollen. Und es sind Leute aus verschiedenen Kulturen und wir reden über die Kulturen und ich finde das total interessant.
+ Was findest du an deinem eigenen Unterricht gut?
- An meinem Unterricht finde ich die Zeichnungen gut. Ich zeichne gerne und das macht mir Spaß und das macht den anderen Spaß und das tut dem Unterricht auch sehr gut, finde ich.
+ Bei dir wär ich auch gerne Schüler. Danke.

EINHEIT 3: KÖRPER – GESUNDHEIT – KRANKHEIT

1 Körperteile benennen

1.2 Sie sind ganz ruhig, alles ist ruhig. Sie hören das Rauschen eines Baches. Das Rauschen der Blätter des Waldes – das Ohr. Das Grün der Natur beruhigt Sie. Sie sehen die Bäume und das Gras – das Auge. Die Sonne glänzt auf den Blättern und bricht sich in den Wassertropfen des Morgentaus. Sie berühren ein großes, weiches Blatt – die Hand. Sie gehen weiter. Sie spüren, wie die Sonne Sie wärmt – die Haut. Sie fühlen sich ganz leicht, ganz entspannt – der Rücken, die Schulter, der Hals. Sie kommen zu einer großen Wiese. Sie sehen die bunten Blumen des Frühjahrs. Sie atmen ihren Duft – die Nase. Sie setzen sich ins Gras. Sie fühlen sich frei und glücklich. Sie pflücken eine Blume – die Hand, der Finger. Sie spüren das weiche Gras unter sich – der Fuß. Sie fühlen sich wohl. Es geht Ihnen gut – das Herz.

4 Ratschläge

4.1
- Brahms.
+ Hallo, Erika. Was hast du denn? Bist du krank?
- Hallo, Fabian. Mir geht es leider gar nicht gut. Ich habe Fieber …
+ Hast du auch Halsschmerzen?
- Ja, und Kopfschmerzen auch. Ich bin total fertig.
+ Du musst ins Bett! Soll ich in der Apotheke etwas holen?
- Ja, danke. Ich war heute Morgen schon beim Arzt. Die Apotheke war noch zu. Ich habe das Rezept hier.
+ Ich hole es gleich und kaufe die Sachen.
- Danke, das ist lieb! Bis gleich.

4.5
- Frau Brahms, Sie müssen unbedingt mehr auf Ihre Gesundheit achten, nicht mehr rauchen, weniger Alkohol trinken, öfter Obst essen, weniger Fleisch, mehr Gemüse …
+ Ja, Frau Doktor.
- … mehr Sport treiben, nicht so viel mit dem Auto fahren, mehr Fahrrad fahren …
+ Ja, Frau Doktor.
- … nicht so viel fernsehen, mehr an die frische Luft gehen …
+ Ja, Frau Doktor, aber darf ich nicht wenigstens manchmal und auch nur ein ganz kleines bisschen …

5 Indirekte Rede – indirekte Fragen

5.4
1. Die Leute sollen einfach mehr Obst essen, zum Beispiel Orangen und Zitronen oder Kiwis, also Sachen mit vielen Vitaminen. Dann haben Sie auch nicht so oft Erkältung.
2. Ich weiß nicht, ob wir nicht alle zu viel Fleisch essen. Ich denke, wir müssen mehr Gemüse essen.
3. Rauchen ist extrem ungesund. Zigaretten sind einfach schädlich für Raucher und Mitraucher. Man muss die Zigarettenautomaten verbieten und die Zigarettenwerbung auch.
4. Ich frage mich, ob nicht ein Tag ohne Fernsehen eine gute Idee ist. Vielleicht gehen dann mehr Leute auch mal joggen oder schwimmen.
5. Gesund leben … Für mich heißt das einfach: kein Bier, kein Wein. Mineralwasser ist doch auch sehr gut und es ist gesund! Ich finde, die Leute trinken viel zu viel Alkohol.
6. Ich meine, dass die Deutschen und die Österreicher zu fett essen. Bei uns isst man fast ohne Fett.

EINHEIT 4: REISEN

3 Eisenbahn fahren

3.2
– Guten Tag, ich möchte bitte eine Fahrkarte von Heidelberg nach Frankfurt am Main, Hauptbahnhof.
+ Einfach oder hin und zurück?
– Einfach.
+ Haben Sie eine BahnCard?
– Nein.
+ Erster Klasse oder zweiter Klasse?
– Zweiter Klasse.
+ So, das sind dann 12,20 im InterRegio.
– Wie bitte?
+ Das kostet 12,20 im InterRegio.
– Und was kostet der Intercity-Express?
+ Der kostet 24 Euro.
– Oh, das ist aber teuer, da fahr ich lieber im InterRegio.

3.4 **A**
- Wie komme ich heute am besten von Heidelberg nach Heilbronn?
+ Es gibt einen Stadtexpress um 11 Uhr 20.
- Muss ich umsteigen?
+ Nein, der Zug fährt direkt.
- Brauche ich einen Zuschlag?
+ Nein, für diesen Zug nicht.
- Wann bin ich dann in Heilbronn?
+ Um 12 Uhr 43.
- Was kostet das zweiter Klasse?
+ 10 Euro 40.

B
- Wann fährt ein Zug nach Heilbronn?
+ Der nächste Zug fährt um 14 Uhr 56.
- Wann komme ich da an?
+ Sie sind um 16 Uhr 21 in Heilbronn.
- Muss ich umsteigen?
+ Sie müssen in Neckarelz umsteigen.
- Fährt der Zug auch am Sonntag?
+ Dieser Zug fährt jeden Tag.
- Und was kostet eine Fahrkarte?
+ In der zweiten Klasse 6 Euro 40 mit BahnCard.
- Brauche ich einen Zuschlag?
+ Nein, für diesen Zug nicht. Nur für den Intercity.

3.5 **DURCHSAGE 1**
Meine Damen und Herren, Gleis 5, willkommen in Heidelberg, Hauptbahnhof. Ihre nächsten Reisemöglichkeiten: Zum Regionalexpress nach Heilbronn über Eberbach, Neckarelz, Bad Friedrichshall, Jagstfeld, Neckarsulm, die Abfahrt 13 Uhr 57 von Gleis 7. Zum InterRegio nach Norddeich über Weinheim, Bensheim, Darmstadt, Mainz, Bonn, Köln, Düsseldorf, Münster, Rheine, die Abfahrt 13 Uhr 58 von Gleis 4.

DURCHSAGE 2
Meine Damen und Herren, Gleis 7, hier Heidelberg, Hauptbahnhof. Die nächsten Reisemöglichkeiten zum InterRegio Höllental nach Seebruck über Bruchsal, Baden-Baden, Offenburg, Freiburg, die Abfahrt 14 Uhr 01 von Gleis 8. Zum Intercity nach Obersdorf über Stuttgart, Ulm, Memmingen, Sonthofen, Abfahrt 14 Uhr 06 von Gleis 7. Dieser Zug wird heute voraussichtlich fünf bis zehn Minuten später hier ankommen.

DURCHSAGE 3
Intercity „Allgäu" aus Dortmund nach Obersdorf über Stuttgart, Ulm, Memmingen, Kempten. Sonthofen, die Abfahrt 14 Uhr 06 wird heute voraussichtlich fünf bis 10 Minuten später hier ankommen. Ich wiederhole: Intercity „Allgäu" aus Dortmund nach Obersdorf über Stuttgart, Ulm, Memmingen, Kempten, Sonthofen, die Abfahrt 14 Uhr 06 wird heute voraussichtlich fünf bis zehn Minuten später hier ankommen.

DURCHSAGE 4
Meine Damen und Herren, am Gleis 7 fährt in wenigen Minuten ein: Intercity „Allgäu" aus Dortmund nach Obersdorf über Stuttgart, Ulm, Memmingen, Kempten, Sonthofen, die Abfahrt 14 Uhr 06. Ich wiederhole: Am Gleis 7 fährt in wenigen Minuten ein: Intercity „Allgäu" aus Dortmund nach Obersdorf über Stuttgart, Ulm, Memmingen, Kempten, Sonthofen, die Abfahrt war 14 Uhr 06.

DURCHSAGE 5
Am Gleis 7 bitte einsteigen. Türen schließen selbsttätig. Vorsicht bei der Abfahrt.

6 Dativergänzungen im Satz

6.3
1. Schenkst du mir deinen Kuli?
2. Meine Freundin schenkt mir Blumen.
3. Gib mir das Lernerhandbuch.
4. Meinem Vater kaufe ich eine Kuckucksuhr.

7 Man reist, um unterwegs zu sein

7.2
In Hamburg lebten zwei Ameisen,
Die wollten nach Australien reisen.
Bei Altona auf der Chaussee,
Da taten ihnen die Beine weh,
Und da verzichteten sie weise
Dann auf den letzten Teil der Reise.

EINHEIT 5: MEINE VIER WÄNDE

2 Menschen und ihre Wohnungen

2.6 Interviewer: Thomas, du wohnst gleichzeitig in Frankfurt und in Kassel, stimmt das?
Thomas: Ja, das ist richtig, eigentlich habe ich im Moment zwei Wohnungen. Die Wohnung in Frankfurt brauche ich, weil ich im Moment bei einer Werbeagentur in Frankfurt beschäftigt bin. Ich wohne ganz in der Nähe von meinem Arbeitsplatz. Ich habe ein kleines Ein-Zimmer-Appartement gefunden mit einer kleinen Kochnische und einem Balkon. Nicht sehr schön, aber praktisch. Gegenüber ist zwar ein Park, aber es ist ziemlich laut, weil eine Hauptverkehrsstraße direkt vor dem Haus vorbeigeht. Aber dort bin ich ja nur von Montag bis Freitag. Am Freitagabend fahre ich immer nach Kassel. Das sind 1½ Stunden mit dem ICE. Mit dem Auto dauert es meistens länger. In Kassel lebe ich lieber als in Frankfurt. Da habe ich meine Freunde, ich kenne die Stadt sehr gut und außerdem ist die Wohnung viel größer und schöner.
Interviewer: Was heißt größer und schöner?
Thomas: Na ja, dort habe ich drei Zimmer, eine richtige Küche und ein großes Bad und viel Platz. Die Wohnung liegt sehr ruhig und trotzdem bin ich in drei Minuten im Zentrum. Und: Sie kostet die Hälfte. In Frankfurt zahle ich 400 Euro ohne Nebenkosten. In Kassel zahle ich 385 Euro. Da ist aber Heizung und alles inklusive.

Interview mit Familie Geschwil

Interviewer: Herr Geschwil, Sie wohnen in einer recht kleinen Wohnung für eine Familie mit zwei Kindern. Wie lange wohnen Sie schon in Mannheim-Vogelstang?
Herr Geschwil: Wir wohnen jetzt seit zehn Jahren hier. Am Anfang waren wir nur zu zweit. Da war die Wohnung groß genug. Ein Wohnzimmer, ein Schlafzimmer und ein Esszimmer. Der Balkon ist im Sommer sehr angenehm.
Interviewer: Sie haben mir gesagt, dass Sie jetzt eine andere Wohnung suchen. Warum?
Frau Geschwil: Na ja, Sie sehen es ja selbst. Es ist alles viel zu eng. Wir haben jetzt zwei Kinder. Sie gehen beide in die Schule. Beim Hausaufgabenmachen haben sie nicht genug Ruhe. Da gibt es oft Streit.
Interviewer: Wie lange suchen Sie schon?
Herr Geschwil: Fast zwei Jahre. Aber es ist sehr schwer. Die Mieten sind zu hoch. 650 Euro für eine Vier-Zimmer-Wohnung, das können wir nicht bezahlen. Und für 650 Euro findet man schon kaum noch etwas.

EINHEIT 6: ES WAR EINMAL

3 Märchen erzählen

3.4
fahren – fuhr – gefahren
sprechen – sprach – gesprochen
rufen – rief – gerufen

schreiben – schrieb – geschrieben
geben – gab – gegeben
lesen – las – gelesen

finden – fand – gefunden
ziehen – zog – gezogen

EINHEIT 7: WANDERN IN DEN ALPEN

2 Bergwandern und bergsteigen: Ratschläge für Wandervögel

2.6
– Radio 107,5, Ihr Inforadio für Berlin und Brandenburg. Am Telefon habe ich jetzt Herrn Anton Kobel vom Alpenverein Berlin und Brandenburg. – Herr Kobel, Sie fahren seit vielen Jahren mit Bergtouristen in die Alpen. Was treibt den Berliner und Brandenburger eigentlich in die Berge?
+ Ach, wissen Sie, da gibt es viele Gründe. Viele Leute aus dem Flachland und insbesondere aus den großen Städten suchen eben das Naturerlebnis. Sie wollen sich erholen, entspannen, etwas für die Gesundheit tun und eben die Natur erleben.

– Herr Kobel, Sie haben viel Erfahrung und können uns sicher ein paar Tipps geben. Bergwandern oder gar bergsteigen soll ja nicht ganz ungefährlich sein.
+ Ja, bergwandern ist nicht so einfach, wie viele Leute denken. Man kann viele Fehler machen und das kann gefährlich sein. Man liest ja auch immer wieder über Unfälle. Das beginnt schon mit der Anreise. Am besten lassen Sie Ihr Auto zu Hause. Das ist sicherer und auch besser für die Umwelt.
– Was soll man denn anziehen, wenn man in die Berge geht?

HÖRTEXTE 252

+ Na ja, eine Wanderung ist kein Spaziergang. Da braucht man unbedingt gute, feste Schuhe, am besten mit einer dicken Gummisohle. Und die Socken dürfen nicht neu sein, sonst gibt es Blasen an den Füßen.
- Man sieht oft Touristen mit Jeans. Wie finden Sie das?
+ Jeans sind nicht so gut. Die sind zu schwer, und wenn sie nass werden, trocknen sie nur langsam. Da sind Wanderhosen schon viel besser. Dazu Baumwollhemden und ein Pullover aus Wolle, vielleicht auch Handschuhe. Ein Anorak gehört auch dazu. Und natürlich auch Sonnenschutz, eine Sonnenbrille und Sonnencreme. Das Wetter in den Bergen ist oft ziemlich extrem.
- Ganz schön viel!
+ Das ist eigentlich kein Problem. Jeder, der einigermaßen gesund und fit ist, kann das tragen. Sie nehmen einen Rucksack mit, da geht alles rein und Sie haben die Hände frei. Sie brauchen auch etwas zum Essen und Trinken. Schokolade zum Beispiel, Obst und am besten Tee.
- Woran soll man bei der Planung noch denken?
+ Schauen Sie sich die Wanderkarte vorher genau an und suchen Sie sich beim ersten Mal eine leichte Route aus. Da sind die Markierungen gut und Sie verlaufen sich nicht so schnell.
- Wie kann man sicher sein, dass man nicht vom schlechten Wetter überrascht wird?
+ Eigentlich gar nicht! Das Wetter wechselt eben sehr schnell in den Bergen. Aber Sie können sich vorher informieren, wie die Wetterprognosen sind. Fragen Sie vor der Wanderung die Leute im Tal und hören Sie den Wetterbericht im Radio. Aber am besten kommen Sie mit mir. Ich bringe Sie schon gesund hinauf und auch wieder herunter.
- Herr Kobel, haben Sie vielen Dank für die Informationen. Wenn Sie noch mehr Informationen über den Alpenverein wünschen, dann bleiben Sie dran, nach der Werbung haben wir einige Adressen und Telefonnummern für Sie, an die Sie sich wenden können.

EINHEIT 8: MORGENS WIE EIN KÖNIG

3 Frühstück international – ein Interview

3.2 Interviewer: Seht euch doch bitte mal das Foto hier an. Auf dem Bild seht ihr, was man hier alles so zum Frühstück isst. Zum Beispiel Joghurt, Obst, Käse, Milch und so weiter. Was esst ihr eigentlich in euren Ländern zum Frühstück?
Beatrice: Ja, also bei uns in Frankreich wird im Allgemeinen Zwieback mit Marmelade gegessen und dazu eine Tasse Kaffee oder Tee, es kommt darauf an und manchmal – aber nicht so oft – Schokolade. Ich persönlich esse Schokolade mit Müsli, aber das ist mein Geschmack. Sonst kann man auch ein Ei am Sonntag essen und ein bisschen Käse, aber das ist nicht sehr üblich.
Interviewer: Ja, danke. Bojie, wie ist das bei euch in China?
Bojie: Bei uns ist es ganz anders. Käse kennen wir nicht und Margarine und Butter kennen wir auch nicht. Dafür essen wir sehr viel Nudeln, Reissuppe – mit Wasser und Reis gekocht.
Interviewer: Zum Frühstück esst ihr Suppe?
Bojie: Reissuppe. Und Eier essen wir auch. In der Stadt trinkt man auch Milch, aber auf dem Land, glaube ich, nicht. Oder was meinst du?
Li: Ja, auf dem Lande isst man beim Frühstück normalerweise Reisbrei mit Sauerkraut. Und in Städten isst man heute beim Frühstück Nudeln, wie Bojie gesagt hat, und man trinkt auch Milch, isst Eier dazu. Und in manchen Familien, die doch Wohlstand haben oder ... dann essen sie auch Müsli.
Interviewer: Danke. Rowan, England ist ja berühmt für das ausführliche Frühstück. Wie ist das, was isst du zu Hause zum Frühstück?
Rowan: Manche Leute essen ja Eier und Schinken, aber ich glaube, die Mehrheit isst nur ein bisschen Toast mit Marmelade oder so was. Oder vielleicht auch zuerst Cereals.
Interviewer: Cereals, was ist das?
Rowan: Cornflakes zum Beispiel, oder so was. Aber Käse essen wir kaum zum Frühstück.
Interviewer: Nitsa?
Nitsa: Bei uns trinkt man eine Tasse Kaffee, im Winter den griechischen Kaffee, einen warmen Kaffee, und im Sommer den kalten Frappe, Nescafé. Das Ganze wird mit einer bis fünf Zigaretten begleitet, wenn man Raucher ist.
Interviewer: Und, ja, was esst ihr dazu eigentlich?
Nitsa: Die Erwachsenen essen eigentlich nichts, die kleinen Kinder Marmelade, Butter und ein Ei mit Milch.
Interviewer: Habt ihr auch so etwas wie Brötchen oder Brot?
Nitsa: Brot, Brötchen nicht. Es ist nicht üblich.
Interviewer: Danke. Mostafa?
Mostafa: Ja, im Iran isst man morgens zum Frühstück normalerweise Käse und Butter, Marmelade, Honig. Es kommt darauf an, es ist sehr unterschiedlich. Und manchmal gibt es auch weich gekochte Eier oder Linsen – das ist ein Gericht, das man zum Frühstück isst. Und es gibt auch ein anderes Gericht aus Weizen. Man kocht es aus Weizen und Gänsefleisch. Aber das isst man normalerweise nicht jeden Tag, sondern man isst das mehr im Winter und trinkt noch dazu Tee oder Kaffee.
Interviewer: Ich danke euch und wünsche euch weiterhin guten Appetit.

Option 1: SPIELEN, SPRECHEN, WIEDERHOLEN

5 Das Ei – Ein Sketch von Loriot

5.6
ER: Wenn ein Ei nach Gefühl kocht, dann kocht es eben nur zufällig genau viereinhalb Minuten.
SIE: Es kann dir doch ganz egal sein, ob das Ei zufällig viereinhalb Minuten kocht … Hauptsache, es kocht viereinhalb Minuten.
ER: Ich hätte nur gern ein weiches Ei und nicht ein zufällig weiches Ei! Es ist mir egal, wie lange es kocht.
SIE: Aha! Das ist dir egal … es ist dir also egal, ob ich viereinhalb Minuten in der Küche schufte!
ER: Nein, nein.
SIE: Aber es ist nicht egal, das Ei muss nämlich viereinhalb Minuten kochen …
ER: Das habe ich doch gesagt …
SIE: Aber eben hast du doch gesagt, es ist dir egal!
ER: Ich hätte nur gern ein weiches Ei!
SIE: Gott, was sind Männer primitiv *(geht ab)*.
ER: *(Düster vor sich hin)* Ich bringe sie um … morgen bringe ich sie um …

6 Ein Test: Welcher Sinn ist für Sie am wichtigsten?

6.1 Winter, Hemd, Lehrer, Ball, Buch, Handschuhe, Radio, Kuli, Wasser, Abendlicht, Katze, Orange, Rose, Sonne, Jeans, Brot, Messer, Mozart, Kaffee, Jazz

EINHEIT 9: EIGENSCHAFTEN

4 Im Fundbüro – Adjektivendungen nach dem unbestimmten Artikel und *kein*

4.1
− Fundbüro, Wanninger, guten Tag.
+ Guten Tag, mein Name ist Knoll. Ich habe meinen Hund in der Straßenbahn vergessen. Ist er bei Ihnen?
− Ja, ich weiß nicht. Wir haben mehr als einen Hund. Heute haben wir wieder drei bekommen.
+ Oh je.
− Wie sieht Ihr Hund denn aus?
+ Ja, halt wie ein Hund.
− Ja, wie? Groß, klein, blau, rosa oder wie?
+ Ähm … es ist ein kleiner Hund mit einem großen, schwarzen Ohr und er hat einen ganz kurzen Schwanz. Wissen Sie, das ist so passiert …
− Was, nur ein Ohr?
+ Nein, nein, er hat ein schwarzes und ein weißes Ohr. Wissen Sie, ich …
− Und was für eine Farbe hat er?
+ Er hat eine braune Pfote vorne links und eine schwarze Pfote vorne rechts. Und er hat einen weißen Schwanz.
− Moment, hier habe ich einen Hund mit einer braunen und einer grauen Pfote und einem weißen Schwanz.
+ Ach ja, stimmt, die andere Pfote war grau, das ist er. Lumpi! Hörst du mich? Ich komme gleich und hol dich. Ja, also wissen Sie, das ist mir ja so peinlich, aber …

EINHEIT 11: WAS BRINGT DIE ZUKUNFT?

1 Silvester – der Tag der „guten Vorsätze"

1.3 Ausschnitt 2
− Ich wünsch dir alles Gute fürs neue Jahr. Viel, viel Erfolg und dass du gesund bleibst und rauch nicht so viel und nimm dir mehr Zeit für dich und uns!
+ Ich wünsch dir auch alles Liebe. Mit Rauchen ist ab heute Schluss.
− Achtung, verbrenn dich nicht, deine Zigarette ist schon ganz runtergebrannt.
△ Katja, bist du's?
◊ Ja, wer ist dran?
△ Ich bin's, deine Mutter. Katja, alles Gute fürs neue Jahr! Ich wünsch dir, dass du nicht so viel arbeiten musst! Und dass alles gut geht mit Markus!
◊ Aber Mama … danke Mama. Ich wünsch dir auch alles Gute und vor allem Gesundheit. Und dass du dir nicht mehr so viele Sorgen machst.
△ Ach Kind, weißt du, du musst wirklich …

Ausschnitt 3
So, jetzt wird's spannend, dreißig Sekunden bis Mitternacht, dreißig Sekunden bis 1998. 34, 33, 32, 31 – au, das ist verkehrt, 20, 20, 15, 14, 13, 10, 9, 8 … das alte Jahr geht zu Ende und ein neues beginnt, Prosit Neujahr, Prosit Neujahr …

4 Wie wird das Wetter?

4.4 Ausschnitt 1
– Kann ich ein Eis haben?

Ausschnitt 3
– Fahr doch nicht so schnell. Du siehst doch gar nichts.
+ Das war knapp! Den hab ich überhaupt nicht gesehen.

4.8/ 4.10 Hier ist das Europäische Reisewetter. Apropos „hazy shade of winter": Es ist eigentlich nirgends richtig schön. Deutschland Nord nur teils heiter, teils bewölkt, −2 bis +2 Grad.
Im Süden neblig trüb, später aufgeheitert, mäßiger Frost. Im Osten meist bewölkt, etwas Schneefall, 0 bis −9 Grad.
In Skandinavien wechselnd wolkig, +2 bis −8 Grad.
England, Irland: Regen, am Montag aufheiternd, 10–13 Grad. Wasser Ostsee und Nordsee viel zu kalt zum Baden, klar.
Österreich, Schweiz: neblig in den Tälern, sonnig und 0 bis 5 Grad.
Italien, Malta: wechselnd wolkig, örtlich Schauer, 6 bis 12 Grad, im Süden bis 17 Grad, Wasser Adria 15–17.
Kroatien, Slowenien: bewölkt, regnerisch, 2 bis 6 Grad, am Mittelmeer bis 13 Grad.
Griechenland, Türkei, Zypern: heiter, zeitweise bewölkt, 12 bis 20 Grad, Wassertemperatur Ägäis 15 bis 18, östliches Mittelmeer 17 bis 22 Grad.
Israel, Ägypten: am Mittelmeer bewölkt, 17 bis 22 Grad, im Süden bis 26 Grad.
Marokko, Algerien, Tunesien: heiter bis wolkig, 14 bis 18, im Süden bis 23 Grad.
Spanien, Portugal: anfangs noch Regen, später sonnig, 12 bis 20 Grad, Wasser – für die ganz harten – ab 15 Grad am Mittelmeer, 16 Grad an der Atlantikküste.

EINHEIT 12: KLEIDER MACHEN LEUTE

1 Mode – Schönheit

1.3

1
Ach, also gefallen, ich weiß nicht. Also, den Typ mit dem gelben Helm find ich ganz gut. Ich mag lange Haare bei Männern. Und von den Frauen, na ja, vielleicht die auf dem großen Foto mit den Jeans und den Turnschuhen. Die sieht ganz nett aus.

2
Also, von den Frauen gefällt mir die ganz in Schwarz am besten. Ich mag schwarze Kleidung. Ich find, das sieht echt super aus und fast jeder kann das tragen. Aber den Mann mit dem schwarzen Anzug mag ich doch nicht. Der sieht irgendwie blöd aus. Da gefällt mir der mit der schwarzen Hose und der grauen Jacke viel besser.

3
Also, die rote Lederjacke von der Frau oben rechts find ich toll, aber das T-Shirt passt nicht dazu. Von den Männern gefällt mir der mit der hellen Hose und dem bunten, kurzärmligen Hemd am besten. Das wirkt leicht und locker.

4
Hm, die Frau im schwarzen Kleid mit den weißen Punkten beim Fest find ich gut. Das Kleid ist sportlich und mir gefallen auch die kurzen Haare. Die Frau davor mit der bunten, langen Bluse gefällt mir auch. Der Mann auf dem großen Foto mit dem schwarzen Anzug gefällt mir überhaupt nicht. Ich finde, Schwarz steht ihm nicht. Schwarz wirkt immer so traurig, deprimierend.

3 Kleidung einkaufen

3.1
- Oh, die ist mir aber zu eng.
+ Wollen Sie eine Nummer größer probieren?

- Wo sind die Umkleidekabinen?
+ Hinten links bei den Mänteln.

- Gibt es den auch in Blau?
+ Tut mir leid, ich habe diesen Pullover nur noch in Grün.

- Haben Sie die Hose auch in Größe 52?
+ 52–58 finden Sie auf dem Ständer hier vorne.

- Meinen Sie, das Kleid steht mir?
+ Es steht Ihnen ausgezeichnet.

- Haben Sie den Mantel eine Nummer kleiner?
+ Ja natürlich, probieren Sie den mal in 102.

3.4 DIALOG 1
- Ich hätte gerne eine leichte langärmlige Bluse. Etwas Elegantes für den Abend.
+ Ja, gerne, welche Größe haben Sie?
- 52.
+ Da habe ich hier zwei ganz modische Blusen. In Rosa oder in Blau.
- Hm, ja, die blaue gefällt mir. Wo kann ich sie anprobieren?
+ Die Kabinen sind da hinten links.
- Danke.

Lautsprecherdurchsage: In unserer Lebensmittelabteilung bieten wir Ihnen heute: holländischen Gouda, mittelalt, 200g nur 3,99, italienische Weintrauben ohne Kern, das Kilo nur 2,44 …

+ Die ist aber sehr schön an Ihnen!
- Sie ist mir etwas zu groß, glaube ich, und das Blau gefällt mir auch nicht so.
  Haben Sie etwas in Dunkelblau und etwas kleiner?
+ Ja, da habe ich hier noch eine in Violett, eine Nummer kleiner und sehr preiswert.
- Ja, die müsste passen. Die nehm ich. Wo kann ich bezahlen?
+ Da drüben an der Kasse.

DIALOG 2
- Ich suche einen Anzug für mich.
+ Welche Größe haben Sie?
- Ich glaube, 102, ich bin mir aber nicht ganz sicher, vielleicht auch 98.
+ In 102 habe ich hier einen Anzug in Dunkelgrün, sehr modisch.
- Ja, hm, ja der gefällt mir recht gut. Wo kann ich ihn anprobieren?
+ Die Kabinen sind da hinten links.

Lautsprecherdurchsage: In unserer Lebensmittelabteilung bieten wir Ihnen heute: französischen Rotwein, Bordeaux Appellation Controllée, nur 7,99 …

- Ähm, danke, aber der ist mir zu weit, haben Sie den in einer anderen Größe?
+ Hier hab ich ihn noch eine Nummer kleiner, in Dunkelblau.
- Haben Sie ihn nicht in Dunkelgrün?
+ Nein, leider nur in Dunkelblau in dieser Größe. Aber der Anzug ist im Sonderangebot, nur 249.
- Tja, ich weiß nicht, können Sie mir noch andere Anzüge zeigen?
+ Vielleicht schauen Sie mal da drüben …

5 Darin, daraus, davon

5.1
1. - Gestern habe ich die neue Bluse zum ersten Mal gewaschen. Das Violett ist nicht wieder zu erkennen. Sieht furchtbar aus. Ich habe mich sehr darüber geärgert.
2. - Hast du gehört, Herr Meyer hat sich den Arm gebrochen.
   + Furchtbar! Mehr kann man dazu nicht sagen.
3. - Du siehst ja super aus. Hast du abgenommen?
   + Ja, 10 Kilo in 14 Tagen. Ich bin ganz stolz darauf.
4. - Ist der Mantel neu? Steht dir aber gut!
   + Ja, mir gefällt er auch. Und man fühlt sich sehr wohl darin.
5. - Also, wir waren am Wochenende beim Karneval in Köln. Es war super. Nächste Woche können wir euch die Dias davon zeigen.
   + Nächste Woche geht es leider nicht, vielleicht später mal.
6. - So, Schluss für heute. Wir müssen noch die Konferenz für nächsten Freitag vorbereiten. Darüber reden wir dann am Montag!
7. - Wenn Uli noch einmal mit Renate tanzt, dann geh ich nach Hause. Darauf kannst du dich verlassen!
8. - Du musst mehr schlafen. Du musst mit dem Rauchen aufhören. Du musst dein Leben anders organisieren. Du musst …
   + Ach, hör doch endlich auf damit.

EINHEIT 13: ANDERE LÄNDER, ANDERE SITTEN

3 Erfahrungen in anderen Ländern

3.1

1
Es gibt ja bekanntlich auch in China die Spaghetti, es wird sogar behauptet, dass sie vielleicht aus China kommen. Kurzum, in Italien habe ich es immer gelernt, dass es außerordentlich unhöflich ist, wenn man beim Spaghettiessen die Spaghetti schlürft, was in China genau das Gegenteil ist. Dort werden sie regelrecht geschlürft, es ist eigentlich etwas völlig Normales und es gehört eigentlich zum bon ton dazu.

2
Als ich in Australien lebte, hab ich 'ne ganz besondere Erfahrung gemacht. Ich hab festgestellt, wie einfach es ist, 'ne Party zu machen. Und das Geheimnis heißt „byo", bring your own. Also, das heißt, du machst 'ne Party, lädst deine Freunde ein und du musst eigentlich nichts machen als die Räume zur Verfügung stellen. Weil, die bringen alles mit, von den Getränken übers Essen, alles. Und, ähm, ja, so ist auch das Phänomen zu erklären, dass man ständig auf Partys, auf Barbecues eingeladen ist, weil es so einfach ist für den Gastgeber.

3
Als ich nach Deutschland versetzt wurde, um die Leitung eines Büros zu übernehmen, da war meine erste Überraschung, als ich ins Büro kam, den ersten Tag, sah ich, dass das Personal damit beschäftigt war, das Frühstück zuzubereiten. Und ich habe meinen Kollegen gebeten, mir eine Erklärung dazu zu geben, und er hat mir gesagt, also hier ist es so üblich. Und ich habe gesagt, ja, aber in Italien wird das Frühstück zu Hause gemacht, nicht wahr. Und wenn man im Büro ist, dann fängt man an zu plaudern, aber auch zu arbeiten. Und da hat er mir gesagt, also sagen sie dem Personal, dem deutschen Personal nichts zu dem Thema, sonst haben wir hier morgen kein Personal mehr.

4
Als ich nach Deutschland gekommen bin, habe ich festgestellt, dass ich Leute eingeladen habe. Diese Leute sind zu dieser Einladung sehr pünktlich gekommen. Das ist sehr höflich in Deutschland. In Italien sind die Leute, wenn sie pünktlich kommen, nicht höflich. Sie müssen immer zehn Minuten später kommen.

5.7 Ich habe heute keine Lust, Wörter zu lernen.

6.5 Interviewer: Wir haben uns eben unterhalten über Glückssymbole und ihr seht hier einige auf diesem Blatt Papier. Und zwar ist das oben ein Kleeblatt (ein vierblättriges Kleeblatt), eine schwarze Katze, daneben ein Glücksschwein, Zahlen (die Zahl 13 zum Beispiel), ein Glückspilz, ein Schornsteinfeger, ein Hufeisen, ein Glückskäfer. Das sind alles Sachen, die die Deutschen sehr gut kennen. Das sind Symbole. Die bedeuten Glück, manche bedeuten vielleicht Pech. Nun die Frage an euch: Ihr kennt die in euren Ländern zum Teil wahrscheinlich auch. Wie ist das bei euch, Beatrice?
Beatrice: Ja, also man kennt das Kleeblatt mit vier Blättern, das bringt Glück. Man kennt auch die schwarze Katze, das bringt dann Pech.
Interviewer: Aber das Glücksschwein gibt es in Frankreich nicht, nicht wahr?
Beatrice: Nein.
Interviewer: Und in China, wie ist das dort?
Bojie: Bei uns in China haben wir wahrscheinlich ein anderes System. Viele Dinge hier kenne ich nicht. Das Schwein kann als Glück gelten, aber ich bin nicht sicher.
Interviewer: Gibt es ein Tier, das bei euch Unglück bedeutet oder Glück?
Bojie: Ja, zum Beispiel ein Rabe. Wenn ein Rabe einen Klang macht und jemand das hört, dann kriegt man Unglück.
Interviewer: Wie ist das in anderen Ländern mit Tieren? Gibt es bestimmte Tiere, die Glück bringen oder Unglück bringen, im Iran zum Beispiel?
Mostafa: Ja, es gibt schwarze Kater. Man meint, dass ein schwarzer Kater gern Unglück bringt. Oder die Schlangen. Man meint, dass … Das ist ganz unterschiedlich: Es kann sein, dass eine Schlange Unglück bringt oder manchmal Glück bringt. Das ist zweiseitig.
Nitsa: Ja, bei uns in Griechenland bringt eine schwarze Katze auch Unglück und das ist in verschiedenen Gebieten Griechenlands anders. Im Norden bringt auch die Eule Unglück. Man hat sogar auch Angst vor ihr.
Interviewer: Gibt es irgendein Land, in dem Glückskäfer, Glückspilz und Hufeisen irgendwas bedeuten?
Beatrice: Ja, also, Hufeisen bringen Glück in Frankreich und Glückskäfer auch.
Interviewer: Ja, lasst uns über die Zahlen mal sprechen. Hier seht ihr die Zahl 13. Die 13 bedeutet für die Deutschen eine Pechzahl. Wie ist das mit der Zahl 13 bei euch?
Beatrice: Ja, bei uns in Frankreich ist es dasselbe.
Bojie: Bei uns in China hat die Zahl 13 keine Bedeutung.
Li: Bei uns bedeutet 'ne gerade Zahl ein Glück.
Interviewer: Gibt es Unglückszahlen bei euch auch?
Li: Nein, eigentlich nicht.

Bojie: Eigentlich nicht. Aber manche Zahlen haben eine besondere Bedeutung. Zum Beispiel 9, das ist die größte Zahl, von den ungeraden Zahlen.
Interviewer: Ist das eine magische Zahl? Bedeutet die irgendwas?
Li: Kaiserlich.
Bojie: Stabilität, Langlebigkeit …
Interviewer: Wie ist das bei euch, Rowan?
Rowan: Ja, bei uns in England bringt die Nummer 13 auch Unglück.
Interviewer: Gibt es Glückszahlen?
Rowan: Die Nummer 7.
Interviewer: Und in Griechenland?
Nitsa: In Griechenland bringt die Nummer 13 auch Unglück. Glückszahlen kenne ich keine.
Mostafa: Bei uns ist 13 Unglückszahl und Nummer 7 oder 6 ist Glückszahl. Und es ist so: Bei uns zum Jahreswechsel feiern wir unser Neujahr und es dauert 13 Tage, und am 13. Tag verlassen alle Leute die Stadt, und man meint, wenn das Unglück am 13. Tag kommt, dass das Unglück unsere Stadt nicht trifft.
Interviewer: Zum Schluss noch 'ne persönliche Frage an euch. Glaubt ihr denn an diese Glückssymbole oder an irgendwelche anderen Glückssymbole? Beatrice?
Beatrice: Also persönlich nicht, aber ich passe da trotzdem auf. Zum Beispiel geh' ich nicht unter einer Leiter durch oder ich öffne keinen Regenschirm zu Hause, also in einem Haus.
Li: Ja, ich nehme das nicht sehr ernst, aber wenn ich etwas zu entscheiden habe, dann nehme ich es doch ziemlich ernst. Zum Beispiel, wenn ich doch eine Elster höre, da freue ich mich darüber, dann denke ich, vielleicht bekomme ich heute einen Brief. Oder ich bekomme etwas anderes Glückliches.
Interviewer: Ah, die Elster, der Vogel, ja, ich verstehe. Ja, also ich glaube auch nicht so richtig daran, aber wenn irgendwas schief geht.

EINHEIT 14: MEDIEN

1 TV-Glotzer

1.4
1. Wie oft und wie lang sehen Sie fern?
2. Was sehen Sie am liebsten?
3. Wie wichtig ist Fernsehen für Sie?

1.6 **INTERVIEW 1**
- Nitsa, wie oft siehst du fern?
+ Zur Zeit eigentlich nicht so viel, denn ich arbeite. Ich bin Deutschlehrerin für Ausländer und da bleibt mir nicht viel Zeit übrig. Früher hat es mir sehr dabei geholfen, die deutsche Sprache zu lernen.
- Nitsa, was siehst du im Fernsehen am liebsten?
+ Ich interessiere mich sehr für Dokumentarfilme, wie zum Beispiel Filme über die Tierwelt, Nachrichten, Musiksendungen. Spielfilme seh ich lieber im Kino, denn es ist ein anderes Gefühl im Kino: die Leinwand, dass das Telefon nicht klingelt, keiner kommt rein, keiner geht raus.
- Nitsa, wie wichtig ist für dich Fernsehen?
+ Das Fernsehen, das ist ein sehr wichtiges Medium, das ist klar. Es kommen sehr gute Sendungen hier in Deutschland, viel bessere als die bei uns in Griechenland, aber trotzdem bevorzuge ich es abends, mich mit Freunden zu treffen. Das finde ich viel wichtiger.
- Danke.

INTERVIEW 2
- Wie oft sehen Sie fern?
+ Das ist einmal am Tag, für eineinhalb bis zwei Stunden.
- Was sehen Sie am liebsten?
+ Am liebsten sehe ich Tiersendungen, Reiseschilderungen und dann informative Sendungen. Sei es … seien es politische, seien es wissenschaftliche Sendungen.
- Zum Beispiel welche Sendungen?
+ Also, zu diesen Sendungen, die ich gerne sehe, gehört das „Auslandsjournal" und der „Weltspiegel".
- Wie wichtig ist für Sie Fernsehen?
+ Im Fernsehen suche ich Information und Unterhaltung.

INTERVIEW 3
- Herr Wienert, wie oft sehen Sie fern?
+ Also, ich sehe schon zwei- bis dreimal in der Woche Fernsehen. Früher, als ich noch Junggeselle war, hab ich schon noch mehr Fernsehen geguckt, da hatt ich mehr Zeit. Aber seitdem ich mit der Marita zusammenwohne, schalten wir die Glotze schon mal aus und gehen abends ins Kino oder ins Theater.
Denn in Frankfurt, wo wir wohnen, gibt es ein reichhaltiges kulturelles Angebot.
- Was sehen Sie am liebsten im Fernsehen?
+ Am liebsten sicher die Nachrichten oder politische Sendungen, aber auch Spielfilme, besonders aus den 30er Jahren. Ältere Filme schau ich mir gern an und am Samstag die Sportschau.
- Wie wichtig ist Fernsehen für Sie?
+ Also, Fernsehen ist in gewisser Weise schon wichtig für mich, denn es ist ein Mittel der Entspannung. Ich kann mich dabei ausruhen. Aber mir ist es genauso wichtig, gute Musik zu hören oder eben mit Freunden zusammenzusitzen und ein gutes Gespräch zu haben.
- Danke.

INTERVIEW 4

- Daniel, wie oft und wie lange siehst du fern?
+ Ja also, fernsehen … ich würde, wenn's nach mir ging, würd ich am Tag vier Stunden Fernsehen gucken.
- Aber?
+ Aber meine Mutter erlaubt mir das leider nicht. Am längsten darf ich bei meiner Oma, am Wochenende, weil … sie guckt auch sehr viel Fernsehen und da achtet sie nicht auf die Uhr, wie lange wir schon gucken.
- Und da guckst du dann länger, also …
+ Da guck ich länger, da könnte ich, da guck ich fast sieben Stunden oder so.
- Und was siehst du am liebsten?
+ Also, ich sehe am liebsten Zeichentrickfilme, Asterix, Mickey Mouse, Donald Duck und Action-Filme.
- Action-Filme … Was meinst du damit?
+ James Bond oder … James Bond und halt solche Sachen. James Bond ist mein Lieblingsfilm.
- Warum?
+ Na ja, das gefällt mir halt irgendwie, wie die das immer machen, sie erfinden solche Erfindungen, wo er mit in der Luft rumfliegen kann und so, das find ich ganz toll.
- Und, Dani, die letzte Frage: Wie wichtig ist Fernsehen für dich?
+ Ja, wenn ich am Abend kein Fernsehen gucken darf, da bin ich eigentlich schon ganz sauer.

7 Eine Kurzgeschichte

7.6 Er sah natürlich nicht richtig fern. Er hatte gar keinen Fernseher. Er saß einfach im abgedunkelten Wohnzimmer vor dem Fenster, blickte hinaus. Registrierte vorsichtig und genau jedes Detail. Sog alles in sich auf, was sich so auf der belebten Altstadtstraße abspielte. Machte sich dazu Notizen. Schrieb auf, was ihn interessierte und betraf. Eine fremde Welt. Faszinierend, erstaunlich abwechslungsreich.

EINHEIT 15: WÜNSCHE UND HOFFNUNGEN

1 Höfliche Ratschläge

1.4 Dörthe: Du solltest dein Brot selbst backen.
Mann: Du dürftest ruhig etwas aufreizender sein.
Freundinnen: Du solltest mehr ausgehen.
Chef: Sie könnten mehr, wenn Sie nur wollten.
Mutter: Du solltest deinen Kindern ein gemütliches Heim schaffen.
Christoph: Du könntest dich kulturell mehr interessieren.
Therapeutin: Sie müssten auf Ihre Atmung achten.
Kolleginnen: Du müsstest Betriebsrätin sein.
Schwester: Du müsstest dringend zur Kur.
Charlotte: Du könntest dich etwas aufpeppen.

2 Konjunktiv II: Modalverben und *haben*

2.2
- Guten Tag, Sie wünschen?
+ Ich hätte gern zwei Liter Milch.
- Ja. Noch etwas?
+ Und ein …

4 Was würden Sie tun, wenn …?

4.2

1
- Mario, wenn du eine Million im Lotto gewinnen würdest, was würdest du damit machen?
+ Also, ich würd mir mein Geld aufheben, bis ich groß bin.
- Und dann?
+ Dann hätt ich mir vielleicht ein Auto gekauft und ein schönes Haus mit einem Schwimmbad.

2
- Felix, wenn du eine Million im Lotto gewinnen würdest, was würdest du damit machen?
+ Ich würde es erst mal auf die Bank tun. Und dann würd ich sehen, was ich damit mach. Erstmal kauf ich mir natürlich 'ne Menge. Teure Sachen, was weiß ich, PC und noch 'ne andere Menge teure Sachen und dann seh ich mal weiter.

3
- Bernd, was würdest du mit einer Million anfangen?
+ Ich würde mir ein Segelflugzeug kaufen, ein neues Cello und einen Referendar, der mir meine Klassenarbeiten korrigiert.

4
- Christian, was würdest du mit einer Million anfangen?
+ Eine Million? Ne, das reicht nicht!

5
- Frau Füllemann, was würden Sie mit einer Million machen?
+ Wenn ich eine Million hätte, würde ich endlich einigen Leuten sagen, was wirklich ich von ihnen denke. Dann hätte ich zwar keinen Job mehr, aber ich hätte endlich Zeit für mich.

5 Wünsche und Träume

5.2 Ein Franzose, ein Italiener und ein Schweizer sitzen allein auf einer Insel im Meer. Plötzlich sehen sie eine Flasche im Wasser. Sie machen die Flasche auf und heraus kommt eine wunderschöne Zauberfee. „Jeder von euch hat einen Wunsch frei!", sagt sie. Der Franzose überlegt nicht lange und sagt: „Ich wünsche, ich wäre in Paris, in einem Café." Und flupp, weg ist er. Der Italiener sagt: „Ich wäre am liebsten in Rom, mit meiner Julia und einem Teller Spaghetti!" Flupp, da ist er auch schon weg. Jetzt ist nur noch der Schweizer auf der Insel. Er fühlt sich sehr allein und ist sehr traurig. Aber er hat ja noch einen Wunsch frei. Plötzlich hat er eine Idee: „Ich wünschte, dass meine Freunde wieder da wären!", sagt er. Und flupp, sind die anderen beiden wieder da.

Option 2: WIEDERHOLUNG UND LANDESKUNDE

6 Weihnachten

6.5 Interviewer: Hélène, du wohnst schon seit einiger Zeit in Deutschland und hast auch schon häufig das Weihnachtsfest hier verbracht. Was ist der Unterschied zwischen Weihnachten hier und Weihnachten in Frankreich?
Hélène: Es gibt einige Unterschiede: Hier in Deutschland gefällt mir besonders die Zeit vor Weihnachten, die Adventszeit. Die Familien haben einen Adventskranz und in den vier letzten Wochen vor Weihnachten wird jeden Sonntag eine Kerze angesteckt. Das gibt's bei uns nicht und deshalb bring ich auch jede Weihnachten einen Kranz nach Hause, weil …. ja …, die Stimmung ist einfach so schön und so gemütlich. Und was wir auch nicht haben, ist der Adventskalender. Das ist vielleicht regional, aber in Südfrankreich gibt's so was nicht.
Interviewer: Hast du auch schon einmal einen Adventskalender bekommen?
Hélène: Ja, von meinem Freund. Er war ein Haus aus Pappe mit 24 Türen. Ja, und ich hab fleißig jeden Morgen eine Tür aufgemacht und etwas entdeckt. Es war …, ja, oft ein Stück Schokolade oder ein Bild. Es ist schön für Kinder, aber auch für Erwachsene. Ja, und was auch sehr schön ist in Deutschland, ist die ganze „Bäckerei". Man bäckt sehr viel, Weihnachtsplätzchen und Lebkuchen werden hausgemacht und die schmecken phantastisch. Das kenn ich bei uns nicht …, nee, das kenn ich nicht. Ja …
Interviewer: Warst du auch schon mal auf einem Weihnachtsmarkt?
Hélène: Ja, ich war einmal in Marburg auf einem Weihnachtsmarkt mit meiner Freundin zusammen, das war auch schön. Es ist nur ein kleiner Markt. Und …, ja, hier halt in Kassel. Ich hab gehört, dass es in Nürnberg einen großen Weihnachtsmarkt gibt, aber ich war noch nicht da.
Interviewer: Was hat dir auf dem Weihnachtsmarkt gefallen?
Hélène: Man kann dort Glühwein trinken. Es ist draußen sehr kalt und der Wein wärmt. Und sonst kann man auch sehr viel …, sehr viele Sachen sehen … und auch essen. Sehr viele Stände sind da und man kann, ja, Zwiebelkuchen und alles Mögliche essen …, und das ist einfach schön. Man sieht allerdings, wie viel die Leute kaufen, nicht unbedingt auf dem Weihnachtsmarkt, aber so in der Stadt. Und das ist ein bisschen schade, weil … ja, sie nehmen sich keine Zeit, sind hektisch, kaufen viel ein und …, ja, das find ich ein bisschen schade. Ich fänd's schöner, wenn man sich ein bisschen Zeit nehmen würde und vielleicht nur einfach mit der Familie ein paar schöne Tage verbringen könnte.
Interviewer: Ist das in Frankreich also anders?
Hélène: Nein, das muss ich auch zugestehen. Das ist in Frankreich genauso. Ja, das ist vielleicht einfach das moderne Leben. Aber es ist schade, weil …, die Traditionen, die Werte gehen dabei auch verloren.
Interviewer: Das Weihnachtsfest selbst, wird das ähnlich gefeiert wie bei uns? Gibt es also die gleichen Feiertage?

Hélène: Nicht ganz. Hier fängt es schon am 6. Dezember an mit dem Nikolaustag. Wir haben …, ja, den Nikolaus nicht. Bei uns gibt's den Weihnachtsmann, der kommt in der Nacht vom 24. auf den 25. Dezember und bringt die Geschenke in die Schuhe. Und die Schuhe hat man vorher, am 24. Dezember, neben das Fenster oder den Kamin gestellt. Ja, und hier gibt's auch zwei Feiertage, bei uns gibt's nur einen Feiertag … Ja, sonst ist es, würd ich schon sagen, ähnlich …, weil …, ja, wir haben auch den Weihnachtsbaum mit den Kugeln und Kerzen, auch elektrische Kerzen … Na, vielleicht etwas anderes: Viele Leute haben unter dem Weihnachtsbaum eine Krippe mit Figuren aus Ton, die nennt man „santons", „santons de Provence", und …, die sollen das Leben Jesus' Christus' darstellen. Da ist auch der Christ als kleine Figur und Hirten und auch Tiere und so weiter. Das wird bei uns oft gemacht…, doch …

Interviewer: Wie sieht denn das Weihnachtsfest selbst aus? Was zum Beispiel gibt es zu essen?

Hélène: Na, es ist ähnlich wie hier. Wir haben oft Gänsebraten und Puten. Ich würd schon sagen, Gänsebraten und Puten sind die traditionellen Gerichte bei uns. Und in der Provence hat man noch dazu dreizehn Desserts. Das ist so eine Tradition. Ich weiß aber nicht, woher das kommt. Aber es würde wahrscheinlich Unglück bringen, wenn man das nicht hätte.

Interviewer: Geht man bei euch an Weihnachten auch in die Kirche?

Hélène: Ja. Die Leute gehen in die Kirche und in der Regel ist sie wirklich sehr voll. Ja, bei uns in der Familie geht man nicht in die Kirche. Ich hab das schon ein paar Mal erlebt, aber das ist keine Tradition in dem Sinne. Man trifft sich eben in der Familie und isst und plaudert zusammen. Aber die Kirche ist für bestimmte Leute doch sehr wichtig.

Interviewer: Was wirst du deiner Familie zu Weihnachten schenken, jetzt?

Hélène: Meiner Mutter werde ich ein Parfum schenken. Meine Schwester bekommt eine Puppe, eine Porzellanpuppe. Sie ist schon sehr alt …, aber sie sammelt die Puppen, sie hat schon eine sehr schöne Kollektion, … also Sammlung. Und meinem Vater werd ich etwas für sein Boot schenken. Der angelt gerne und der ist nur glücklich auf seinem Boot, also, der kriegt was fürs Boot.

Interviewer: Und weißt du auch schon, was du bekommst?

Hélène: Nein, noch nicht. Ich mag, wenn es ein Geheimnis bleibt bis zum Ende, bis der Weihnachtsmann sein Geschenk in meine Schuhe hineingelegt hat.

Interviewer: Danke.

EINHEIT 17: ZEITZEICHEN

2 Zeitgefühl

2.2

1
- Mensch, Olga, im März ist der Semestertest. Ich weiß überhaupt nicht, wie ich bis dahin alles gelernt haben soll.
+ Ach komm, Tatjana, reg dich nicht auf. Kommt Zeit, kommt Rat!
- Du bist gut. Ich muss den Test unbedingt bestehen, ich kann mir nicht leisten, noch mehr Zeit zu verlieren!

2
- Unser Zug ist weg. Der nächste fährt erst in zwei Stunden.
+ Lass uns ins Kino gehen, so können wir am besten die Zeit totschlagen.

3
- Hey, Hermann, du hast ja jetzt auch ein tragbares Telefon. Toll!
+ Man muss eben mit der Zeit gehen, Michaela. Und es ist jetzt auch gar nicht mehr so teuer.

4
- Hallo, Susanne, wir haben uns ja lange nicht gesehen. Ist das dein Ältester?
+ Nein, das ist Rudi, mein Jüngster.
- Was, der ist auch schon so groß? Es ist furchtbar. Die Zeit vergeht wie im Flug!

5
- Mensch, Anton, an deinem Auto hat aber auch ganz schön der Zahn der Zeit genagt.
+ Ja, es ist ja auch schon 15 Jahre alt. Nächstes Jahr will ich mir ein anderes kaufen.

EINHEIT 18: GELD VERDIENEN – GELD AUSGEBEN

2 Geld verdienen

2.1

1
- Herr Piribauer, was ist für Sie ein guter Arbeitsplatz?
+ Also, als Allererstes, das Betriebsklima muss gut sein, der Chef sollte kooperativ und menschlich sein und die Arbeit sollte am Wohnort sein. Das sind so die vorrangigen Punkte, die eigentlich ja das Wichtigste sind.
- Und wie sieht's mit dem Geld aus?
+ Das Geld ist natürlich auch wichtig, aber eigentlich zweitrangig, weil, Arbeit sollte ja auch die Seele erfüllen können, ja.
- Was sind Sie von Beruf?
+ Ich bin Schreiner von Beruf.
- Was gefällt Ihnen an Ihrem Beruf und was finden Sie nicht so gut?
+ Das Kreative gefällt mir sehr gut. Was mir völlig missfällt, sind im Prinzip die – teilweise Kunden, die einen übertriebenen Hang zum Perfektionismus haben oder einen Anspruch haben, der mit dem Handwerk teilweise nicht mehr zu vereinbaren ist.
- Vielen Dank.

2
- Frau Füllemann, was ist für Sie ein guter Arbeitsplatz?
+ Ein guter Arbeitsplatz ist für mich ein Arbeitsplatz, an dem ich mit Menschen zu tun habe und an dem ich sinnvolle Arbeiten verrichte. Unwesentlich ist auch nicht, dass der Chef oder die Chefin sich kollegial verhalten und, ja, kommunikativ sind.
- Was sind Sie von Beruf?
+ Ich arbeite zur Zeit als Altenpflegerin.
- Was finden Sie an dem Beruf gut oder weniger gut?
+ Gut finde ich, dass ich es für einen sehr sinnvollen Beruf halte. Ich werde gebraucht, das tut mir natürlich gut und – ja – ich hab mit Menschen zu tun. Weniger gut gefällt mir, dass ich intellektuell mich manchmal etwas unterfordert fühle, bei dieser Arbeit.

3
- Frau Meyer, was ist für Sie ein guter Arbeitsplatz?
+ Was heißt hier guter Arbeitsplatz. Ich bin hier Lehrerreferendarin und wäre froh, wenn ich hier einen Arbeitsplatz bekäme.

4
- Herr Graffmann, was ist für Sie ein guter Arbeitsplatz?
+ An einem guten Arbeitsplatz möchte ich mich vor allem wohl fühlen. Das betrifft sowohl die Ausstattung dieses Arbeitsplatzes, den Raum, als auch die Zusammenarbeit mit den Kollegen. Ein Team, eine gute Teamarbeit ist wichtig. Die Arbeit sollte interessant sein. Sie sollte einen herausfordern und auch die Arbeitszeit sollte möglichst interessant und flexibel sein.
- Und wie sieht es mit dem Geld aus?
+ Das Geld spielt schon eine große Rolle und es sollte mir erlauben, gut von meiner Arbeit zu leben.

5
- Helmut, was ist für dich ein guter Arbeitsplatz?
+ Ein guter Arbeitsplatz ist eine Stelle, wo ich mich etwas verwirklichen kann, wo es Spaß bringt, wo ich manchmal auch etwas kreativ sein kann, das ist natürlich nicht immer gegeben. Und wo ich vielleicht Kollegen hab, mit denen ich sehr gut zusammenarbeiten kann.

2.9
- Also, eine ganz einfache Frage an euch alle. Ich möchte ganz gern wissen von euch, von jedem Einzelnen – ihr könnt das ganz kurz überlegen – was ist euer Traumberuf, was möchtet ihr ganz gerne werden? Matthias?
+ Pilot.
+ Architekt.
+ Krankenschwester.
+ Pflegemutter.
+ Sängerin.
+ Karatekämpfer.
+ Lehrerin.
+ Ja, also der Chef vom VW-Werk.
+ Bulle.
+ Ich weiß gar nicht.
+ Sänger.
+ Architekt.
+ Lokführer.
+ Autotester.
+ Ich hätt noch was …
- Du hast noch was anderes? Was denn? Sag noch mal.
+ Auch Autotester.
+ Ich wär gern Bundeskanzler.

5 Geld ausgeben

5.4

1

Ja, also am meisten geb ich natürlich für's Wohnen aus. Wissen Sie, die Mieten, das ist ja absurd! Und dann, ja, dann kommt bei mir bestimmt das Reisen. Dafür hab ich aber kein Auto und aus Mode mach ich mir nichts. Tja, also Wohnen, Reisen, na ja, Essen und Trinken und dann versuch ich immer auch noch was zu sparen.

2

Platz 1 sind die Kosten für die Wohnung. Da ist die Miete und dann mach ich es mir aber auch gern gemütlich und kauf mir ganz gern immer mal wieder was Neues für die Wohnung. Na, Sie sehen ja, ich mag eben alte Möbel und Teppiche. Dafür reise ich fast nie. Ist ja selten bei uns Deutschen, aber ich bleib eben lieber zu Hause. Ja, also die Wohnung und dann ist Kleidung für mich ganz wichtig.

3

Wissen Sie, wir haben vor einem Jahr geheiratet. Deshalb stehen bei uns Wohnung und Möbel und Geschirr usw. noch ganz oben auf der Liste. Mein Mann liebt Autos und das kostet uns sehr viel Geld. Und relativ viel Geld geben wir auch für Bildung aus. Mein Mann versucht gerade, seinen Automechanikermeister zu machen, und ich mache eine Ausbildung als Krankenschwester. Na, und für Essen und Trinken braucht man natürlich auch ziemlich viel. Es ist ja auch alles so teuer geworden ... Sparen können wir zur Zeit fast gar nichts.

4

Ich lebe noch zu Hause. Deshalb muss ich keine Miete bezahlen und auch nichts für's Essen. Allerdings verdien ich auch nicht viel, weil ich noch in der Ausbildung bin. Ich geb ziemlich viel Geld für Kleidung aus. Und dann, na ja Disko und so, das geht auch ins Geld. Aber ein bisschen spar ich auch, weil ich mir irgendwann mal ein Auto kaufen will.

EINHEIT 19: FRAUEN UND MÄNNER

2 Was Männer und Frauen sind und tun

2.2 Männer

Männer nehmen in den Arm
Männer geben Geborgenheit
Männer weinen heimlich
Männer brauchen viel Zärtlichkeit
Männer sind so verletzlich

Männer sind auf dieser Welt einfach unersetzlich

Männer kaufen Frauen
Männer stehen ständig unter Strom
Männer baggern wie blöde
Männer lügen am Telefon
Männer sind allzeit bereit
Männer bestechen durch ihr Geld und ihre Lässigkeit

Männer haben's schwer, nehmen's leicht
außen hart und innen ganz weich
werden als Kind schon auf Mann geeicht
wann ist man ein Mann

Männer haben Muskeln
Männer sind furchtbar stark
Männer können alles
Männer kriegen 'n Herzinfarkt
Männer sind einsame Streiter
müssen durch jede Wand, müssen immer weiter

Männer führen Kriege
Männer sind schon als Baby blau
Männer rauchen Pfeife
Männer sind furchtbar schlau
Männer bauen Raketen
Männer machen alles ganz genau
Männer kriegen keine Kinder
Männer kriegen dünnes Haar
Männer sind auch Menschen
Männer sind etwas sonderbar

Männer sind so verletzlich
Männer sind auf dieser Welt einfach unersetzlich ...

4 Heiraten – ja oder nein

4.1 INTERVIEW 1
Ja, natürlich, weil wir uns lieben und das auch zeigen wollen, außerdem kommen meine Eltern aus Italien und für sie war es selbstverständlich, dass Mauro und ich heirateten und überhaupt für die ganze Familie. Da wär gar nichts anderes infrage gekommen, weißt du. Und ich finde das auch gut so. Das Hochzeitsfest war toll, mit der ganzen Verwandtschaft … und alle Freunde … ach, wunderschön. Tja, und dann kommt noch die Religion dazu, also wir gehen ziemlich oft in die Kirche und da gehört es einfach dazu, dass man heiratet.

INTERVIEW 2
Tja, wegen der Kinder, vor allem wegen der Kinder. Es war so: Wir wohnten schon damals fünf Jahre zusammen und dann beschlossen wir, Kinder zu haben. Und wir haben uns damals überlegt, was es für die Kinder bedeutet, wenn sie Eltern haben, die nicht verheiratet sind. Außerdem: Wir zogen damals gerade von der Stadt auf's Land und da wird man halt als Ehepaar von manchen Leuten besser akzeptiert.

4.3 INTERVIEW 3
Ja, also ich war schon mal verheiratet und habe gesehen, wie man dabei alle persönlichen Freiheiten verliert. Wenn man nicht mehr miteinander auskommt, ist die Scheidung sehr kompliziert und kostet viel Geld. Ich finde es nicht gut, wenn der Staat sich in die Liebe einmischt. Man kann genauso gut zusammenleben, ohne verheiratet zu sein.

INTERVIEW 4
Ich liebe meinen Freund sehr, aber wir haben uns entschieden, nicht zusammenzuziehen. Manchmal ist er bei mir, dann bin ich bei ihm, aber manchmal sehen wir uns auch die ganze Woche nicht. Ich glaube, die Heirat zerstört die Liebe. Am Schluss regt man sich wegen alltäglicher Dinge auf und – ja – man geht sich auf die Nerven. Außerdem möchte jeder Mensch auch gern mal allein sein und das geht nicht, wenn du verheiratet bist oder zusammenlebst.

5 Liebst du mich?

5.2
- Liebst du mich?
+ Ja.
- Wirklich?
+ Ja doch!
- Klingt aber nicht sehr liebevoll!
+ Aber wenn ich es dir doch sage!
- Ich sehe schon, du liebst mich nicht.
+ Aber warum denn …
- Sonst wärst du jetzt nicht so aggressiv!
+ Ich bin nicht aggressiv!
- Doch, du bist aggressiv.
+ Meinetwegen, ich bin aggressiv.
- Ich sehe schon, du liebst mich nicht.
+ Aber warum denn?
- Sonst wärst du jetzt nicht so gleichgültig.
+ Ich bin nicht gleichgültig.
- Doch, du bist gleichgültig.
+ Meinetwegen, ich bin gleichgültig.
- Du gibst es also zu.
+ Ja, ich gebe es zu.
- Ich sehe schon, du liebst mich nicht.
+ Was willst du eigentlich hören!
- Das weißt du nicht?
+ Ich weiß überhaupt nichts mehr!
- Ich sehe schon, du liebst mich nicht.

EINHEIT 20: GUTEN APPETIT!

2 So wird Schweizer Käse gemacht

2.2
1
Ja, also die Löcher kommen in den Käse – das hab ich mal im Fernseher gesehen. Man macht den Käse aus Milch – natürlich – und man legt ihn in einen Raum – etwas kühleren Raum – trocknen. Am Anfang kann man mit einem Gummihammer gegenschlagen, da passiert noch nichts. Ein paar Tage später kann man wieder mit einem Gummihammer dagegenschlagen und es schallt innen drin. Das kommt deswegen, die Löcher, wenn sich erst später … Weil er abkühlt, bildet der Sauerstoff Blasen.

2
Also, im Moment kann ich darauf nicht so ganz genau antworten. Aber ich könnte mir vorstellen, dass es durch einen ganz bestimmten Prozess, den ein Käse durchlaufen muss – und wenn möglicherweise das Wasser entzogen ist aus dem Käse –, dass sich dann Löcher bilden. Aber so genau weiß ich nicht da drüber Bescheid.

3
Ach, da hab ich mir bisher gar keine Gedanken drüber gemacht, aber ich denke, dass das irgendwie in eine Form gegossen wird, und dann … die … so wie 'ne Kuchenform oder so …, und dann – dann entstehen die Löcher durch die Form.

4
Ja, was meinen Sie, mit einer Maschine oder wie?

5
Ja, die sind … natürlich mit einer Maschine, die können doch nicht mit der Hand rein oder wie.

6
Schwierig, ich würde sagen, es ist ein Gärungsprozess. Also, mit Luft hängt es zusammen, die sich …, die bei der Gärung entsteht. Aber wie das genau funktioniert, weiß ich nicht.

7
Ja, die Mäuse in der Schweiz, die sehen den Käse und dann kriegen die Lust und Hunger und Appetit und dann kriechen die da durch.

EINHEIT 22: HAUSARBEIT

5 Frauen – Männer – Technik

5.4 Interview mit Herrn Arend

Interviewer: Herr Arend, Sie sind schon einige Jahre verheiratet. Wie haben Sie die Frage der Hausarbeit gelöst? Wer macht bei Ihnen was?
Herr Arend: Ja, ich bin seit zwölf Jahren verheiratet und es gab bei uns, in unserer Ehe, ständig Auseinandersetzungen um die Hausarbeit. Anfangs war der Hauptkonfliktpunkt der Geschirrabwasch und dieses Problem haben wir dadurch gelöst, dass wir uns nach einigen Jahren eine Geschirrspülmaschine angeschafft haben. Da gab es dann zwar manchmal noch etwas Streit, wer ein- und ausräumt, aber der Hauptstreitpunkt war ausgeräumt. Und da meine Frau genauso berufstätig ist wie ich auch, gab es auch weiterhin Konfliktpunkte. Ich hab zwar eingesehen, theoretisch eingesehen, dass ich selbst auch genauso gefordert bin in der Hausarbeit wie meine Frau, aber in der Praxis sah es oft anders aus und da hat sie sich auch – zu Recht – immer wieder beschwert und es gab immer wieder Streitpunkte um das Reinigen der Toilette, usw. Und jetzt ist es so, dass meine Frau für die erste Etage zuständig ist, dort gibt es eine Küche und ein Bad und im unteren … in der unteren Etage gibt es auch eine Küche und ein Bad, und ich bin für die untere … für den unteren Wohnungsbereich verantwortlich. Und seitdem klappt das auch sehr gut.

Interview mit Frau Rölke

Interviewer: Frau Rölke, Sie sind schon sieben Jahre verheiratet. Wie ist das eigentlich bei Ihnen mit der Hausarbeit? Wer macht bei Ihnen zu Hause was?
Frau Rölke: Ja, Hausarbeit, das ist ein heikles Thema. Im Prinzip ist es so, dass alles genau aufgeteilt ist. Also, mein Mann ist durchaus der Überzeugung, dass gleichwertig verteilt werden soll – jeder macht seinen Teil und ich bin ja auch berufstätig, aber das ist ein bisschen mehr Theorie geworden. In der Praxis sieht es jetzt so aus, dass ich schon mehr mache; doch … durchaus, kann man so sagen. Und das liegt einfach daran, dass er ein bisschen faul ist diesbezüglich, und aber auch daran … Ich hab festgestellt, dass man so eine unterschiedliche Wahrnehmung hat, was überhaupt jetzt schmutzig ist oder was unordentlich ist, und da liegt bei ihm die Toleranzschwelle wesentlich höher als bei mir. Und das heißt, ich fühle mich oft schon unwohl, wo er sich noch sehr, sehr wohl fühlt. Wenn also um den Computer herum zum Beispiel ein Aschenbecher steht, der überquillt, oder die Bierflasche oder ein Haufen Stapel Papier, das findet er vollkommen in Ordnung und es ist schön gemütlich für ihn.

Interview mit Familie Gerwig

Interviewer: Wie organisieren Sie das mit der Hausarbeit?
Frau Gerwig: Da ich auch berufstätig bin, ist das wie sicherlich in vielen anderen Familien auch, dass es über die leidige Hausarbeit auch immer mal wieder Auseinandersetzungen gibt. Ich habe vor einiger Zeit zu Hilfsmitteln gegriffen, um nicht immer wieder da Energie zu verschwenden in Streitereien, und habe im vorigen Jahr eine Putzhilfe hier angeschafft. Und andere Mittel zur Erleichterung der Hausarbeit sind ebenfalls da, wie Geschirrspülmaschine und so weiter, sodass sich der Teil, der uns noch bleibt, reduziert, aber auch da gibt's hin und wieder noch Unstimmigkeiten. Das Einzige, was wir geteilt haben oder wo's eine ganz, ganz klare Aufteilung gibt, das ist der Bereich „Wäsche". Und alles andere wird so gemacht, wie jeder halt Lust und Laune dazu hat, … oder wem eine Arbeit am dringlichsten erscheint.
Interviewer: Wenke, an der Aufteilung der Hausarbeit bist du auch beteiligt. Sag uns doch mal, was du dabei eigentlich machst.
Wenke: Also, ich muss jeden Tag einmal den Geschirrspüler ausräumen. Und die Wäsche zusammenlegen …, aber das ist nur am Wochenende oder…. jedenfalls nicht jeden Tag, das ist nur …, halt manchmal.

Und ab und zu die Blumen gießen und die Hasen misten, aber das ist ja meine Pflicht, weil's ja meine Hasen sind. Und den Vogel …, der ist ja auch mein Vogel, den muss ich auch … Mein Zimmer brauch ich nicht sauber zu machen, weil wir ja die Putzfrau haben. Nur, ich muss mein Zimmer ab und zu aufräumen. Und was muss ich noch machen? … Ach so! Und ab und zu den Tisch abräumen oder decken. Manchmal auch den Geschirrspüler einräumen und ausräumen und …, und, ja … und das war's. Und dann wollt ich noch sagen: Andere müssen nicht so viel machen wie ich.

6 Vorwürfe und Ratschläge

6.1

SZENE 1
- Anstatt Zeitung zu lesen, könntest du mir mal in der Küche helfen.
+ Ja, ja ich komme gleich. Ich lese nur noch den Artikel zu Ende.

SZENE 2
- Du könntest mal aufräumen, statt immer zu telefonieren!
+ Du, Patrick, wart mal gerade einen Moment, meine Mutter redet mir dauernd dazwischen.

SZENE 3
- Anstatt immer nur fernzusehen, könnten wir mal ins Theater gehen.
+ Ins Theater? Ich hab schon genug Theater jeden Tag in der Firma!

SZENE 4
- Ihr könntet mal eure Hausaufgaben machen, statt immer zu spielen.
+ Ach, Mutti, jetzt hab ich wieder verloren, bloß weil du immer dazwischenredest.

LÖSUNGSSCHLÜSSEL 答案总汇

EINHEIT 1

1.3 1e – 2f – 3b – 4c – 5d – 6a

2.3 Herr Weber besucht den Kurs „Bürgerliche Küche". – Herr Kull besucht den „Portugiesischkurs". – Frau Fehr besucht das „Fotografieren für Anfänger". – Frau Keller besucht den Kurs „Textverarbeitung". – Frau Gall besucht das „Konditionstraining". – Herr Henrique besucht den Kurs „Deutsch als Fremdsprache für den Beruf".

3.3 Beispiele: 2. Theo treibt Sport, weil er zu dick ist. 3. Petra lernt Englisch, weil sie in London wohnen will. 4. Martin kommt sehr gern in den Kurs, weil er eine andere Kursteilnehmerin liebt. 5. Fabio lernt nicht mehr Deutsch, weil er die Grammatik zu schwer findet. 6. Herr Weber besucht den Kurs, weil er andere Leute kennen lernen will. 7. Frau Fehr ist in „Fotografieren für Anfänger", weil sie besser fotografieren will. 8. Christine Keller lernt Textverarbeitung, weil sie mit dem Computer arbeiten muss. 9. Erika Gall macht Konditionstraining, weil sie ein bisschen Bewegung braucht.

3.5 1. Ich muss Grammatik lernen. 2. Warum muss ich Grammatik lernen?

3.6 ... zweiten Stelle.

5.1 Es gibt mehrere Möglichkeiten. Beispiel: 1b – 2c – 3a – 4g – 5h – 6i – 7d – 8f – 9e

5.2 vor

5.4 durch zu lesen – auf zu schlagen – nach zu denken

6.4 2. Hast du Lust, nach Italien zu fahren? 3. Wir haben gestern versucht, die Hausaufgaben zu machen. 4. Ich habe gestern versucht, dich anzurufen. 5. Herr Meier hat keine Lust, das Fernsehen einzuschalten. 6. Es ist leicht, den Text abzuschreiben.

EINHEIT 2

1.5 Richtig: 1, 2, 4

1.6 1. Ich bin überrascht, dass viele nur einmal pro Woche lernen.
2. Viele lernen nur einmal pro Woche, weil sie keine Zeit haben.

3.4 machten – holten – lernten – bildeten – legte – arbeitete – hörte – spielte – fragten – weckten
(hatte und wollte sind unregelmäßig)

3.9 forderten – war – weinten – sagte – warteten – kauften – wunderten – besuchten

EINHEIT 3

1.3 Waagerecht: Köpfe – Zehen – Nasen – Zähne – Beine – Ohren – Finger – Gesichter
Senkrecht: Knie – Arme – Herzen – Bäuche – Hälse – Hände
Singularformen: der Kopf – die Zehe – die Nase – der Zahn – das Bein – das Ohr – der Finger – das Gesicht – das Knie – der Arm – das Herz – der Bauch – der Hals – die Hand

2.1 a3 – b1 – c5 – d2 – e4

3.3 2 – 4 – 6 – 7 – 9 – 10 – 11 – 12

4.5 1 – 2 – 3 – 4 – 6 – 7 – 8 – 9

4.6 1b – 2c – 3d – 4a – 5e

5.2 1. Alste sagt, dass sie Kopfschmerzen hat. 2. Fabiane fragt, ob sie den Arzt anrufen soll. 3. Hans und Irene sagen, dass sie das Krankenhaus suchen. 4. Claudine und Bernard sagen, dass sie keinen Krankenschein dabeihaben. 5. Herr Meier fragt Frau Brahms, ob sie sich über die Ärztin geärgert hat. 6. Dr. Mahlzahn sagt Frau Chaptal, dass sie den Krankenschein mitbringen muss. 7. Claudia sagt, dass sie am Montag beim Arzt anruft. 8. Giovanni sagt, dass seine Ohren zu sind. 9. Uli fragt Karin, ob sie morgen wieder arbeiten geht. 10. Daniel sagt, dass seine Schwester jeden Tag Tabletten nehmen muss. 11. Karl und Rita fragen Klaus und Hannelore, ob sie auch die Grippeimpfung gemacht haben. 12. Karin sagt, dass sie morgen zum Zahnarzt gehen muss.

5.5 Beispiele: 2. … nicht alle zu viel Fleisch essen. 3. … rauchen extrem ungesund ist. 4. … nicht ein Tag ohne Fernsehen eine gute Idee ist. 5. … für ihn gesund leben „kein Bier und kein Wein" heißt. 6. … die Deutschen und die Österreicher zu fett essen.

EINHEIT 4

1.5 1. gern 14 Tage Ferien machen. 2. die Türkei. 3. das zu weit ist. 4. sie war schon dreimal da. 5. gefällt Herrn Müller, aber Frau Müller ist es da zu heiß. 6. das Wetter schön ist. 7. sie eine Sonnenallergie hat. 8. Ferien macht.

2.3 1. mir/ ihm … 2. dir 3. ihm 4. ihr 5. dir/euch … – mir/uns … 6. Ihnen

2.4 dir/euch – mir – Ihr – ihr – ihm/dir – Ihnen – mir – Ihnen – mir – euch – uns – euch

3.2 Frankfurt – zweiter Klasse – einfach – 12,20 Euro

3.5 Durchsage 2 und 3: Der Zug kommt 5 bis 10 Minuten später.
Durchsage 4: Der Zug fährt in wenigen Minuten ein.
Durchsage 5: Sie müssen einsteigen.

5.6 Meinem Vater, meiner Mutter, meinem Onkel, meiner Großmutter, allen meinen Freunden, meinem Chef und seiner Frau, meiner Frau und ihrer Mutter, meiner Kollegin Marianne, meinen Söhnen und meinen Töchtern.

5.7 Neutrum: dem – einem – keinem – diesem
Femininum: der – einer – keiner – dieser
Plural: den – (*ein* hat keinen Plural) – keinen – diesen

6.1 Die Dativergänzungen stehen entweder direkt vor oder direkt nach dem Verb.

6.2 3 und 5 sind falsch.

EINHEIT 5

1.1 17. der Wohnzimmertisch 14. der Esstisch 5. der Stuhl 22. der Schreibtisch 23. der Schreibtischstuhl 6. der Tisch 2. das Bild 4. das Fenster 21. die Computeranlage 11. die Stehlampe

2.2 1C – 2A – 3E – 4B – D passt nicht

2.3 3a wohnt – 4c hat – 5c hat – 6b wohnt – 7d müssen – 8d wohnen – 9b möchte – 10c wohnt – 11a arbeitet – 12b kann – 13d haben – 14d haben – 15c hat

2.4 Thomas Wienert hat zwei Wohnungen. <u>Er</u> arbeitet bei einer Werbeagentur in Frankfurt <u>und</u> hat <u>dort</u> ein Ein-Zimmer-Appartement. <u>Es</u> ist ziemlich laut. <u>Thomas</u> ist von Montag bis Freitag in Frankfurt. Am Wochenende fährt <u>er</u> immer nach Kassel.

2.5 Beispiel: Thomas Wienert hat in Kassel studiert und seine Freunde leben dort. Er hat eine Drei-Zimmer-Wohnung. Diese Wohnung kostet weniger als die in Frankfurt und sie ist viel ruhiger. Thomas findet es unmöglich, dass eine Drei-Zimmer-Wohnung im Zentrum von Frankfurt doppelt so viel kostet wie in Kassel.

3.2 1k – 2c – 3i – 4h – 5f – 6b – 7m – 8l – 9d – 10j – 11g – 12e – 13a

4.4 2. Dieses Bild hier ist von meinem Vater. 3. Der Stuhl hier, von wem ist der? 4. Sie hat ihn von meiner Großmutter. 5. Ist er von ihrer Urgroßmutter? 6. Den haben wir erst seit einem Jahr. 7. Er ist von einem Freund aus dem Iran. 8. Wir waren bei ihm und haben ihn in seinem Dorf besucht. 9. Die Vase ist von meiner Chinareise 1995.

4.5 aus – bei – mit – nach – von – seit – zu

4.6 1. Frau Walter ist <u>aus</u> der Schweiz. 2. Sie fährt <u>mit ihrem</u> Mann oft <u>nach</u> Konstanz. 3. Sie fahren <u>mit dem</u> Auto und … 4. … Er bleibt dann <u>bei seinen</u> Freunden. 5. <u>Mit ihnen</u> macht er Musik. 6. <u>Seit einer</u> Woche ist er erkältet … 7. Seine Freunde haben <u>nach ihm</u> gefragt. 8. Am Samstag fährt Frau Walter oft <u>zu ihren</u> Eltern. 9. …, nur 20 km <u>von ihrem</u> Dorf.

5.1/5.2 Waagerecht: die Stehlampe – die Waschmaschine – die Decke – der Blumentopf – die Küche – die Tapete – das Bild – der Sessel – der Schrank – das Klavier – der Vorhang – der Kühlschrank
Senkrecht: die Wand – die Dusche – das Regal – der Tisch – das Bad – das Sofa – die Ecke – der Keller – die Tür – der Herd – das Fenster – das Bett – der Teppich

6.1 1b – 1d – 2a – 2c

6.2 auf – unter – neben – zwischen – über – in – an – vor – hinter

6.3 – Jetzt ist die Fliege unter dem Tisch, dann fliegt sie neben den Tisch. ∆ Jetzt ist die Fliege neben dem Tisch, dann fliegt sie zwischen den Tisch und das Regal. Jetzt ist die Fliege zwischen dem Tisch und dem Regal, dann fliegt sie über den Tisch. Jetzt ist sie über dem Tisch, dann fliegt sie in das Regal. Jetzt ist sie in dem Regal, dann fliegt sie an das Regal. Jetzt ist sie an dem Regal, dann fliegt sie vor den Tisch. Jetzt ist sie vor dem Tisch, dann fliegt sie hinter den Tisch. Jetzt ist sie hinter dem Tisch.

6.6 Beispiele: Das Regal liegt vor dem Fenster. Der Stuhl liegt zwischen dem Regal und dem Schreibtisch. Das Bild liegt neben dem Stuhl. Der Kühlschrank steht auf dem Tisch. Die Schreibtischlampe liegt vor dem Schreibtisch. Die Decke liegt über dem Bett. Die Bücher liegen unter dem Schreibtisch. Die Stehlampe lehnt an der Wand. Die Blumenvase liegt hinter dem Sofa.

7.1 a5 – b3 – c4 – d6 – e7 – f8 – g2 – h1

EINHEIT 6

1.4 2 – 4 – 3 – 1

1.10 dachte – fuhr – ging – lief – zog an – kam – sprang/sprangen – schlief ein – sah – schnitt auf

2.1 Singular 1. und 3. Person: -te; Plural 1. und 3. Person: -ten

3.1 2. schenkte 3. nannten 4. sagte 5. ging los 6. musste 7. traf 8. fragte 9. antwortete 10. sagte 11. dachte 12. suchte 13. verirrte sich 14. lief 15. öffnete 16. fraß 17. zog an 18. legte sich 19. kam 20. wunderte sich 21. sprang 22. fraß 23. legte sich 24. schlief ein, schnarchte 25. kam vorbei 26. hörte 27. wunderte sich 28. schaute 29. sah 30. wollte 31. dachte 32. nahm 33. schnitt auf 34. sprangen heraus

3.5 *Infinitiv:* sprechen – rufen – schreiben – geben – lesen – finden – ziehen
Präteritum: gab – las – fand – zog
Partizip II: gesprochen – gerufen – geschrieben – gelesen

4.1/4.2 1. <u>Pyramide</u>: Wahrscheinlich sind die Pyramiden Grabstätten für Pharaonen.
2. <u>Kennedy</u> (1922–1963): die Invasion in der Schweinebucht auf Kuba (1962); die Kubakrise (1962): Kennedy stellt der Sowjetunion ein Ultimatum zum Abzug ihrer Atomraketen von Kuba; der Bau der Berliner Mauer (1961) und Kennedys Reise nach Berlin („Ich bin ein Berliner.").
3. <u>Giraffe</u>: in Afrika südlich der Sahara, z.B.: Kenia, Somalia, Tansania, Republik Südafrika …
4. <u>Rembrandt</u> (1606–1669): berühmte Bilder sind z.B.: „Samson und Dalila", „Der Mann mit dem Goldhelm", „Nachtwache".
5. <u>Eiffelturm</u>: 320,8 Meter (mit Antenne).
6. <u>Heidelberg</u>: über 800 Jahre (s. Eurolingua Deutsch 1, S. 34).

5.2 1. (1. + 3.) 2. (1.) 3. (4.) 4. (2. + 1.) 5. (3.) 6. (1.)

5.3 1. Rotkäppchen ging in den Wald, weil die Großmutter krank war. 2. Die Kinder haben heute Morgen den Zug verpasst, weil sie zu spät aufgestanden sind. 3. Viele Kursteilnehmer haben keine Lust, die Hausaufgaben zu machen, weil sie so müde sind. 4. Der Jäger nahm den Kuchen und aß alles auf, weil er Hunger hatte. 5. Der Schaffner hat gesagt, dass der Zug drei Minuten später kommt! 6. Man kann abends besser lernen, weil man danach schläft.

EINHEIT 7

2.2 2. klettert 3. laufen 4. spazieren gehen 5. wandern

2.3 … manche hören nicht auf ihn. – … Respekt vor der Natur hatten, aber heute ist dieser Respekt weg.

2.4 1. die Mütze 2. die Sonnenbrille 3. das Baumwollhemd 4. der Pullover aus Wolle 5. der Anorak 6. die Handschuhe 7. die Wanderhose 8. die Socken 9. die Wanderschuhe 10. die Lebensmittel 11. das Toilettenpapier 12. das Heftpflaster 13. die Sonnencreme 14. der Rucksack

2.6 5 – 11 – 13 – 14 – 15 – 16 – 17

2.7 1. Spaziergang – Schuhe 2. Sonne – Sonnenbrille – Sonnencreme/Sonnenschutz 3. Wanderkarte 4. Wetter – Wanderung – Radio

3.2 Herr Inderbinen: … auf dem Matterhorn oft zu viele Menschen sind – es gefährlich ist, allein auf das Matterhorn zu gehen.
Herr Imboden: … Kutschen schöner als Elektromobile sind – es in Zermatt zu viel Verkehr gibt – es in Zermatt zu wenig Straßen gibt.
Monique: … es in Zermatt nicht mehr so viele Blumen gibt – die Natur in Gefahr ist – es im Dorf zu viele Touristen gibt – es in Zermatt zu wenig Platz zum Spielen gibt – Zermatt früher schöner war.

4.1 4.478 m: Höhe Matterhorn – 14. Juli 1865: Erstbesteigung durch den Engländer Edward Whymper – 1840–1911: Lebenszeit von Edward Whymper – 350: Zahl der Menschen, die seit dieser Zeit am Matterhorn ihr Leben verloren haben – 2,7 Millionen: Besucher pro Jahr in Zermatt – 4.500: Einwohner in Zermatt – 24.000: Zahl der Menschen, die in der Hochsaison im Dorf wohnen – 6.500: Hotelbetten, die zur Verfügung stehen – 13.000: private Übernachtungsmöglichkeiten

4.3 Beispiel: Das Matterhorn ist der berühmteste Berg der Schweiz. Seine Form findet man auf Spazierstöcken und Schokoladenverpackungen. Der Ort direkt am Berg heißt Zermatt. Jedes Jahr kommen viele Besucher aus aller Welt. Im Winter hat der Ort nur 4.500 Einwohner, aber in der Hochsaison wohnen etwa 24.000 Menschen im Dorf. Für die Touristen gibt es etwa 6.500 Hotelbetten und 13.000 private Übernachtungsmöglichkeiten. Die vielen Touristen sind aber nicht nur ein Glück für Zermatt. Manche Zermatter fragen sich, ob es früher nicht besser war. Denn Tourismus ist schlecht für die Natur. Zermatt ist klein. Autos dürfen hier nicht fahren, weil der Ort autofrei ist. Sie müssen weiter unten geparkt werden.

5.3 Beispiele: 1. …, weil ich ihn liebe. 2. …, aber es gibt viele Touristen. 3. …, denn Sie fahren nicht mit einem IC. / … weil Sie nicht mit einem IC fahren. 4. …, aber sie machen die Natur kaputt. 5. …, weil man sich gut konzentrieren kann. / … denn man kann sich gut konzentrieren. 6. … und die Wohnung kostet über DM 1.500. 7. … nicht, ob ich jedes Jahr hinfahre. 8. …, dass ich ihn nicht mehr liebe. / … nicht, dass die Touristen gut für die Alpen sind. 9. …, dass die Wohnung über DM 1.500 kostet. 10. …, dass Bahnfahren besser ist als Autofahren. 11. …, aber es macht Spaß.

EINHEIT 8

1.3 der: 24 – 29 – 19 – 11 – 14 – 4 – 16 – 25 – 15 – 9 – 5 – 2
das: 1 – 22 – 3 – 27 – 6 – 28 – 7
die: 21 – 12 – 26 – 23 – 10 – 13 – 18 – 20 – 17 – 8

3.1 China 2 – England 3 – Frankreich 1 – Griechenland 4 – Iran 5

3.3 1. Schinken und Speck, Eis mit Früchten 2. Spaghetti, Müsli 3. Kartoffelsalat, Schnitzel 4. Speck und Bohnen, Joghurt 5. Fisch, Reissuppe

4.1 1a – 2c – 3b – 4. a3, b2, c1 – 5a – 6. links 1964, rechts 1994

4.2 2b – 3e – 4a – 5g – 6f – 7c

5.2 Jemand – niemand – nichts – Etwas – Einige – etwas – alles

5.7 1. nicht 2. nichts 3. nicht 4. nichts 5. nicht, nichts

6.4 1. Wenn ich gegessen habe, bin ich gut gelaunt. 2. Wenn ich gut gelaunt bin, bin ich freundlich.
3. Wenn ich freundlich bin, sind die Leute freundlich. 4. Ich bin glücklich, wenn die Leute freundlich sind.
5. Ich esse und trinke gerne, wenn ich glücklich bin. 6. Wenn ich zu viel esse und trinke, werde ich dick.
7. Wenn ich zu dick bin, mache ich immer Diät. 8. Wenn ich eine Diät mache, habe ich dauernd Hunger …

7.1 1d – 2e – 3c – 4a – 5b

Option 1

5.3 Ein Mann und <u>seine</u> Frau sitzen <u>am</u> Frühstückstisch. Sie hat Eier <u>gekocht</u>. Der Mann beginnt sein Ei zu essen. Er findet aber, <u>dass</u> das Ei zu hart ist. Er <u>mag</u> nur weiche <u>Eier</u>. Er <u>bezweifelt</u>, dass das Ei genau viereinhalb Minuten gekocht hat. Seine Frau <u>behauptet</u>, dass sie <u>es</u> genau viereinhalb Minuten gekocht hat, aber er glaubt es <u>nicht</u> …

EINHEIT 9

1.1 1. Marlene Dietrich 2. Nelson Mandela 3. Donald Duck 4. Frankensteins Monster 5. Königin Elisabeth II.
6. Obelix

2.2 Gallier – Römer – Wildschweine
Füße – Donald – Neffen
Roman – Arzt – Filme

3.1 -e / -en

3.3 -e / -en

3.4 die Hose – der Anzug – der Schuh – die Bluse – der Rock – der Pullover – das Hemd – die Krawatte – der Strumpf – das Bett – das Sofa – die Stadt – die Tapete – die Natur – das Haus – der Vorhang – die Reise – die Wohnung – der Teppich

4.2 Haare: grau – Pfoten: braun, grau – Schwanz: kurz, weiß – Ohren: schwarz, weiß

4.3 Es ist ein klein<u>er</u> Hund mit einem groß<u>en</u>, schwarz<u>en</u> und einem weiß<u>en</u> Ohr. Er hat einen ganz kurz<u>en</u>, weiß<u>en</u> Schwanz. Besonders auffällig ist die braune Pfote links.

4.8 O ist Bello und F ist Asta.

EINHEIT 10

1.1 die tageszeitung (Deutschland), Basler Zeitung (Basel, Schweiz), Berliner Zeitung (Berlin, Deutschland), Neue Kronen Zeitung (Wien, Österreich), Frankfurter Allgemeine (Frankfurt a.M., Deutschland), Neue Zürcher Zeitung (Zürich, Schweiz), Mannheimer Morgen (Mannheim, Deutschland), Bild (Deutschland), Die Presse (Österreich), Express (Köln, Deutschland), Tages Anzeiger (Zürich, Schweiz)

1.3 Richtig: 1. und 2.

2.2 Verschiedene Zuordnungen sind möglich. Beispiel: 1, 2, 5 Ausland – 3 Fernsehen/Radio – 4 Leserbriefe – 6, 9 Wirtschaft – 7 Reisen – 8 Sport

2.3 1. (2) 2. (3) 3. (4) 4. (1) 5. (9) 6. (7) 7. (8) 8. (5)

2.7 Briefträger beißt Hund – Schmerzensgeld

Eigener Bericht – Vor dem Amtsgericht Heidelberg stand heute ein 23 Jahre alter Briefträger unter der Anklage, einen fünf Jahre alten Schäferhund gebissen zu haben. Der Mann gab an, der im Garten seines Besitzers frei umherlaufende Hund habe ihn täglich angebellt und bedroht. Um dem Tier eine Lehre zu erteilen, habe er ihn dann zugepackt und in das Ohr des Hundes gebissen. Der Richter verurteilte den Briefträger zur Zahlung von 100 Mark Schmerzensgeld an den Hund. Dem Besitzer wurde zugleich zur Auflage gemacht, den Hund anzuleinen oder seinen Briefkasten außer Reichweite des Hundes zu verlegen.

3.1 Zwei Drittel der Sendungen im Fernsehen … / Die Hälfte der Kursteilnehmer …

3.2 Aus der und das wird des, aus die wird der.

3.4 Haus der Jugend – Saal des Jugendzentrums – Halbierung der Arbeitslosigkeit – Rede des Bundeskanzlers – Ökologie des Waldes – Verkehrspolitik der Regierung – Gewinne der Metallindustrie

3.5 1. … der …, Österreichs und der … (Bonn, Wien, Bern) 2. der (Rotkäppchen, Schneewittchen, Hänsel und Gretel) 3. … des Schriftstellers (Die Buddenbrooks) 4. … der (1933) 5. … des – Weltkriegs (1945) 6. des Ferienorts (keine)

4.5 Wer eine Sonnenfinsternis betrachtet, muss seine Augen schützen.

5.1 1. Sportlicher – romantischer – junger – schlank – ledig – charakterfesten – warmherzigen – kultivierten – harmonischen – Aktuelle … 2. sympathisch – charmant – attraktiv – sportlich – schlank – zärtlich – gefühl- und humorvoll – intelligente – selbstbewusste – unabhängige – natürliche – attraktive – gefühlvolle – warmherzige 3. … schlanke – spontane – unternehmungslustige – zärtliche – romantische – groß gewachsene – mehrsprachige – 30–35-j. – 45-j. – großen – optimistischen – naturverbundenen – treuen – besten 4. Einfühlsame – groß – schlank – kultiviertes – lebensbejahendes – engagiertes – kreatives 5. Sensible – schlaue – blonde – feminine – sensiblen – spontanen – sinnlichen – schwierigen – starken – schwachen … 6. … Sympathische – warmherzige – blonde – konservativ – naturverbunden – sportlich – aktiven – unternehmungslustigen

5.2 So sehen die Frauen sich selbst: sensibel, schlau, feminin, einfühlsam, lebenserfahren, sympathisch, warmherzig, konservativ, naturverbunden, sportlich
So soll der Partner sein: sensibel, spontan, sinnlich, schwierig, stark, schwach, kultiviert, lebensbejahend, aktiv, unternehmungslustig
So sehen die Männer sich selbst: romantisch, sympathisch, charmant, attraktiv, sportlich, zärtlich, gefühl- und humorvoll, optimistisch, naturverbunden, treu
So soll die Partnerin sein: charakterfest, warmherzig, kultiviert, intelligent, selbstbewusst, unabhängig, natürlich, attraktiv, gefühlvoll, spontan, unternehmungslustig, zärtlich, romantisch, mehrsprachig

6.5 1. Frischer, gesunder Frühlingssalat mit vielen Vitaminen. 2. … Komfortables Telefon mit digitalem Anrufbeantworter … 3. Preiswerter Ökokühlschrank mit großem Tiefkühlfach für lächerliche € 445. 4. Mit topmodischen Blusen und preiswerten Röcken … 5. … Warmer Winterpullover mit modischem V-Ausschnitt, …

6.6 1. Mit einem digitalen Fernseher starten Sie in die bunte Zukunft. 2. Für den gestressten Städter genau das Richtige: Ferien auf dem romantischen Ökobauernhof „Friedensgrün": frische Luft, gesundes Essen, harmonische Atmosphäre mit vielen interessanten Freizeitangeboten. … 3. Der große, tragische Roman von Joseph Windisch jetzt als Film: „Loreley". Ein packender Film über eine verlorene Liebe, lodernde Leidenschaft und tiefen Hass. Mit der faszinierenden Barbara Dietl in der Hauptrolle als „Loreley". 4. Die beliebtesten Reiseziele der Welt erreichen Sie jetzt mit der freundlichsten Fluggesellschaft zu den günstigsten Flugpreisen. … 5. Gegen fettiges Haar helfen die neuen Fettlöser …

EINHEIT 11

1.2 Freunde 2 – Schornsteinfeger/Glücksschwein 5 – Sektkorken 1 – Silversterfeuerwerk 3 – Wiener Stephansdom 4 – Kleeblatt/Hufeisen 7 – Menschen auf der Straße 8 – gute Vorsätze 9

1.3 Ausschnitt 1 – Bild 1/2/3, Ausschnitt 2 – Bild 2, Ausschnitt 3 – Bild 4/8

2.3 1. werde … essen 2. wirst … rauchen 3. wird … treiben 4. werden … gehen 5. werdet … trinken 6. werden … lernen

3.1 Beispiele: Nächstes Jahr werden wir 20 Wochen Ferien haben. – In zwei Jahren werde ich arm sein. – Im Jahr 2025 werden die Menschen Frieden haben. – In hundert Jahren wird die Natur zerstört sein. – In einem Monat wirst du auf einer Trauminsel leben.

3.5 1. Er nimmt sich morgen einen Tag frei. 2. Die Menschen werden im Jahr 2010 mehr Urlaub machen. 3. Im nächsten Jahrzehnt wird die Erde immer wärmer werden. 4. Im Jahr 2050 werden viele Krankheiten nicht mehr existieren. 5. Ich werde morgen einen 6er im Lotto haben. 6. Wann schreiben wir den Test? 7. Meine Tochter geht nächstes Jahr auf die Universität. 8. Im Jahr 2020 werden die Menschen auf den Mars fliegen.

4.1 1. (2) 2. (3) 3. (2), (3), (4) 4. (2) 5. (3) 6. (3) 7. (1) 8. (2), (3), (4) 9. (4) 10. (2), (3) 11. (1) 12. (2) 13. (4) 14. (1)

4.2 1. die Sonne: 1 und 8 2. die Wolke: 7 3. der Regen: 5 und 6 4. der Nebel: 2 5. der Schnee: 9 6. das Gewitter: 10 7. der Wind / der Sturm: 3 und 4

EINHEIT 12

2.3 Herr Mariotta ist immer sehr elegant angezogen. Heute trägt er eine weiße Leinenhose mit einem hellgrünen Streifen. Dazu ein seidenes, hellgrünes Hemd mit einer weißen Krawatte. Selbst seine Unterhose ist grün, aber man kann sie natürlich selten sehen. Wenn Herr Mariotta seine Füße auf den Tisch legt, kann man seine supermodernen italienischen Schuhe und seine Socken mit den schwarzen Punkten sehen. Sein Gürtel ist aus feinstem Leder. Besonders stolz ist er auf seine dunkle Brille. Mit ihr sieht er aus wie ein amerikanischer Filmstar. Sein Markenzeichen ist die karierte Jacke von Giorgio Felloni aus Mailand.

3.2 1a – 2d – 3e – 4b – 5c – 6f

3.3 Beispiel

nach einem Kleidungsstück fragen ....

…		… …
Gibt es	das/dieses Kleid	auch in Blau?
Hätten Sie	die/diese Jacke	in meiner Größe?
		eine Nummer größer/kleiner?
		für den Sommer.
Ich hätte gern	ein Kleid	in Blau.
Ich möchte	eine Jacke	aus Seide/Wolle/Leder/…

fragen, ob ein Kleidungsstück passt/gefällt ....

Passt mir : diese Jacke?
Steht mir : dieses Kleid?

sagen, dass ein Kleidungsstück (nicht) passt/gefällt ....

Der/das/die steht Ihnen prima.
Ja, Sie sehen super aus darin!
Na ja, vielleicht ist er/es/sie ein bisschen (zu) lang/kurz/weit

4.2 Ich leiste mir … – Das Kind wünscht sich … – Merkst du dir … – Wir sehen uns … – Tom und Claudine schauen sich …

5.2 2. … daraus 3. … davon 4. … dafür 5. Damit …

6.4 falsch: 2, 6 und 10

6.6 1g – 2f – 3e – 4c – 5a – 6b – 7d

6.7 Designer – Karriere – Manager – Teenager – Overall – Uniform – Look – Generation – Symbol – Protest – clever

6.8 1. Badehose 2. Brille 3. zu teuer 4. intelligent 5. anrufen

EINHEIT 13

1.1 1. (5) – 2. (2) – 3. (3) – 4. (4) – 5. (1)

1.4 Von links nach rechts: 7, 3, 1

3.1/3.2 Folgende Punkte können zugeordnet werden: 2: a, c – 4: a, e – 8: f, der Rest kommt im Hörtext nicht vor.

5.2/5.4 Wichtig ist, dass Sie <u>sprechen</u>! – <u>Verstehen</u> Sie! – Eine fremde Sprache lernt man nämlich nur durch <u>Sprechen</u>! – <u>Verstehen</u> Sie! – Eine fremde <u>Sprache</u> lernen – das heißt diese Sprache <u>sprechen</u> lernen! – <u>Verstehen</u> Sie! – Nur durch <u>Sprechen</u> kann man eine fremde Sprache <u>richtig</u> lernen! – Haben Sie das <u>verstanden</u>? – Dann – auf <u>Wiedersehen</u>! Bis zum <u>nächsten</u> Mal! – Und <u>vergessen</u> Sie nicht, was ich <u>gesagt</u> habe: Sie müssen <u>sprechen</u>! Immer wieder <u>sprechen</u>!

5.7 Ich habe heute keine Lust, Wörter zu lernen.

6.1 1i – 2f – 3h – 4a – 5b – 6g – 7e – 8d – 9c

6.4 1. Griechenland 2. China 3. Frankreich 4. China 5. Iran

6.5 Béatrice: Glück: vierblättriges Kleeblatt, Hufeisen, Glückskäfer / Unglück: schwarze Katze, Zahl 13, unter einer Leiter durchgehen, einen Regenschirm im Haus öffnen
Li und Bojie: Glück: Schwein, gerade Zahlen, Zahl 9, Elster / Unglück: Rabe
Nitsa: Unglück: schwarze Katze, Eule, Zahl 13
Mostafa: Glück: Schlange, Zahl 6, Zahl 7 / Unglück: schwarzer Kater, Schlange, Zahl 13
Rowan: Glück: Zahl 7 / Unglück: Zahl 13

6.6 Du bist ein richtiger Glückspilz: Jemand hat mehrmals hintereinander gewonnen oder Erfolg/Glück gehabt.
Scherben bringen Glück: Zum Trost, wenn jemandem etwas heruntergefallen/zerbrochen ist.
Ich wünsche dir Hals- und Beinbruch: Als guter Wunsch für schwierige Situationen (auch im Sport).
Du bist ein ewiger Pechvogel: Zum Trost, um jemandem zu sagen, dass er/sie gar nichts für seine/ihre Misserfolge kann.
Da hast du aber Schwein gehabt: Wenn durch glückliche Umstände ein Missgeschick/Misserfolg abgewendet worden ist.
Pech im Spiel – Glück in der Liebe: Als Trost, wenn jemand im Spiel verloren hat.
Ein Unglück kommt selten allein: Wenn jemand in mehreren (Lebens-)Bereichen Misserfolge/Pech hatte.

EINHEIT 14

1.4 1. Wie oft und wie lang sehen Sie fern? 2. Was sehen Sie am liebsten. 3. Wie wichtig ist Fernsehen für Sie?

3.3 1. Nachrichten 2. Wetter 3. Krimi 4. Talkshow 5. Sport 6. Zeichentrickserie 7. Tierfilm 8. Werbung

6.2 1. … zu wissen wie das Wetter wird. 2. … besser schlafen zu können. 3. … neue Rezepte auszuprobieren. 4. … Deutsch zu lernen. 5. … die Aussprache zu üben. 6. … fit zu bleiben. 7. … abzunehmen … 8. … mit anderen Deutschlernern auf Deutsch zu kommunizieren.

8.1 Wetter/Klima: Wetterbericht, Gewitter, schneien, bewölkt, sonnig, Kälte, Hitze, Wolke, Regen, Wind
Gesundheit/Krankheit: verschreiben, Medikament, einnehmen, Schnupfen, Schmerzen, erkältet, Rezept, Husten, Grippe, krank, (fit)

EINHEIT 15

1.2 Ihr Mann mag … – Ihre Freundinnen lieben … – Dörthe lebt … – Ihre Mutter mag … – Charlotte ist … – Ihre Kolleginnen sind … – Ihre Schwester meint … – Ihre Therapeutin gibt …

4.4 Nein, er hat keinen Hund. Aber er hätte gern einen Hund. – Nein, er ist nicht glücklich. Aber er wäre gern glücklich. – Nein, er geht nicht oft spazieren. Aber er würde gern öfter spazieren gehen.

4.7 Beate würde … – Es würde … – Wir würden … – Ihr würdet … – Paul und Beate würden …

EINHEIT 16

3.6 1. Wir suchen eine engagierte Buchhalterin / einen engagierten Buchhalter mit fundierten Kenntnissen. Wir bieten einen sicheren Arbeitsplatz, gute Arbeitsbedingungen und eine interessante Tätigkeit. Ihre schriftlichen Bewerbungsunterlagen senden Sie bitte an …
2. Sie sind eine junge Bürokauffrau mit kaufmännischer Ausbildung. Sie haben hervorragende PC-Kenntnisse. Wir haben für Sie eine interessante Aufgabe mit einem sehr guten Gehalt und gutem Betriebsklima.
3. Sie sind in der neuen Rechtschreibung perfekt und können mit unserem neuen Computer umgehen. Sie sind ein freundlicher, flexibler Mensch mit einer guten Telefonstimme. …

4.1 1c – 2g – 3i – 4h – 5f – 6b – 7a – 8d – 9e

4.2 So denken die Unternehmer: 59 % Disziplin, 92 % Ehrlichkeit, 87 % Fleiß, 86 % Initiative, 70 % Pünktlichkeit, 46 % Selbstsicherheit, 81 % Zielstrebigkeit, 95 % Zuverlässigkeit, 61 % Ordnungssinn, 84 % Pflichtbewusstsein, 93 % Leistungsbereitschaft

5.1 Beispiele:
Lehr: Lehrbuch, Lehrerzimmer, Lehre, lehrreich
Zeit: Zeitangabe, Zeitansage, Zeitform, zeitweise, zeitsparend, zeitversetzt
Sprach: Sprache, Sprachinstitut, Sprachspiel, Sprachbaukasten, sprachbegabt, sprachlos
Arbeit: Arbeiter, Arbeitsamt, Arbeitsanweisung, arbeiten, arbeitslos, arbeitsfähig

5.2 Es besteht aus 10 Wörtern: Volk, hoch, Schule, Kurs, Leiter, fort, Bildung, Materialien, Ordner. *Artikel:* der

5.3 Beispiele: der Brieffreund – die Landkarte – das Telefonbuch – die Telefonzelle – die Telefonkarte – das Arbeitsamt – das Arbeitsbuch – das Wörterbuch – die Krankenkasse

5.4 Selbst, sicher, selbstsicher – aus, zu, bilden, ausbilden, Bild – Leistung, bereit – Ordnung – Sinn – pünktlich – ehrlich – Ziel, zielstrebig – zuverlässig

5.5 4. leistungsbereit 6. pünktlich 7. ehrlich 8. zielstrebig 9. zuverlässig
Die Endungen -ig und -lich sind typisch für Adjektive.
Weitere Beispiele: auswendig – billig – entsetzlich – fleißig – hässlich – hungrig – langweilig – lustig – schrecklich – täglich

5.7 2. unruhig 3. praktisch 4. unpünktlich 5. zufrieden 6. sympathisch 7. unwichtig

6.4 Beispiele:
Der Verkäufer baut eine Fabrik, weil er dem Elch eine Gasmaske verkaufen will.
Die Freunde des Verkäufers sagen, dass er erst dann ein guter Verkäufer ist, wenn er einem Elch eine Gasmaske verkauft.
Der Elch will keine Gasmaske kaufen. Der Verkäufer baut aber eine Fabrik. Dann braucht der Elch doch eine Gasmaske.
Die Freunde des Elchs brauchen dann auch alle Gasmasken.

6.5 Beispiele: 1. … er sogar einem Bäcker ein Brot verkaufen konnte. 2. … er beweisen wollte, dass er auch einem Elch eine Gasmaske verkaufen konnte. 3. … die Luft im Norden ist sauber. 4. … baute er eine Fabrik. 5. … der Verkäufer mit der Fabrik die Luft verschmutzte. 6. … die Luft war jetzt total verschmutzt. 7. … er den Elchen Gasmasken verkauft hatte.

Option 2

2.4 … Der kleine Prinz lernte fleißig, konnte schneller reiten als der Wind und besser kämpfen als ein großer Krieger. Eines Tages wurde der König aber traurig. Der Prinz konnte nämlich nichts mehr essen. Er wurde von Tag zu Tag dünner und der König immer trauriger. Die Köche des Königs machten das beste Essen: süße(n) Kuchen, saftiges Fleisch, herrliche Pommes frites, Nachtisch mit frischem Obst usw. Aber der arme Prinz schüttelte nur den Kopf. Er wollte nichts.
Dann kamen die besten Ärzte und klügsten Wissenschaftler ins Schloss. Aber sie konnten auch nicht helfen. Jetzt wusste der König nicht mehr weiter.
In einer wilden, stürmischen Nacht saß der König wieder einmal traurig am Bett seines Sohnes und weinte.

Da klopfte plötzlich jemand an die Tür. Die Hunde bellten laut. „Wer ist da?", rief der König. „Der Bäcker", antwortete eine helle Stimme. Der König öffnete dem Bäcker die schwere Tür mit dem großen Schlüssel. „Was willst du?", fragte er. „Ich habe etwas für den Prinzen. Davon wird er wieder gesund", lachte der kluge Bäcker und zeigte dem König einen Korb mit frischem Brot.

4.2 Diese Wörter sind falsch ausgesprochen: lustiger, gekommen, geklingelt, funktioniert, Bus, weggefahren, gelaufen, Tür, schrecklich, Nachricht, dürfen, Papiere

4.3 Das Missverständnis
Auf einer Reise kam der französische Dichter Alexandre Dumas in ein kleines Gasthaus. Er wollte dort zu Mittag essen. Der Gastwirt und seine Frau sprachen aber nur Deutsch und das sprach Dumas nicht. Da zog er ein Papier aus der Tasche, zeichnete einen großen Pilz auf das Blatt und zeigte dem Wirt sein Kunstwerk. Der Wirt lächelte, ging weg und schon nach einer Minute kam er wieder – mit einem Regenschirm!

6.5 Essen – Feiertage – Geschenke – Vorweihnachtszeit – Weihnachtsbaum – Kirche – Weihnachtsmarkt

EINHEIT 17

1.2 Wenn du sitzt, dann stehst du schon. Wenn du stehst, dann gehst du schon.

3.1 Sie ist um 6 Uhr 45 aufgestanden. Sie stand um 6 Uhr 45 auf. Sie wird um 6 Uhr 45 aufstehen.

3.2 Nach fünf Regentagen hat sich am Donnerstag die Sonne wieder kurz gezeigt. Das Hoch wird auch am Samstag das Wetter im Süden Deutschlands beeinflussen, bevor es nach Osten abzieht. Am Wochenende ist es deshalb sonnig. Dank der warmen südwestlichen Winde steigen die Temperaturen …

Jeden Sommer kommen tausende Touristen nach Rothenburg ob der Tauber. Die Stadt lebt vom Tourismus und für alle Einwohner ist klar, dass …

Nachdem Adenauer und de Gaulle im Jahre 1963 den deutsch-französischen Vertrag unterzeichnet hatten, entwickelten sich zwischen Städten in beiden Ländern eine große Anzahl …

Lebensrettende Hängematte
Kopenhagen. – Eine im Garten aufgespannte Hängematte hat einem 24-jährigen Dänen das Leben gerettet. Sören Albrechtsen war mit seinem BMW mit hoher Geschwindigkeit gegen einen Baum, eine Straßenlampe und danach gegen eine Mauer gefahren, bevor er aus dem Wagen flog und unverletzt in einer Hängematte landete, die in einem Vorgarten hing. Noch am nächsten Tag konnte er das kaputte Auto und die Hängematte nicht fotografieren. Er zitterte zu stark.

Seit 1992 lebt die Familie S. in Salzburg. Hier hat Frau S. eine Stelle gefunden, wo sie halbtags arbeiten kann, während ihr Mann …

Zeitformen: Präsens, Perfekt, Präteritum, Futur und als neue Zeitform: Plusquamperfekt z.B. unterzeichnet hatten, war … gefahren

4.3 2. Nachdem der Chef mit ihm gesprochen hatte, war Hermann fast immer pünktlich. 3. Nachdem er den Roman gelesen hatte, brachte er das Buch in die Bibliothek zurück. 4. Nachdem Alste drei Semester Portugiesisch gelernt hatte, fuhr sie nach Portugal. 5. Nachdem der letzte Baum gestorben war, merkten die Menschen, dass man Geld nicht essen kann. 6. Nachdem die Uhr zwölf geschlagen hatte, gratulierten sich alle zum neuen Jahr. 7. Nachdem er das Licht ausgemacht hatte, …

4.7 1b – 2c – 3f – 4i – 5g – 6d – 7e – 8h – 9a

4.8 Beispiele: 2. Nach zwei Tagen war er wieder gesund. Seit zwei Tagen ist er wieder gesund. 3. Es dauerte eine halbe Stunde bis die Tabletten wirkten. Bevor die Tabletten wirken, dauert es eine halbe Stunde. 4. Vor den Wahlen versprachen die Politiker dem Volk alles. Bis zu den Wahlen versprechen die Politiker dem Volk alles. 5. Das Publikum applaudierte, lange nachdem der Vorhang zu war. Lange nachdem der Vorhang zu ist, applaudiert das Publikum. 6. Bevor man eine Wanderung macht, soll (sollte) man den Wetterbericht hören. Wenn man eine Wanderung macht, soll (sollte) man vorher den Wetterbericht hören. 7. Während der Konferenz demonstrieren vor dem Gebäude die Arbeitslosen. Vor der Konferenz demonstrierten die Arbeitslosen vor dem Gebäude. Nachher demonstrierten die Arbeitslosen vor dem Gebäude der Konferenz.

5.1 Zusammenfassung 1 passt besser.

5.2 Hatte – graues – geht – seh – suchen – bestellt – kommen – gehn – Gute – grauem

5.3 1. Zeilen 16/17 2. Zeile 18 3. Zeilen 20/21 4. Zeile 22 5. Zeilen 24/25 6. Zeilen 36/37

EINHEIT 18

2.1 Genannt werden: 2, 4, 8, 9, 10, 11, 12, 13, 14

2.5 1k – 2d – 3b – 4o – 5l – 6g – 7h – 8a – 9n – 10m – 11c – 12i – 13f – 14e – 15j
Beispiele: Lehrer/in: Kinder/Erwachsene, Deutsch unterrichten – Ärztin/Arzt: Patient untersuchen, Kranke behandeln, heilen – Landwirt/in: Gemüse pflanzen, Getreide ernten – Musiker/in: Konzert organisieren – Friseur/in: Haare frisieren/schneiden – Journalist/in: Zeitungsbericht schreiben …

3.1 5 Mio.: offizielle Zahl der Arbeitslosen – 7 Mio.: geschätzte Zahl der tatsächlich arbeitslosen Menschen – neue Technologien: verringern den Bedarf an Arbeitskräften – Computer: ersetzen in der Verwaltung und bei Banken die Menschen – billige Arbeitskräfte: finden die Firmen im Ausland – 12 Monate: bekommt man Arbeitslosengeld – Arbeitslosengeld: Höhe hängt vom letzten Gehalt ab, Kosten für den Staat enorm hoch

4.1 1b – 2c – 3a

4.2 1. Eine Ärztin ist eine Frau, die Kranke behandelt.
2. Ein Sparkonto ist ein Konto, das Zinsen bringt.
3. Ein Musiker ist ein Künstler, der Musik macht.

5.1/5.3 Reihenfolge von oben nach unten: 2, 4, 6, 7, 8, 9, 10, 5, 3, 1

6.1 Erwähnt werden: 1, 2, 4, 6

6.2 Girokonto – Überweisungen – Euroscheckkarte – bargeldlos – Sparkonto – Zinsen – Gehalt – Miete

EINHEIT 19

3.3 Beispiele:
Direktorin, Abteilungsleiterin: Diese Position haben nur 2,2 Prozent der befragten Frauen mit Hochschulabschluss.
Qualifikation: Frauen haben die gleiche Qualifikation wie Männer.
allein stehend, Partnerschaft: Ein Drittel der Frauen war allein stehend, 88,5 Prozent der Männer lebte in einer Partnerschaft.
Arbeitszeiten: Die Chefinnen arbeiten 45,3 Stunden pro Woche, die Männer 47,5 Wochenstunden.
Kinder: Der Wunsch nach Kindern ist bei den weiblichen Führungskräften genauso groß wie bei anderen Frauen.
nicht nach oben kommen: Man lässt Frauen in der Hierarchie nicht nach oben kommen.
genauso viele wie: Auf der Ebene der Sachbearbeiter und Referenten gibt es genauso viele Frauen wie Männer.
die Einstellung ändern: Die Unternehmen sollen ihre Einstellung ändern, da die bisherige Vergeudung von Ressourcen unökonomisch und gesellschaftlich nicht vertretbar ist.

4.1 2 – 3 – 5 – 6 – 7 – 8

4.3 1N 2N 3K 4K 5K 6N

6.2 2. laute 3. billiger 4. wissen 5. keinen 6. Wohnung 7. allein 8. respektieren 9. Lust 10. teilen 11. intensiv 12. leere

7.2 1b – 2a – 3b – 4b

EINHEIT 20

2.2 Antwort 6 ist richtig.

2.4 a2 – b3 – c1 – d5 – e4 – f6

3.5 1. wird 2. werden 3. Wirst 4. wird, werden

3.7 1. gepresst – gewendet – gelagert 2. erwärmt 3. genommen 4. dazugegeben – umgerührt – abgerieben

3.8 werden … dazugegeben – wird … zerschnitten … erwärmt – wird … genommen – wird … gepresst – wird … gelegt – wird … abgerieben

3.9 Beispiel: … eingeschaltet. Das Filtersieb wird eingelegt und eine Portion Espresso (wird) eingefüllt. Der Filterhalter wird eingesetzt und eine Tasse (wird) unter den Filter gestellt. Die Filtertaste wird gedrückt. Der Kaffee läuft jetzt in die Tasse. Der Filterhalter wird nach links gedreht und abgenommen. Der Filter wird sofort gereinigt.

3.11 2. Die Lampe ist vom Elektriker repariert worden. 3. Der Kuchen ist von meiner Mutter gebacken worden. 4. Der Roman „Die Blechtrommel" ist von Günter Grass geschrieben worden. 5. Das Bild ist von meinem Sohn gemalt worden. 6. Das Lied „Vier Wände" ist von Rio Reiser geschrieben worden. 7. Mein Mann ist von seinem Chef entlassen worden.

4.1 1/1 – 2/2 – 3/6

4.2 2. Man verbindet das Gerät mit dem Fernsehgerät. 3. Man legt eine Kassette in das Gerät ein und drückt die Taste „Play". 2. Das Gerät wird mit dem Fernsehgerät verbunden. 3. Eine Kassette wird in das Gerät eingelegt und die Taste „Play" wird gedrückt.

5.1 b2 – c4 – d6/7

5.2 Beispiel: 1. … Dann werden die Zwiebeln geschält und geviertelt. Auch die Knoblauchzehe wird geschält. 2. Alles zusammen wird nun in die heiße Fleischbrühe gegeben und zugedeckt 30 Minuten lang leicht gekocht. 3. In der Zwischenzeit werden die Kartoffeln geschält und in Würfel geschnitten. 4. Nach 30 Minuten wird die Fleischbrühe mit den Tomaten durch ein Sieb gestrichen und mit Salz und Zucker abgeschmeckt. 5. Anschließend wird die Tomatensuppe wieder aufgekocht und die Kartoffeln 15 Minuten darin gegart. 6. Inzwischen wird das Wurstbrät zu kleinen Klößchen geformt und 5 Minuten vor dem Ende der Garzeit in die Suppe gegeben. Jetzt wird die Suppe nur noch ganz leicht gekocht. 7. Die fertige Suppe wird in eine vorgewärmte Suppenterrine gefüllt und mit Kerbelblättchen bestreut serviert.

EINHEIT 21

1.5 Text 1: Form: Formular / Inhalt: persönliche Mitteilung
Text 3: Form: Urlaubskarte / Inhalt: Bewerbung
Text 4: Form: Gedicht / Inhalt: Einkaufsliste
Text 5: Form: persönliche Mitteilung / Inhalt: Überweisung

1.6 2. h, g oder k – 3. c, g – 4. c, f, g, j – 5. c, g – 6. d, f, k – 7. b, g, i – 8. a, e, i – 9. a, g oder k, h – 10. d, f, k

3.5 Reihenfolge der Ziffern: 5 – 1 – 2 – 3 – 7 – 6 – 4 – 8

4.1 1. Familienstand: Ob jemand „glücklich" verheiratet ist oder auch nicht, gehört nicht in einen Lebenslauf.
2. Besondere Kenntnisse …: Statt „Ich bin auch ganz gut in Spanisch drauf." eine formelle Aussage z.B.: „Spanischkenntnisse".

5.1 1. Berufsausbildung 2. Arbeitslosigkeit 3. Berufserfahrung 4. Stellenanzeige 5. Auszubildender 6. Unterschrift 7. Angestellte 8. Bauarbeiter 9. Teamarbeit 10. Elektriker 11. Lebenslauf 12. Arbeitsamt 13. Zeugnis 14. Metzger 15. Bäcker 16. Fähigkeiten 17. telefonisch 18. Ausbildung 19. Handwerker 20. Bewerbung 21. Betrieb 22. Betreff 23. Schicht 24. Termin 25. Anrede 26. Urlaub 27. Datum 28. Firma 29. Lohn 30. Büro

EINHEIT 22

1.1 1o – 2i – 3 ist nicht abbgebildet – 4e – 5n – 6c – 7a – 8l – 9k – 10f – 11p – 12h – 13g – 14m – 15b – 16j – 17d

1.2 3. die Bohrmaschine: bohren + die Maschine 6. das Bügeleisen: bügeln + das Eisen 8. der Rasierapparat: rasieren + der Apparat 9. der Staubsauger: der Staub + saugen 10. die Nähmaschine: nähen + die Maschine 11. die Waschmaschine: waschen + die Maschine 12. der Dosenöffner: die Dose + öffnen 13. der Korkenzieher: der Korken + ziehen 14. der Mikrowellenherd: die Mikrowellen + der Herd 15. der

书　　名	标准德语教程②
作　　者	Hermann Funk　Michael koenig
翻　　译	阎振江
责任编辑	戎文敏
出版发行	凤凰出版传媒集团
	江苏教育出版社(南京市马家街31号 210009)
网　　址	http://www.1088.com.cn
集团网址	凤凰出版传媒网 http://www.ppm.cn
印　　刷	人民日报社南京印务中心
厂　　址	南京市幕府东路339号(邮编210038)
电　　话	025－83302635　85238065
开　　本	889×1194毫米　1/16
印　　张	18.5
版　　次	2004年11月第1版
	2008年1月第2次印刷
书　　号	ISBN 978－7－5343－6027－5
定　　价	59.80元
批发电话	025－83260760,83260768
邮购电话	025－85400774,8008289797
短信咨询	10602585420909
E－mail	jsep@vip.163.com
盗版举报	025－83204538

苏教版图书若有印装错误可向承印厂调换
欢迎邮购,提供盗版线索者给予重奖